「登記制度・土地所有権の在り方等に関する研究報告書～所有者不明土地問題の解決に向けて～」の概要

一般社団法人 金融財政事情研究会

[編]

一般社団法人 金融財政事情研究会

刊行によせて

「登記制度・土地所有権の在り方等に関する研究会」は、2017年10月、一般社団法人金融財政事情研究会に設置された。おおむね月に一度、会議が催され、2019年2月、活動を終えた。

本書は、この研究会の報告書を中心にして、これに関連する資料を収める。関連する資料としては、法務省の担当官が執筆する報告書の概要、各回の会議の議事概要、各回の会議に提出された研究会資料、そして、雑誌『月刊　登記情報』に掲載された各回の会議の状況を伝える「研究会だより」である。

この研究会の報告書は、報告書の「**第1章　はじめに**」において明らかにされているとおり、**所有者不明土地問題と民事基本法制の見直し**を主題とする。

所有者不明土地問題について、民事基本法制とは別に、土地基本法の見直しなど土地政策の観点からの課題の整理も進められており、それは、**国土審議会土地政策分科会特別部会**において、2019年2月、とりまとめが行われている。

この研究会や国土審議会の動きを統括し、政府としての所有者不明土地問題への取組みを全体として主導するものが、**所有者不明土地等対策の推進のための関係閣僚会議**であり、これは、2018年1月19日、同年6月1日、2019年2月19日、そして同年6月14日（持ち回り）に催されている。

「登記制度・土地所有権の在り方等に関する研究会」が2019年2月にとりまとめた報告書は、これからあと、単に報告書とよぶことにしよう。

報告書は、4つの章からなる。

「**第1章　はじめに**」においては、この報告書が、所有者不明土地問題を中心とする諸課題を考えるうえで民事基本法制の見直しをするとすれば、どのような事項について見直しをすべきであるか、また、どのような内容の見直しをすべきであるか、ということの考究が趣旨であることが説明される（第1）。そのうえで、その考究を進めるにあたっての基本的な視点が示される（第2）。

「**第2章　相続等による所有者不明土地の発生を予防するための仕組み**」においては、相続等により土地の所有権に変動が生じた場合において、その土地が所

有者のわからない土地になることを防ぐための仕組みとして考えられるものが提示される。ここに、相続などにより土地を取得した者がいるとしよう。土地をどうするか、その人は、きっと考えることであろう。ひとまず登記はして欲しい。また、いつまでも遺産分割をしないでいる、ということも、いかがなものか。どうするかを考えたうえで、自ら管理処分することにする場合には、簡便に登記ができるような仕組みにしなければならない。その半面、自らは管理しないという選択もありうるから、これに応えるための施策も講ずることが要請される。第2章は、こうした課題を扱う。

まず、「第1節　不動産登記情報の更新を図る方策」、「第2款　不動産登記の申請義務化」のところで、相続登記などを義務化すべきか、が検討される。相続登記といってもどのような登記か、また、義務化といっても実効性の点などで課題がないか（「第2」）、いろいろ論点が多い。関連して登記官が職権で登記をするという方策も考えられるが、それではむしろ登記申請が励行されないものではないか、という心配もないではない。

あらためて問うこととしよう。

相続登記をしないでいると、どうなるか。どうなることがよいか。

裏を返すならば、相続登記をすると、どうなるか。どうなるとよいと考えられるか。

これらの問いに対し、考えられる解としては、いろいろなものがありうる。およそ現実の解決として想定困難である選択肢を含め、論理的に考えられるものを挙げていくと、かなりの数の解答がありうる。

まず、相続登記をしないでいると、拘禁されてしまうかもしれない（自由刑たる刑事罰）。しかし、これは、さすがに実際には考えにくい。では、相続登記をしないでいると、政府にお金を納めなければならないことにする（過料）。これは、どうか。ありうるかもしれないが、総じて刑事罰や過料は、検討課題が多い（衆議院国土交通委員会、2018年5月22日）。また、相続登記をした人は、政府にお金を納めなくてよいことにする（登録免許税の免税）、さらに、相続登記をしないでいたために誰かに損害をもたらした場合は、それを賠償しなければならないことにする（民事責任）、相続登記をしないでいると、して欲しい通知をしてもらえず、知らないうちに何かの手続が進むという不利益を受ける（手続保障の

ii　　刊行によせて

剥奪）、などが次々に頭を過ぎる。けれども、いざ制度化しようとすると、どれもそれぞれハードルがあるかもしれない。相続登記をしないでいると、みんなから、ダメですよ、と指摘されるという効果にとどまる規定（訓示規定）を置くという進め方も、候補にしておかなければならない。そしてまた、相続登記をしないでいても、何も起こらない、起こらなくてよい（現状を維持）という評価からの議論も、けっしてありえないものではないであろう。何も起こらない、といっても、現行法上、相続登記をしなければ、手続上の制約から、土地を担保に供したり、売却したりした際の登記の手続は進まない仕組みになっている。それをもって冥ずるという見方にも、耳を傾けていくべきであろう。今後の議論が待たれる。報告書においては、過料（「第2、2(1)」）、通知に関する不利益扱い（同「2(2)」）、賠償（同「3」）について、また、民事実体法上の効果（同「4」）に関し問題提起がされている。

　第2章の**「第3款　登記手続の簡略化」**においては、実体に符合する登記が適時に申請されることの障害となっている登記手続上の障害を除き、または減ずる方策が検討される。相続による登記の手続の簡略化（法定相続分による登記をした後で遺産分割がされると、持分の移転の登記をすることになるが、そこに種々の不便があるのではないか）、時効取得を原因とする登記手続の簡略化（共同申請をしようとしても通常は登記義務者の所在が知れない）、既にされている権利に関する登記の抹消手続の簡略化（不動産登記法70条が定める仕組みに限界や課題はないか）などが主要な論点となる。

　何よりも、法定相続分による所有権の移転の登記がされた後に遺産分割等が行われた場合における登記手続の簡略化を検討しなければならない（「第1」）。

　当事者の身になって考えてみよう。

　先代がなくなって2か月が経つ。

　姉と弟の、2人の子が遺されたとしよう。

　どちらが土地の所有者になるか、まだ話し合いがまとまらない。

　とりあえず2分の1ずつで登記をする。登録免許税は1000分の4となる。

　半年後になって、姉の土地にすることが決まる。弟の持分を姉に移転する。そのときも登録免許税は、権利の移転があったものとして、これを新しく納めなけ

刊行によせて　　iii

ればならない。

　相続登記を促進するためには、その申請の手続について国民の負担を軽減する見地から検討が続けられなければならない。今後は法定相続分による相続の登記がされたあとで遺産分割の成果を反映する登記がされることになる事例が増えてくることも、予想される。そのような場面に関し、添付情報などの手続面の問題、実体的な法律構成との整合性、登録免許税の課税関係などに目配りしながら、相続登記の促進という政策との合目的性を点検したうえで適切な登記手続の在り方を見究め、それに係る国民への啓発広報を図ることが望まれる。

　むろん相続は、一代に限った話ではない。数次相続という問題もある。登記されていない相続人は、遺言がある場合のその効果をも含め、法令を適用して見定められ、かならずしも常に法律専門家の支援を必要とするものではない。けれども、数代にわたる相続登記未了は、多数の関係者を生じさせ、内容としても複雑な法律関係になってくる。とくに、第二次世界大戦の前に開始した相続は、現行の民事の法令を参照しても法律関係を見究めることができない。今日の共同相続とは異なり、戦前は家督相続であったということはもとより、継親子関係や嫡母庶子関係のように、血縁がない親子関係を考慮に入れなければならないという契機が、より問題を複雑にする。

　登記手続の簡略化をめぐっては、前述のとおり、相続登記のほかにも、いくつかの論点がある。時効取得による所有権取得等の登記の申請手続について、実体を反映する登記を円滑に実現する見地から、現在よりも簡易な手続を考案することができないか、また、現行の法制を前提とする登記手続について運用の見直しを要する事項がないか（「第3」）ということも検討が望まれる。廃止された法制に基づく法人（産業組合や農業会）を登記名義人とする抵当権の登記を効率的に抹消する手続が考えられないか（「第2」）という論点は、不動産登記法70条の見直しとも関連する側面がある。されてから長い時日を経る仮差押えの登記や処分禁止の登記を効率的に抹消する手続が考えられないか、ということも、論点として掲げられている（「第4」）。

　登記制度の関係では、第2章の**「第4款　不動産登記情報の更新等」**において、登記名義人等に関する不動産登記情報の公開の在り方の見直しという課題も取り上げられており（「第2」）、あわせて登記簿と戸籍との情報連携の方策を視

iv　　刊行によせて

野に入れつつ、登記名義人や表題部所有者の特定の方法が検討される（「第1」）。住所などが登記簿により公に知れることを忌避したい事情がある人々もおり、運用に委ねられてきた従来の状況（配偶者から暴力を受けた者などが登記義務者となる場合に関する民事局民事第二課長通知平成25年12月12日民二809号・民事月報69巻2号120頁、配偶者から暴力を受けた者などが登記名義人となる場合に関する民事局民事第二課長通知平成27年3月31日民二196号・登記情報647号99頁）を改善し、個人情報に関する国民の意識の高まりを踏まえた登記の公開の在り方を考えなければならない。

　第2章の次の節は、「**第2節　所有者不明土地の発生を抑制する方策**」であり、その「**第1款　土地所有権の放棄**」において、土地所有権の放棄の是非、放棄された土地の帰属先、さらに、みなし放棄制度の導入の是非をめぐる議論が整理されている。

　所有者が土地の保有に熱意を失い、あるいは保有を続けることに困難が認められる場合において、その土地の保有を止めることを是とするべきであるか、それとも否と考えるべきであるか。

　これは、一概には答えることができない問いである。

　土地といっても、さまざまなものがあり、また、所有者の事情も実に種々の様相を呈する。

　ここに気づくならば、つねに随意に土地を手放すことができるという仕組みにすることは、乱暴な話である。それと同時に、土地を手放したいという望みが全く聞き届けられないというルールも、おかしい。追求されるべき制度は、この間にある。頭書に紹介した国土審議会土地政策分科会特別部会の2019年2月のとりまとめが「土地を手放すための仕組み」について手続の検討を課題として掲げるところは、このような観点に拠る。

　事例の個別性に向き合って解決を見出していかなければならないとすると、まずは所有者が相談する場所が用意されるとよい。それは、基礎的な地方公共団体に設けられることが、自然である。むろん、相談の先が市区町村であるということにとどまり、その土地の帰趨を必ず市区町村が引き受けるべきであることは含意されない。手放される土地は、国有地となることもあり、公有地となることも

刊行によせて　v

あり、さらに非営利または営利の民間の法人の所有となることも、もちろんあってよい（「第2、1(2)）」）。土地の引き受け手となる機関の在り方を検討し、それを育成する基盤を調えることも望まれる。

　所有者のいない土地が国庫に帰属する、という単純な扱いについても、今後は、1998年の地方分権推進計画の経験なども踏まえつつ、その意義や運用の検証が求められてくるであろう。フランスでは、2014年に改正された民法典713条が、ナポレオン法典原始規定このかたの在り方の転換として、国への帰属から地方公共団体への第一次な帰属ということを定めるものとなった。とはいえ、課題の検討は、国と地方の十分な対話のうえに進められなければならない（国土審議会土地政策分科会、2015年5月21日）。

　所有者自らによる土地の管理を止めることが是認されるかどうかは、その土地に関わる諸事情が総合的に斟酌されなければならない。その土地そのものの状況、その土地の周辺の状況、そして所有者の事情などが主要な考慮要素となる。土地は孤立して存在するものでないから、その所在する土地が地域において与えられている性格づけの参照も、要請される。この観点から、地方公共団体が土地利用の構想を計画において明瞭に示すことの意義は大きい（国土審議会計画推進部会国土管理専門委員会、2019年3月14日）。

　手放された土地がどこに帰属するにせよ、爾後の管理に要する費用の負担の在り方が、あわせて検討されなければならない。それまで所有者であった者に費用の全部または一部の負担を求めることも、この際、視野に含められる（「第2、1(1)①」）。

　土地を手放す仕組みは、以上の諸事項についての個別事案における解決が適切に追求されることが可能となるよう、制度を定める法制上の措置が講じられるとよい。また、その制度が円滑に運用されるように、ガイドラインを作成するなどして、国が運用の技術的な助言を適切にすることが期待される。実際の運用に際しては、国から地方公共団体や関係の公私の機関に対し、ノウハウの提供や専門家の派遣による支援が十分に行われなければならない。

　第2章第2節の「**第2款　遺産分割の促進**」においては、遺産分割の期間制限という問題提起がされる。遺産というものに向き合う際の文化を変えていこうとする意欲的な論点設定である。しかし、ある期間の経過により遺産分割をするこ

とができなくなる、ということの手続上・実体上の効果は、きちんと見究められなければならない。そのうえでの論議になることであろう。

　報告書においては、ここまでの論点が第2章において扱われる。

　つぎは、第3章である。

　「**第3章　所有者不明土地を円滑かつ適正に利用するための仕組み**」においては、所有者がわからない状態になっている土地を円滑かつ適正に利用するための仕組みを構築するための様々なアイデアが示される。ここに、土地を使用することを望む者がいるとしよう。使用するために土地を買おうとする際は、その取引をもちかけることになる所有者および所有者の所在を明らかにしなければならない。これを契機として、現場には様々な悩みがあることであろう。所有者またはその所在がわからない状態において、土地を使用することができるようにする方策も考えなければならないかもしれない。第3章は、これらの課題を扱う。

　はじめに、「**第1節　共有制度の見直し**」において、共有地ないし共有物の問題が登場する。所有者不明土地という事象は、さまざまな姿で現われる。ある一筆の土地の所有者が全くわからないということもあるけれども、所有者の一部について、所有者そのものまたはその所在がわからない、ということもある。一部とか全部ということが話題になる場面は、〈共有地〉にほかならない。現場の実感として、共有地の問題が解決すれば、所有者不明土地問題には、一つの良い見通しが出てくる。頭書に紹介した国土審議会土地政策分科会特別部会のとりまとめが、土地の共有という事態に特に論及するところは、この問題意識を背景にもつ。現行法上、民法249条以下の共有は、共有者間の「過半数で決する」こと（同法252条）や「協議」（同法258条1項）という契機が想定されているにもかかわらず、それらにおけるコミュニケーションの在り方が審らかではなく、コーディネートをする役割の者も法制上想定されていない。それが所有者不明を助長する側面があるかどうかを見究め、法制上適切な方策があればそれを明らかにすることが望まれる（「第2」、「第3」）。また、なんらかの法制上の措置を講ずる場合において、共有物一般の問題として規律を設けるか、それとも共有地ないし共有不動産に適用される規律とするかも、丁寧な検討を要する。

刊行によせて　　vii

共有については話題が多いが、あと一つ拾っておくとすると、共有地について共有者の一人が有する占有は、一般的には他の共有者らと共にする共同占有であり、これをもって土地（の全体）についての自主占有であると速断することはできない。たとえ現実に土地を使用している者が専ら当該共有者であるとしても、この状態が継続することをもって直ちに土地（の全体）についての所有権の時効取得を認めることには、法理的に困難がある。しかし、他の共有者を特定することができず、また、知れている共有者であっても、その所在を知ることができない事態が珍しくない実態に鑑みると、この場面で所有権を時効により取得する可能性を封ずることがよいか、検討してみる必要がありそうである（「第4、2」、「第5、2」）。

　東日本大震災の被災地においては、復興のための事業の用地を調達するために、土地の所有者の所在が把握されていない事例において、民法が定める不在者の財産の管理の制度が用いられてきた。
　この制度の本来の趣旨は、不在"者"という〈人〉の財産の管理を目的とするものであり、ひとり用地として需要があるとされる土地のみを管理する趣旨ではない。
　このことから、この手続の申立てに際しては、入手することができる範囲でよいとされつつも不在者の財産に関する資料を提出することが要請され、また、選任される財産の管理人は、就任後に不在者の財産を調査して財産目録や管理報告書を作成するものとされ、さらに事業用地の買収を果たしたとしても、不在者の財産がなくなるまで職務を続けるものとされる。
　次の大きな災害に備え、不在者の財産の管理の制度運用から観察される課題を整理し、所要の制度整備を講ずることが望まれる（国土審議会計画推進部会国土管理専門委員会、2017年5月12日）。
　そこで、「第2節　財産管理制度」の「第2　不在者等の財産の管理」においては、不在者の財産の管理をめぐる諸課題を取り上げている（「第2」）。たとえば不在者などの財産の一部を管理する仕組み（"スポット"の管理、国土審議会土地政策分科会特別部会、2017年12月5日）を創設することが考えられるかどうか、という問題提起がされる。

また、不在者の財産の管理について存する課題の多くは、相続人のあることが明らかでない場合の相続財産の管理にも共通する（「第3」）。

　さらに、かならずしも相続人存在不明の場合に限らず、遺産管理の全般についても、管理のための仕組みの充実が要請される。周知のとおり、相続が開始する際、推定相続人には、3つのチョイスがある。その選択をするまでの間の時期における管理の仕組みは、すでに用意されている（民法918条）。3つのチョイスのうち、放棄と限定承認の場合も、異ならない（同法940条・936条）。これに対し、最も数が多い選択の帰趨、つまり単純承認（同法921条2号の法定単純承認を含む）の場面については、遺産管理の体系的な規定が用意されていない。この点に関する問題提起もされている（「第4」）。

　民法の相隣関係に関し、現在の規定は、相隣地の所有権を有する者を知ることが容易であることを暗黙の前提としている。ここに課題がある。所有者またはその所在の把握が困難な場合がありうることを想定に取り込んで当事者の権利行使が適切にされうるような規定の整備に向け、ひきつづき課題を整理していくことが望まれる。

　また、日本の民法には、境界そのものの実体的な規律や、境界を見定める過程で関係者に期待される折衝に係る規律を欠くという問題について、外国法制も参考として、ひきつづき研究が深められるべきである。

　そこで、第3章の「**第3節　相隣関係**」において、民法制定このかた本格的な見直しがされていない相隣関係規定の現代化が追求される。

　具体の課題を例示しよう。隣地使用権の規定はあるけれど（民法209条）、隣地所有者が所在不明である場合に関する規律が明確でない（「第4」）。民法には境界標を設置する費用の分担などの規定はあるけれど（同法224条など）、肝心の所有権の境界そのものを見定める指針を示す規定を欠く（同じく「第4」）。上下水道や電気・電話などライフラインの導管を設置のために隣地を使用するルールを定める規定がない（同法210条・220条などの類推解釈という工夫で賄っている。「第5」）。さらに、隣地の竹木の根が境界線を越えるときは自力で切除することができるのに対し、枝は竹木所有者に対し切除を請求しなければならないという規律（同法233条）に合理性があるか（「第3」）。

刊行によせて　　ix

これらの問題に加え、相隣地が適切に管理されていない場合において、それを是正することを請求する権利を認めることはどうか、という問題提起もされる。報告書において、それは、隣地等の管理措置請求という概念で提示されている（「第2」）。相隣地の雑草の繁茂からもたらされる被害や鳥獣被害が生じている場合において、相隣地の所有者が所在不明である場合の権利実現の方法や費用の負担の在り方を含め、検討が深められなければならない。生活妨害を理由とする人格権に基づく差止請求権や所有権に基づく妨害排除請求権による解決も考えられ、これらの権利との機能分担も、考え方の整理を要しよう。

現在の相隣関係の規定を見ると、雨水が隣地に注ぐ工作物を設けてはならないとする規定（同法218条）をはじめ、水の問題などに関心が集中している。そうした規定に意義がないものではない（雨のみならず雪に労の大きい地域にも思いを致さなければならない。雪も落としてはならないとする越後国頚城郡の明治初年の慣行、『全国民事慣例類集』）けれども、古風にすぎるとも感ずる。相隣関係の規定を現代化する、という課題が、たしかにある。

報告書においては、ここまでの論点が第3章において扱われる。

最後が、第4章となる。

「第4章　変則型登記の解消」においては、表題部所有者として適切に氏名（個人の場合）または名称（個人でない場合）およびそれらの住所が登記されていない事案が観察される実態を確認したうえで（たとえば「誰外何名」と表題部所有者が登記されている土地、その現在の解決の方策については、民事局第三課長通知平成10年3月20日民三552号・登記情報454号48頁を参照）、その解消方策が提示されている。この研究会の成果を踏まえ、政府は、「表題部所有者不明土地の登記及び管理の適正化に関する法律案」を国会に提出した（2019年2月22日閣議決定、同日に衆議院に提出、第198回国会、閣法・議案番号30）。それによれば、表題部所有者が変則的な状態になっている土地について、調査をし、その結果に基づき、登記官が表題部所有者として適切である者を登記する。

また、いわゆる字持地も、同様の制度が適用可能である。

2019年5月17日、参議院が可決し、この法律が成立した（令和元年法律第15号）。

調査をしてもわからない土地については、裁判所が特定不能土地等管理命令を発し、管理者を置く、という制度も併せて導入されている。

　「登記制度・土地所有権の在り方等に関する研究会」のおよそ1年半にわたる活動は、一般社団法人金融財政事情研究会の、とりわけ登記情報編集室の皆さんに支えられた。本書もまた、登記情報編集室の稲葉智洋氏および堀内亮氏の尽力による。

　報告書がまとめられるのと機を同じくし、法務大臣は、2019年2月14日、法制審議会に対し諮問第107号を発出し、民法や不動産登記法などの関係法令の改正の内容として適切なものを明らかにすることを求める諮問をしている（その意義の参議院決算委員会における政府の説明、2019年4月4日）。この諮問を受けた同審議会は、上記諮問の当日、専門部会を設置して調査審議をさせることを決定した。

　この決定に基づき設置されたものが、同審議会の民法・不動産登記法部会である。

　2019年3月19日、同部会の第1回会議が催され、その際、本書に収める報告書は、参考資料として机上配布された。

登記制度・土地所有権の在り方等に関する研究会　座長

早稲田大学大学院法務研究科教授　　山野目　章夫

目　次

刊行によせて……………………………………………………………………………………… i

第1章　登記制度・土地所有権の在り方等に関する研究報告書
**　　　　〜所有者不明土地問題の解決に向けて〜**
**　　　　研究報告書とその解説、これまでの議論の概要**

登記制度・土地所有権の在り方等に関する研究報告書〜所有者不明土地問題の解決に
向けて〜………………………………………………………………………………………2

「登記制度・土地所有権の在り方等に関する研究報告書〜所有者不明土地問題の解決
に向けて〜」の概要……………………………………………………………………136

研究会だより⑧…………………………………………………………………………160

研究会だより⑨…………………………………………………………………………165

研究会だより⑩…………………………………………………………………………169

研究会だより⑪…………………………………………………………………………176

研究会だより⑫…………………………………………………………………………182

研究会だより⑬…………………………………………………………………………187

研究会だより⑭…………………………………………………………………………192

研究会だより⑮…………………………………………………………………………198

研究会だより⑯…………………………………………………………………………201

第2章　資料　議事要旨と研究会資料

登記制度・土地所有権の在り方等に関する研究会　第8〜18回の議題………………206

第8回会議　議事要旨……………………………………………………………………208

研究会資料8（相続等の発生を登記に反映させるための仕組みについて）………………212

第9回会議　議事要旨……………………………………………………………………226

研究会資料9（変則型登記の解消について）………………………………………………234

第10回会議　議事要旨…………………………………………………………………245

研究会資料10（登記手続の簡略化について）……………………………………………250

第11回会議　議事要旨…………………………………………………………………264

研究会資料11-1（共有の在り方について）………………………………………………268

研究会資料11-2（財産管理制度の在り方について）……………………………………292

第12回会議　議事要旨…………………………………………………………………311

研究会資料12（土地所有権の放棄について）……………………………………………316

xii　目　次

第13回会議　議事要旨……………………………………………………………328

研究会資料13－1（相隣関係の在り方について）……………………………332

研究会資料13－2（遺産共有の発生防止・解消の在り方等について）………342

第14回会議　議事要旨……………………………………………………………343

研究会資料14－1（登記の公開の在り方等について）………………………347

研究会資料14－2（変則型登記の解消に向けた新たな制度の概要案についての検討）……354

第15回会議　議事要旨……………………………………………………………365

研究会資料15（登記の義務化について）………………………………………369

第16回会議　議事要旨……………………………………………………………377

研究会資料16－1（報告書序文イメージ）……………………………………379

研究会資料16－2（登記手続の簡略化について）……………………………383

研究会資料16－3（不動産登記情報の更新等について）……………………396

目　次　xiii

第1章

登記制度・土地所有権の在り方等に関する研究報告書
～所有者不明土地問題の解決に向けて～
研究報告書とその解説、これまでの議論の概要

登記制度・土地所有権の在り方等

に関する研究報告書
～所有者不明土地問題の解決に向けて～

平成３１年２月

登記制度・土地所有権の在り方等に関する研究会

第1章　はじめに 5
　第1　所有者不明土地問題と民事基本法制の見直し 5
　第2　検討の視点 6
第2章　相続等による所有者不明土地の発生を予防するための仕組み 8
　第1節　不動産登記情報の更新を図る方策 8
　第1款　総説 8
　第2款　不動産登記の申請義務化 13
　　第1　登記申請義務 13
　　　1　土地の登記申請義務 13
　　　2　対象となる財産 17
　　　3　登記申請義務を負う主体 18
　　　4　氏名等についての変更の登記申請の義務化 19
　　第2　義務化の実効性を確保するための手段について 20
　　　1　インセンティブの付与による登記申請義務の履行確保 20
　　　2　登記申請義務を負う者に不利益を与えることによる実効性確保 21
　　　　(1) 過料による制裁 21
　　　　(2) 通知方法 21
　　　3　費用負担 22
　　　4　民事実体法上の不利益を与える規定の創設 23
　　第3　その他 24
　第3款　登記手続の簡略化 24
　　第1　法定相続分による所有権の移転の登記がされた後に遺産分割等が行われた場
　　　　合における登記手続の簡略化 25
　　　1　遺産分割の場合 25
　　　2　相続放棄の場合 27
　　　3　遺贈の場合 28
　　第2　既にされている権利の登記の抹消手続の簡略化 29
　　　1　法人としての実質を喪失している法人を登記名義人とする担保権に関する登
　　　　記の抹消手続の簡略化 29
　　　2　不動産登記法第70条第3項の規定による登記の抹消手続の対象とならない
　　　　担保権以外の権利に関する登記の抹消手続の簡略化 30
　　　　(1) 買戻しの特約の登記について 31
　　　　(2) 登記記録に記録された存続期間の満了している権利（地上権，永小作権，
　　　　　賃借権及び採石権）に関する登記について 32
　　第3　時効取得を原因とする所有権の移転の登記手続の簡略化 33
　　　1　登記義務者の所在が知れない場合 33
　　　2　取得時効の起算日前に所有権の登記名義人が死亡した場合 35
　　第4　その他 36
　　　1　仮差押え又は仮処分の登記 36
　　　2　清算型遺贈 37

- 1 -

研究報告書　｜　3

第4款 不動産登記情報の更新等	37
第1 登記名義人等の特定に関する不動産登記情報の更新	37
1 戸籍等からの情報の取得と不動産登記情報の更新	37
2 戸籍等から得た情報に基づいて不動産登記情報を更新するための手続	40
第2 登記名義人等に関する不動産登記情報の公開の在り方の見直し	41
第2節 所有者不明土地の発生を抑制する方策	43
第1款 土地所有権の放棄	43
第1 総説	43
第2 所有権放棄の要件等	45
1 所有権放棄の要件・効果	45
2 放棄の意思表示の方法	52
第3 関連する民事法上の諸課題	53
1 土地以外の所有権放棄について	53
2 損害賠償責任	54
第4 みなし放棄	55
第2款 遺産分割の促進	57
第1 総説	57
第2 遺産分割の期間制限	57
第3 その他	60

第3章 所有者不明土地を円滑かつ適正に利用するための仕組み 61

第1節 共有制度の見直し	61
第1 総説	61
第2 通常の共有における共有物の管理	62
1 共有者の同意と共有物に関する行為	62
2 共有物の管理に関する行為についての同意取得の方法	65
3 共有物の管理に関する行為と損害の発生	66
4 共有物の管理権者	67
5 裁判所による必要な処分	73
第3 遺産共有における共有物の管理	73
1 相続人の同意と遺産共有における共有物の管理に関する行為	73
2 共有物の管理に関する行為の定め方	74
3 遺産共有における共有物の管理に関する行為と損害の発生	74
4 遺産の管理権者等	74
5 裁判所による必要な処分	75
第4 通常の共有における持分の移転・共有の解消方法等	75
1 不明共有者の持分の有償移転	75
2 共有者による取得時効	77
3 裁判による共有物分割	80
第5 遺産共有における持分の移転・共有の解消方法	80
1 遺産に属する個別の財産について相続人が有する持分の有償移転	80

2　相続人による取得時効 81
　　3　相続回復請求権 82
　第6　第三者が提起する通常の共有及び遺産共有に関する訴訟 83
　　1　取得時効を理由とする持分移転登記請求訴訟 83
　　2　筆界確定訴訟 87
　　3　共有物の管理権者の訴訟権限 88
第2節　財産管理制度 89
　第1　総説 89
　第2　不在者等の財産の管理 90
　　1　不在者の特定の財産を管理するための仕組み 90
　　2　不在者財産管理制度の申立権者の範囲 93
　　3　必要な処分として申立人自身を財産の管理に関与させる方策 96
　　4　土地の共有者のうち複数の者が不在者である場合に，複数の不在者について
　　　一人の財産管理人を選任する仕組み 97
　　5　不在者の財産の売却の許可の在り方 99
　　6　不在者財産管理制度における供託の活用 100
　第3　相続人のあることが明らかでない場合の相続財産の管理・清算 102
　　1　相続財産の清算を前提としない新たな相続財産管理制度 102
　　2　清算に向けた相続財産管理制度 105
　　　(1)　申立権者 105
　　　(2)　申立人を相続財産管理人として選任する方策 106
　　　(3)　複数の相続財産法人について一人の相続財産管理人を選任する方策 106
　　　(4)　公告 107
　　　(5)　相続財産の売却等の権限外許可の在り方 109
　第4　遺産共有状態における相続財産の保存又は管理のための制度の創設 109
　第5　その他 111
第3節　相隣関係 113
　第1　総説 113
　第2　隣地等の管理措置請求 114
　第3　越境した枝の切除 116
　第4　隣地の使用請求 117
　　1　土地の境界標等の調査又は土地の測量のための隣地使用 117
　　2　土地の境界の確定のための協議 119
　　3　工事のための隣地使用権 120
　　4　隣地使用権の内容と行使方法 121
　第5　ライフラインの導管等の設置に係る他人の土地及び他人の設置した導管等へ
　　　の接続 123
　　1　導管等設置権（仮称）及び導管等接続権（仮称） 123
　　2　導管等設置権等の対象となるライフライン 125
　　3　導管等設置権等の内容と行使方法 127

- 3 -

研究報告書　｜　5

第4章　変則型登記の解消..128
参加者名簿..133

6 ｜ 第1章　登記制度・土地所有権の在り方等に関する研究報告書

第1章　はじめに

第1　所有者不明土地問題と民事基本法制の見直し

　1　不動産登記簿により所有者が直ちに判明せず，又は判明しても連絡がつかない所有
　　者不明土地は，典型的には次のような形で生じ，様々な問題を発生させる。

　　①　相続等による所有者不明土地の発生

　　　　土地の不動産登記簿上の所有者が死亡したが，土地の価値が低いなどの事情によ
　　　り遺産分割がされず，実体法上は相続人によって共有されているのに，その旨の登
　　　記もされないまま放置される。表題部所有者の氏名・住所等について変則的な古い
　　　記録がされ，真実の所有者を特定することが困難なもの（変則型登記がされた土地）
　　　もある。

　　②　所有者探索の負担

　　　　その後，何らかの事情により，共有者の一部又は第三者が当該土地を利用しよう
　　　として，所有者を探索するが，不動産登記簿によっては所有者が判明しないため，
　　　当該土地を利用しようとする者が戸籍簿等を調査して，所有者の氏名及び住所を特
　　　定しなければならなくなる。変則型登記がされた土地では，所有者の探索は特に困
　　　難である。

　　③　共有関係にある土地の利用・管理の支障

　　　　共有者のうち一部の者の利用行為や第三者に利用を許す行為が，共有物の管理に
　　　関する事項に該当するのであれば，持分の価格の過半数を得ればよいはずである
　　　が，共有物の管理と，共有者全員の同意を得なければすることができない共有物の
　　　変更・処分との区別が必ずしも明らかでないため，慎重を期して共有者全員の同意
　　　を得て利用する必要が生じ，所有者調査を省略することもできない。

　　④　財産管理制度における管理コスト

　　　　共有者の一部が不在者となっていたり，死亡して相続人のあることが明らかでな
　　　い状態になっていたりして，土地の利用・管理に関する共有者の承諾を得ることが
　　　できないときには，利害関係人が家庭裁判所に対して不在者の財産管理人や相続財
　　　産の管理人の選任を申し立てることが考えられる。しかし，第三者が土地を利用し
　　　ようとする場合には利害関係人と認められないこともあり，また，財産管理人が選
　　　任されたとしても，当該財産管理人は当該不在者等の財産の全般を管理しなければ
　　　ならない（相続財産の管理の場合は清算まで行わなければならない）ため，コスト
　　　が高くなる。

　　⑤　近傍の土地の利用・管理の支障

　　　　共有者にも第三者にも利用されないために土地が荒廃し，近傍の土地所有者等に
　　　損害を与えるおそれが生じても，当該土地所有者等が損害発生を防止するなどの措
　　　置を講ずるためには，上記の所有者探索を行った上で，訴訟を提起して勝訴する必
　　　要があるが，その権利関係は法令上必ずしも明らかでない。また，所有者不明土地
　　　から竹木の枝が隣地に侵入してきたケースや，隣地所有者が，調査・測量や工事の
　　　ために所有者不明土地を使用する必要があるケース，水道・ガス等のライフライン
　　　の導管を所有者不明土地に設置する必要があるケースでも，対応に苦慮することに
　　　なる。

- 5 -

研究報告書　｜　7

2　今後，人口が減少し，所有者不明土地が生じさせる上記のような問題は，相続が繰り返される中でますます深刻化するものと考えられる。

　　所有者不明土地対策は，土地政策や財政など様々な観点から政府一体となって推進する必要があるが，民事基本法制及び民事法務行政の観点からも，民法（物権関係，相続関係），不動産登記法等の見直しを図る必要がある。

　　本研究会は，こうした観点から，平成２９年１０月以降，合計１８回にわたって検討を続けてきた。この報告書は，考えられる所有者不明土地対策の方向性とその課題を幅広く提示しようとするものである。

第２　検討の視点

　民事基本法制の観点から所有者不明土地対策を考えるに当たっては，次の視点から検討することが有用である。なお，歴史的経緯から表題部所有者の登記が変則的なままとされている土地があり，その解消は喫緊の課題であることから，その解消のための法制上の措置については，これとは別の観点から，別途検討を行っている（第４章参照）。

1　相続等による所有者不明土地の発生を予防するための仕組み

　(1)　不動産登記情報の更新を図る方策

　　前記第１の１①（相続等による所有者不明土地の発生）や②（所有者探索の負担）のような状況を生じさせないようにするため，不動産登記簿の情報をできるだけ最新の状態に近づけるべく，不動産登記情報の更新を図る方策について検討する必要がある。

　　相続の発生を適時に登記に反映させるための方策として，㋐相続登記の申請を相続人等に対して義務付けることが考えられる。

　　また，その際，登記申請人の負担を軽減するため，㋑登記手続をしやすくするための方策についても検討することが考えられる。

　　さらに，現行法上，登記名義人が死亡しても，登記所は直ちにその死亡情報を把握することができないことから，㋒登記所が他の公的機関から死亡情報等を取得して，不動産登記情報の更新を図る方策を検討することが考えられる。

　(2)　所有者不明土地の発生を抑制する方策

　　前記第１の１①（相続等による所有者不明土地の発生）のような状況を生じさせないために，土地所有権の放棄を可能にすることや，遺産分割を促進すること等により，所有者不明土地の発生を抑制する方策を検討する必要がある。

　　土地所有権の放棄については，民法に所有権放棄の規定がなく，確立した判例もないことから，一定の要件のもとに，土地所有権を放棄することを可能とする制度を整備することが考えられる。その整備に当たっては，所有権放棄の要件・効果や放棄された土地の帰属先機関とその財政的負担，土地所有者が将来放棄するつもりで土地の管理をしなくなるモラルハザードの防止方法等について，十分な検討を行う必要がある。

　　また，遺産分割を促進するため，遺産分割に期間制限を設けることが考えられる。

2　所有者不明土地を円滑かつ適正に利用するための仕組み

⑴　共有

前記第1の1③（共有関係にある土地の利用・管理の支障）のような状況を改善するために，共有制度の見直しを検討する必要がある。

共有物の管理に関して，共有者全員の同意が必要な行為とそうでない行為とを区別することができるようにするため，㋐共有物の管理や共有物の変更・処分の規律の明確化を図ることが考えられる。

加えて，共有物の管理や共有物の変更・処分に関し，所在不明の共有者を始めとして，態度を明確にしない共有者がいることで共有物の利用が困難になるのを防ぐため，㋑共有者の同意取得方法に関する規律の整備を図ることが考えられる。

また，現行法では，共有物を利用したり，取得したりしようとする第三者は，共有者の全員を調査して特定し，全員との間で交渉をしなければならず，負担が大きいことから，共有物の管理に関する対外的窓口となる㋒共有の管理権者の制度を整備することが考えられる。

さらに，共有は，その性質上，単独所有に比べて迅速な意思決定が困難であり，共有者が増えれば増えるほどその困難が増大することになることから，共有者の一部の者が，供託を活用して，所在不明の共有者から持分を取得することを含めて，㋓共有の解消を促進する制度を整備することが考えられる。

なお，以上のような共有制度の見直しに当たっては，通常の共有と遺産共有との異同を踏まえて十分な検討を行う必要がある。

⑵　財産管理制度

前記第1の1④（財産管理制度における管理コスト）のような状況を改善するために，不在者の財産の管理制度（以下「不在者財産管理制度」という。）・相続財産の管理制度（以下「相続財産管理制度」という。）の見直しを検討する必要がある。

財産管理人の事務処理に要する費用を軽減させ，管理コストを低減させるために，㋐不在者等の特定の財産を管理する制度を整備することが考えられる。

また，㋑土地の共有者のうち複数の者が不在者等である場合に，複数の不在者等について一人の財産管理人を選任する制度を整備することが考えられる。

加えて，㋒現行法においては3回の公告を最低で10箇月間かけて行わなければならない相続財産管理制度の手続を合理化することが考えられる。

さらに，手続を早期に終了させることを可能とするため，㋓財産管理制度における供託の活用を図ることが考えられる。

⑶　相隣関係

前記第1の1⑤（近傍の土地の利用・管理の支障）のような状況を改善するために，相隣関係の見直しを検討する必要がある。

管理不全の土地が荒廃して近傍の土地所有者等に損害を生じさせた場合にも対応できるよう，㋐隣地所有者等が，管理不全の土地の所有者に対して，管理不全状態の除去を請求することができる制度を整備することが考えられる。

また，現行法では，隣地の竹木の根が越境した場合には，隣地所有者が自らその根を切り取ることができるのに対し，竹木の枝が越境した場合には，隣地所有者はその竹木の所有者にその枝を切除させることができるに過ぎないとされているこ

- 7 -

研究報告書　│　9

とから，⑦越境した枝の切除に関する権利行使方法を見直すことが考えられる。

　加えて，現行法では，土地の境界標等の調査や土地の測量のための隣地使用に関する規定がなく，また，工事のための隣地使用に関しても，隣地所有者の承諾を得るか，承諾に代わる判決を得る必要があるため，隣地が所有者不明状態になった場合に対応が困難になることから，⑰隣地使用請求権の範囲の明確化と行使方法の見直しを図ることが考えられる。

　さらに，各種ライフラインは現代社会において必要不可欠であるが，その導管等を設置するために他人の土地を使用することについては，民法に規定がなく，隣地が所有者不明状態になった場合に対応が困難になることから，㉔ライフラインの導管等を設置するために他人の土地を使用することができる制度を整備することが考えられる。

3　その他

　民事基本法制の観点から所有者不明土地対策を検討するに当たって，土地所有権の「絶対性」との関係について付言する。

　近代私法の基本理念の一つである所有権絶対の原則は，元来，所有権に対する公共の観点からの制約があり得ることを前提としている。

　現代においては，社会経済の複雑化に伴い，多様な利害の調整が要請されることから，所有権絶対の原則に対する公共の観点からの諸制約は，きわめて多岐にわたっており，特に，土地については，土地基本法が定める土地についての基本理念や土地の用途・特性を踏まえて，所有権に対する諸種の制約が法令で定められている。

　民法において，所有権は，基本的な権利であるが，法令の制限内において自由に所有物の使用，収益，処分をする権利とされている（民法第２０６条）。所有権絶対の原則に関する前記理解を踏まえるならば，各施策領域において，土地基本法（平成元年法律第８４号）の公共の福祉優先等の基本理念や各種法令で定められる土地所有者の責務等に基づき，社会経済情勢の変化に合わせて，所有権に対する適切な制約の在り方が追求されることが妨げられるものではない。

　そして，民事基本法制においても，上記の土地所有権の位置付けを踏まえて，社会経済情勢の変化に適合した制度の構築を図る必要があるのであり，所有者不明土地対策においても，こうした観点から検討を進める必要がある。

　以上については，中間取りまとめ（平成３０年６月）において確認したとおりである。

第2章　相続等による所有者不明土地の発生を予防するための仕組み
第1節　不動産登記情報の更新を図る方策
第1款　総説

　相続による物権変動は人の死亡によって直ちに生じ，登記をしなくてもこれを対抗することができるとする現在の規律は維持しながら，相続による物権変動を登記に反映させるために，後記第２款から第４款までの各方策について，引き続き検討すべきである。

- 8 -

（補足説明）
1　問題の所在
　　所有者不明土地が生ずる原因は，相続により不動産に関する権利を承継したにもかかわらず，相続人がその旨の登記申請をせず，登記が実体的権利関係を反映していない状態が生ずるためであるとの指摘がある。
　　すなわち，現行民法では，人の死亡により相続が開始し（第882条），相続人は，相続開始の時から，被相続人の財産に属した一切の権利義務を承継し（第896条本文），相続による権利の移転は登記とは無関係に生ずるとされている。
　　その結果，相続登記の申請がされない土地については，真の権利者と登記における所有権の登記名義人が異なる状態が生じ，真の権利者を探索すること等が困難となる。そして，長期間にわたり相続登記の申請がされない間に次の相続が発生すると，共同相続（第898条）により共有する者が増えていくことが多く，真の権利者を探索すること等がより一層困難なものとなる。
　　そこで，本研究会においては，実体的権利関係の変動と登記とを一致させるために，相続による物権変動における登記の位置付けを改めることについて検討した。
2　相続登記を相続による物権変動の効力発生要件とすること（効力要件化）等について
　⑴　効力要件化について
　　ア　前記1において指摘したとおり，現行民法では，人の死亡によって相続が開始し（第882条），相続人は，相続開始の時から，被相続人の財産に属した一切の権利義務を承継する（第896条本文）とされ，相続による不動産に関する権利の移転の場面において，登記はその要件とされていない。
　　　　本研究会においては，実体的権利関係の変動と登記とを一致させる方策として，登記を物権変動の効力が発生する要件とし，被相続人の死亡による相続人への不動産の権利の移転は，登記をしなければ効力を生じないものとすることについて，検討を行った。
　　イ　しかし，これについては，以下のような指摘がされ，積極的に導入すべきとする意見はなかった。
　　　　すなわち，この考え方に従うと，被相続人が死亡してから所有権の移転の登記がされるまでの間は不動産の所有権の帰属が定まらず，当該土地の管理を行うべき者が存在しないこととなり，管理不全の土地を増加させるおそれがある。
　　　　また，相続登記の促進の観点からも，登記をしない限り所有権が移転しないこととなるため，価値が低いなどのために相続することが望まれない不動産については，かえって，登記申請をしない方向に相続人を誘導するおそれがある。
　　　　このように，相続を原因とする権利の移転において，登記を効力発生要件とすることは，土地の適切な管理の観点からも相続登記の促進の観点からも逆効果となりかねないことから，相続による物権変動を登記に反映させるための仕組みとしては相当ではないことについて概ね異論はなかった。
　⑵　相続による物権変動と対抗要件について
　　ア　研究会においては，相続による実体的な物権変動と登記とを一致させる方策と

- 9 -

研究報告書　｜　11

して，現行法では登記をしなくても相続による物権変動を第三者に対抗することができるとされている場面につき，登記をしなければ相続による物権変動を第三者に対抗することができないこととすることによって，相続登記を促進することについて検討を行った。

イ　民法第177条は，「不動産に関する物権の得喪及び変更は，不動産登記法その他の登記に関する法律の定めるところに従いその登記をしなければ，第三者に対抗することができない。」と規定し，判例は，「不動産に関する物権の得喪及び変更」について，法律行為か否かを区別せず，相続など物権変動全般を広く含むものとしている（大連判明治41年12月15日民録14輯1301頁等）。他方で，判例は，「第三者」については，登記の欠缺を主張する正当の利益を有する者に限定している（大連判明治41年12月15日民録14輯1276頁等）。

そして，判例は，共同相続人A・Bが相続した遺産に属する土地につき，Bが偽造書類等を用いて単独所有の登記を経て，Cに売却したような場合において，Aは，自己の法定相続分の取得については，登記をしなくてもCに対抗することができるとしている（最判昭和38年2月22日民集17巻1号235頁。この法理は，民法及び家事事件手続法の一部を改正する法律（平成30年法律第72号）による改正後の民法第899条の2においても変更はない。）。

本研究会においては，この法理を変更し，上記の場合に，Aは，自己の法定相続分の取得について，登記をしなければCに対抗することができないとすることについて検討がされた。

しかし，このような改正をするとすれば，共同相続人に，他の共同相続人の法定相続分に相当する権利を当然に処分することができる権限を与えることになるが，他の共同相続人に利益保護の機会を与えることなくその権利を他の者が有効に処分することができるとすることは困難であり，これを採用することはできないことについて概ね異論はなかった。

ウ　また，判例は，共同相続人A・Bのうち，Bが相続を放棄した後に，Bの債権者CがBに代位して遺産に属する不動産について法定相続分による登記をし，Bの持分を差し押さえたような場合において，相続の承認をしたAは，Bの相続放棄によりそれ以前の法定相続分を超えて取得した権利につき，登記をしなくてもCに対抗することができるとしている（最判昭和42年1月20日民集21巻1号16頁）。

本研究会においては，この法理を変更し，上記の場合に，Aは，Bの相続放棄による法定相続分の取得について，登記をしなければCに対抗することができないとすることについて検討がされた。

しかし，相続人は，他の共同相続人が相続放棄をしたことを直ちに知り得るとは限らないため，第三者との間で対抗関係に立つとすることは相続人に酷であることや，他の共同相続人が多数存在する場合には，随時，他の共同相続人において相続の放棄がされたかを調査し，相続放棄がされる都度，増大した相続分に係る登記を強いられることになり，相続人の負担が重くなり過ぎることから，これ

を採用することはできないことについて概ね異論はなかった。

(3) 小括

　以上のとおり，本研究会においては，相続登記を相続による物権変動の効力発生要件とすることや，相続による物権変動と対抗要件の関係について見直すことは難しいとされたが，真の権利者を登記に反映させることが重要であることに異論はなく，これを実現するために，相続人に相続登記の申請について公法上の義務を課すなどの方策を別途検討すべきであるとされた。

　また，相続の場面においては，基本的に，被相続人の死亡により物権変動が生じ，登記をしなくてもこれを対抗することができるが，これを前提としつつも，公法上の義務を怠った場合のサンクションとして，相続人に何らかの不利益を課すことを検討すべきであることについても，異論はなかった。

　そこで，これらの点については，第2款から第4款までのとおり，別途検討することとしている。

3　相続以外の原因による物権変動の場面における登記の効力要件化等について

　登記が物権変動の効力発生要件とされていない現行法の下においては，相続による物権変動の場面に限らず，意思表示により物権を移転させる場合や，取得時効が完成して援用がされた場合でも，実体法上の物権変動と登記とが不一致である状態が想定し得る。そこで，本研究会においては，相続による物権変動の場面に限らず，登記を意思表示や取得時効による物権変動の効力発生要件とすることについても検討を行った。

(1) 意思表示による物権変動

　売買等の意思表示による物権変動の場面において，登記を効力発生要件とすることについて研究会において検討した。

　しかし，売買等の意思表示による物権変動がされる場面においては，当事者は意識的に財産権を移転しており，物権を取得する者はこれを保全するため，また，物権を喪失する者はその責任や負担を免れるために，登記申請がされるのが通常である。したがって，対抗要件主義の下においても，登記申請へのインセンティブは確保されており，効力要件化を図る必要性に乏しい。

　また，現行法上，土地の不法占有者は，民法第177条の「第三者」には当たらないと考えられているため，不動産の買受人は，未登記であっても，土地の不法占有者に対して物権的請求権に基づく明渡しを請求することができるが，効力要件主義の下では，登記を具備しない限り，不法占有者に対して明渡しを求めることができなくなり，法秩序が害されるおそれがある。

　さらに，不動産の物権変動について効力要件主義を採用した場合には，同じく対抗要件主義を採用している動産の物権変動や債権譲渡についても影響が生じないかを十分に検討する必要があるが，前記のように，不動産物権変動を効力要件化する必要性が乏しい中で，そのような大規模な検討を行う十分な立法事実があるとはいえない。

　以上の次第で，意思表示による物権変動の場面において，登記の効力要件化を図ることについては，実益が乏しい反面，社会的混乱やその影響が大きくなることが

- 11 -

研究報告書 ｜ 13

想定されるため，これを採用しないこととすることについて，概ね異論はなかった。

(2) 取得時効による物権変動

　ア　取得時効による物権変動において，時効の援用による権利取得後その登記がされるまでの間，実体法上の権利関係と登記とが一致しない場面が生ずる。特に，判例によれば，時効取得者は，占有開始時点における土地所有者や，時効完成前に土地所有権を取得した者（時効完成前の第三者）に対しては，登記をしなくても所有権の取得を対抗することができるとされ（最判昭和４１年１１月２２日民集２０巻９号１９０１頁），そのような対抗問題として扱われていない場面では，時効取得者にとっては，登記申請をしようとするインセンティブが，対抗問題として扱われる場面に比べて相対的に弱くなるともいえる。

　　そこで，取得時効による物権変動を登記に忠実に反映させるため，登記の移転を取得時効による物権変動の効力（成立）要件とすることも考えられ，これについて検討を行った。

　　しかし，例えば，長期間の土地の占有により時効が完成し，援用の意思表示がされたが，登記をしていない段階で，土地所有者から占有者に対して土地の明渡請求がされた場合には，占有者は結局時効取得ができないことになるため，長期間継続した事実状態を尊重するという取得時効の制度趣旨と整合しないおそれがあり，登記の移転を取得時効による物権変動の効力（成立）要件とすることを相当とする意見はなかった。

　イ　また，同様の観点から，登記をしなければ時効完成前の第三者に対して時効による権利取得を対抗することができないものとすることについても検討した。

　　しかし，時効完成前の第三者については，その第三者が原権利者から登記の移転を受けていることが通常であり，占有者は時効取得を第三者に対抗することができず，結果的に長期間継続した占有という事実状態が尊重されないことになりかねない。また，判例法理によれば，時効取得者は，時効完成後の第三者との関係では，登記をしなければ対抗することができないこととされており，時効完成後においては，登記申請へのインセンティブが働き，時効完成前の第三者との関係においても，当該第三者が，時効完成後に不動産を転売した場合には，時効取得者は登記をしなければ権利を対抗することができないのであるから，実際には，現行の規律の下でも，時効取得者には常に登記申請へのインセンティブが働いているとも考えられる。本研究会において，登記をしなければ取得時効による物権変動を時効完成前の第三者に対抗することができないとする制度を積極的に導入すべきとする意見はなかった。

(3) 小括

　　相続以外の原因による物権変動について，登記を対抗要件と位置付けることで，登記のインセンティブは確保されており，その登記の位置付けを改めることは，所有者不明土地問題を解決するための方策としては実益が乏しいと言わざるを得ない。

　　そのため，相続以外の原因による物権変動について，他の方策をとるべきかどうかについては，その必要性及び根拠等に留意しつつ，引き続き検討すべきである（第

- 12 -

14 ｜ 第1章　登記制度・土地所有権の在り方等に関する研究報告書

２款から第４款まで参照）が，登記を対抗要件と位置付ける現行の規律は見直すべきではなく，対抗要件主義は維持すべきである。

第２款　不動産登記の申請義務化
第１　登記申請義務
１　土地の登記申請義務
　　　土地について相続による所有権の移転が発生した場合には，相続人等は，これを登記に反映させるために必要となる登記申請をする公法上の義務を負うとする方向で，引き続き検討すべきである。

　　　土地について相続による所有権の移転以外の物権変動が生じた場合に関してその当事者に登記申請をする公法上の義務を負わせるかどうかについては，その必要性及び根拠等に留意しつつ，引き続き検討すべきである。

　　　なお，上記の各場合について，登記の申請を義務付けることとする場合には，それぞれ，後記第２のような登記申請のインセンティブとなる措置や義務違反があった場合に生ずる不利益に関する措置として，どのようなものを設けることが相当であるかを併せて検討すべきである。

（補足説明）
１　問題の所在
　　　現在の不動産登記制度において，権利に関する登記の申請は，契約の相手方等に対する私法上の義務とされることはあるものの，国に対する公法上の義務とはされていない。これは，権利に関する登記は，不動産に関する権利変動について第三者に対する対抗要件を備えるためにされるものである（民法第１７７条）ため，私的自治の原則に従ってその利益を享受しようとする者が必要に応じてその登記を申請すればよいからであるなどと説明されている。

　　　もっとも，相続による所有権の移転が生じているにもかかわらず，その所有権の移転が適時に登記に反映されていない等の理由により，不動産登記簿により所有者が直ちに判明せず，又は判明しても連絡が付かない所有者不明土地の存在が社会問題となっている。所有者不明土地の発生を予防するためには，不動産登記情報ができるだけ最新の情報に近づくようにする施策を講ずることが必要である。

　　　このような問題意識を解消する方策としては，第４款記載の「登記名義人等の特定に関する不動産登記情報の更新」における他の公的情報から取得した情報を不動産登記の登記記録に登記官が反映させる方策もあるが，このほかに，相続等による物権変動が生じた場合に，これを原因とする登記申請を当事者に義務付ける方策があり得るとの指摘がある。
２　対象となる登記原因
　（1）　相続について
　　　所有者不明土地が発生する主要な要因として，相続が発生したにもかかわらず，相続による所有権の移転の登記がされていないことが指摘されている。

　　　本研究会における検討では，相続（注１）による所有権の移転が発生した場合に

- 13 -

研究報告書　│　15

おいて，相続人等においてこれを登記に反映させるために必要となる登記を申請する公法上の義務を負わせること（注2）について，大きな異論はなかった（ただし，義務違反について具体的な効果の規定を設けることについては，慎重な意見があった。）。

　もっとも，この登記申請義務の根拠をどのように理解すべきかについては，以下のとおり，複数の考え方があり得るとの意見があった。

　まず，登記申請義務の根拠については，土地所有者の責務にその淵源を求める考え方があった。具体的には，土地が基本的に有限で新たに生み出すことができないものであり，また，他の所有者の土地と境界を接しているため他人の権利に影響を及ぼし得るものであることから，土地所有者は所有者の地位にあることを公示する社会的責務を負うという意見である。なお，我が国において土地所有者が負う責務については，現在，土地基本法の見直しの検討が進められているところ，そこでの検討内容にも留意しつつ，登記申請義務との関係にも留意する必要がある（注3）。

　他方で，登記申請義務の根拠について，相続登記の特質に求める考え方があった。具体的には，相続登記（法定相続分による相続を原因とする所有権の移転の登記）については対抗要件主義が働かないことや，相続登記がされていない状態は，既に権利能力を有しない者が権利者として登記されている点で公示の観点から問題があること，相続登記がされないと数次にわたる相続の発生によって権利者が増加し，登記と実体との不一致が拡大するおそれが高いことなどを根拠とする意見があった。

　また，端的に，相続登記等がされないことにより公共事業の円滑な実施等に現に支障が生じていることに鑑み，登記申請の義務付けは，これへの政策的な対策としてするものであるという意見もあった。

　（注1）対象となる登記原因を相続に限定する場合には，登記申請義務の根拠を踏まえ，「相続」の範囲について，法定相続分による権利の移転の登記がされた後に遺産分割が行われた場合や，遺言の場合を含むかなどを更に検討する必要がある。

　（注2）後記第2の1記載のとおり，申請義務を負う者の手続的な負担を軽減させ，義務の実効性を確保する観点から，登記申請に準ずる行為として，登記名義人が死亡したことについて登記所に申出をさせる制度を設けることも考えられるが，この制度を設けた場合には，この申出について義務を負わせることも考えられる。

　（注3）所有者不明土地等対策の推進に関する基本方針（平成30年6月1日所有者不明土地等対策の推進のための関係閣僚会議決定）においては，「土地の公共性を踏まえ，土地の管理や利用に関して所有者が負うべき責務や，その責務の担保方策に関して，必要な措置の具体的な方向性を来年（引用注：平成31年）2月を目途にとりまとめる。その後，関係審議会等において法改正に向けた作業を進め，2020年に予定している民事基本法制の見直しと併せて土地基本法等の見直しを行う」こととされている。

⑵　相続以外の原因について

- 14 -

ア　不動産の権利関係を的確に登記に反映させるためには，相続が発生した場合に限らず，不動産の物権変動が生じた場合に広く登記申請義務の対象とすることが考えられる。

　　所有者不明土地が発生する原因として，相続登記が未了の場合に比べれば割合としては少ないものの，売買・交換等による所有権の移転の登記がされていないことも指摘されている。また，対抗要件主義が適用される場面については登記申請にインセンティブが働くため登記申請を義務とする必要はないとの指摘があるが，土地の価値が低いケースなどにおいては，その手続に要する時間・コスト面における負担に土地の価値が見合わないため，登記申請のインセンティブが適切に働かないこともあり得ると考えられる。

　　本研究会における検討においても，登記申請義務の根拠を土地所有者の社会的責務に求める考え方からは，登記申請義務の対象とする登記原因は，所有者となった原因によって差を設ける必要はなく，相続に限られないとの意見があった。また，①通常は登記申請のインセンティブがあるケースであるのに登記をしない者が存在する一方で，②不要な土地を相続したことから，登記をしないことにもやむを得ない事情があるといい得る者が存在するときに，上記②のみに義務を課し，上記①には義務を課さないことには違和感があるとの指摘があった。

イ　これに対し，登記申請を義務付ける根拠を相続登記の特質や所有者不明土地問題への対策という政策的要請に求める考え方からは，相続のみを登記申請義務の対象とするべきであり，売買等の場合にも登記申請義務を課すことには慎重であるべきであるとの意見もあった。

　　また，仮に登記原因を相続に限定せず，取引的な行為に基づく場合にも登記の申請を義務付けるとした場合には，当事者が登記をしないでおきたいと考えたときに，例えば，当事者間で所有権を移転しない旨の特約をすることになるのかなど，登記の義務化が当事者の契約行動にどのような影響を与えるかについても考慮すべきではないかとの指摘があった。

ウ　このほか，権利に関する登記の申請を義務化することに対しては，民法が登記を第三者対抗要件としていること（対抗要件主義，民法第１７７条）と矛盾するのではないかという点についても検討が加えられた。

　　現行法は，対抗要件を具備して権利変動を第三者に対抗することができるようにするかどうかを当事者の意思（私的自治）に委ねているところ，このような個々人の判断を法律で縛ることは適切ではなく，現行法の枠組みはできるだけ尊重されるべきであるとの指摘も考えられるところである。

　　他方で，登記を備えないと第三者に物権変動を対抗することができないという民法上のルールが採用されることと，全く別の目的に基づき公法上の義務として登記の申請義務が課されることとは直ちに矛盾するものではないとも考えられる。

　　また，本研究会においては，民法の起草者は，対抗要件主義の採用に当たって，社会的に問題がなければという点を留保しており，これを担保するため，不法占拠者等の無権利者を含む第三者に対しても所有権を対抗するためには登記を要

- 15 -

研究報告書　｜　17

すると理解していたが，第三者の範囲を制限する判例法理が確立した現在においては，対抗要件主義以外の制裁を科すことも考えられ，新たな社会的問題に対処することも考えられるとの意見があった。

3　対象となる権利の種別
(1)　不動産登記法第3条は，登記することができる権利を，所有権，地上権，永小作権，地役権，先取特権，質権，抵当権，賃借権及び採石権の9種類として定めている（なお，民法及び家事事件手続法の一部を改正する法律（平成30年法律第72号）による改正後は，配偶者居住権が追加され，10種類となる。）。

　　　登記申請義務の対象となる権利について，不動産の権利関係を的確に登記に反映させる要請は，所有権に限られず，不動産登記法第3条に掲げる権利についても同様にあると考えられる。また，相続等が発生した場合に登記がされないままとなるおそれについても，同様に不動産登記法第3条に掲げる権利にも認められると考えられる。そこで，不動産登記法第3条に掲げる権利を広く登記申請義務の対象とすることも考えられる。

(2)　もっとも，用益権や担保権については，所有権と比較すれば，取引の安全以外の社会的利益を考慮する必要性に乏しい。また，登記申請義務の根拠が，土地の所有者の社会的責務に求められるとの考え方からすると，登記申請義務の対象となる権利は，まずは所有権に限られるものとすることが考えられる。

(3)　本研究会における検討では，登記申請義務の根拠は土地の所有者の社会的責務にあることや，登記申請の義務化の範囲は政策目的との関係で限定的に考えるべきであることなどを理由として，所有権のみを登記申請義務の対象とすれば足りるとの意見が大勢を占めた。

　　　そこで，登記申請義務を課す権利としては，所有権のみとするべきであり，所有権以外の不動産登記法第3条に掲げる権利を対象とすることについては，慎重に検討することが相当であると考えられる。

4　対象となる権利変動
　　不動産登記法第3条は，登記の対象となる権利変動として，権利の保存，設定，移転，変更，処分の制限又は消滅を定めているが，上記3のとおり登記申請義務の対象となる権利を所有権のみとする場合には，基本的に，権利の移転及びその前提となる権利の保存が対象となり得るに止まるものと考えられる。

5　義務違反となる時期
　　登記申請を義務化することとした場合には，その登記をいつまでに履行すべきか，逆に言えば，登記申請をしないことが義務違反となるまでの期間をどの程度のものとするかについて検討する必要がある。

　　例えば，相続が生じた場合に登記申請をすべき期間としてどのようなものが考えられるかを検討するに当たっては，相続の承認又は放棄をすべき熟慮期間（民法第915条第1項）との関係や，主観的要件（相続の開始を知ったこと等）を導入することの要否などを検討する必要がある（注）。

　　もっとも，その具体的な期間については，登記申請義務を課される登記の内容や，登記申請義務に違反した場合に与えられる効果をどのようなものとするかによって，

- 16 -

どの程度のものとするのが適切かは異なるものと考えられる。そのため，現時点において，登記申請義務を履行すべき期間を具体的に設定することは困難であると考えられる。

　そこで，申請義務を課される登記の内容や義務違反の効果等を踏まえつつ，引き続き検討することが相当である。

（注）なお，相続登記を義務化した場合において登記申請義務を履行すべき期間について，相続の承認又は放棄をすべき熟慮期間（自己のために相続の開始があったことを知った時から３箇月以内。民法第９１５条第１項）は，相続人に相続放棄等について選択させるための期間であることからすれば，その期間内に相続による権利移転の登記をしなければならないとする規律を設けることは，熟慮期間の趣旨に反し，相当ではないと考えられる。また，登記申請義務の履行すべき期間の始期について，主観的な要件を不要とすると，登記名義人の死亡の事実や相続すべき不動産の存在を知らないときにまで，相続人に申請義務を負わせることとなり，相当ではないと考えられる一方，「相続の開始を知った」等の主観的要件を設ける場合には，共同相続の場合には共同相続人ごとに登記申請義務を履行すべき期間の具体的な始期及び終期が区々になるなどの課題が生ずるものと考えられる。

6　以上のとおり，相続による所有権の移転が発生した場合については，登記の申請義務を負わせる方向で検討するのが相当であり，その具体的内容（義務違反となるまでの期間，義務違反の効果等）について引き続き検討することが相当である。

　また，相続による所有権の移転以外の物権変動が生じた場合における登記申請の義務化については，義務化の根拠等を踏まえてその是非を検討するとともに，引き続き検討することが相当である。

２　対象となる財産

　登記申請義務の対象となる財産は，土地だけでなく，建物をも対象とすることについて，登記申請義務の根拠や必要性に留意しつつ，引き続き検討すべきである。

（補足説明）

1　所有者不明土地問題への対応という観点からは，土地の所有権に関する登記についてのみその申請を義務化すれば足りるとも考えられ，本研究会における検討においても，土地を対象とすれば足りるとの意見があった（注）。

　他方で，現在，空き家が管理不全となって周囲に悪影響を及ぼして問題となるという事例が生じているが，空き家についても所有者の把握が困難であるため，適切な対策を講ずることが困難であるといった問題があると指摘されている。

　また，土地基本法は，土地に限らず，国民の生活の基盤となる空間が適切に利用・管理されることをもその理念に含むものであって，その対象には土地上の建物等も含まれ得るとして，土地だけでなく，土地上の建物についても登記申請義務の対象とすべきである意見もあった。

　なお，建物に関する権利について登記申請義務を課すに当たっては，権利に関する

- 17 -

研究報告書　│　19

登記の前提となる表題登記の申請義務（不動産登記法第４７条第１項）が履行されていなければならないことに留意する必要がある。

　また，土地のみを登記申請義務の対象とした場合には，敷地権付き区分建物については，敷地である土地に関する登記上の公示と一体的に処理されているため（不動産登記法第７３条等），区分建物について登記申請義務を課すかどうかを検討する必要があることにも留意する必要がある。

　（注）このほか，船舶や立木等については不動産と同様に登記制度が整備されているが，これらについて登記申請を義務化すべきであるとの積極的な意見はなかった。

2　以上によれば，土地に関する権利に加えて，建物に関する権利についても登記申請義務を課すことの当否については，その根拠や義務を課す必要性に留意しつつ，引き続き検討することが相当である。

3　登記申請義務を負う主体
　　登記申請義務を負う主体については，相続以外の原因による物権変動についても登記申請義務の対象とするか（上記１）の論点に留意しつつ，次の２案を中心に引き続き検討すべきである。
　　【Ａ案】登記権利者及び登記義務者が負うものとする。
　　【Ｂ案】登記権利者のみが負うものとする。

（補足説明）

1　権利に関する登記の申請は，相続又は法人の合併による場合を除き，登記権利者及び登記義務者が共同してしなければならないものとされている（不動産登記法第６０条）。そこで，登記権利者及び登記義務者の両者が，登記申請義務を負うものとすることが考えられる（【Ａ案】）。なお，相続又は法人の合併による場合など，登記権利者及び登記義務者の一方のみによって登記申請をすることができる場合は，その者が登記申請義務を負うことを前提としている。

2　もっとも，共同申請主義を採用するかどうかは，登記の真正の担保に関する問題であるのに対し，登記申請義務を負う者の問題は，実体上生じている権利変動を登記に反映させないことの責任を誰に負わせるのが相当かという問題であり，両者は趣旨を異にする。そして，そうであるとすれば，当該権利に関する登記をすることにより登記上直接に利益を受ける登記権利者に，登記申請義務を負わせるものとすることも考えられる（【Ｂ案】）。

3　本研究会における検討では，共同申請主義を採りながら，当事者の一方のみが登記申請義務を負うことには違和感があり，所有権が新たな所有者に移転したとしても，所有者の最後の責務として登記申請義務が課されることもあり得るとして【Ａ案】を支持する意見があった。また，売買契約に基づく引取義務は私法上の義務であるものの，それより重い公法上の義務が当事者の一方に課されることは相当ではなく，登記権利者及び登記義務者の双方が登記申請義務を負う方が相当であるとの意見があった。他方で，【Ａ案】に対しては，取消しや解除の場合についても所有者の最後の責

務として登記申請義務が課されるといえるかといった指摘があった。
4　そこで，権利に関する登記の申請義務を負う主体については，相続以外の原因による物権変動についても登記申請義務の対象とするかの論点に留意しつつ，引き続き検討することが相当である。

4　氏名等についての変更の登記申請の義務化
　　登記名義人（注）は，その氏名若しくは名称又は住所（以下「氏名等」という。）について変更が生じた場合には，一定の期間内に，氏名等についての変更の登記の申請をしなければならないとする規律を設けることについて，登記名義人の手続上の負担を軽減させる観点から，不動産登記情報の更新等に関する方策（後記第4款参照）としてどのようなものが採用可能であるか等に留意しつつ，引き続き検討すべきである。
　　（注）表題部所有者や担保権の設定の登記の債務者等の氏名等の変更についても義務の対象とすることも考えられる。

（補足説明）
1　現在の不動産登記制度においては，登記名義人の氏名若しくは名称又は住所（以下「氏名等」という。）について変更があった場合であっても，当該登記名義人に，氏名等についての変更の登記（不動産登記法第64条第1項等）の申請は義務付けられていない（なお，表題部所有者については，同法第31条。）。
　　しかし，登記名義人の氏名等について変更が生じているにもかかわらず，その変更の登記が申請されないまま放置された結果，所有者の所在を容易に把握することができなくなる事態が生じ得る。そこで，このような事態を防ぐため，登記名義人は，その氏名等について変更があった場合には，一定期間内に，氏名等についての変更の登記の申請をしなければならないとすることが考えられ，本研究会においても，不動産所有者が住所についての変更の登記申請をするのは当然ではないかとの意見があった。
2　もっとも，このような義務を課すに当たっては，義務を負うこととなる申請人の手続負担を軽減する方策を併せて検討する必要があると考えられる。また，氏名等についての変更の登記の申請を義務化する場合には，これらの情報を秘匿する正当な理由のある者（例えば，住所を秘匿したいDV被害者等などが考えられる。）をどのように保護するかも検討する必要がある（この点は，登記名義人等に関する不動産登記情報の公開の在り方の見直しにおいて検討するものである。後記第4款第2参照）。
　　また，氏名等についての変更の登記申請に関しては，当事者の申請を待たず，他の公的機関から登記官が情報を取得することにより，職権により氏名等についての変更の登記をするのがより適切であるとの指摘も考えられるが（後記第4款第1参照），このような制度を構築するのであれば，その前提として，登記名義人に登記申請義務を課しておくのが望ましいとの指摘もあり得る。
　　他方で，住民票の除票の保存期間が大きく長期化されれば住所の探索の実際上の困難さは相当程度減少するから，氏名等の変更について登記申請を義務化する必要はな

- 19 -

いとの意見もあった。

3　以上のとおり，登記名義人は，その氏名等について変更が生じた場合には，一定の期間内に，氏名等についての変更の登記の申請をしなければならないとする規律を設けることについては，登記名義人の手続上の負担を軽減させる観点から，不動産登記情報の更新等に関する方策（後記第4款第1参照）としてどのようなものが採用可能であるか等に留意しつつ，引き続き検討することが相当である。

第2　義務化の実効性を確保するための手段について

1　インセンティブの付与による登記申請義務の履行確保

登記申請義務の履行にインセンティブを付与する方策（例えば，一定の期間内において，登記申請の履行（又はこれに準ずる行為）をした登記の申請義務者に対して，その負担を軽減する措置を講ずる。）を実施することにより，相続登記に関する登記申請義務の履行を確保することについて，引き続き検討すべきである。

（補足説明）

1　登記申請を法律上の義務とした場合であっても，その義務が任意に履行されなければ，登記申請を義務化した目的は達成されないままとなる。そこで，申請義務を履行すべき期間内など一定の期間内に申請義務の履行（又はこれに準ずる行為）をすることで，義務を負う者にメリットを与えることとし，これをインセンティブとして申請義務の履行を促進させることが考えられる。

2　例えば，価値の低い土地を相続した場合には，その手続的な負担に見合うほどの登記申請へのインセンティブが働かないとの指摘がされている。このような観点からは，所有権の登記名義人に相続が生じた場合には，一定の期間内において，その相続人の一人が，登記所に対して，①被相続人の死亡の事実及び②対象となる不動産を申し出ることにより，戸除籍謄本等の添付情報の提供をすることなく，法定相続分による相続による所有権の移転の登記を受けられるようにする仕組みを創設し，この期間内に登記申請の履行（又はこれにつながる行為の実行）を促すことが考えられる。ただし，このような方策を実施する場合には，不動産登記簿と戸籍等との連携が一定程度図られるなど，その運用を可能とする環境面の整備が課題となる（後記第4款第1の2参照）。

3　このほか，本研究会における検討では，登記申請のインセンティブとして，登記手続の簡略化や登録免許税の減免措置が必要であるとの意見があった（注）。

なお，登記申請のインセンティブの付与については，期間を限らずに実施すべきであるとの意見もあった。

（注）相続登記に関する登録免許税の負担については，租税特別措置法（昭和32年法律第26号）において，平成33年（2021年）3月31日までの期間，所定の要件を満たす相続に係る所有権の移転登記について免税措置が講じられているところである（同法第84条の2の3）。

4　以上のとおり，相続登記を中心に，登記申請義務の履行を確保する観点から，どのようなインセンティブ措置を講ずることができるのか，引き続き検討することが相当

- 20 -

22　｜　第1章　登記制度・土地所有権の在り方等に関する研究報告書

である。

2 登記申請義務を負う者に不利益を与えることによる実効性確保

(1) 過料による制裁
　　登記申請をすべき義務がある者がその申請を怠ったときは，一定金額の過料に処することについて，引き続き検討すべきである。

（補足説明）
1　不動産登記法は，表示に関する登記について，登記申請をすべき義務がある者がその申請を怠ったときは，１０万円以下の過料に処するものとしている（同法第１６４条）。そこで，相続による所有権の移転が発生した場合等における登記申請を義務化した場合にも，その実効性を確保するため，その登記申請をすべき義務がある者がその申請を怠ったときは，過料による制裁を科すことが考えられる。
2　もっとも，過料による制裁については，１０万円程度の過料では，登記手続に要する費用がこれを上回ってしまい，実効性を欠くのではないかとの指摘が考えられる。
　　また，本研究会における検討では，登記申請義務を怠っていることをどのように捕捉するのかが課題であるとの指摘があり，登記が申請されたときに初めて登記申請義務違反が捕捉され，過料の制裁を受けるのであれば，かえって申請を控える事態を招くのではないかとの意見があった。
　　他方で，実効性がどの程度あるかはともかくとしても，登記申請義務を課す以上は過料による制裁を設けるべきであるとの意見や，実際に過料に処することとしなくても，罰則を定めた規定が設けられること自体によって，一般の国民に対して義務の履行を促す効果は相当あるとの意見があった。過料による制裁のみでは登記がされていない状態が解消されないことから，職権により登記を行うことも検討すべきであるとの意見があった。
　　このほか，相続以外を原因とする物権変動についても登記申請義務を拡大する場合には，対抗要件主義による実体法上の制裁が働き得ることや，登記手続に伴う負担も小さくないことに鑑み，このような物権変動については，過料の制裁を設けないこともあり得るとの意見もあった。

(2) 通知方法
　　登記申請義務に違反した場合には，登記の申請を怠った者に対する法令に基づく通知に関して，不利益な取扱い（例えば，法令の規定により不動産の所有者に対して通知等が必要な場合であっても，当該不動産の所有権の登記名義人の住所に宛てて通知等を発すれば足りるとすること）を許容する新たな措置を講ずることについては，適用される具体的場面に留意しつつ，引き続き検討すべきである。

（補足説明）
1　登記申請を義務化した場合には，その実効性を確保する措置として，過料による制裁以外にも，登記の申請を怠った者に対して一定の法律上の不利益を与える新たな措

- 21 -

研究報告書　｜　23

置を講ずることが考えられる。

　このような観点からは，登記申請義務に違反した場合には，登記申請義務を負っている不動産の所有者に対して法令上通知等を発することが必要となるケースにおいて，当該不動産の不動産登記上の登記名義人の氏名又は名称及び住所に宛てて通知等を発すれば足りる旨の規定を設け（当該規定において通知等を実施したものとみなす旨の規定を設ける。），真の所有者の特定や所在の探索をする必要はないものとする規律を設けることが考えられる（なお，現行法上の類似の規定として，民法第383条，仮登記担保に関する法律（昭和53年法律第78号）第5条第3項がある。）。

2　例えば，不動産登記法第133条は，筆界特定の申請があったときは，筆界特定登記官は，その旨を対象土地の所有権登記名義人等であって筆界特定の申請人以外のもの及び関係土地の所有権登記名義人等に通知しなければならず（同条第1項），これらの者の所在が判明しないときは，掲示場に掲示をすることで通知が到達したものとみなすものとしている（同条第2項）。しかし，同条第1項本文の規定による通知は，不動産登記簿に記録されている所有権の登記名義人等の住所に宛てて発すれば足りることとすれば，不要な探索を省略することができるし，このような不利益を負いたくないという所有者は登記を自ら申請することが期待されると考えられる。

3　なお，このような規律は不動産登記法に限らず，他の法律においても設けることができないかを検討する必要が生ずる。

　例えば，①不動産に関する権利関係を訴訟物とする訴訟の提起に関して，同種の規定（送達の特例等）を設けること（後記第3章第1節第6参照），②各種の行政手続等において不動産の所有者等を名宛人とする処分に関して同種の規定を設けることなどが考えられるところである。

　もっとも，上記の規律が対抗力とは別の効力を登記に与えるという実質を有しており，また，本来の権利者に対する不利益の程度に応じて，その手続保障を図る必要があることに鑑みると，その対象となる規定は個別にその規定の趣旨や具体的な規律の内容等を踏まえつつ選別する必要があり，個別の場面ごとに各法律の個別の規定に関して，どのような効果を与えるのが適切かについて検討をする必要があると考えられる。

　本研究会における検討では，上記の方策に関し，訴状の送達において，不動産登記簿上の住所に送達すれば足りるとすることについては，訴状の送達が訴訟における手続保障の出発点であることから，このような不利益を課すことは相当ではないとの意見があった。また，原告が不動産登記簿上の住所とは異なる被告の現住所を知っているのであれば，その現住所に送達をすべきことになりそうであるが，そうすると，原告の善意又は悪意といった主観面が送達の有効性を左右することになり，現実的な運用は難しいのではないかとの指摘があった。この点については，訴状の送達だけではなく，各種の行政手続においても同様の指摘が妥当し得る。

3　費用負担

　登記申請をすべき義務があるにもかかわらずその申請を怠った者は，当該登記申請がされなかったことによって発生した損害（探索に要した費用等）を賠償する責任を

負うこととすることについては，その制度を設けることが適切な分野はどのようなものかという観点から，その要件や効果を含め，引き続き検討すべきである。

（補足説明）
1　登記申請義務を負う者がその申請を怠っていた場合には，権利者を探索するために追加的な費用の負担が発生することになる。もっとも，当該探索費用については，契約等がない限り，登記申請義務を負う者に請求する法律上の根拠はないものと考えられる。

　　そこで，このような費用等の損害について，登記申請義務を懈怠した者に賠償請求をすることができるとすることが考えられる。

2　もっとも，登記申請義務は公法上の義務として構成されるものと考えられるため，この賠償義務は債務不履行による損害賠償義務とは別の法定の賠償責任と構成せざるを得ないものと考えられる。また，このように公法上の義務として構成する以上，この義務違反を理由とする賠償請求権をどの範囲の者に与えるべきかは，別途検討をする必要があるが，これをどのような範囲とすることが適切か，また，これを適切に区切ることができるのかについては，引き続き検討する必要がある。なお，これを一般化した規定を設けることが困難である場合にも，各法律の個別の規定に関して，この趣旨の規定を設けることは，選択肢の一つとなり得るものと考えられる。

3　本研究会における検討では，費用負担に関する不利益を与える措置については，権利侵害や損害の内容について疑問がある上，公共事業において所有者の探索等をした場合と異なり，一般の私人において探索等をした場合においてまでそのような損害賠償責任を設けるとすることには疑問があるとの意見があった。また，登記申請義務を怠っていたとしても，公共事業において用地取得をしようとする者が，その所有者に対して損害賠償請求権を行使することは事実上難しいといった実務上の観点からの指摘もあった。

4　以上のとおり，登記申請をすべき義務があるにもかかわらずその申請を怠った者は，当該登記申請がされなかったことによって発生した損害を賠償する責任を負うこととすることについては，そのような制度を設けることが適切な分野がどのようなものかという観点から，その要件や効果を含め，引き続き検討することが考えられる。

4　民事実体法上の不利益を与える規定の創設
登記申請をすべき義務があるにもかかわらずその申請を怠っている者に対して，民事実体法上の不利益を与える規定を設けること（例えば，登記申請義務を怠っている者は，実体と一致しない登記を信じた第三者に対し，当該登記が実体と一致しないことを対抗することができないとする規律を設ける。）について，引き続き検討すべきである。

（補足説明）
1　登記申請義務の実効性を確保するため，登記申請をすべき義務があるにもかかわらずその申請を怠っている者に対して，実体法上の不利益を与えることが考えられる。

- 23 -

研究報告書　|　25

2　判例（最判昭和２９年８月２０日民集８巻８号１５０５頁等）は，真実の権利者に帰責性があるときは，民法第９４条第２項を類推適用することにより，不実の登記を信頼した第三者を保護しているが，真実の権利者が不実の登記がされたことを知らなければ通常は帰責性があるとはいえない。そこで，本研究会における検討では，法定相続人が登記申請義務を怠っている状況にあることを前提に，法定相続人の一人であるＡが他の相続人Ｂに無断である土地が全てＡに属する旨の虚偽の相続登記をした場合には，その不実の登記を信頼してその不動産をＡから買い受けた第三者Ｃに対し，Ｂは自己の法定相続分すら主張することができない旨の規定を置いてはどうかとの意見があった。これは，民法第９４条第２項類推適用の法理に類似しているが，真の権利者自身は不実の登記の作出に関与はしておらず，また，不実の登記が作出されたことの認識もない点で異なるものと考えられる。

3　これに対しては，真の権利者にどの程度の帰責性を要求するべきかは，判例を踏まえてよく検討する必要があるとの指摘があった。また，真の権利者Ｂは相続登記を放置し，登記義務に違反したとはいえるが，他方で，相続登記が放置されたこととＡが全ての持分を自己が有する旨の登記を行ったこととの間には因果関係はないとも考えられ（このような登記が行われたのは飽くまでもＡが不実の書類を作成するなどして登記申請をしたためであり，仮に相続登記がされていても，このような登記申請を防ぐことはできないと考えられる。），そのような結果にまで責任を負わせるのは行き過ぎではないかとの指摘があり得る。

このほか，登記申請義務の違反によって所有権を失うという効果を設ける場合には，土地を不要と考えている義務違反者をかえって利することとなり，ますます登記がされなくなることを理由に実体法上の効果を設けることについて慎重な意見もあった。

第３　その他
登記申請義務を課すかどうかにかかわらず，土地の所有者に対して，登記の重要性等の意識を向上させるための更なる取組に努めるべきである。

（補足説明）
本研究会における検討では，法律上，登記申請が義務とされることだけでも，現在よりも，登記申請がされるようになる意義がある旨の意見があった。

他方で，登記申請の義務化をする場合には，土地所有者に対してその義務の意識を向上させる施策が必要であるとの意見のほか，登記されないことが社会問題となることや，相続登記をする意義・方法なども含め，啓発活動を行うことが重要であるとの意見があった。

現在の所有者不明土地問題の解決に当たっては，登記申請義務を課すかどうかにかかわらず，土地所有者に対して，登記の重要性等の意識を向上させることが重要であり，そのために更なる取組に努めることが必要である。

第３款　登記手続の簡略化

- 24 -

第1　法定相続分による所有権の移転の登記がされた後に遺産分割等が行われた場合における登記手続の簡略化
1　遺産分割の場合
　(1)　法定相続分による所有権の移転の登記がされた後に遺産分割が行われた場合における登記は，錯誤による更正の登記により行うこととしてはどうか。
　(2)ア　法定相続分による所有権の移転の登記がされた場合において，その後に協議による遺産分割が行われたときにする更正の登記（上記(1)の登記）は，登記権利者が単独で申請することができるものとするため，必要な法制上の措置を講ずることとしてはどうか。
　　　イ　法定相続分による所有権の移転の登記がされた場合において，その後に相続させる旨の遺言に基づき行う更正の登記は，登記権利者が単独で申請することができるものとするため，必要な法制上の措置を講ずることとしてはどうか。

（補足説明）
　1　(1)について
　　　現在の登記実務においては，法定相続分による所有権の移転の登記がされた後に遺産分割協議が行われた場合における登記は，一度は法定相続分による相続がされた後に遺産分割が行われたという物権変動の態様・過程をそのまま登記に反映させるとして，持分喪失者から持分取得者への持分の移転の登記により行われている（昭和28年8月10日付け民事甲第1392号民事局長電報回答）。これに対し，所有者不明土地問題の解消のため，法定相続分による所有権の移転の登記を含めた相続登記における相続人の負担を軽減し，相続登記を促進するという観点から（注），この場合における登記は更正の登記により行うことができるものとすることが考えられる。
　　　理論的にも，相続人は相続開始の時から遺産分割の結果に基づき相続財産を所有していたこととされること（民法第909条本文）に着目すれば，遺産分割前にされた法定相続分による所有権の移転の登記は，登記事項に「錯誤」（不動産登記法第2条第16号）があったもの，すなわち，登記記録に本来されるべき記録の代わりに誤った記録がされているものとみることもできる。そうすると，錯誤による更正の登記を付記登記により行うものとすることは，このような実体法の規定に沿うということもできる。
　　　ただし，相続開始後，遺産分割前に遺産分割の目的物につき抵当権を設定するなどして利害関係を有するに至った第三者が先にその対抗要件を具備したケースにおいては，付記登記による更正の登記をすることは相当ではないことから，更正の登記ではなく持分の移転の登記によることとなるものと考えられる。
　　　なお，遺産分割によって相続人は他の共同相続人からその持分を取得するとして民法第909条をいわゆる移転主義的にとらえる見解からすれば，更正の登記により行うことは実体的な物権変動にそぐわないのではないかとの指摘も考えられるが，上記のとおり第三者が出現する場合においては，更正の登記ではなく持分の移転の登記によるものと整理すれば，移転主義的にとらえる見解とも大きく矛盾するものではないと考えられる。

- 25 -

研究報告書　│　27

（注）法定相続分による所有権の移転の登記がされた後に遺産分割が行われた場合における持分の移転の登記の登録免許税は，不動産の価額の１０００分の４であるが（登録免許税法第９条別表第１第１号(2)イ），更正の登記の登録免許税は不動産１個につき１０００円である（同条別表第１第１号(14)）。

2　(2)について

　現在の登記実務においては，法定相続分による所有権の移転の登記をすることなく，遺産分割協議の結果に基づいて相続を原因とする所有権の移転の登記をする場合には，遺産分割協議書及び当該遺産分割協議書に押印された申請人以外の相続人の印鑑証明書を登記原因証明情報として提供し（昭和３０年４月２３日付け民事甲第７４２号民事局長通達），不動産登記法第６３条第２項に基づき単独で申請することができるとされている（昭和１９年１０月１９日付け民事甲第６９２号民事局長通達）。また，法定相続分による所有権の移転の登記をすることなく，相続させる旨の遺言に基づいて相続を原因とする所有権の移転の登記をする場合にも，遺言書（裁判所の検認が必要な場合には検認されたもの）を登記原因証明情報として提供し，同項に基づき単独で申請することができるとされている。

　これに対し，①ＡからＢ及びＣへの法定相続分による土地の所有権の移転の登記がされた場合において，その後にＢとＣとの間で当該土地をＢの単独所有とする遺産分割協議がされたときは，Ｂは，不動産登記法第６３条第２項に基づき持分の移転の登記を単独で申請することはできず（昭和２８年８月１０日付け民事甲第１３９２号民事局長電報回答，昭和４２年１０月９日付け民三第７０６号民事局第三課長回答参照），ＢとＣの共同で遺産分割協議の結果に基づく登記の申請をしなければならないものとされている。また，②法定相続分による所有権の移転の登記がされた後に，相続させる旨の遺言が発見され，当該遺言に基づく所有権の更正の登記をする場合にも，同様に共同で申請することとなる。

　しかし，例えば，上記の①のケースについては，遺産分割協議書に押印されたＣの印鑑証明書が必要であるのみならず，申請書又は委任状に記名押印した登記義務者（Ｃ）の印鑑証明書も提出する必要があり，印鑑証明書を重複して提出する必要がある点などにおいて，法定相続分による所有権の移転の登記をしていない場合に比べて手続が煩瑣であり，土地を取得しないこととなったＣから共同申請のための協力を得ることが困難な場合も想定される。また，早期に相続の発生を登記に反映させたためにかえって不利益を受けるのは合理性を欠くものとも考えられる。

　そこで，相続の発生を円滑かつ迅速に登記に反映させるための方策の一つとして，登記権利者が単独で更正の登記を申請することができるものとすることを提案している。そして，上記の①のケースについては遺産分割協議書と当該遺産分割協議書に押印された申請人以外の相続人の印鑑証明書を，②のケースについては遺言書（裁判所の検認が必要な場合には検認されたもの）を登記原因証明情報として提供するものとすることが考えられる。

　この提案に対しては，相続による権利の移転において，遺産共有状態は中間的な位置付けにすぎず，最終的な権利関係の公示を行うことが重要であり，それに至る過程において，法定相続分による所有権の移転の登記を経る場合と経ない場合とで区別す

- 26 -

28 │ 第１章　登記制度・土地所有権の在り方等に関する研究報告書

る必要はないのではないかとの意見や，信頼に足りる添付情報が提供されるのであれ
ば，単独申請を認めても紛争が生ずる可能性は低いと考えられるとの意見等があり，
法定相続分による所有権の移転の登記がされた後に遺産分割が行われた場合におけ
る登記を単独で申請することができるとすることについて特段の異論はなかった。
3　なお，不動産登記法第６３条第２項は，「相続による移転の登記」について登記権
利者が単独で申請することができることを定めるのみで，更正の登記について単独で
申請することができるとは定めていない。
　　そのため，法定相続分による所有権の移転の登記がされた後に協議による遺産分割
が行われた場合に行う更正の登記又は相続させる旨の遺言に基づき行う更正の登記
を，登記権利者が単独で行うことができるものとするためには，不動産登記法第６３
条第２項を改正するなど必要な法制上の措置を講ずる必要がある。

２　相続放棄の場合
　　法定相続分による所有権の移転の登記がされた後に共同相続人の一部の者による
相続放棄が行われた場合において，相続放棄者以外の共同相続人（登記権利者）が行
う錯誤による更正の登記は，登記権利者が単独で申請することができるものとするた
め，必要な法制上の措置を講ずることとしてはどうか。

（補足説明）
1　相続放棄者以外の者が相続を原因とする所有権の移転の登記をする場合において，
法定相続分による所有権の移転の登記がされていないときは，家庭裁判所の証明に係
る相続放棄申述受理証明書を登記原因証明情報として提供することで，不動産登記法
第６３条第２項に基づき単独で申請することができる。
　　しかし，被相続人Ａが登記名義人である甲土地について，相続人Ｂ及びＣの共同相
続登記が経由された後に，Ｃが相続放棄をしたため，Ｂが甲土地について自己の単有
名義の登記を行う場合には，錯誤による更正の登記を，Ｂ及びＣの共同申請により行
うものとされている（昭和３９年４月１４日付け民事甲第１４９８号民事局長通達参
照）。
　　これに対しては，既に相続を放棄し，相続手続から離脱した者から共同申請のため
の協力を得ること（委任状及び印鑑証明書の取得等）が困難な場合も想定され，相続
放棄をした者としても既に相続放棄をしたのに余計な負担を負わされるとの指摘等が
ある。
2　そこで，相続の発生を円滑かつ迅速に登記に反映させるための方策の一つとして，
登記権利者が単独で登記の申請をすることができるものとすることを提案している。
そして，その場合には，家庭裁判所の証明に係る相続放棄申述受理証明書を登記原因
証明情報として提供するものとすることが考えられる。
　　この提案に対しては，特段の異論はなかった。
　　なお，この提案を実現するに当たっては，上記本文１の補足説明３と同様に，所要
の法制上の措置を講ずる必要がある。

- 27 -

3　遺贈の場合

　　法定相続分による所有権の移転の登記がされた後に受遺者が行う遺贈を原因とする登記（注）については，共同申請により行うという現行の規律を維持する方向で引き続き検討すべきである。

　　　　（注）相続人のうちのいずれかの者に対する遺贈の場合には，錯誤による更正の登記で行われ，相続人以外の者に対する遺贈の場合には，真正な登記名義の回復を原因とする所有権の移転の登記（又は共同相続登記を抹消した上で，遺言者から受遺者への所有権の移転の登記）で行われる。

（補足説明）

1　被相続人Aが登記名義人である甲土地について，相続人B及びCの法定相続分による所有権の移転の登記がされた後に，遺産を全部Bに遺贈する旨の遺言書が発見されたため，この遺言によりBが甲土地について自己の単有名義の登記を行う場合には，錯誤による更正の登記を，B及びCの共同申請により行うものとされている（昭和37年6月28日付け民事甲第1717号民事局長通達）。

　　また，同様の事案において，遺産を相続人ではないDに遺贈する旨の遺言書が発見されたため，この遺言によりDが甲土地について自己の単有名義の登記を行う場合には，真正な登記名義の回復を原因とする所有権の移転の登記（又は共同相続登記を抹消した上で，遺言者Aから受遺者Dへの所有権の移転の登記）を，B，C及びDの共同申請により行うこととなる。

　　これに対し，法定相続分による所有権の移転の登記をすることなく，遺贈を原因とする所有権の移転の登記をする場合には，遺言書を登記原因証明情報として提供し，登記権利者である受遺者が登記義務者である遺言執行者又は相続人と共同で申請するものとされているが，一方で，相続させる旨の遺言に基づく相続を原因とする所有権の移転の登記をする場合には，遺言書を登記原因証明情報として提供し，不動産登記法第63条第2項に基づき単独で申請することができるものとされている。

2　そこで，遺贈も遺言に基づき行われるものであり，本来登記義務者となるべき遺言者が死亡して共同申請をすることができないという点においては，相続させる旨の遺言と同様であることなどから，遺言書が提出されれば単独申請を認める余地があるのではないかという考え方があり得る。

　　しかし，遺贈は，相続人以外の者を受遺者とすることができる点で相続させる旨の遺言と異なっており，広くあらゆる者が申請人となり得ることに鑑みると，実際上，遺言の効力が争われるケースも少なくないことが想定され，単独申請を可能とした場合には，登記の真正の担保について問題が生ずるおそれがある。また，共同申請とされていることで，事実上，相続財産が相続人以外の者に遺贈されたことを相続人が知る契機になっており，こうした機能を失わせることには問題があり得るし，実体法上，相続させる旨の遺言の性質は相続であるのに対し，遺贈は遺言によって受遺者に財産権を与える遺言者の意思表示にほかならず，意思表示によって物権変動の効果を生ずる点においては贈与と異ならないものであると解されているから（最判昭和39年3月6日民集18巻3号437頁，東京高決昭和44年9月8日高民集22巻4号63

- 28 -

30 ｜ 第1章　登記制度・土地所有権の在り方等に関する研究報告書

4頁等参照），むしろ，相続するはずであった相続財産を遺贈により失うという不利益を受ける相続人との共同申請とすることは自然でもある。これらの理由からは，相続させる旨の遺言と同様に単独申請を認めることは困難であるとも考えられる。

本研究会における議論では，相続人以外の者が受遺者となる場合がある点に着目し，権利をめぐる紛争が生ずる可能性を無視できないことなどを理由として，単独申請を認めることには消極的な意見が多数を占めたことから，共同申請によるという現行の規律を維持する方向で検討を進めるべきものとしている。

第2　既にされている権利の登記の抹消手続の簡略化
1　法人としての実質を喪失している法人を登記名義人とする担保権に関する登記の抹消手続の簡略化

例えば，①清算結了の登記がされた法人，②法人に関する根拠法の廃止等に伴い解散することとされた法人（注1），③休眠法人として解散したものとみなされた後に一定期間（例えば，20年）が経過している法人など，法人としての実質を喪失しているものを念頭に，このような法人が担保権の登記名義人である場合において，一定の要件（注2）を満たしたときは，登記権利者が単独で当該担保権に関する登記の抹消を申請することができるものとすることについて，引き続き検討すべきである。

（注1）例えば，農業団体法（昭和18年法律第46号）に基づき設立され，同法が農業協同組合法の制定に伴う農業団体の整理等に関する法律（昭和22年法律第133号）の規定により廃止されたことにより解散することとされた農業会などが考えられる。

（注2）例えば，被担保債権の弁済期から20年を経過し，かつ，その期間を経過した後に当該被担保債権，その利息及び債務不履行により生じた損害の全額に相当する金銭が供託されたときなどが考えられる。

（補足説明）
1　実際上，登記がされてから長い年月を経た担保権の登記が残存していることがあり，これが不動産の円滑な取引を阻害する要因の一つとなっているとの指摘がある。

このような担保権の登記を抹消する方法の一つとして，不動産登記法第70条第3項後段は，登記義務者の所在が知れないため登記義務者と共同して権利（先取特権，質権又は抵当権）に関する登記の抹消を申請することができない場合において，被担保債権の弁済期から20年を経過し，かつ，その期間を経過した後に当該被担保債権，その利息及び債務不履行により生じた損害の全額に相当する金銭が供託されたときは，登記権利者は単独で当該担保権に関する登記の抹消を申請することができる旨を定めている。

これは，被担保債権の弁済期から長期間担保権を行使しない担保権者については一般的に担保権行使の意思がないと推認され，その登記における保護の必要性が減少していること，登記記録上の被担保債権等の全額が供託された場合には，実体法上弁済の効力を有する供託である蓋然性が高いことから，担保権が登記手続上は被担保債権の弁済により消滅したと擬制する効果を法律上与えたものであるとされている（それ

- 29 -

研究報告書　│　31

により担保権が実体的に消滅するものではない。）。

　もっとも，登記名義人が法人である場合において，不動産登記法第７０条第１項の「登記義務者の所在が知れない」とは，例えば，登記記録に当該法人について記録がなく，かつ，閉鎖した登記記録も保存期間（２０年）が経過して保存されていないため，その存在を確認することができない場合がこれに該当すると解されている（昭和６３年７月１日付け民三第３４９９号民事局第三課長依命通知参照）。そのため，同条第３項後段の適用場面は限られたものとなっているとの指摘がある。仮に，同項後段の適用がなく，清算人も存しない場合には，裁判所に対して清算人の選任を請求し，清算人との共同申請により登記の抹消を申請するか，清算人の協力が得られない場合には清算人を被告として登記抹消請求訴訟を提起し，認容判決を得て，同法第６３条第１項に基づき登記の抹消を申請することとなるが，登記から相当長期間を経たものの中には，被担保債権が数十円，数百円程度の僅少なものも存在するため，同法第７０条第３項後段を適用することができた場合と比較して，清算人費用の予納等が必要となり，登記権利者の負担は大きくなる。

２　そこで，不動産登記法第７０条第３項後段の規定を参考にしつつ，担保権の登記名義人である法人について，法人としての実質を喪失していて，清算人も死亡するなどしてその協力を得ることが困難になっている場合を念頭に置いた上で，担保権の登記の抹消手続を簡略化することが考えられる。

　他方で，たとえ清算結了の登記がされているとしても，清算未了の財産が残存している可能性はあることや，担保権の設定登記後長期間を経過している被担保債権は，時効により消滅している可能性もあるものの，承認や一部弁済等により時効が完成していない可能性もあり，登記が残っている以上，権利が存在すると推定すべきであることなどから，抹消手続の簡略化には慎重であるべきではないかといった指摘も考えられる。

３　本研究会においては，本文に例示された各法人は，いずれもその債権が時効消滅している可能性が高い上，権利行使の機会が十分与えられていることから，これらの法人に対する権利保障を殊更に重視する必要まではなく，ある程度の抹消手続の簡略化をすることは許容されるのではないかという点については大きな異論はなかった。他方で，これらの法人であれば，不動産登記法第７０条第３項が定める弁済期から２０年を経過し，かつ，その期間を経過した後に当該被担保債権，その利息及び債務不履行により生じた存在の全額に相当する金銭が供託された場合という要件を緩和しても良いのではないかという意見や，上記の要件を満たす場合には，事業活動をしている可能性があるとしても抹消手続の簡略化を認めても良いのではないかという意見等があった。

　したがって，登記がされてから長い年月を経た担保権の登記を抹消する手続の簡略化については，実体法上権利が存続している可能性があり得ることにも留意しつつ，簡易な手続により登記を抹消することを認めるように，その要件設定について引き続き検討する必要がある。

２　不動産登記法第７０条第３項の規定による登記の抹消手続の対象とならない担保権

- 30 -

32 ｜ 第１章　登記制度・土地所有権の在り方等に関する研究報告書

以外の権利に関する登記の抹消手続の簡略化
（1）　買戻しの特約の登記について
　　　買戻しの特約の登記について，登記義務者の所在が知れないため登記義務者と共同して権利に関する登記の抹消を申請することができない場合において，買戻期間の上限である１０年を経過したときは，登記権利者は登記義務者が所在不明であることを証する情報を提供することで，単独で登記の抹消を申請することができるものとするため，必要な法制上の措置を講ずることとしてはどうか。

（補足説明）
１　買戻しの特約の登記の抹消は，買戻権者である登記義務者と共同して申請する必要がある。登記義務者の所在の把握が困難である場合には，①当該登記義務者の不在者財産管理人や相続財産管理人を選任し，その者に対して抹消登記手続請求訴訟を提起して（なお，登記義務者が不在者であるときは，不在者財産管理人の選任の申立てをせず，不在者を被告として訴訟を提起し，公示送達を申し立てる方法もある。），その勝訴の確定判決に基づき単独申請により登記の抹消をする方法（不動産登記法第６３条第１項）があるが，一定の時間とコストを要するものであり，また，②公示催告の申立てを行い，除権決定を得て単独申請により登記の抹消をする方法（同法第７０条第１項，第２項）は必ずしも利用されていない。
　　　このような事情から，買戻期間の満了した買戻権の登記が残存しており，特に登記義務者の所在が知れない場合には容易に当該登記を抹消することができず，不動産の円滑な取引を阻害しているとの指摘もある。
２　実体法上，買戻しの期間は１０年を超えることができないとされ，買戻しについて期間を定めたときは，その後にこれを伸長することができないとされていることから（民法第５８０条），買戻期間がこれらの期間を超えて延長されることはない。
　　　ただし，例えば，登記された買戻期間は３年であったが，当事者間では買戻期間を５年として合意していたといったケースでは登記された買戻期間である３年を経過しているからといって，必ずしも実体法上も当該買戻権が消滅しているとはいえない。
　　　そこで，本文では，登記義務者の所在が知れないため登記義務者と共同して権利に関する登記の抹消を申請することができない場合において，買戻期間の上限である１０年を経過したときは，登記権利者は登記義務者が所在不明であることを証する情報を提供した上で，単独で登記の抹消を申請することができるものとすることについて提案している。
　　　なお，本研究会では，買戻期間の上限である１０年を経過し，買戻権の消滅が明らかであるなら，単独で登記の抹消を申請することができる場合を，登記義務者の所在が知れない場合に限定せず，より広くするべきではないかとの意見もあった。共同申請が原則である以上，単独申請を認めるのは登記義務者が不存在であるのと同視することができるような状況に限るべきであるとの指摘もあり得るところであり，引き続き検討する必要がある。
　　　また，期間経過による買戻権消滅の主張が信義則上許されないとした最高裁判決（最判昭和４５年４月２１日集民９９号１０９頁）があることについても留意する必

- 31 -

研究報告書　│　33

要があるとの意見があった。

(2) 登記記録に記録された存続期間の満了している権利（地上権，永小作権，賃借権
及び採石権）に関する登記について
　登記記録に記録された存続期間の満了している権利（地上権，永小作権，賃借権
及び採石権）に関し，次のような規律を設けるものとすることについて，登記記録
上の存続期間の満了後もなお実体法上権利が存続している可能性があることに留意
しつつ，引き続き検討すべきである。
　登記義務者の所在が知れないため登記義務者と共同して権利に関する登記の抹消
を申請することができない場合において，登記記録に記録された権利の存続期間の
満了後一定期間が経過しているときは，登記権利者は，登記義務者が所在不明であ
ることを証する情報を提供した上で，登記義務者の登記記録上の住所及び住民票上
の住所に宛てた当該権利に関する登記の抹消の申請がされた旨の通知がされ，かつ，
その旨の公告がされても，登記義務者からの異議がなければ，単独で当該権利の登
記の抹消をすることができるものとする。

（補足説明）
1　登記義務者の所在の把握が困難である場合には，上記本文2(1)の補足説明1に記載
したのと同様の理由に基づき，実体上は既に存続期間の満了等により消滅している用
益権（地上権，永小作権，賃借権及び採石権）に関する登記が抹消されないまま残存
することがあり，同様に，不動産の円滑な取引を阻害しているとの指摘がある。
2　地上権，永小作権及び賃借権については，それぞれ，存続期間の定めがあるときは
その定めが登記事項とされており（不動産登記法第78条第3号，第79条第2号，
第81条第2号），採石権については，存続期間が必要的登記事項とされている（同
法第82条第1号）。そこで，本文では，登記記録に記録された権利の存続期間が満
了し，かつ，そこから更に一定期間が経過している場合には，当該権利が既に消滅し
ている可能性が高いことを踏まえ，登記記録上の住所への通知及び公告により登記義
務者の手続保障を図った上で，異議がないときは，登記権利者が単独で当該権利の抹
消をすることができるものとすることを提案している。
3　もっとも，これに対しては，登記記録上の存続期間が満了しているとしても，上記
各権利については，いずれも存続期間の更新があり得るものであり，かつ，その更新
の結果を登記に反映しなくとも土地所有者に変更がない限りは土地所有者と用益権者
との間では問題を生じないことから，存続期間の更新により依然として存在している
権利について，その登記を抹消してしまうことになりかねないとの指摘があり得る。
　また，登記義務者の手続保障を登記記録上及び住民票上の住所への通知及び公告で
足りるものとすることにも，用益権の登記が抹消される不利益を考えると必ずしも十
分ではないといった懸念があり得る。
　そこで，本研究会では，依然として存在している権利について，その登記を抹消し
てしまうことを避けるため，所在不明の場合に限った上で，更に当該権利が消滅して
いる蓋然性が高いケースに絞る要件を付加した上で簡略化を認めることとしてはどう

かとの意見があった。

4　このように，登記記録に記録された存続期間の満了している権利に関する登記の抹消手続の簡略化については，登記記録上の存続期間の満了後もなお実体法上権利が存続している可能性があることに十分に留意しつつ，簡略化の要件設定について引き続き検討する必要がある。

第3　時効取得を原因とする所有権の移転の登記手続の簡略化

1　登記義務者の所在が知れない場合

　　登記義務者の所在が知れない場合の時効取得を原因とする所有権の移転の登記の申請を登記権利者が単独で行うことができるものとすることの是非については，単独申請を認めるための要件及び手続等に十分に留意しつつ，次の各案の採否も含め，引き続き検討すべきである。

【A案】登記義務者の所在が知れない場合において，不動産の所有権を時効取得した者が時効取得を原因とする所有権の移転の登記を単独で申請することができるものとした上で，次のような規律を設けるものとする。

①　登記申請に当たって，当該登記の申請を代理する資格者代理人が作成した不動産の占有状況や登記義務者が所在不明であることを示した調査報告書の添付を要するものとする。

②　登記官は，上記①の添付情報の審査のほか，必要に応じて更なる調査を行う権限を有するものとする。

③　登記官は，登記義務者である所有権の登記名義人に対し，その登記記録上の住所及び住民票上の住所に宛てて当該申請がされた旨を通知するとともに，その旨を公告し，異議がないことを確認するものとする。

【B案】登記義務者の所在が知れない場合において，公示催告の申立てを行い，取得時効が成立した旨の裁判所の決定があったときは，不動産の所有権を時効取得した者が時効取得を原因とする所有権の移転の登記を単独で申請することができるものとする。

（注）共同相続された土地につき，共同相続人の一人による時効取得を原因とする所有権の移転の登記手続の簡略化についても，相続人による取得時効に関する検討（後記第3章第1節第5の2参照）を踏まえて，引き続き検討すべきである。

（補足説明）

1　時効取得を原因とする所有権の移転の登記は，共同申請により行うものとされているところ，登記義務者の所在が知れない場合には，当該登記義務者の不在者財産管理人や相続財産管理人を選任し，その者に対して所有権移転登記手続請求訴訟を提起して（なお，登記義務者が不在者であるときは，不在者財産管理人の選任の申立てをせず，不在者を被告として訴訟を提起し，公示送達を申し立てる方法もある。），その認容判決に基づき単独で申請することとなるが（不動産登記法第63条第1項），これには多大な時間やコストを要する。そうすると，実体的には時効取得した所有者が存在するにもかかわらず，当該所有者名義の登記がされることが躊躇され，所在不明

- 33 -

研究報告書　｜　35

の登記義務者名義の登記が残存し続けることによって，所有者不明土地が解消されない要因となり得る。

2　そこで，このような負担を軽減し，所有者不明土地の発生を抑制するために登記手続を簡略化する方策として，本文では，２つの案について引き続き検討することを提案している。

(1)　【A案】

時効取得が実体的真実に合致することを確保するため，時効取得したことを主張する申請人が所有権の移転の登記の申請をするに際しては，登記義務者が所在不明であることについての調査報告書のほか，申請人が時効取得したことを証する情報として，資格者代理人が作成した不動産の占有状況に関する調査報告書の提供を求め，さらに，登記義務者の登記記録上の住所及び住民票上の住所に宛てた通知と公告をし，登記義務者に異議がないかどうかを確認することが考えられる。

また，このような添付情報の審査に加え，時効取得の成否を判断するための資料が不十分であると判断した場合には，登記官が自ら必要に応じて調査することができるという調査権限を付与することが考えられる。もっとも，権利に関する登記については，形式的審査主義がとられ，申請に当たって提出された情報と既存の登記記録だけを資料とする審査方法が原則とされているところ，こうした登記官の積極的な調査は，形式的審査主義とは相容れないのではないかとの指摘が考えられる。

(2)　【B案】

取得時効による所有権の取得が原始取得であるという法的理解を前提とすれば，時効取得を原因とする所有権の移転の登記は，従来の所有権の登記の抹消と新たな所有権の保存の登記の実質を備えているものと考えることもできる。そこで，公示催告及び除権決定による登記の抹消手続について規定する不動産登記法第７０条第１項及び第２項を参考として，公示催告の申立てを行い，取得時効が成立した旨の裁判所の決定があったときは，申立人は単独で時効取得を原因とする所有権の移転の登記ができるとすることが考えられる。

もっとも，【B案】に対しては，取得時効による所有権の取得が原始取得であることを根拠にすることは便宜的にすぎ，適切ではないのではないかとの意見があった。また，除権決定は，公示催告の申立てに係る権利につき失権の効力を生ずる旨の裁判（非訟事件手続法第１０６条第１項）であるとされているところ，裁判に基づき時効取得を原因とする所有権の移転の登記ができるとしているにもかかわらず，私法上の権利義務関係を変動させないものと整理できるか疑義がある上，従来の除権決定の制度を大きく超えるものであり，困難であるとの指摘等があった。このほか，裁判所の決定を除権決定に引きつけて制度化を検討するのではなく，例えば，申請に代わる許可の裁判として位置付けて制度化を検討することが考えられないかとの意見もあった。

3　本研究会においては，【A案】について，登記官は形式的審査権しか有しないものの，提出された調査報告書から占有の継続が客観的に証明されているのであれば，取得時効の成立を登記官においても判断することができるのではないかとの意見があったが，他方で，登記官がこれまで行ってきた形式的審査に適合しないことから，少な

- 34 -

くとも裁判所の関与が必要ではないかとの意見もあった。

また，【B案】については，不動産登記法第７０条第１項及び第２項の手続と同様に利用されにくいという懸念があるのではないかとの意見や，裁判所が関与するとしても，公示催告及び除権決定という手続でよいかは疑問があり，手続の内容を更に検討する必要があるとの意見等があった。

さらに，登記義務者が所在不明である場合であっても，所有権の帰属について争いがあり得る時効取得の場面において，単独申請を認めてよいか疑問であるとの意見や，この場合に単独申請が認められるのであれば，時効取得以外の登記原因（例えば売買等）による場合であっても同様に単独申請が認められ得ることにもなりかねないため，その影響について慎重に検討すべきであるとの意見，時効取得については占有の継続が要件とされており，時効取得を時効完成後の第三者に対抗するためには登記をする必要があることから相続と異なり登記申請についてインセンティブが働いており，あえて共同申請の例外を設ける必要はないのではないかとの意見等があった。

このほか，簡略化の方策を実施する地域については，共同申請の例外を認める必要性の高い地域に限定するなどすべきではないかとの意見もあった。

4　以上のとおり，登記義務者の所在が知れない場合の時効取得を原因とする所有権の移転の登記の登記申請を登記権利者が単独で行うことができるものとすることの是非については，登記を失う者の手続保障や単独申請を認めるための要件及び手続等に十分に留意しつつ，引き続き検討する必要がある。

なお，仮に上記登記手続について見直しが行われなかったとしても，不在者財産管理制度や相続財産管理制度，共有物の管理権者に関する見直しが図られた場合には（後記第３章第１節第２及び第６，第２節第２，第３参照），相続財産管理人等を被告とする訴訟提起に関し，一定程度の負担軽減につながることに留意すべきであるとの指摘があった。

加えて，例えば，登記名義人が死亡し，その相続登記が未了の間に第三者が占有を開始して時効取得したが，登記名義人の相続人の全部又は一部が所在不明である場合に，①上記の手続を経た時効取得者が当該相続人名義の相続登記を単独で申請することができるものとするかどうか，あるいは②上記の手続を経た時効取得者は，登記名義人から直接時効取得者への所有権の移転の登記を単独ですることができるものとするかどうかといった点については，後記２の議論も踏まえつつ，更に検討する必要がある。

5　また，共同相続された土地につき，共同相続人の一人による時効取得を原因とする所有権の移転の登記手続の簡略化についても，相続人による取得時効に関する検討（後記第３章第１節第５の２参照）の内容を踏まえつつ，引き続き検討すべきである。

2　取得時効の起算日前に所有権の登記名義人が死亡した場合

登記名義人が死亡し，その相続登記が未了である間に第三者が占有を開始し，その後，時効取得した場合に，登記名義人から直接時効取得者への所有権の移転の登記をすることができるようにすることについては，実際の権利変動の過程を正確に登記に反映する必要性等を踏まえつつ，引き続き検討すべきである。

- 35 -

研究報告書　｜　37

（補足説明）

1　時効起算日前に所有権の登記名義人が死亡し，その相続登記が未了の場合には，時効取得を原因とする所有権の移転の登記の前提として，相続人への相続による所有権の移転の登記を要するものとされている（登記研究４５５号８９頁質疑応答６６３９参照）。

　取得時効による所有権の取得が原始取得であることを重視すれば，相続による所有権の移転の登記を経るのは迂遠であり，相続による所有権の移転の登記を経ることなく，登記名義人から直接時効取得者への所有権の移転の登記をすることができるようにできないかとの指摘がある。

2　もっとも，実体法上は，所有権の登記名義人の相続の開始と同時に，相続人が不動産の所有権を取得し，所有権の登記名義人の死亡の日から時効起算日までの間は，所有権は相続人に帰属しているものといわざるを得ないから，相続人への相続による所有権の移転の登記を省略することは，実際の権利変動の過程を正確に反映しない中間省略的な登記をすることにならざるを得ないとの指摘が考えられる。

3　本研究会では，例えば数次相続が発生している場合でも全ての相続登記を経由しなければならないとすると，結局現在の所有者が登記に記録されにくくなるとの問題があるため，解決策を検討する必要があるのではないかとの意見もあったが，他方で，登記名義人から相続人への相続登記を不要としたとしても，相続人が登記義務者となるため当該相続人を探索する手間は変わらないのではないかとの意見等があった。

4　したがって，所有権の登記名義人から相続人への相続による所有権の移転の登記を経ることなく，登記名義人から直接時効取得者への所有権の移転の登記をすることができるようにすることについては，実際の権利変動の過程を正確に登記に反映する必要性を踏まえつつ，引き続き検討する必要がある。

第4　その他

1　仮差押え又は仮処分の登記

登記されてから長期間が経過している仮差押え又は仮処分の登記の抹消手続を見直すべきではないかとの指摘があるが，その見直しを行うとすれば，登記の抹消手続のみの観点ではなく，保全命令の取消しという裁判手続固有の観点からの議論が必要であることに留意して検討すべきである。

（補足説明）

1　仮差押え又は仮処分の登記を抹消するためには，債権者が保全命令の申立てを取り下げない限り，裁判所による保全命令の取消しがされることが必要である。そのため，現状において，仮差押え又は仮処分の登記がされてから長期間が経過している場面においては，債務者又はその承継人が当該登記の抹消を求めるために保全命令の取消しの申立てをしたいと考えても，当該申立ての相手方とすべき債権者又はその相続人の調査等に困難が生じ得るため，当該申立てを容易にすることができないことがあるとの指摘がある。また，保全命令の取消しは「債務者の申立てにより」行うものとされ

ているため（民事保全法第３７条第３項，第３８条第１項，第３９条第１項），債務者又はその承継人の積極的な助力が得られない限り，独自に仮差押え又は仮処分の登記の抹消を求めることが困難であるとの指摘もあり得る。

2　もっとも，これに対しては，現在の保全命令の取消しの手続は実際上は必ずしも大きな負担になっているとまではいえないのではないかとの意見があった。また，これを見直すとしても登記の抹消手続の観点から見直しを検討することだけで足りるものではなく，長期間経過した保全命令の取消しの在り方等を含めて幅広く慎重に検討する必要があり，保全命令の取消しという裁判手続固有の観点から議論をする必要があるものと考えられ，この点については，本研究会において，特段の異論はなかった。

2　清算型遺贈

相続財産を売却した上で，売却代金を相続人又は第三者に与える旨の遺贈がされた場合に，死亡した所有権の登記名義人から相続人への相続による所有権の移転の登記を経ることなく，登記名義人から直接売却先への所有権の移転の登記をすることができるようにすべきではないかとの指摘があるが，これについては所有権の登記名義人から相続人への相続による所有権の移転の登記を経る必要があるとする現在の規律を維持すべきである。

（補足説明）

遺言者が所有する不動産を相続開始後に売却し，その売却代金を相続人又は第三者に遺贈する旨のいわゆる清算型遺贈がされた場合に，遺言執行者が遺言者名義の不動産を売却して買主名義の所有権の移転の登記をするときは，その前提として遺言者から相続人への相続による所有権の移転の登記を経由する必要があるものとされている（昭和４５年１０月５日付け民甲第４１６０号民事局長回答）。

このような清算型遺贈については，登記名義人である遺言者から直接売却先への所有権の移転の登記をすることができるようにできないかとの指摘があるが，清算型遺贈の場合には，遺言者が死亡してから不動産を売却することとなるため，実体法上は，相続の開始と同時に一旦相続人が不動産の所有権を取得し，遺言者の死亡の日から売却の日までの間はその所有権は相続人に帰属しているものといわざるを得ない。

また，本研究会においても，そもそも，清算型遺贈とは，相続人の同意があることを前提として事実上行われているものにすぎず，一度は相続人が相続した財産を第三者に売却しているものとみるほかないのではないかとの指摘があり，登記名義人から相続人への所有権の移転の登記を必要とする現在の規律は相当であるとの意見が多数を占めた。

そこで，現在の規律を維持することが相当であるとしている。

第４款　不動産登記情報の更新等
第１　登記名義人等の特定に関する不動産登記情報の更新
1　戸籍等からの情報の取得と不動産登記情報の更新

戸籍や商業登記等から最新の情報を取得してこれを不動産登記の登記記録に反映させて情報を更新することができれば，不動産登記記録上の情報と最新の情報との不一

致の発生を防止する有効な手段となり得るものと考えられることを踏まえ，各不動産登記記録上の登記名義人等を具体的に特定し，戸籍や商業登記等の特定の個人又は法人の情報との対応関係を確認した上で，これらを相互に関連付ける手法（不動産登記の情報と戸籍や商業登記等の情報との紐付けのための手法）の検討を含め，このような情報取得と情報更新を合理的に行うための課題について，引き続き検討すべきである。

（補足説明）
1　不動産登記が戸籍や商業登記等から最新の情報を取得し，当該情報を更新する必要性

　　現在の不動産登記制度においては，相続等により所有権の移転が生じた場合や，登記名義人等の氏名又は名称及び住所に変更があった場合にも，これを直ちに登記に反映させる義務があるわけではないことから，その都度その変更の登記の申請をするかどうかは当事者に委ねられている。そのため，登記記録上の情報と実際の最新の情報に不一致が生じていることが少なくなく，これが所有者不明土地が発生する原因となっているとの指摘がある。また，不動産登記の公示機能をよりよく発揮させ，不動産取引の円滑化を図るといった観点からも，土地の基本情報である不動産登記の情報ができるだけ最新で正確なものとなることは重要であるとの指摘がある。

　　このような中で，登記記録上の情報と実際の最新の情報とを一致させるため，登記所が自ら相続や氏名等の変更について最新の情報を取得することが考えられ，例えば，戸籍，商業登記等（以下「戸籍等」という。）の情報を取得し，これを適時に不動産登記に反映させることが考えられる。

　　本研究会における検討においては，例えば住所の変更の登記をしようとしても過去の住所の変遷を追うことが難しい場合があるため，登記記録上の情報と最新の情報とを一致させる取組を進めていくべきであるなどとして，このような取組の内容面においては詳細を検討すべき点は多くあるものの，その方向性については肯定的な意見が多数を占めた。

　　他方で，死亡情報や住所情報などの個人に関する情報の公開に本人をどのように関与させるかという視点に留意する必要があるとの指摘や，不動産の所有者が自らの所在等を探知可能にしておく必要があることの根拠（例えば，登記に公信力はないことから，不動産の取引をしようとする者はその不動産の所有者について調査する必要があり，そのためには所有者は自らの所在を探知可能な状態にしておくべきものともいえる。）についても留意すべきであるとの意見があった。

2　登記名義人等の特定に関する不動産登記情報の更新に係る課題

　　上記1のような登記名義人等の特定に関する登記情報を更新する仕組みを構築する場合には，①不動産登記記録上の登記名義人等と戸籍等の情報との相互の関連付け，すなわち，「紐付け」をするために必要な情報を登記所が収集・保有し，②当該情報を検索キーとして特定の登記名義人等と特定の個人又は法人の戸籍等とを紐付けて異動情報があればこれを登記所が取得し，③当該取得した情報を紐付けられた先の不動産登記に反映して情報の更新を行うという段階を踏むことになるものと考えられる。

- 38 -

40　｜　第1章　登記制度・土地所有権の在り方等に関する研究報告書

そして，①の段階に関しては，情報の取得先ごとに，紐付けをするための情報として何が適切であるかという課題（後記３）や，紐付けのための情報の収集について，新たな登記申請がされることを待つか，これを待たずに既に登記記録に記録されている登記名義人等についても個々に紐付けをする作業を行うかという課題（後記４）などがある。②の段階に関しては，戸籍等の情報のうち，どのような情報をどのようなタイミング・方法で取得することとするかという課題が，また，③の段階に関しては，取得した情報をどのような手続を経て更新するかという課題（後記本文２）等があり，相互に関連し合うこれらの課題について，運用やシステム的な側面からの検証も含めて多面的に検討していく必要がある。

3　不動産登記記録上の登記名義人等と戸籍等の情報とを紐付けるため，登記所が新たに保有する情報

　(1)　登記名義人等が自然人である場合

　　　登記名義人等が自然人である場合において，特定の登記名義人等と，戸籍等の特定の個人とを紐付け，戸籍等における異動情報を不動産登記に反映させるための方法としては，不動産登記において，氏名や住所のほか，特定の個人を識別するための符号その他の情報，本籍，生年月日，性別等の情報を保有し，これを検索キーとすることが考えられる。これらの情報の中で，具体的にどのような情報を保有することとするかについては，不動産登記システムの技術的側面や，戸籍等の情報の取得先における制度改正の帰趨等も考慮しつつ，引き続き検討する必要がある。

　　　なお，外国人など戸籍に記載されていない者については，情報の取得先を含め，戸籍に記載されている者とは異なる独自の論点についても検討が必要となる。

　(2)　登記名義人等が法人である場合

　　　登記名義人等が法人である場合について，特定の登記名義人等と，商業登記の特定の法人とを紐付け，商業登記における異動情報を不動産登記に反映させるための方法としては，不動産登記において，会社法人等番号（商業登記法第７条）を保有し，これを検索キーとするのが合理的である。

4　紐付けのための情報を不動産登記記録ごとに保有するための方法

　　上記３において候補としている紐付けのための情報は，氏名又は名称及び住所を除けば，現状においては，登記所においては全く把握していないか，検索可能な状態では把握がされていないものである。そのため，上記３のように，紐付けのための情報を検索キーとして登記情報の更新を行うに当たっては，不動産登記記録ごとに，この情報を取得した上でこれを保有することが必要になる。

　　このための対応策としては，新たな登記申請を待つこととした上で，申請時に紐付けのための情報の提供を求め，これを不動産登記記録ごとに保有しておくことが考えられる。

　　もっとも，新たな登記申請を待つこととする場合には，新たな登記申請がされるまでに数十年の期間を要する不動産も存在することから，全ての不動産登記記録に紐付けのための情報を付与するのに極めて長期間を要することになる。

　　なお，新たな登記申請を待たずに，既に登記記録に記録されている登記名義人等について個々的に戸籍等との紐付けをする作業を実施することも考えられないではな

- 39 -

研究報告書　｜　41

い。しかし，この作業は極めて多くの手数を要するものであり（注），その過程で人為的なミスが起こる可能性もあることから，本研究会においては，このようなミスを原因として誤った情報が公示されることは問題であるとの意見もあった。そのため，このような作業を実施することに関しては慎重に検討する必要がある。

　　（注）登記記録上の氏名又は名称及び住所は基本的に過去の一定時点における氏名又は名称及び住所にすぎない。そのため，これを基に戸籍等との紐付けを行うとした場合には，多くの困難を伴うものと考えられる。例えば，戸籍から個人の死亡や氏名の変更等の情報を取得するために紐付けを行おうとする場合には，登記記録上の氏名及び住所と，当該登記がされていた時点の戸籍上の氏名及び本籍でデータのマッチングを試み，本籍と住所が一致すれば紐付けをすることが一応可能であると考えられるが（ただし，戸籍や登記記録の文字情報には外字が多く含まれており，マッチングを行うためにはこれを同定し，統一する必要がある。），本籍と住所が一致しない場合には，このデータのみでの紐付けは困難である。この場合には，登記申請時に添付された住民票や戸籍の記載を確認して本籍の記載を調査したり，本籍の記載のある住民票（除票も含む。）の公用請求を行ったりすることなどが考えられるものの，その労力やコストは多大なものとなる。

5　その他

　　所有者不明土地問題の解消の観点からは，第一義的には，所有権の登記名義人及び表題部所有者の氏名又は名称及び住所を情報更新の対象とすることが考えられるが，不動産登記の公示機能を高めるといった観点も考慮すれば，登記名義人（所有権の登記名義人に限らない。）や担保権の登記における債務者並びに信託の登記における委託者，受託者及び受益者等も対象とすることが考えられる。もっとも，担保権の登記における債務者の氏名又は名称及び住所等についてまで最新の状態に保つ必要性は高くなく，費用対効果を検討すべきであるとの指摘もあり得るところであり，最新の情報を反映することとする登記名義人等の範囲について，引き続き検討する必要がある。

　　このほか，登記名義人等の特定をより正確に行うという観点から，登記所が，性別，生年月日又は本籍の情報を保有することの要否についても議論された。しかし，その観点からこれらの情報を保有すべきであるとする積極的な意見はなかった。ただし，同一の登記記録上に住所を同じくする同名異人がある場合には，氏名及び住所のほか，生年月日の登記をするのが相当であるとされている先例（昭和45年4月11日民事甲第1426号民事局長回答）については，この点に法令上の明確な根拠を与えるべきではないかとの意見があった。

2　戸籍等から得た情報に基づいて不動産登記情報を更新するための手続

　　上記本文1に基づき戸籍等から取得した個人又は法人の情報に基づいて不動産登記情報を更新するための手続に関しては，申請主義の原則との関係に留意しつつ，次の各案について引き続き検討すべきである。

　　【A案】変更された情報を探知した登記所が，登記名義人等に対し，不動産登記記録上の当該情報を変更する旨の事前の通知を行い，これに異議がない場合（注）

には職権により当該情報の変更の登記を行うものとする。

【B案】変更された情報を探知した登記所から登記名義人等への事前の通知は行わず，職権により当該情報の変更の登記を行うものとし，変更の登記をした旨の登記名義人等への通知を事後的に行うものとする。

（注）変更内容自体に誤りはないが，変更をすることに何らかの不満があるといったケースは，「異議がない場合」に含む趣旨である。

（補足説明）

上記本文１のとおり，登記名義人等の特定に関する登記情報の更新をするために，戸籍等から死亡情報や住所・本店所在地等の変更情報を取得する仕組みを創設した場合に，この死亡情報等に基づいて不動産登記情報を更新するための手続としては，例えば，上に示す２つの案が考えられる。

【A案】に対しては，登記名義人等の個人情報に該当する氏名及び住所の情報を変更するに当たり，当該登記名義人等本人にその内容の確認をすることは望ましいと考えられる一方で，住所等の変更の都度，登記名義人等に対する通知を行い，確認してから登記記録に反映させるのでは，事務が煩雑になり過ぎて費用対効果が悪いとの指摘があり得る。

【B案】に対しては，登記名義人等は，戸籍等において一度氏名等の変更の手続を行えば，不動産登記における変更の手続を行わなくて済むという利点があり，不動産登記情報の円滑な更新が実現される一方で，職権で変更の登記をする前にその変更内容に間違いがないことを確認することは実際には困難であるといった観点や，個人情報の管理は当該個人に委ねられることが望ましいという観点から疑問があるとの指摘等が考えられる。また，事後的に通知をする点についても【A案】と同様に事務の煩雑化を招くといった指摘も考えられる。

このほか，登記名義人等の特定に関する登記情報に変更があれば直ちに変更の登記をすることとするか，あるいは，一定の猶予期間をおくこととするかなどの課題があり得る。

他方で，いずれの案も職権により変更の登記をすることが前提とされているところ，登記は申請によるという申請主義の原則との関係で，職権によることの根拠を説明する必要があるのではないかとの意見（前記第２款第１の４参照）があった。

第２　登記名義人等に関する不動産登記情報の公開の在り方の見直し

登記名義人等の現住所を公開することが相当でない場合（例えば，登記名義人等がＤＶ被害者であり，その者から公開しない旨の申出がある場合等）には，その現住所を公開しないものとする方向で，引き続き検討すべきである。

（補足説明）

1　上記第１で検討したように不動産登記情報の更新が行われ，これが公開される場合には，更新される情報が個人情報に属するものであることから，登記名義人等のプライバシーにも配慮する必要が一層高まるとの指摘が考えられる。また，国民の個人情報に対する意識が高まる中，不動産登記において登記名義人等の住所情報を広く公開していることには批判もあり，例えば，相続登記を行うなどした後に，不動産業者か

- 41 -

らのダイレクトメールが届くようになることがあるとの指摘や，住所情報が詐欺行為に悪用されることがあるとの指摘等があり，住所情報の公開を制限すべきではないかとの要望が存在する。

他方で，不動産に関する権利を公示することにより，国民の権利の保全を図り，もって取引の安全と円滑に資するという不動産登記制度の目的に鑑みると，公共事業を実施しようとする際や民間の取引の際に，不動産の所有者の所在等を探索し，アクセスを図ろうとするときには，不動産登記に記録された住所情報は最も基本的な情報であり，その重要性もよく認識する必要があるとの意見があったことも考慮すると，基本的に現行法における不動産登記情報の公開の在り方を維持することには合理的な理由があると考えられる。

2 そこで，現行法と同様に，住所情報も公開することを基本としつつ，登記名義人等の現住所を公開することが積極的に相当でないようなケースについて，例外的に公開を制限する案を示している。現行法の下でも，ＤＶ被害者等の住所に関してはこれを公開しない特例的な取扱いがされている（平成２５年１２月１２日付け民二第８０９号民事第二課長通知，平成２７年３月３１日付け民二第１９６号民事第二課長通知及び平成２７年３月３１日付け民二第１９８号民事第二課長通知参照）が，これらの取扱いは運用上のものであることから，その根拠規定を設けつつ，その取扱いを必要に応じ見直すものとする（注）ことが考えられ，この案を採用すべきであるという点については，本研究会において異論はなかった。

（注）法制化を行うに当たっては，上記各通知における被支援措置者（ＤＶ防止法における被害者，ストーカー行為等の相手方，児童虐待を受けた児童等）のほか，その対象範囲の拡大を検討することも考えられる。

また，いったん被支援措置者となり，その住所情報を非公開とする必要が生じたとしても，その必要性は一定期間の経過により消滅することが想定され，その段階に至っても引き続き住所情報が非公開とされたままになることは，不動産登記の公示機能等の観点から適切でない。そこで，登記所においても最新の住所情報を保持することとしつつ，上記のような特例的な取扱いについては，これを求める申出がされてから一定期間（例えば，１年）を有効期間とし，その後は延長が可能なものとする制度とすることで，非公開とする必要性が失われた場合には，住所情報は公開されるとの制度とすることも考えられる。

さらに，非公開とされる間の住所の表示に関しては，①前住所を記録しておく方法，②住所は非公開である旨の表示をしておく方法，③最小行政区画（市区町村）までの表示にとどめる方法などが考えられる。

なお，登記関係訴訟等において被支援措置者が被告となる場合には，原告の裁判を受ける権利との関係で，被支援措置者の住所を裁判手続上明らかにする必要があるときもあることから，被支援措置者の保護を尊重しつつ，裁判手続において被支援措置者の住所の調査を可能にする必要があるとの指摘があった。

3 このほか，前記１の観点を踏まえ，住所情報は引き続き公開をすることとはしつつも，例えば，登記名義人等の住所情報（全部又は一部）について登記名義人等から非

公開とする旨の申出があった場合には，利害関係を有する場合に限って当該住所情報を閲覧することができるものとすることについても検討が行われた。もっとも，この考え方を採用した場合には，例外的に住所情報の閲覧を許容する要件をどのように定めるべきかについて慎重な検討が必要になるものと考えられる。例えば，「利害関係を有する者」に住所情報の閲覧を認めるという制度とすることが考えられるが，「利害関係」の概念整理に困難が生ずるおそれもある。「不動産の買受けを検討している」という程度でも利害関係があるとすると，原則として住所情報を公開するものとすることと変わりがないことにもなりかねないし，他方で，これをより厳格に解釈した場合には，閲覧を過度に制約し，不動産登記による公示制度の目的が達成されない事態を生み出しかねないとの指摘が考えられる。このほか，登記官による利害関係の有無の判断が困難なものとなった場合には，迅速な公開が妨げられるといった弊害が問題となるとの意見があった。したがって，前記1の観点を踏まえて住所情報についてより広く公開を制限することについては，慎重に検討をする必要があると考えられ，この点については特段の反対はなかった。（注）

> （注）このほか，本研究会では，住所情報を原則として非公開とした上で，登記名義人等を特定するため，生年月日等の情報を登記記録として新たに保有し，これを公開する案についても検討が行われた。しかし，住所情報の代わりとするとはいえ個人情報である生年月日を公開することは相当ではないのではないかとの意見や氏名及び生年月日だけでは登記名義人等の所在を把握することは困難であり，やはり不動産の流通を阻害しかねないとの意見があったことから，本報告書ではこの案を採用していない。

第2節　所有者不明土地の発生を抑制する方策
第1款　土地所有権の放棄
第1　総説

　　所有者不明土地の発生を予防する方策として，一定の要件を満たす場合に，土地所有権を放棄することを可能とすることについて，引き続き検討すべきである。

（補足説明）
1　人口減少により土地の需要が縮小しつつあり，価値が下落する土地が増加する傾向にある状況において，土地への関心が失われて適切に管理されない土地が増加し，所有者不明土地の予備軍となっていると指摘されている。

　　そこで，所有者不明土地の発生を抑止するため，土地を所有し続けることを望まない者は，土地を手放すことを可能とするとともに，当該土地を適切に管理することができる機関に移すことができる仕組みの検討が求められている。

2(1)　民事法の観点からは，土地所有権の放棄がひとつの問題となる。土地所有権の放棄の可否については，現行民法には規定がなく，確立した最高裁判所判例も存在しない。学説においては，民法第239条第2項が，「所有者のない不動産は，国庫に帰属する。」と規定していることから，現行法上，土地所有権の放棄が可能であり，その効果として土地が無主になるものと解すれば，所有権を放棄された土地は，

- 43 -

研究報告書　｜　45

所有者のないものとなって国庫に帰属することになると解するものも存在する。他方で，現行法上は土地所有権の放棄が認められないと解する見解や，土地所有権の放棄は理論的には可能であるが，必要なルールが定められていないことから現状では認められないと解する見解などもあり，土地所有権の放棄の可否は判然としない。

そこで，土地所有権の放棄を認める制度の導入の是非を検討する必要がある。

なお，権利の「放棄」は，一般的には，その権利を消滅させることを目的とする単独行為と解されており，本研究会においても，こうした一般的理解を基礎として，その要件等を検討している（ただし，土地の所有権の放棄がされた場合には，他の機関がその所有権を引き受けざるを得ないことから，その意思を考慮すべきかどうかについても検討している。後記第2の1参照）。

⑵　土地が周囲に悪影響を及ぼすことを防止するためには，当該土地の適切な管理の継続が必要となるから，土地所有権の放棄の是非を判断するに当たっては，管理主体（帰属先機関）における土地の管理の在り方やその財政負担等の民事基本法制の枠を超えた様々な政策的観点からの検討を要する。

そこで，仮に，土地所有権の放棄を認める制度を導入する場合であっても，法制上は，民法において抽象的に土地所有権の放棄が可能である旨を規定するにとどめ，具体的な要件や手続については，他の法律において定めることが考えられる（遺失物の拾得による所有権の取得についての民法第240条参照）。他方で，放棄された土地が国庫に帰属することとするのであれば，相続人の不存在の場合の国庫帰属と同様に，民法に一定の手続を定めることも考えられる（民法第941条第1項等参照）。

また，土地所有権の放棄を認める制度は，放棄される土地の管理コストを管理主体（帰属先機関）に転嫁することにより，所有者が自身の土地を適切に管理する責務を免れる結果を生じさせるものであることから，国土交通省において土地所有の基本制度（土地基本法）の見直しに関連して検討されている土地所有者の責務に関する議論も踏まえて検討を進める必要がある。

3　民法においては，所有権以外の物権や債権につき，権利者は，その単独行為により，原則として自由に権利を放棄することができるものとされている（第268条第1項，第287条，第519条等）。所有者不明土地の発生防止の観点からは，土地の所有を望まない者が土地を手放すことを許すため，上記の権利放棄自由の原則を踏まえ，土地所有権を放棄することを広く認めることが有用であるとも考えられる。

他方で，土地の所有者は，土地の使用，収益及び処分をする権利を有するが，同時に，自己の土地上の建物を所有又は占有する場合には，相隣関係や不法行為において，土地の工作物に関する一定の義務や責任を負うほか（民法第216条，第717条等），土地に係る固定資産税の納税義務を負う（地方税法第343条第1項）など，土地の管理コストを負担する立場にある。そのため，仮に，所有権の放棄を原則的に認めるとしても，「土地所有権の放棄」を認めることは，土地の所有に伴う義務・責任の放棄をも認めることになるから，他の権利の放棄とは性質を異にする部分がある。

また，所有者不明土地の発生を予防する観点から，帰属先機関において管理をすることを前提として土地所有権の放棄を認める政策判断を行うとする場合であっても，

帰属先機関に土地所有に伴う上記の義務・責任を転嫁することにならざるを得ないため，無条件に放棄を認めることは困難である。

以上を踏まえ，土地所有権の放棄については，無条件に認めるのではなく，一定の要件を満たす場合にのみ認めるものとすることにつき，引き続き検討すべきである。

4　なお，この検討に当たっては，いざとなれば土地所有権を放棄すればよいと考えて土地の管理を適切に行わなくなるようなモラルハザードを許すべきでないという指摘にも留意する必要がある。また，所有者不明土地の発生を予防するために，所有者が土地を手放すことを認め，適切な管理をすることができる機関に土地を管理させる方策としては，土地所有権の放棄以外にも，贈与契約（寄附）なども考えられるところであり，こうした他の方策の活用についても並行して検討する必要がある。加えて，現行法においても，相続の機会には，相続の放棄をして，相続人とならなかったものとみなされることにより（民法第939条），個人が土地所有に伴う義務や責任を実質的に免れることが可能であることとの関係にも留意すべきである。

第2　所有権放棄の要件等

1　所有権放棄の要件・効果

(1)　次のうちいずれか又は複数の事情がある場合に土地所有権の放棄を認めるものとすることにつき，引き続き検討すべきである。

①　土地を手放したい者が土地の管理に係る費用を負担するとき（例えば，適当と認められる金員を支払ったとき）

②　帰属先機関が負担する管理に係る費用が小さく，流通も容易なとき（例えば，土地上に建物が存在せず，土地の権利の帰属に争いがなく，隣接地との筆界が特定されているとき）

③　所有者に責任のない事由により，所有者が負担する土地の管理に係る費用が過大になっているとき（例えば，自然災害等により土地に崩壊等の危険が発生し，土地所有者や近隣住民の生命・財産に危害が生ずるおそれがあるとき）

④　土地の引受先を見つけることができないとき（例えば，土地を手放したい者が，競売等の公的な手続により売却を試みても買い受ける者がないとき）

⑤　帰属先機関の同意があったとき

(2)　(1)の検討と併せて，土地所有権の放棄を認めた場合の土地の帰属先機関や，帰属先機関が所有権を取得する法的構成など，所有権の放棄の効果につき，引き続き検討すべきである。

（補足説明）

1　所有権放棄の要件

(1)　管理コストに着目した要件

ア　土地所有権の放棄を認める場合には，帰属先機関が土地を管理するに当たり，人的・財政的コストが生ずることが最大の課題であると考えられる。この点に着目すると，帰属先機関にかかるこれらのコストを所有者に負担させるか，帰属先機関に負担させるコストが軽度であることが，土地所有権の放棄の一つの前提条

- 45 -

件となり得ると考えられ，この観点から，①と②の要件を提案している。

これに対しては，帰属先機関が放棄された土地を引き受ける目的やそこから生ずる社会的便益を明らかにするとともに，帰属先機関が一定の管理コストを負担するからには，管理コストを上回る社会的便益が所有権放棄を認めることにより生ずることが必要であるとの指摘が考えられる。

イ　本文①は，土地所有権の放棄により，帰属先機関が負担することになる経済的コストを所有者に負担させることにより，帰属先機関の負担増を防止するとともに，モラルハザードを回避しようとするものである。

これについては，廃棄物の処理及び清掃に関する法律（昭和４５年法律第１３７号）における廃棄された動産の処理に関する制度が参考となる。この制度では，動産を廃棄する者に，その処理コストの一部を負担させるため，地方公共団体が廃棄物の処理を有料化することが許容されている。

これに対しては，その性質上，土地の態様形状・性質は千差万別であり，地価等で判断される土地の価値と管理コストが連動する関係にはないことから，所有権放棄に当たり，土地所有者が支払わなければならない金額の相当性や，どのような機関が，いかなる手続で，その金額の相当性をどのように設定するかや，支払の事実を確認するのかが課題となるものと考えられる。また，①を採用した場合には，一定の支出をする財力がなければ土地の所有権放棄ができないことになるため，経済的事情から土地を手放したいと考えている者が所有権を放棄することが困難になるとの指摘が考えられる。もっとも，この指摘に対しては，所有に伴う義務・責任を放棄するためにはやむを得ないとの反論が考えられる。

なお，土地所有者が負う管理コストとモラルハザードに関連して，土地の所有権を放棄したと主張する者が，土地の所有権放棄を原因とする所有権移転登記手続を国に対して求めた事案において，原告の行為につき，土地に関する負担ないし責任を国に押し付けようとしたなどと認定して，当該土地の所有権放棄は権利濫用に当たり許されないと判示した裁判例がある（広島高松江支判平成２８年１２月２１日）。

ウ　本文②は，土地所有権の放棄が認められる土地が増大すると，帰属先機関が負担する土地の管理コストが過大となり，当該コストが究極的には国民負担であることを考慮すると，国民の理解も得られず，土地所有権の放棄を認める制度の維持が困難となるおそれがあることから，帰属先機関が負担する管理コストを一定限度に抑制するとともに，売却が比較的容易な土地に対象を限定することにより，帰属先機関の負担を軽減しながら，土地の所有権の放棄の要請に応えようとするものである。

本文②において例示している要件は，相続税の物納の要件（相続税法第４１条第２項，相続税法施行令第１８条）を参考としたものである。

(ｱ)　建物は土地から独立した不動産であり，土地と建物が別の所有者に属することがあるため，建物がある土地の所有権の放棄や建物の所有権放棄を認めることとすると，土地と建物とが別の所有者に帰属し，土地の利用が阻害されるおそれがある。

また，土地の上に建物がある場合には，土地の管理コストは相当増加する。

そこで，本文②では，建物自体の所有権放棄は認めず（後記第3の1補足説明3(2)も参照），また，建物が存在する土地の所有権を放棄することを認める場合には，建物を除却した上で土地を放棄しなければならないものとすることを提案している。

(イ) 次に，土地所有権の帰属に争いがある場合や，隣接地との筆界が特定されていない場合にまで土地所有権の放棄を認めれば，帰属先機関がこれらの困難な問題への対処を余儀なくされ，管理コストが増大することとなる。さらに，帰属先機関の負担においてこれらの問題を解決しない限りは，土地を第三者に利用させることが事実上不可能となり，土地の有効利用の観点からも問題となり得る。

そこで，本文②では，土地所有権の帰属に争いがないことや，隣接地との筆界が特定していることを要件とすることを提案している（後記第3の1補足説明3(2)も参照）。

(ウ) 本文②に対しては，相続税の物納の場合と要件を異ならせるべき点があるかを検討する必要があるとの指摘（注）が考えられる。

(注) 例えば，土壌汚染対策法（平成14年法律第53号）に規定する特定有害物質その他これに類する有害物質により汚染されている不動産や，廃棄物の処理及び清掃に関する法律に規定する廃棄物その他の物で除去しなければ通常の使用ができないものが地下にある不動産などが，管理処分不適格財産として物納を認められないものとされている（相続税法第41条第2項，相続税法施行令第18条第1号ヌ，相続税法施行規則第21条第7項）。

仮に，このような土地を土地所有権の放棄の対象から外した場合には，土地所有者が過大な管理コストを負担するケース（本文③）での所有権放棄は，ほとんど認められないことになる。

他方で，例えば山林は，管理処分不適格財産とはされていないが，その性質上，管理コストが高額になる場合が少なくないため，このような土地を土地所有権の放棄の対象とすべきでないとの指摘がある。

(2) 土地を手放したい者の事情に着目した要件

帰属先機関が負担することになる管理コストの観点からは，土地所有権の放棄を認めるべきではないと思われる場合であっても，土地を手放したい者の事情に着目すれば，土地所有権の放棄を認める政策的な必要性が大きい場合もある。この観点から，本文③においては，所有者に責任がない事由によって土地に過大な管理コストが生じた場合には，権利放棄自由の原則を踏まえ，土地所有権の放棄を許すことを提案している。

これに対しては，仮に，土地所有者の側に考慮すべき事情が存在するとしても，帰属先機関が放棄された土地を引き受ける目的やそこから生ずる社会的便益を明らかにするとともに，帰属先機関が一定の管理コストを負担するからには，管理コストを上回る社会的便益が所有権放棄を認めることにより生ずることが必要との

- 47 -

指摘が考えられる。

　また，管理コストが所有者にとって「過大」であると評価されるような土地を引き受けることは，当然，帰属先機関にとっても大きな負担になる上，コストが過大になるのは，土地が周囲に危険を及ぼすようなケースが多いと考えられるが，このような土地の管理は，地域住民の安全確保や国土の保全という公共的な観点から行われるべきであり，土地所有権の放棄を認めるよりも，危険の除去について，公共事業や公的な助成など（現状においても急傾斜地崩壊対策事業などの対策がある。）により対応すべきであるとの指摘が考えられる。

(3) 土地の利用促進に着目した要件

　本文④は，土地の利活用を促進する観点から提案するものである。すなわち，一旦土地所有権の放棄が認められ，公的機関に帰属すると，財政法等の規律により，土地所有権の臨機応変な移転等が困難になることから，まずは公的な競売の仕組みにより利用・管理意欲のある者に所有権を取得する機会を与え，帰属先機関に帰属させる前に土地の流通や利活用を促進する仕組みを導入した上で，なお買受人が現れない場合には，土地所有権の放棄を許すというものである。競売の利用には手数料を要すると考えられるから，この案を採用した場合には，一定のスクリーニング効果も期待できる。

　これに対しては，いかなる機関が公的な売却手続を主宰するか等を含め，その具体的な制度設計が課題となるとの指摘が考えられる。例えば，民事法制における公的な売却手続の仕組みとして，現行法上考えられるものとしては，裁判所における競売（形式競売。民事執行法第１９５条）があるが，形式競売の方法を採る場合には，裁判所が競売の可否を判断する手続や要件をどのようなものとするか等を検討する必要があるほか，競売においては現況調査や評価人による評価が行われるが，これらの手続に必要な費用として相当額を予納する必要があり，結局買受希望者が現れない場合には費用を回収できないことからすると，所有者にとって負担が大きいとの指摘があり得る。

　また，現在，市町村が運用する「空き家・空き地バンク」が整備されつつあることから，一定期間にわたり，同バンクに手放したい土地を登録し，買い手が現れなかったことを土地所有権の放棄を認める要件にすることも考えられる。

　これに対しては，同バンクへの登録は無料であり，無制限に所有権放棄を許すことにならないかとの指摘や，同バンクは法律の明文の規定に基づくものではないため，所有権放棄の要件として直接用いるのは困難ではないかとの指摘が考えられる。

　なお，土地の売却に際しては，価格設定が大きな要素となることから，どのような価格で売却するのかが重要となるとの指摘が考えられる。

(4) 帰属先機関の受入れ意思に着目した要件

　本文⑤は，帰属先機関の受入れの可能性の観点から提案するものである。

　土地所有権の放棄は，放棄者から帰属先機関への管理コスト等の付け替えが生ずることから，帰属先機関が，管理コストを上回る社会的便益が所有権放棄を認めることにより生ずること等の諸事情を勘案した上で，その所有権を引き受けることが

可能であると判断するのであれば，土地所有権の放棄とそれに伴う帰属先機関への所有権の移転の効果を認めることに，特段の支障はないと考えられる。

もっとも，この案に対しては，帰属先の同意を要件とすることは，一般的に，権利の放棄が，その権利を消滅させることを目的とする単独行為であるとされていることと矛盾するものであり，妥当ではないとの指摘や，放棄者と帰属先機関との合意によって土地所有権を移転させる方法としては現行法上の土地の贈与契約（寄附）による土地所有権の移転があるから，それとは別に所有権の放棄の枠組みの中で帰属先の意思を考慮するのであれば，その意味を慎重に検討する必要があるとの指摘があった。また，土地所有権の放棄について，帰属先機関の同意を要求するのであれば，その同意が得られる見込みは小さいため，実質的には土地所有権の放棄を認めないことになり，所有権の放棄を議論する実益がないとの指摘もあったところであり，引き続き検討が必要である。

(5) 小括

上記の５案は，それぞれ異なる観点から提案しているものであり，相互に排除し合うものではなく，これらを複数組み合わせることが可能とも考えられる。また，具体的に要件を定めるに当たっては，例えば，⑤が満たされれば他の要件は不要であるが，①から③を満たす場合でも④は必ず満たす必要があるなど，様々な要件充足の組合せが想定される点にも留意する必要がある（もっとも，①から④までの全部又はいずれかの要件があっても，⑤の要件がなければ，所有権の放棄が認められないとするならば，所有権の放棄を認める実益がないとの意見があったことは，上記(4)のとおりである。）。

なお，仮に地方公共団体を放棄された土地の帰属先機関とするのであれば，地方公共団体の意思を尊重する仕組みの検討が必要である。

以上を踏まえ，土地所有権の放棄を認めるための要件について，引き続き検討すべきである。

2　土地所有権の放棄の効果

(1) 問題の所在

一定の要件を満たす土地につき所有権の放棄を認めるものとした場合であっても，所有者不明土地対策の観点からは，土地が無主となってそのまま放置されるのを許容することは困難であり，放棄された土地は，最終的には，他の者に帰属することになると考えるべきである。

現在，土地所有者が土地の管理に関してどのような義務を負うかは明確でないが，土地の管理不全等に起因して第三者に損害が生じた場合には，土地所有者が損害賠償責任を負う（民法第７０９条参照）。さらに，国土審議会において，土地所有者に，土地を適切に管理する責務があることを確認する方向での土地基本法の改正が検討されており，これが実現した場合には，放棄された土地の帰属先機関は，土地をその置かれた状況に応じて適切に管理することを求められることになるものと考えられる。

そして，放棄される土地の多くは，市場価値が乏しく，民間事業主体が引き受けることが困難なものが多くなると見込まれることから，放棄された土地の帰属先機

- 49 -

研究報告書 | 51

関は，公的機関にならざるを得ないと考えられる。帰属先機関の候補としては，国，地方公共団体又は土地に関する専門機関（いわゆるランドバンクなど）が考えられるが，いずれの機関であっても，国民・住民負担において放棄された土地が管理されるものである。いずれの機関が放棄された土地の帰属先として適切かについては，各機関の財政的・人的負担能力や土地の管理の在り方等の民事基本法制の枠を越えた幅広い観点から検討する必要がある。

　本研究会においては，土地所有権の放棄を認める制度の導入の是非を検討するに当たり必要な限度で，民事基本法制の観点から帰属先機関について検討した。

⑵　国・地方公共団体

　民法上，所有者のない不動産は国庫に帰属するとされるとともに，相続財産管理の手続を経て相続人のないことが確定した相続財産（土地を含む。）は，財産の管理状態にかかわらず，国庫に帰属するとされている（第２３９条第２項，第９５９条）ことを踏まえ，放棄された土地の帰属先を国とすることが考えられる。

　これに対し，土地の適切な管理と有効な利用の促進という観点から，地域における土地利用のニーズを把握しやすい立場にある地方公共団体を放棄された土地の帰属先機関とすることも考えられる。

　これらの案については，国及び地方公共団体として保有する必要のないものについては，原則として速やかに売却し，財政収入の確保を図るという従来の方針と，基本的に，国及び地方公共団体が保有する必要がないと考えられる放棄された土地を引き受けることとの政策的整合性についても，別途検討が必要であると考えられる。また，国又は地方公共団体のいずれを帰属先機関としても，現在の制度では，土地の貸付け又は売払いを行う場合の対価は時価によることが求められるなど，財政法，地方財政法や国有財産法をはじめとする法令の規律の下で管理及び処分の手続を行う必要があることに留意する必要がある。

　また，帰属先機関が国や地方公共団体になった場合の管理コスト等については，国民・住民負担になることに留意する必要があるとの指摘が考えられる。

⑶　土地に関する専門機関

　他方で，土地の臨機応変な利用や管理を可能にする観点から，放棄された土地の管理や流通を主な目的とする専門機関を放棄された土地の帰属先とすることが考えられる。この専門機関については，その性質上，採算性が低い土地を取り扱うことになることから，公的資金に頼った組織運営がされる可能性があり，土地の利用・管理を行うための十分な財政基盤をいかに構築するかが課題となる。

⑷　複数の帰属先機関

　さらに，国，地方公共団体，専門機関を帰属先機関とすることの利点を生かしつつ，土地の利用を促進する観点から，国，地方公共団体又は専門機関に優先順位をつけ，先順位の機関が土地の帰属を拒否する場合に，後順位の機関に土地が帰属する仕組みとし，土地を必要とする機関に土地が帰属するものとすることが考えられる。

　本研究会においては，土地の利用・管理を促す観点から土地所有権の放棄を認めるとすれば，土地の利用意向を有する機関が土地を利用できるようにすることが望

- 50 -

ましいとして，複数の機関に優先順位を付けて所有権を帰属させる考えを支持する意見が大勢であった。

したがって，基本的には，放棄された土地の利用を希望する機関が土地を取得することができるようにしながら，利用を希望する機関がない場合には，最終的な帰属先となる機関に帰属させることが相当であると考えられるが，この制度においては，国，地方公共団体又は専門機関のいずれの機関に放棄された土地を優先的に利用させ，どの機関を最終的な帰属先とするのかにつき，現行民法との整合性や土地の適切な管理と有効な利用の促進という観点を踏まえつつ，引き続き検討すべきである。

なお，このように優先順位を付ける場合には，放棄の要件が具備されていることを，どの機関がどの段階で認定するかが問題となる。

加えて，帰属先機関には土地の管理コスト等のコストが生ずるが，このコストの負担者について別途検討する必要がある。

3 所有権放棄の効果と帰属先機関の所有権取得の法律構成

(1) 所有権放棄の効果

一般に，権利の放棄とは，当該権利を消滅させることを目的とする単独行為をいうとされる。この定義に従うとすれば，土地所有権の放棄が認められた場合には，所有権が消滅し，土地は所有者のないものとなる。

しかし，前記のとおり，土地所有権の放棄を認めることとした場合であっても，土地が無主の状態で放置されることを許容することは困難であり，放棄が認められれば直ちに帰属先機関が所有権を取得するものとする必要がある。

そのような観点からすると，現行法が，所有者のない不動産は国庫に帰属する（民法第239条第2項）とし，土地が無主の状態で放置されないようにしていることは，ひとつの望ましい法律構成を示すものといえるのであり，これを参考として検討を進めることが考えられる。

なお，民法第239条第2項は，例えば，海底が隆起して新たな土地が生じたような場合に，土地を国庫に帰属させ，適切に利用・管理することを可能とするものであり，この規律を基本的に維持しながら，所有権の放棄の効果を検討することが望まれる。

(2) 制限物権者等の保護

ア　もっとも，このような構成を採ったとしても，所有権の放棄によって一旦土地が無主になるとすると，論理的には，所有権の存在を前提として設定される制限物権や借地権（以下この補足説明において「制限物権等」という。）が消滅することになると考えられるため，制限物権等の権利者の権利保障を図る必要がある。

これについては，土地所有権の放棄をするためには，制限物権等を有する者の承諾があることを要求することが考えられる（立木ニ関スル法律第8条参照）。

イ　他方で，抵当権の目的とされた地上権又は永小作権が放棄されても，これをもって抵当権者に対抗することができないとする民法第398条を参考に，制限物権等が設定されている土地の所有権の放棄がされても，土地所有権の放棄をもっ

- 51 -

研究報告書 ｜ 53

て制限物権者等に対抗することはできないものとすることが考えられる。

しかし，地上権又は永小作権については，その放棄によって権利が消滅するのみであるため，所有者と地上権者等との間では権利が消滅するが，そのことを抵当権者に対抗することができないとすることで，抵当権者が地上権等について抵当権を実行することができるようにしているのに対し，土地所有権の放棄を認めた場合には，前記のとおり，土地所有者の所有権を消滅させるだけでなく，帰属先機関に土地所有権を取得させる必要があるため，この所有権の取得に関する処理を別途検討する必要がある。

これに対しては，例えば，土地の所有権が放棄された場合であっても，制限物権等は消滅しないとすることも考えられる。

(3) 制限物権等の負担がある土地の所有権放棄の是非

このように，土地所有権が放棄された場合の制限物権者等を保護する規律については，土地所有権の放棄により直ちに制限物権等が消滅すると考えることを前提にする構成と，制限物権等は直ちには消滅しないと考えることを前提にする構成のそれぞれから導き出すことができると考えられる。

しかし，そもそも，制限物権等の負担がある土地の所有権の放棄を許し，帰属先に制限物権等設定者としての地位を取得させてまで，制限物権等の負担がある土地の所有権の放棄を許す必要があるかは，放棄の要件に関連して別途検討する必要がある（相続税法の物納においても，担保権が設定されている不動産その他これに準ずる事情がある不動産は，管理処分不適格財産とされている（相続税法第41条第2項，相続税法施行令第18条第1号イ，相続税法施行規則第21条））。

2 放棄の意思表示の方法

土地所有権の放棄は，土地の帰属先機関が了知することができる方法による意思表示によるものとすることにつき，引き続き検討すべきである。

（補足説明）

現行民法上，所有権の放棄についての規定はないが，権利の放棄の概念は，共有持分の放棄（第255条），地上権の放棄（第268条第1項），永小作権の放棄（第275条），承役地所有者の所有権放棄（第287条），抵当権の処分（第376条），抵当権の目的である地上権等の処分（第398条），抵当権の順位の放棄（第398条の15），債務の免除（第519条），手付の放棄（第557条）等の規定において用いられている。これらの規定における放棄の意思表示は，一般的に，権利放棄により利益を受ける者に対してされる相手方がある単独行為と解されており，その趣旨は，放棄の意思表示を権利放棄により利益を受ける相手方が明確に認識できるようにする必要があるためであると考えられる。

その一方で，現行法において所有権の放棄を一般に認める見解は，その放棄の意思表示を，相手方の受領を要しない単独行為であり，方式が決まっていないものと解するものが多い。

しかし，特に土地所有権の放棄にあっては，帰属先機関は当該放棄された土地の所有

権を取得すると同時に，管理等の経済的負担等を引き受ける必要があるのであり，帰属先機関がこうした責務を果たす観点からも，放棄がされた事実を明確に認識する要請が強いものと考えられる。また，仮に，法律論としては，所有権の放棄が特定の人に対する意思表示を必要としないと解されるとしても，不動産所有権の放棄については，動産と異なり，登記の抹消をしなければ第三者に対抗することができないと解されていることにも留意する必要がある。

　そこで，土地所有権の放棄を認める場合には，放棄の意思表示を帰属先機関が明確に認識できるようにするため，帰属先機関が了知することができる方法での意思表示を必要とすることや，仮に，前述した管理コストを上回る便益が所有権放棄を認めることにより生ずることを要件とした場合に，その要件等を満たしていることを確認する機関や方法について，引き続き，検討する必要がある。

　なお，土地所有権の放棄の要件として，前述のように帰属先機関の同意を課すような場合には，当然，土地所有者の所有権放棄の意思が帰属先機関に了知されることになっていることが前提であるが，その他の要件を課す場合であっても，一定の要件を充足する場合にのみ土地所有権の放棄を認める以上は，管理コストの算定や支払等に関して，帰属先機関が全く関与しないままに所有権放棄が行われる事態は考え難いという点も留意する必要がある。

第3　関連する民事法上の諸課題
1　土地以外の所有権放棄について
　土地所有権の放棄を認めるものとした場合でも，共有持分の放棄や動産，建物の所有権の放棄については，引き続き慎重に検討すべきである。

（補足説明）
　1　問題の所在
　　民法上，所有権放棄につき定めた規定がなく，その可否につき争いがあることは前述したとおりであるが，土地所有権の放棄を認める制度を創設するのであれば，土地以外に所有権の対象となり得る動産についても，所有権の放棄を認めるべきかを検討する必要があり，また，民法上，自由な放棄が可能とされている共有持分の放棄の規律についても検討する必要があると考えられる。
　2　土地の共有持分の放棄
　　共有は，所有権が複数の担い手がいるために制限された状態を意味することから，その性質は所有権とは異ならないと一般的に解されているが，民法第255条は，共有持分の放棄につき規定しており，この放棄は，持分権者の一方的意思表示により，自由にできるものと解されている。
　　民法第255条については，共有者が持分を放棄しても，他の共有者に持分が帰属し，共有関係がその限りで解消されるに過ぎず，所有権が全部帰属先に移転することを前提とする土地所有権の放棄とは別の問題と考えられること，多数の共有者による共同所有関係が維持されることによって共有物の円滑な利活用が阻害される面は否定できず，共有関係を簡便に解消する機能を有する持分の放棄は広く認めるべきと考え

- 53 -

研究報告書　│　55

られること，共有持分の放棄も，所有に伴う義務・責任を放棄する側面があるが，個別事案において持分の放棄を許すべきでない事情がある場合には，権利濫用（民法第1条第3項）としてこれを許さないことも可能であることから，基本的に，同条の規律を維持すべきと考えられる。

他方で，判例（最判昭和４２年６月２２日民集２１巻６号１４７９頁）は，共有持分の放棄についても民法第９４条第１項の通謀虚偽表示が類推適用されるかどうかが問題となった事案において，共有持分の放棄は相手方を必要としない意思表示からなる単独行為であるが，その放棄によって直接利益を受ける他の共有者に対する意思表示によってもなすことができるものであり，この場合においてその放棄につき相手方である共有者と通謀して虚偽の意思表示がされたときは，同項が類推適用されると判示している。この判例の射程は必ずしも明らかではないが，共有持分の放棄については基本的に現行法の規律を維持するとしても，その意思表示は他の共有者が了知できる方法ですべきではないかが問題となり得るのであり，引き続き検討する必要がある。

3 動産，建物の所有権放棄

(1) 動産

所有者のいない不動産は，無主のまま放置することは相当でなく，国庫に帰属するものとされているのに対し，所有者のいない動産は，無主のまま放置したとしても直ちに問題が生ずるわけではない。民法は，所有者のいない動産については，法律上当然に一定の機関に帰属させるのではなく，所有の意思をもって先占することによって所有権が取得されるものとしている（第２３９条第１項）。

このような規律の違いもあって，動産の所有権放棄については，不動産の場合と同様に民法に規定がないものの，これを可能とする解釈が有力である。社会で広く行われているごみの廃棄も，公法上の規制等の枠内で，動産の所有権を放棄しているものと考えられ，このように解しても特段の問題は生じないと考えられる。

そこで，動産の所有権の放棄については，上記解釈を前提として，現行法を維持する方向で，引き続き検討すべきである。

(2) 建物

民法上，建物は土地から独立した不動産であることから，土地と建物が別の所有者に属することがあるため，建物の所有権放棄を認めることとすると，例えば，土地とその上の建物の所有権が建物のみを放棄した場合や，借地上にある建物が放棄された場合などに，帰属先機関による土地の利用関係が複雑になる。

また，建物は，土地とは異なり，これを物理的に滅失させて動産にした上で廃棄することが可能であるから，土地と建物を必ずしも同様に考える必要はないとも考えられる。

そこで，建物の所有権の放棄については，引き続き慎重に検討すべきである。

2 損害賠償責任

土地の所有権の放棄の検討と併せて，放棄された土地の工作物の設置・保存又は竹木の栽植・支持に瑕疵があることによって第三者に損害が発生した場合の放棄者の損害賠償責任について，引き続き検討すべきである。

（補足説明）

　現行民法においては，土地の工作物の設置・保存や竹木の栽植・支持に瑕疵があることによって他人に生じた損害については，一次的には工作物等の占有者が賠償責任を負うが，占有者が損害の発生を防止するのに必要な注意をしたときは，工作物等の所有者が賠償責任（土地工作物責任）を負うとされている（第７１７条）。この土地工作物責任は，免責が許されない点で無過失責任ともいわれており，土地工作物等の所有者には特別の責任が課せられている。

　一定の要件を満たすときに，建物等の工作物等がある土地の所有権の放棄を認めるものとする場合に，放棄された土地の工作物等に瑕疵があることによって第三者に損害が発生したときは，帰属先機関が土地工作物責任を負う可能性がある。そのため，例えば，土地所有権が放棄される以前から土地の工作物に瑕疵が生じていた場合でも，放棄者に民法第７０９条の不法行為が成立しない限り，放棄者が損害賠償責任を負ったり，帰属先機関からの求償権行使（第７１７条第３項）を受けたりすることはないことになるが，この帰結は，放棄者が土地所有に伴う義務・責任を帰属先に一方的に転嫁することを許すことになり，モラルハザードを招くことになりかねない。

　そこで，このような土地工作物責任との関係を踏まえると，土地上に建物等がある場合には土地所有権の放棄を認めないことなど，土地の所有権の放棄の要件は厳格に設定される必要があるが，他方で，放棄をしても土地工作物責任を負い続けることとするのであれば，土地の所有権の放棄の要件は，ある程度緩やかなものであってもよいとも考えられる。

　例えば，所有権が放棄された土地の工作物の設置・保存の瑕疵により生じた損害につき，①土地の放棄者のみが責任を負う構成，②一次的には帰属先機関が責任を負い，一定の要件を満たす場合には，放棄者に求償できるとする構成，③一次的に放棄者が責任を負い，放棄者が賠償金を支払うことができない場合には，二次的に帰属先機関が責任を負う構成などが考えられる。

　放棄された土地の工作物責任の在り方については，土地所有権の放棄の要件設定の在り方と併せて，引き続き検討をする必要があると考えられる。

第４　みなし放棄

　土地所有者が土地の所有権を放棄したものとみなす制度については，差し当たり，共有持分の移転や共有の解消方法，財産管理制度における供託を活用した財産の処分に関する見直しの中で，引き続き検討すべきである。

（補足説明）

　1　問題の所在

　　所有者不明土地については，適切に管理されずに放置されている場合が多く，民間事業者が所有者不明土地を利用して事業を行う意向を有しているときに，所有者と交渉して土地の譲渡を受けることができず，所有者不明土地の利用が妨げられているとの指摘がある。

- 55 -

このような場合に，土地が利用されることなく放置されたままの状態であり続けるのは，国土の有効利用の観点から望ましくない。平成３０年通常国会においては，所有者不明土地の利用の円滑化等に関する特別措置法が制定され，公共的な目的のため所有者不明土地に使用権を設定し，一定期間の使用を可能とする地域福利増進事業制度が導入された。もっとも，同制度は，使用権を設定するにとどまることから，この使用権に基づいて所有者不明土地を相当長期間占有している者であっても，所有権を時効取得することはできず，所有者に相続が発生したりすると，所有者不明状態が拡大することも想定される。

そこで，所有者不明土地の所有権を利用希望者に取得させ，または所有者不明の状態を事後的に解消するため，一定の要件の下で，所有者が土地所有権を放棄したものとみなす「みなし放棄制度」を導入する必要があるとの指摘がある。

2　検討

一般に，意思表示は黙示ですることも可能であるとされ，黙示の意思表示があったかどうかは具体的事案における様々な事情を勘案して判断されるが，長期間にわたって権利が行使されず，将来にわたって権利が行使される見込みがないときには，黙示の意思表示により権利が放棄されたと認められる場合がある。

そこで，本研究会においては，類型的に黙示の放棄がされたものと考えられる場合として，所有権以外の物権の消滅時効制度を参考に，例えば，２０年を超える相当の長期間にわたり，土地所有者が所有権を行使しないときは，土地所有権を放棄したものとみなすものとすることについて検討した。

しかし，みなし放棄制度は，所有権の消滅時効制度と実質において共通するものと考えられるが，近代法において所有権の消滅時効が認められていないこととの整合性が問題となる。すなわち，所有権は，物の利用が実際にされているか否かを問わず，永続的で安定した権利として位置付けられることによって，商品取引をはじめとする社会経済活動の基盤となっていると考えられ，土地取引においても，所有権の安定性を前提として土地の価値が定められるものと考えられるが，みなし放棄制度の導入に当たっては，こうした所有権の機能を害さないようにする必要があると考えられる。

また，土地所有権の典型的な行使方法は土地の使用・管理であるが，複数の土地を所有する者が，所有する全ての土地を使用・管理することは現実的に困難である場合があり，長期間土地を使用・管理していないからといって，土地所有権を放棄したものとみなすことができるかという問題がある。

さらに，所有権放棄された土地の帰属先機関は公的色彩の強いものになることが考えられるが，特に国や地方公共団体を帰属先とする場合に，みなし放棄制度を認めることとすると，土地収用制度の厳格な手続を経ずに，これらの機関が土地所有権を取得することができることとなるため，憲法の財産権の保障（憲法第２９条第１項）との関係からも慎重に検討する必要がある。

他方で，不明共有者の持分の有償移転の提案（後記第３章第１節第４の１参照），や，財産管理制度における供託を活用した財産の処分の提案（後記第３章第２節第２の６参照）は，前記のみなし放棄の困難さを克服しながら，長期間権利を行使しない所有者につき，正当な補償のもとで他者に所有権を移転させるものであり，前記のみ

なし放棄制度の難点を克服しながら，その趣旨を実現しようとするものということもできる。また，共有持分の取得時効の提案（後記第3章第1節第4の2参照）は，長期間にわたり管理されずに放置されている土地を一定の要件の下で利用できるようになるという点で，みなし放棄制度と類似の結果をもたらすともいえる。

そこで，土地所有者が土地の所有権を放棄したものとみなす制度については，差し当たり，共有持分の移転や共有の解消方法，財産管理制度における供託を活用した所有権の財産に関する見直しの中で，引き続き検討すべきである。

第2款　遺産分割の促進
第1　総説
遺産分割を促進して遺産共有を解消することについて，引き続き検討すべきである。

（補足説明）

現行民法では，相続人が複数いる場合には，相続の開始により遺産が相続人の共有となるが，その後，遺産分割がされることが想定されている。この想定のとおり遺産分割がされ，その旨の登記がされれば，所有者不明土地の発生は抑制されることとなるが，実際には，遺産分割がされず，放置されていることも少なくなく，このことが，所有者不明土地発生の要因の一つであると考えられる。

そこで，遺産分割を促進して遺産共有を速やかに解消する方法について検討する必要があるが，民事基本法制の観点からは，遺産分割に期間制限を設けること等が考えられる。

第2　遺産分割の期間制限
遺産分割の期間制限に関し，遺産分割を促進し，遺産共有を解消する観点から，次のような規律を設けることについて，引き続き検討すべきである。
① 遺産分割の協議（合意）及び遺産分割の申立ては，相続の開始時から〔3年〕〔5年〕〔10年〕以内にしなければならないものとする。
② 相続の開始時から〔3年〕〔5年〕〔10年〕を経過するまでに，遺産分割の協議（合意）及び遺産分割の申立てがない場合は，法定相続分（又は指定相続分）に従って，遺産の分割がされたものとみなす。

（補足説明）

1　遺産分割の期間制限
(1) 現行法においては，相続が開始しても特段の協議がされず，遺産に属する土地が，被相続人名義のまま放置されることが少なくない。

しかし，相続開始後に長期間が経過すると，証拠が散逸し，遺産の範囲や各相続人の具体的相続分を適切に把握することが困難となる。また，長期間が経過するにつれて，数次相続が生ずることになり，相続人が多数となって，その範囲を確定することや，相続人の所在を把握することに支障を来す。

さらに，手続上の負担の観点から見ても，遺産分割は，被相続人ごとに行うのが

- 57 -

研究報告書　｜　59

原則であり，協議を行うべき相続人も被相続人ごとに異なり得るため，例えば，相続の開始後に遺産分割がされないまま長期間が経過し，ある土地について数次相続が生じている場合に，遺産共有の状態を解消するためには，被相続人ごとにそれぞれ遺産分割手続を実施しなければならないし，遺産共有と通常の共有が混在している場合にも，遺産分割と共有物分割の手続をそれぞれ別個に行わざるを得ない。したがって，このような場合には，迅速に遺産分割手続を行うことができないため，例えば，当該土地の購入を希望する者が現れた場合でも，購入ができるまでに長期間を要することになり，土地の利用が大きく阻害される。

(2) そこで，このような事態に陥ることを防止するため，遺産分割を促進し，遺産共有を解消する観点から，遺産分割に期間制限を設けることが考えられる。また，その期間を徒過した場合には，遺産共有の状態にあった遺産は，法定相続分（又は指定相続分）に従って分割されたものとみなし，例えば，数次相続が生じていたとしても，個別の被相続人ごとに遺産分割手続をすることなく，特定の財産ごとに，共有物分割等をすることができることとすることが考えられる。

2　具体的な内容

(1) 期間制限を設けるにあたっては，家庭裁判所による遺産分割手続との関係が問題となるが，遺産分割の申立てがされており，手続が進行中であるにもかかわらず，遺産分割がされたものとするのは相当ではない。そのため，遺産分割の期限の前に遺産分割協議又は遺産分割の申立てをすれば足りるとし，遺産分割の期限の前に遺産分割の申立てがあれば，遺産分割がされたものとみなさないとすることが考えられる。

(2) また，期間制限を設けるにあたっては，その期間の起算点をいつにするかが問題となる。

これについては，相続の承認・放棄をすることができる間は，遺産分割をすることができることとするために，主観的な基準点である「自己のために相続の開始があったことを知った時」（民法第９１５条）を起算点とすることも考えられる。しかし，これでは，起算点が画一的に定まらないこととなり，通常の共有を前提とした手続等を採ることができるのかが判然とせず，結果として，遺産分割に期間制限を設ける意義が大きく減殺されることになる。

そこで，客観的な基準点である「相続の開始時」を起算点とすることが考えられる。もっとも，そうすると，この場合には，遺産分割の期間を徒過し，遺産分割がされたものとみなされる場合でも，熟慮期間を経過していない相続人については，相続の放棄をすることができるようにすべきかが問題となる（後記３(1)）。

(3) さらに，期間制限を設けることとした場合には，その期間をどの程度のものとするかが問題となる。

この期間を過度に長期に設定すると，その間は遺産分割をする必要がないという誤解を招き，遺産分割をかえって抑制することになりかねない。また，遺産分割の期間を徒過したことの効果を，法定相続分等に従って遺産分割がされたものとみなすとするのであれば，相続人は，遺産を失うものではないので，期間を長く設定する必要はないとも考えられる。他方で，遺産分割をする前提として，相続人や遺産

の範囲に争いがある場合には，相続人の地位確認訴訟や遺産確認訴訟を提起するなどしてこれを確定した上で，遺産分割協議をすることになるため，遺産分割協議に一定の時間を要することもある。

以上を踏まえて，例えば，遺産分割の期限については，３年，又は５年とすることが考えられる。そのほか，債権の客観的起算点からの消滅時効や土地の取得時効の期間などを踏まえて，１０年とすることも考えられる。

(4) 遺産の分割がされたものとみなされる持分割合については，基本的に法定相続分とした上で，相続分の指定があるときには，指定相続分とすることが考えられる。

このように考えても，前記のとおり，民法及び家事事件手続法の一部を改正する法律（平成３０年法律第７２号）により，対抗要件を具備しなければ，法定相続分を超える部分については，第三者に対抗することができないとされた（民法第８９９条の２）ので，相続分の指定があるときに指定相続分に従って遺産の分割がされたものとみなすこととされた場合においても，法定相続分を超える相続分を定められた相続人は，対抗要件を具備しなければ法定相続分を超える部分の取得を第三者に対抗することができず，特段取引の安全を害することはないと解される。

(5) なお，遺産分割の期間制限の対象となる財産につき，これを遺産に属する財産のうちの不動産のみに限定することも考えられるが，不動産とそれ以外の遺産との分割を別個に行うことを推奨することになり妥当なものではなく，また，不動産のみを通常の共有とし，他の遺産を遺産共有のままとして，他の遺産のみを具体的相続分に沿って分割することには困難を伴うことが多いため，期間制限の対象を不動産に限定することは難しいと考えられる。

3 その他検討すべき事項

(1) 現行民法においては，相続の承認・放棄は，原則として自己のために相続の開始があったことを知った時から３箇月以内にしなければならないとされている（民法第９１５条）ため，遺産分割に期間制限を設け，その始期を相続開始時とした場合には，その期間の経過後に自己のために相続の開始があったことを知った相続人に相続の放棄をすることを認めるのかが問題となる。

この問題については，自己のために相続があったことを知った相続人に，相続から生ずる不利益を免れさせるという相続放棄の趣旨からすると，遺産分割の期間が経過した後であっても，相続放棄を認めるべきであるとの考えがあり得る。ただし，この考えを採る際には，遺産分割の期間の経過後の相続放棄によって相続人となった者の立場についても併せて検討する必要がある。法的安定の観点や遺産分割に期間を設ける趣旨からすると，遺産分割の期間の経過後に相続人となった者が現れても，その相続人において改めて遺産分割を請求するものとする制度を設けることは困難ではないかと思われる。もっとも，相続の放棄がなければ，その者は相続をすることができなかったことや，法定相続分の持分は取得することができること等を踏まえると，遺産分割をすることができなくとも，当該相続人に過度な不利益は生じないものとも考えられる。また，当該相続人が，具体的相続分を前提とすると，法定相続分を超える持分を取得することができた場合には，これを是正する措置を講ずることが考えられる。例えば，相続の開始後に認知された者の価額の支払請求

- 59 -

研究報告書 ｜ 61

（民法第９１０条，第９０４条の２第４項参照）を参考に，別途価額の支払請求をすることができるものとすることが考えられるが，措置を講ずる必要性や規律の内容については別途検討する必要がある。

また，この考えを採る際には，相続放棄をした者の持分について遺産分割の期間の経過後に利害関係を有するに至った者（相続放棄をした者の持分を差し押さえた者や，第３章第１節第４の１で検討しているとおり当該持分を有償で買い受けた者など）の立場についても併せて検討する必要がある。現在の判例（最判昭和４２年１月２０日民集２１巻１号１６頁）を前提にすると，この利害関係を有するに至った者は，相続の放棄によりその権利等を失うことになるが，そのような結果を許容してよいのかが問題となる。なお，遺産分割の期間の経過後に相続人が任意で持分を譲渡した場合には，法定単純承認（第９２１条第１号）がされているので，その後に相続の放棄がされるとの問題は生じない。

他方で，以上とは別に，遺産分割の期間の経過後には，その後に自己のために相続の開始があったことを知った相続人についても，相続の放棄をすることを認めないとの考えもあり得る。この考えによれば，遺産分割の期間の経過により生じた効果が覆滅することはないため，上記で挙げた問題は生じない。分割がされたものとみなされた遺産の放棄は，相続の放棄ではなく，共有持分の放棄又は所有権の放棄等で対応することになる。もっとも，この考えによれば，相続の放棄により債務を相続により承継することから免れることができないとの問題が生じ得る。そのため，この問題に対応するために，相続の放棄は認めないが，限定承認を認める（もっとも，現行民法では，限定承認は，共同相続人の全員が共同してのみすることができる。民法第９２３条参照）こととすることが考えられる。

⑵　さらに，遺産分割請求権の期間制限を検討する際には，相続回復請求権の消滅時効が問題となる。相続回復請求権は，相続人又はその法定代理人が相続権を侵害された事実を知った時から５年間，又は相続開始の時から２０年を経過したときは，消滅する（民法第８８４条）が，遺産分割に期限を設けた場合には，相続回復請求権の消滅時効を維持するとしても，その期間は，遺産分割の期限と揃えること等について，検討する必要がある（第３章第５の３についても参照）。

第３　その他

遺産分割の期間制限以外にも，遺産分割の促進等による遺産共有の解消方法について，引き続き検討すべきである。

（補足説明）

遺産分割の促進等による遺産共有の解消について，遺産分割の期間制限のほかにとり得る方策を，引き続き検討することが考えられる。

相続によって土地が所有者不明になることを防止するためには，相続の開始前に，相続開始後の土地の帰属先を予め定めておくことが重要であり，現行法でも，例えば，遺言により土地の帰属先を予め定めることができる。もっとも，遺言の作成は必ずしも推定相続人が関与するものではなく，また，遺言は自由に撤回をすることができるために，

- 60 -

その後に遺言等の有効性を巡って推定相続人間で争いが起きることがある。また，遺言については，遺留分侵害の有無や侵害があると認められた場合の侵害額請求権の額について推定相続人間で争いが起きることもあり得る。

これまでも，このような遺言の問題を生じない形で，相続の開始前に遺産の帰属先を予め定めることができることとすることについては，対策が検討されてきたところであり，一定の場面では，実際上のニーズを踏まえて，民法の特例（中小企業における経営の承継の円滑化を図るため，後継者に生前贈与された中小企業の株式を遺留分を算定するための財産から除外することを容易にするもの。中小企業における経営の承継の円滑化に関する法律（平成２０年法律第３３号）第二章）が制定されている。

そこで，相続の開始前に，推定相続人の関与の下で，被相続人の意向を反映させ，相続の開始前に土地の帰属先を定めることについて検討することが考えられる。

本研究会では，現行民法では，遺産分割の協議（合意）は，相続開始後（被相続人の死後）に行わなければならないとされているが，相続開始前であっても，推定相続人は，被相続人の同意を得た上で，遺産分割の協議（合意）を予めすることができるものとし，相続が開始したときに，その合意に従った遺産分割の効力が生じ，その合意に沿った登記もすることができるものとし，かつ，そのような合意は撤回することができない，その合意に関しては遺留分の主張を認めないとすることなどについて検討した。

もっとも，相続の開始前に，推定相続人がこのような合意をするケースとして，どのような場面を想定すべきであるのか，被相続人の処分権をどこまで制限してもよいか，対象となる遺産は不動産に限るべきであるのか，そのこととの関係で，遺産の一部について合意がされた場合には，他の遺産分割にどのような影響を与えることになるのか，遺産分割の際に利用されている相続分の譲渡（又は相続分の放棄）が相続開始前には認められていないこととの関係をどのように考えるか，事情変更（遺産である不動産が処分される，相続人に変動が生ずる）が生じた場合にどのようにするのかなど，検討すべき課題が多いとの指摘があった。また，このような合意を認めるためには，合意が真意に基づいているのかを公的機関が確認することとする必要もあると考えられる。そのため，このような制度については慎重に検討すべきであり，遺産分割の期間制限の検討と並行して，議論を進める必要がある。

そのほか，相続が開始し，遺産分割がされるまでの間の財産管理の在り方についても検討がされている（第３章第１節第３及び第２節第４等参照）が，その検討に際しては，遺産分割の促進の観点にも留意する必要がある。

第３章　所有者不明土地を円滑かつ適正に利用するための仕組み
第１節　共有制度の見直し
第１　総説
所有者不明土地を円滑かつ適正に利用するための仕組みを構築する観点から，共有制度の見直しについて，引き続き検討すべきである。

（補足説明）
いわゆる所有者不明土地の中には，土地が単独で所有されているがその所有者が不明

- 61 -

研究報告書 ｜ 63

であるケースのほか，土地が共有であるがその共有者の全部又は一部が不明であるケースがある。特に，所有者不明土地が生ずる主な原因として，土地の所有者が死亡しても，相続登記がされていないことが指摘されているが，土地の所有者が死亡した場合に，相続人が複数であると，その土地は共有状態となるため，共有者の全部又は一部が不明となるケースが問題となることが少なくない（第1章参照）。

　そこで，所有者不明土地を円滑かつ適正に利用するための仕組みを構築する観点から，共有者の全部又は一部が不明となるケースを念頭に，共有制度について見直す必要がある。

第2　通常の共有における共有物の管理
1　共有者の同意と共有物に関する行為

　共有物の「変更又は処分」をするには共有者全員の同意を要するものとし，又は管理に関する事項は持分の価格に従ってその過半数で決するものとするなどの民法の規律（民法第251条及び第252条）は，基本的に維持した上で，不必要に共有者全員の同意を要求することで，問題となっている行為をすることができないことを回避するなどの観点から，共有者全員の同意が必要であるのかについて解釈が分かれている特定の行為についてその解釈を明確にすることや，共有者全員の同意が必要と解されている特定の行為についてその解釈を見直すことの適否などについて，引き続き検討すべきである。

　特に，下記の①から③の行為については，共有者全員が同意しない限りすることができないのかなどについて，引き続き検討する必要がある。

① 各共有者の持分の価格に従ってその過半数で定めることができる事項についてその規律に従って一定の定めがされた場合に，この定めを変更することについて，各共有者の持分の価格に従い，その過半数で決することができるようにすること。

② 特段の定めなく共有物を利用（占有）する者がある場合に，共有物を利用（占有）する者を変更することについて，各共有者の持分の価格に従い，その過半数で決することができるようにすること。

③ 共有物につき，賃貸借等の利用権を設定することについて，一定の場合には，各共有者の持分の価格に従い，その過半数で決することができるようにすること。

（注）共有に関する訴訟行為については，第6において別途検討する。

（補足説明）

1　検討の必要性
(1) 民法は，共有者間の利害等を調整しながら，共有物の有効な利用・管理を実現するために，次の原則を設けている。
① 共有物の「変更」をするには，共有者全員の同意を要する（民法第251条）。
② 「保存行為」は，各共有者が単独ですることができる（民法第252条ただし書）。
③ 「変更」及び「保存行為」を除く「管理に関する事項」は，持分の価格に従って，その過半数で決する（民法第252条本文）。

- 62 -

64 ｜ 第1章　登記制度・土地所有権の在り方等に関する研究報告書

なお，ここでいう「変更」は，直接的には，田畑を宅地とするものとし，又は建物を改築するなど目的物を物理的に変更するものとすることを意味するが，裁判実務・学説では，共有物全体について売却その他の法律上の処分をする場合についても，同様に共有者全員の同意を要するものと解されている。その説明としては，法律上の処分も民法第２５１条の「変更」に含まれるとするものと，「変更」には含まれないが，共有物全体を処分することは共有者全員の持分権を処分することであり，当然に共有者全員の同意が必要になるとするものがある（以下では，法律上の処分も含む際には，便宜上，「変更・処分」と記載している。）。

(2)　上記のような民法上のルールは，基本的には，妥当なものである。もっとも，そのルールを適用する場面をみると，問題となる行為が「変更・処分」に該当するのかについて実務上議論が分かれているため，実際の事案を処理するにあたっては，注意的に共有者全員の同意をとらざるを得ず，共有者の一部に反対する者がいる，又は共有者の一部に所在等が不明な者がおり全員の同意を得ることができない場合には，当該行為を実施することを断念せざるを得ないといった事態が生じている。また，現在の解釈では，一般的に「変更・処分」に該当すると解されているものであっても，その中には，本当に共有者全員の同意を得なければすることができないのか，持分の過半数で定めることとすべきではないのかについて再点検すべきものもあると考えられる。

　そのため，上記の民法上のルールを基本的に維持しながらも，不必要に共有者全員の同意を要求することで，問題となっている行為をすることができないことを回避するなどの観点から，共有者全員の同意が必要であるのかについて解釈が分かれている行為について，その解釈を明確にすることや，共有者全員の同意が必要と解されている行為について，その解釈を見直すのかについて，引き続き検討する必要がある。特に，本文①から③までの行為については，検討する必要がある（詳細は，後記２から４まで参照）。

(3)　なお，共有者全員の同意を要する（変更・処分），持分の過半数で定める（管理），又は各共有者が単独ですることができる（保存）とする３つの類型を設けている現行民法の枠組み自体を見直し，例えば，共有者全員の同意を要する類型の行為でも，持分の４分の３，あるいは３分の２などの同意があればすることができるとすべきとの意見も考えられる。しかし，「変更・処分」は，共有者に対して与える影響が著しく大きなものであり，明確に反対の意見を述べている者がいる場合にまでその意見を無視してすることができることとするのは，共有物分割をして，反対の意見の者を排除することができない類型の共有物に限るべきと考えられる（建物の区分所有等に関する法律（昭和３７年法律第６９号）第１７条は，そのような観点から，「変更」の要件を緩和する。）。また，共有者の一部に所在等が不明な者がおり賛否を問うことができない場合に対応するための対策は，別途検討することが可能であり（後記本文２〔共有物の管理に関する行為についての同意取得の方法〕参照），上記の３類型を改める必要まではないと考えられる。そのため，本研究会においては，この意見を採用していない。

２　共有物の利用方法の定めの変更

- 63 -

研究報告書　│　65

現在の解釈では，一般的に，特段の定めによって利益を受けている者の同意なくその利益を奪うことは相当でないとの理由から，各共有者の持分の価格に従い，その過半数で決することができる事項についてその規律に従って定め（例えば，共有者の一人が独占的に共有物を利用することができる定め）がされた場合に，その定めを変更するためには，共有者全員の同意を得なければならないと解されている。

　しかし，これでは，その後にその定めを変更することができないことをおそれて，共有者が共有物の利用方法を定めることができないことになりかねない。共有物を円滑に利用することを図る観点からは，利用方法を定めることだけでなく，その定めを変更することも持分の価格の過半数で定めることができることとすることについて，検討する必要がある。

　なお，特段の定めによって利益を受けている者を保護する観点から，その定めの変更を持分の価格の過半数で決するとしても，別途その者の同意を得る必要があるとすることも考えられる。もっとも，このようなことを認めると，結局，過半数で決することができるとしても，その定めの変更を実際にすることは極めて困難となるとも考えられるため，慎重な検討を要すると考えられる。

3　占有の変更

　特段の定めなく共有物を利用（占有）している共有者や，共有者間の特段の定めなく共有者の一部から共有物を占有使用することを承認された第三者がある場合に，共有物を利用（占有）する者を変更することができるのかについては，利用（占有）する者の同意なくその利益を奪うことは相当でないことを理由に，全ての共有者の同意を得なければすることができないとする見解がある。

　しかし，共有物を円滑に利用することを図る観点からは，実際の利用方法を変更することも持分の過半数で定めることができることとすることが必要である。また，上記のとおり，共有者間で共有物の利用方法を定めることについては，各共有者の持分の価格に従い，その過半数で決することができることからすると，特段の定めがないにもかかわらず事実上利用（占有）する者を保護する必要性は高くない。そのため，各共有者の持分の価格に従い，その過半数で共有物を利用（占有）する者を変更することができるとすることが考えられる。

　なお，共有物の持分の価格が過半数を超える者であっても，共有物を単独で占有する他の共有者に対し，当然には，その占有する共有物の明渡しを請求することができないとする判例（最判昭和41年5月19日民集20巻5号947頁。なお，最判昭和63年5月20日集民154号71頁参照）についても留意する必要がある。

4　利用権の設定

　共有物について利用権を設定することについては，基本的には持分の価格の過半数で決することができるものの，短期賃貸借の期間を超えるものや，借地借家法の適用があるものについては，全ての共有者の同意を得なければならないと解する見解が有力であるが，明確な判例はない。

　そこで，共有物の利用権の設定を円滑にする観点から，例えば，短期賃貸借の期間を超えず，かつ，借地借家法の適用がないものについては，持分の価格の過半数で決することができることを明確にすることが考えられる。

- 64 -

2　共有物の管理に関する行為についての同意取得の方法
　　共有物の管理に関する行為（共有者が共有持分を喪失する行為は含まない。）についての同意取得の方法に関し，次のような規律を設けることについて，引き続き検討すべきである。
　①　共有者は，他の共有者に対し，相当の期間を定めて，その期間内に共有物の管理に関する行為について承諾するかどうかを確答すべき旨の催告をすることができる。
　②　共有者は，他の共有者の所在が不明であることその他の事由により他の共有者に催告をすることができないときは，一定の期間を定めて，その期間内に共有物の管理に関する行為について承諾するかどうかを確答すべき旨の公告をすることができる。
　③　①の催告又は②の公告がされた場合において，他の共有者が，その期間内に催告又は公告をした共有者に対して確答をしないときは，確答をしない共有者の持分は，共有物の管理に関する行為の可否を決する際の共有持分の総数に算入しない。

（補足説明）
1　同意取得の方法を定める必要性
　⑴　民法は，共有物の管理に関する行為（ここでは，共有物の変更・処分，管理に関する事項についての行為及び保存行為のいずれをも含む意味で用いている。ただし，共有持分を喪失する行為については，後記補足説明⑸参照）をするには，共有者全員の同意を要するものとし，又は共有持分の過半数の同意で決するものとするなどとしているが，その同意を取得する方法については特に定めを置いていない。
　　　そのため，共有物の管理に無関心な共有者が賛否を明らかにしない場合や，所在が不明であること等の理由により共有者に賛否を問うことができない場合には，当該共有者の同意を得ることができず，共有物の変更・処分をすることができない。また，これらの場合には，賛否を明らかにしている者の共有持分のうち過半数の持分を有する者らが同意をしていても，賛否を明らかにしない者も含めて全共有持分のうち過半数の持分を有する者らが同意をしていない限り，共有物の管理に関する事項を定めることができない。
　　　このように，実際に共有物を利用している共有者が，共有物の変更・処分をしようとし，又は共有物の管理に関する事項を定めようとしても，これらをすることができず，共有物の利用等に支障が生ずることがある。
　⑵　他方で，催告を受けながら，その賛否を明らかにしない共有者は，一般的には，当該共有物の管理に関する行為の当否の判断を他の共有者の判断に委ねていると評価することも可能であるとも考えられる。また，所在が不明であるため賛否を問うことができない共有者については，一般的に，当該共有物を利用しておらず，その利用行為の当否については，利害や関心等がないと考えられるため，当該行為の当否の判断を他の共有者の判断に委ねることとしても，その共有者の合理的な意思に直ちに反することもないと考えられる。

- 65 -

研究報告書　|　67

⑶　そのため，催告をしても共有者が賛否を明らかにしない場合や所在が不明であるため共有者に賛否を問うことができない場合に，共有物の利用が阻害されることを防止する観点から，共有者の手続保障を図りながら，「変更・処分」や「管理行為」をすることができる仕組みを設けることについて引き続き検討する必要がある。

　　本文では，その具体的な仕組みとして，催告や一定の要件の下で公告がされても，確答がされなかった場合には，確答をしない共有者の持分は，共有物の管理に関する行為の可否を決する際の共有持分の総数に参入しない仕組みを提案している。

⑷　なお，本文の提案とは異なり，催告や一定の要件の下で公告がされても，確答がされなかった場合には，確答をしなかった共有者は，当該共有物の管理に関する行為について同意をしたものとみなすことも考えられる。しかし，このような仕組みでは，複数の矛盾する行為が候補としてあった場合に，いずれの行為についても持分の過半数の同意を得たことになるといった問題が生じ得ること，確答をしなかった者に生じた損害を補償する（後記本文３参照）のであれば，法的構成としては，同意したとみなすのは適当でないこと等を踏まえ，本文のとおり検討することを提案している。

⑸　また，変更・処分の中には，共有物の売却など共有者が共有持分を喪失するものが含まれるが，共有者の明確な同意がないまま，共有者が共有持分を喪失することは，単に共有物を利用すること等とは異なるものであり，共有持分に相当する価格を填補するなどの補償を予めする必要があるから，別途検討することとしている（後記第４の１参照）。

２　その他検討すべき事項

⑴　同意取得の方法に関する制度を導入する場合に，適切に催告や公告がされたか，期限内に確答をしなかったのかなどを確認するために，催告や公告等につき，公的機関を関与させるかどうかについても，引き続き検討する必要がある。

⑵　極めて少数の共有者により行為の当否を決することは不当であるとの観点から，一定の同意がなければ，変更・処分をする，又は管理に関する事項を定めることができないとすることについても，引き続き検討する必要がある。例えば，①変更・処分をするには，少なくとも持分の過半数を有する者の同意が必要であるとする，②管理に関する事項をするには，少なくとも持分の３分の１や４分の１を超える者の同意が必要であるとすることが考えられる。ただし，このような仕組みを導入すると，共有物の共有者が少数である場合には，一人又は数名が無関心である，又は所在等が不明であるだけで，結局，変更・処分をすることや管理に関する事項を定めることができないものとなることに留意する必要がある。

３　共有物の管理に関する行為と損害の発生

　共有物の管理に関する行為によって共有者に損害が生じた場合に関し，次のような規律を設けることについて，引き続き検討すべきである。

　　（上記１及び２で検討中の規律に従って）共有物の管理に関する行為がされた場合において，その行為によって共有者に損害が生じたときは，当該共有者は，その補填を求めることができるものとする。ただし，当該共有者が共有物の管理に関する行為

がされることについて同意していた場合は，この限りではないものとする。

（補足説明）
　　上記1及び2で検討中の規律によれば，共有者が同意をしていなくとも，共有物の管理に関する行為（ここでは，共有物の変更・処分，管理に関する事項についての行為及び保存行為のいずれをも含む意味で用いている。）をすることができる。もっとも，共有物の管理に関する行為がされることによって，同意をしていない共有者に損害が生ずることがある。例えば，共有物の形状を変更することで，その共有物の価値が減少するケースや，共有者は共有物をその持分に応じて使用する権利があるにもかかわらず（民法第249条参照），共有者の一人が共有物を独占して使用し，その利用料の対価も他の共有者に支払わないケースでは，共有者に損害が生じたといえる。
　　そこで，このような場合には，共有者の損害を補填する必要があると考えられるため，共有物の管理に関する行為によって共有者に損害が生じた場合に関し，本文のような規律を設けるものとすることについて，引き続き検討する必要がある。
　　なお，現行民法においても，共有者が同意をしていなくても，共有物の管理に関する事項を定めることができるため（民法第252条参照），特定の共有者を特別に不利益に扱う定め（例えば，甲，乙，丙が土地を共有している場合に，甲と乙のみが当該共有物を利用でき，丙は利用できないとの定め）の取扱いが問題となり得る。この問題については，異論もあるが，不利益を被る共有者の同意がなくても，持分の価格に従い過半数で決することができるとした上で，不利益を被る者に対して金銭的な補填をする必要があるとする見解がある。

4　共有物の管理権者
　　例えば，通常の共有における共有物の管理権者に関し，次のような規律を設けることについて，引き続き検討すべきである。
　⑴　共有者による選任
　　①　共有物の管理権者は，共有者の持分の価格の過半数で，選任することができるものとする。
　　②　①の選任については，共有物の管理に関する行為についての同意取得の方法（第2の2参照）と同様の制度を置くものとする。
　⑵　裁判所による選任
　　　〔共有物〕〔共有物である不動産〕に管理権者がないときは，利害関係人は，一定の要件の下で，共有物の管理権者の選任を裁判所に請求することができるものとする。
　⑶　管理権者の権限
　　①　管理権者は，総共有者のために，共有物に関する行為をすることができるものとする。ただし，共有物の変更又は処分をするには，共有者全員の同意（又は裁判所の決定）を得なければならないものとする。
　　②　①の同意に関しては，共有物に関する行為についての同意取得の方法（第2の2参照）と同様の制度を置くものとする。

- 67 -

③　共有者の持分の価格の過半数の決定（裁判所が選任した管理権者については，裁判所の決定）で，管理権者の権限を制限することができるものとする。
(4)　管理権者の義務等
　　管理権者は，善良な管理者の注意をもって，事務を処理する義務を負うものとする。
(5)　報酬
①　共有者に選任された共有物の管理権者は，特約がなければ，共有者に対して報酬を請求することができないものとする。
②　裁判所に選任された共有物の管理権者については，裁判所は，共有者に対し，管理権者に対する相当な報酬の支払を命ずることができるものとする。

（補足説明）
1　管理権者設置の必要性
(1)　現行民法では，共有物の管理に関する事項は，基本的に，各共有者の持分の価格の過半数で決するとされている（民法第２５２条）。そのため，管理に関する事項の決定・実施を提案する共有者は，その提案をする度に，少なくとも持分の価格の過半数に達するまで，他の共有者の承諾を得なければならないが，共有者が多数にわたったり，共有者間の関係が希薄であったり，持分の価格の過半数を有する共有者が共有物の管理について無関心であったりして，承諾を得ることが容易でない場合には，適切な管理を迅速に行うことができなくなるおそれがある。
(2)　また，第三者が，共有物の管理に関する事項について共有者と契約等をする場合にも，持分の過半数の同意が得られるまで，複数の共有者と別々に交渉しなければならないことがあり得る。このような場合には，第三者は，各共有者の所在等を探索する必要がある上，共有者が多数にわたるなどの場合には，承諾を得ることが容易でないなど，手続上の負担を負うことになる。
(3)　そのため，共有物を適切に管理し，共有者の便宜を図るとともに，第三者の負担を軽減する観点から，共有物についての一定の権限を有する管理権者を置くことについて引き続き検討する必要がある。
　　本文(1)～(5)では，その具体的な仕組みとして，管理権者の選任の要件や，管理権者の権限などを提案している。
(4)　なお，管理権者の法的性格に関しても，法定代理人とするのか，当事者本人とするのかにつき，引き続き検討する必要がある。管理権者による行為の法的効果は個々の共有者に帰属する（個々の共有者を拘束する）ことを想定しているが，管理権者は，個々の共有者の意向に沿って行動するものではなく，その意味では，本人の意向に沿って行動する法定代理人とは異なる点があるほか，顕名として個々の共有者の氏名を明らかにすることを要求することは煩雑であること等を考慮する必要がある。
2　共有者による選任
(1)　現行民法においても，共有物の管理に関する事項を委ねるために，管理権者を選任することができると解されるが，そのためには共有者全員の同意を得なければな

- 68 -

らないと考える見解が有力である。

　しかし，この見解に従うと，一部の共有者が所在不明である場合などには，管理権者を選任することができなくなる。また，管理権者の権限を原則として共有者の持分の価格の過半数で決することができる事項に限るのであれば，共有者の持分の価格の過半数で管理権者を選任することができるとしても，特段不都合はないと考えることもできる。

　そのため，共有物の管理権者は，共有者の持分の価格の過半数で，選任することができるものとすることが考えられる。

(2)　また，管理に無関心な者が賛否を明らかにしない場合や共有者に管理権者の選任についての賛否を問うことができない場合に，共有権の管理権者を選任が阻害されることを防止する観点から，例えば，共有物に関する行為についての共有者の同意取得の方法（前記第2の2参照）と同様の制度を採用することが考えられる。

(3)　なお，共有者全員が選任に同意をした管理権者は共有物の変更・処分をすることができるものとすることが考えられるが，管理権者の選任と変更・処分の権限の付与は別のものであり，管理権者の選任については共有者全員が同意しているが，変更・処分の権限の付与には同意しないことも考えられるので，変更・処分の権限の付与は，管理権者の権限の問題として位置付けることとしている。

3　裁判所による選任

(1)　現行法においては，共有者が選任しない限り，管理権者が選任されることはない。しかし，共有物については，共有者において，代表して交渉等を行う者を選任すべきであり，第三者の側に，各共有者と別々に交渉したり，共有者の氏名や所在を探索したりする負担を負わせることは相当でなく，共有者によって管理権者が選任されない場合に，上記の負担は，第三者が負うことになるのは，妥当ではないとも考えられる。

　また，例えば，共有物に関し一定の行為をする際に共有者から有効な同意を得たいが，共有者の一部が不明であり，共有者の持分の過半数の同意を得ることができない事態が生じた場合には，現行民法を前提とすると，第三者は，不明共有者に不在者財産管理人の選任の申立てをし，その不在者財産管理人から同意を得る方法を採ることになると考えられる。もっとも，この方法では，不明共有者が複数の場合にはそれぞれの不明共有者に不在者財産管理人を選任しなければならなくなるほか，仮に，複数の不明共有者に共通する一人の不在者財産管理人を選任することができるものとしても（後記本文第2節第2の4参照），交渉の相手方は判明している共有者と不在者財産管理人という複数の者に分かれてしまうなどの不便が生ずる。そのため，このような場合には，一人の管理権者を選任することとすべきとも考えられる。そこで，共有者が管理権者を選任していない場合には，利害関係人の申立てにより，裁判所が管理権者を選任することができるものとすることが考えられる。

(2)　これに対しては，裁判所による管理権者の選任を認めることは，管理権者を共有者が選任する自由を制限するものであり，その正当化根拠をどのように考えるのかも含め，慎重に検討すべきとの指摘がある。

- 69 -

考えられる構成としては，前記のとおり，物が共有物であることによって生ずる負担は共有者が負担すべきであり，第三者に負わせるべきでないとの観点から，共有物には管理権者を必ず設置すべきであるとした上で，それにもかかわらず共有者がその選任をしないときは，裁判所がこれを選任することができるとすることが考えられる。この考え方によれば，裁判所による管理権者の選任は，管理権者がない共有物一般について可能となる。

　また，共有物一般についてそのように考えることまではできないとしても，不動産（特に土地）は，その管理が不全である場合には，共有者だけでなく第三者にも悪影響を及ぼすことや，土地は有限であり，適切に利用すべきであること等を理由に，不動産が共有である場合には管理権者を必ず設置して，適切に管理等をすべきであるとした上で，それにもかかわらず共有者がその選任をしないときは，裁判所がこれを選任することができるとすることが考えられる。この考え方によれば，裁判所による管理権者の選任は，共有物である不動産に管理権者がないときに限定される。

　さらに，別の観点として，共有物や不動産一般について管理権者を選任する必要があるとするのではなく，管理権者を選任する具体的な必要がある場合（例えば，第3節第2「隣地等の管理措置請求」で検討しているように，第三者が共有者らに対して一定の権利を有しており，その権利を実現するために交渉等をする必要があるケース等）には，共有者は管理権者を選任すべきであるとした上で，それにもかかわらず共有者がその選任をしないときは，裁判所がこれを選任することができるとすることも考えられる。

　以上を踏まえ，共有物の管理権者がないときは，一定の要件の下で，利害関係人は，共有物の管理権者の選任を裁判所に請求することができるものとすることについて，対象となる場面を不動産が共有物である場合に限定することも含め，引き続き検討する必要がある。

　なお，ここで検討する管理権者は，共有物自体に管理人を付するものであり，物自体に着目する財産管理人の一種と評価することができるが，不在者の特定の財産を管理するための仕組みにおいて検討している財産管理制度（後記第2節第2の1参照）とは異なり，共有者間の利害や意見の対立が問題となる点で違いがある。

(3) 具体的な要件については，裁判所による管理権者の選任を認める正当化根拠と併せて検討する必要がある。

　例えば，前記(1)のように管理権者は必ず設置されなければならないとの考え方に立脚すれば，共有物の管理権者がないことのほか，共有者の全部又は一部に対して共有物の管理権者を選任することを催告すること，催告後一定の期間内に共有物の管理権者を選任しないこと等が考えられる。

　もっとも，共有者への催告を要件とすると，結局，第三者が複数の者の所在を探索するなどの手続上の負担を負うことになる。そのため，催告を要件とするとしても，催告の対象となる共有者は，第三者において知れているものや，登記簿上記録されているものに限る（仮に，相続があっても，相続登記がなければ催告の対象としない）とすることも考えられる（前記第2章第1節第2款第2の2参照）。これ

- 70 -

については，抵当権消滅請求に関する民法第３８３条において，登記をした債権者に対して書面を送付すれば足りるものとされていることが参考になる。

　他方で，管理権者を必ず設置すべきとするのではなく，裁判所による管理権者の選任も特段の必要がある場合に限り認めるとした場合には，裁判所による管理権者の選任を認める正当化根拠と併せて，選任が認められる具体的な場面や申立権者の範囲（例えば，第三者が共有物を購入等するために交渉をする場合にも認めるのか。後記第２節第２の２も参照）についても検討する必要がある。

(4)　また，裁判所による管理権者の選任を検討する際には，管理権者を選任することができない場合に，共有者も裁判所にその選任を請求することができるのかについても，検討する必要がある。

　想定され得る場面としては，まず，㋐氏名及び所在が不明である者がいることにより，管理権者を選任することができないケースがある。この場合には，本文(1)②のとおり手当をすることで対応することで足りるとも思われるが，他方で，本文(1)②の制度では，一定の時間を要することがあり，緊急性がある場合には，裁判所の選任を活用する方が適切であることもあるとも考えられる。また，所在が不明である者がいる場合には，共有者は，不在者財産管理制度を活用して，不明共有者に不在者財産管理人を選任することを請求することになるが，事案によっては，共有物自体に管理権者を選任することができることとした方が，簡便な場合もあるようにも思われる。

　また，他に想定され得る場面としては，㋑所在等が判明している者のうち，持分の過半数を有する者らが管理権者の選任を拒絶しているケースや，候補者が複数おり，いずれの候補者についてもその選任に同意している者らの持分が過半数に達しないケースがある。共有者内部で管理権者の選任の要否や管理権者として誰がふさわしいのかについて意見対立がある場合に，裁判所が管理権者に適切な者が誰であるのかを判断するのは困難であり，適当ではないとも考えられる。他方で，共有物の管理権者を選任しない自由を認めるべきであるのか，共有物の円滑な管理等を実施するためには，第三者を管理権者に選任するなどして必ず管理権者を選任することとすべきではないかとの指摘も考えられる。

4　管理権者の権限

(1)　管理権者の権限に関しては，共有物を円滑に管理等する観点から，共有物の管理権者は，原則として，共有物に関する行為をすることができるが，他方で，共有者の「変更・処分」については，共有者全員の同意がなければすることができないものとすることが考えられる。また，管理に無関心な者が賛否を明らかにしない場合や共有者に管理権者の選任についての賛否を問うことができない場合に，共有物の管理権者の選任が阻害されることを防止する観点から，例えば，共有物に関する行為についての共有者の同意取得の方法（前記第２の２参照）と同様の制度を採用することが考えられる。

　そのほか，他の財産管理制度等と同様に，裁判所の許可があれば，共有者全員の同意がなくとも，「変更・処分」をすることができるとすることも考えられるが，その正当化根拠を含め慎重に検討をする必要がある。例えば，不明共有者がいる場

- 71 -

研究報告書　│　73

合に対応するためにこのような裁判所の許可による変更・処分を認めることも考えられるが，共有物に関する行為についての同意取得の方法（前記第2の2参照）と同様の制度によって対応することも考えられる（もっとも，催告等に時間を要する場合にどのように対応するのかは問題となる）ため，その制度との関係についても検討する必要がある。また，共有者の中に反対者があるために同意を得ることができない場合には，共有者内部で意見対立がある場合に裁判所がどちらの意見が適切であるのかを判断するのは困難であるため，裁判所の許可により「変更・処分」をすることができるものとすることについては，慎重に検討をする必要がある（後記本文5「裁判所による必要な処分」についても参照）。

(2)　さらに，管理権者の権限の制限についても検討する必要がある。

　　共有物の管理方法をどのようにするのかは，本来は，共有者の持分の価格の過半数で決定することができるものである。そのため，共有者には，その持分の価格の過半数で共有物の管理方法を定めた上で，その管理方法の範囲内でのみ，共有物の管理権者に権限を与えることとする選択肢を認めるのが相当であると思われる。さらに，裁判所による管理権者の選任を認めるとしても，管理権者の権限が広いと，業務が多くなり，責任も重いものとなるし，それに要する費用や管理権者の報酬も多額となることもあり，他方で，実際の事案においては，管理権者には，一定の範囲の業務を委ねることで足りるケースもある。

　　そこで，共有者の持分の価格の過半数の決定又は裁判所の決定で，管理権者の権限を制限することができるものとすることが考えられる。

5　管理権者の義務等

　　委任契約における受任者は，善管注意義務を負うこと（民法第644条）を踏まえ，管理権者も，いわゆる善管注意義務を負うことについて引き続き検討する必要がある。

　　また，そのほかに検討すべきものとして，委任契約における受任者を参考に，同様のルール（民法第644条の2〜第647条，第649条及び第650条）を置くことについても検討する必要がある。

6　報酬

　　共有者に選任された共有物の管理権者の報酬については，共有者と管理権者の判断に委ねる趣旨で，特約（ここでいう特約は，共有者の持分の価格の過半数で決定することができることを想定している。）があれば，共有者（全員）に対して報酬を請求することができるとすることが考えられる。

　　また，裁判所に選任された管理権者については，管理権者は，一定の負担を強いられることになるし，善管注意義務等の責任も負うため，共有者（全員）に対して，管理権者に対する相当な報酬の支払を命ずることができるとすることが考えられる。

7　その他

(1)　管理権者の選任に関しては，その資格を共有者に限ることが考えられる。もっとも，事案によっては，専門的な知見を有する第三者を選任する必要がある場合もあり，管理権者の資格を限定することについては慎重な検討を要すると考えら

れる。また，管理権者については，任期を設けることも考えられるが，共有物に関する定めをする際にはその定めの効力に期限がないことからすると，法律で一律に定めるのではなく，期限を設けるのかは選任等の際の判断に委ねることも考えられる。

(2) そのほか，例えば，①裁判所による管理権者の選任についてだけでなく，そもそも管理権者を置くことができる対象となる共有物を不動産に限定するのか，②不動産に関して管理権者を選任したことを不動産登記における登記事項とするのか，③管理権者の解任方法の在り方について，検討することが考えられる。

5 裁判所による必要な処分

裁判所が，共有物の管理に関し，必要な処分を命ずることができるものとすることについて，引き続き検討すべきである。

（補足説明）

不在者財産管理人又は相続財産管理人が問題となる場面では，財産管理人の選任のほかに，裁判所が他の必要な処分を命ずることができるかについて取り上げている（後記第2節第2の3参照）が，共有物の管理においても，同様に裁判所が必要な処分を命ずることができるものとすることについて検討することが考えられる。検討すべき具体的な場面としては，共有者が他の共有者に対して共有物の管理に関する行為についての同意を求める場合（例えば，当該共有地が私道であり，アスファルト舗装に改めたいケースなど）において，共有者の所在等が不明であるために同意を得ることができないケースと，共有者の中に反対者があるために同意を得ることができないケースとがある。

前者の所在不明者がいるケースでは，現在検討中の共有物の管理に関する行為についての同意取得の方法の仕組み（前記第2の2参照）において解決することが考えられるが，他方で，後者の反対者がいるケースでは，この仕組みでは解決することができない。

そのため，例えば，当該処分等を裁判所が許可すれば，共有者は，その処分等をすることができるとすることも考えられるが，共有者内部で意見対立がある場合に裁判所がどちらの意見が適切であるのかを判断するのは困難であり，適当ではないとも考えられる。また，共有者間の意見対立がある場合には共有物分割をすることにより共有関係を解消し，解決を図るべきであるとも思われるから，裁判所による必要な処分を認めるかどうかについては，共有物分割をもってしても解決が困難であるかどうかという視点を踏まえて検討をする必要があると考えられる。

第3 遺産共有における共有物の管理

1 相続人の同意と遺産共有における共有物の管理に関する行為

遺産共有において共有物の管理に関する行為をするために要する相続人の同意については，共有者の同意と共有物の管理に関する行為（第2の1参照）と同様の制度を置くものとする方向で，引き続き検討すべきである。

（補足説明）

- 73 -

研究報告書 ｜ 75

相続人が相続について単純承認をした（限定承認又は相続の放棄がされた場合との関係については，後記第2節第4参照）が，遺産分割がされないまま，遺産共有の状態が継続している場合には，通常の共有の場合と同様に，相続人のうちどの程度の者が同意をすれば，遺産における共有物の管理に関する行為をすることができるのかが問題となる。

現行法においては，遺産共有は，通常の共有と同じであると解されており，その同意の要件も，共有物の「変更・処分」をするには共有者全員の同意を要するものとし，又は管理に関する事項は持分の価格に従ってその過半数で決するものとするなどの共有の規律（民法第251条及び第252条）に従っている。

そのため，共有者の同意と共有物の管理に関する行為（前記第1の1参照）について見直しがされる際には，遺産共有において共有物の管理に関する行為をするために要する相続人の同意についても，同じように考える必要がある。

2 共有物の管理に関する行為の定め方

遺産共有における共有物の管理に関する行為（相続人が共有持分を喪失する行為を除く。）については，共有物の管理に関する行為についての同意取得の方法（第2の2）と同様の制度を置くことについて，引き続き検討すべきである。

（補足説明）

遺産分割がされないまま，遺産共有の状態が継続している場合には，共有の場合と同様に，管理に無関心な相続人が賛否を明らかにしない，又は所在が不明であること等の理由により相続人に賛否を問うことができないことにより，遺産に関する行為（ここでは，遺産の変更・処分，管理に関する事項についての行為及び保存行為のいずれをも含む意味で用いている。）をすることができない事態が生じ得る。そのため，遺産に関する行為（相続人が共有持分を喪失する行為を除く。）については，共有物の管理に関する行為についての同意取得の方法（前記第1の2参照）と同様の制度を置くことについて検討する必要がある。

3 遺産共有における共有物の管理に関する行為と損害の発生

遺産共有における共有物の管理に関する行為によって相続人に損害が生じた場合については，共有物の管理に関する行為によって共有者に損害が生じた場合（第2の3参照）と同様の制度を置くことについて，引き続き検討すべきである。

（補足説明）

遺産共有の場合にも，通常の共有の場合と同様に，相続人が同意をしていなくとも，共有物の管理に関する行為をすることができる場合があるため，共有物の管理に関する行為によって共有者に損害が生じた場合（前記第2の3参照）と同様の制度を置くことについて，引き続き検討する必要がある。

4 遺産の管理権者等

遺産共有における共有物の管理権者等に関し，次のような規律を設けることについて，引き続き検討すべきである。
① 遺産全体の管理権者を置くことができるものとする。選任の方法や，個々の財産の処分権限等は，共有物の管理権者（第2の4参照）と同様の制度とする。
② 遺産に属する個々の財産に，共有物の管理権者（第1の4参照）と同様の管理権者を置くことができるものとする。

（補足説明）
　通常の共有において共有物の管理権者制度の創設を検討することに伴い，遺産共有における共有物の管理権者等についても検討する必要があるが，ここでは，基本的には共有物の管理権者（前記第2の4参照）と同様の制度を置く方向で検討することについて提案している。
　もっとも，遺産共有においては，①遺産全体について管理権者を置くことと，②遺産に属する個々の財産それ自体について管理権者を置くことの両方を区別して検討する必要がある。
　また，相続財産の管理については，他に種々の制度が置かれており，財産管理制度の在り方において別途検討がされているほか，遺産分割の申立てがされた後には，保全処分の制度もあるので，これらを踏まえ，遺産の管理権者制度の創設の観点から別途特別の手当が必要な事項がないのかについて検討する必要がある（そのほか，遺産に属する個々の財産それ自体について管理権者を置く際に検討すべき問題については，後記第2節第3の1参照）。

5　裁判所による必要な処分
　裁判所が，遺産共有における共有物の管理に関し，必要な処分をすることができるものとすることについて，引き続き検討すべきである。

（補足説明）
　現在の相続財産管理制度においては，裁判所は，相続財産管理人のほか，必要な処分をすることができることがある（民法第918条第2項，第926条第2項）ため，遺産共有においても同様にすることについて検討する必要がある。

第4　通常の共有における持分の移転・共有の解消方法等
1　不明共有者の持分の有償移転
　共有者の一部が不明である場合（所在不明である場合と共有者の一部を特定することができない場合の両方を含む。以下同じ。）における当該共有者の持分の移転に関し，次のような規律を設けることについて，引き続き検討すべきである。
① 共有者の一部が不明である場合には，他の共有者は，不明共有者のために相当の償金を供託し，不明共有者の持分を取得することができるものとする。
② 共有者の一部が不明である場合には，共有者は，当該不明共有者以外の共有者全員の同意を得れば，当該不明共有者の同意がなくても，当該不明共有者のために相

- 75 -

研究報告書 | 77

当の償金を供託した上で，当該不明共有者の共有持分を含めた所有権の全部を第三者に移転させることができるものとする。

（補足説明）
1　問題の所在
　(1)　共有者は，他の共有者との関係で共有物の利用等について制約を受けるときは，共有物分割請求の方法により共有関係を解消することが考えられるが，不明共有者との間では協議することができないため，裁判による共有物分割の方法を採ることになる。

　　　もっとも，裁判による共有物分割の方法を採る際には，一定の時間を要するし，具体的な分割方法は裁判所の裁量的な判断に委ねられているため，予測が困難な面もあるほか，共有者の一部が誰であるのかが特定できない場合には，手続を行うことができない。

　　　そのため，例えば，本文①のように，共有者の一部が不明である場合に，裁判による共有物分割以外の方法により，不明共有者以外の共有者が当該不明共有者の共有持分を取得する方法を設けることについて，引き続き検討する必要がある。

　(2)　また，一般的に，共有者の一人が自己の共有持分のみを売却して得る代金よりも，共有物全体を売却し，その持分割合に応じて受け取る代金の方が高額になる。

　　　しかし，共有者の一部が不明である場合には，不明共有者の同意が得られないため，所在の判明している共有者全員が共有物全体を売却することを希望しても，裁判による分割で不明共有者の持分を他の共有者が取得するか，財産管理人を選任してその同意を得なければ，共有物全体を売却することができず，不都合であるとの指摘がある。

　　　そのため，本文②のように，このような場合に，裁判手続を経ずに当該共有物を売却することができるようにすることについて，引き続き検討する必要がある。

　　　もっとも，本文②のような制度を置くことについては，本文①のような制度を置けば，その制度を利用して，共有者の一人が不明共有者の持分を取得した上で，当該共有物を売却することも可能となるため，その制度とは別に制度を置く必要があるのかについて，留意する必要がある。

2　取得の要件
　　持分取得の要件としては，例えば，①共有者の一部が不明であること，②相当の償金を供託すること，③持分の移転請求権を行使することが考えられるほか，不明共有者の手続保障をするために，④公告をすることを要件とすることが考えられる。

　　　上記①は，所在不明である場合と共有者の一部を特定することができない場合の両方を含むが，抽象的に，この二つの場合であることを要件とするのか，具体的な調査方法を定めた上でその定めに従っても不明であることとするのかを検討する必要がある。また，一時的に不明であることを除外することについても，検討する必要がある。

　　　上記②については，供託すべき金額をどのように定め，償金として相当であることをどのようにして確保するのかについても検討する必要があるが，例えば，供託の際には，専門家による評価書を添付した上で，その評価書の金額を供託させる（持分を

- 76 -

78　｜　第1章　登記制度・土地所有権の在り方等に関する研究報告書

喪失することになる共有者は，供託された額が足りないと考えた場合には，別途，償金請求訴訟を提起することができるとする。）ことが考えられる。

3　法的構成

　　上記２の③に関して，不明共有者の持分の移転の法的構成としては，例えば，償金を供託した共有者からの持分取得の請求により，その共有者と不明共有者との間で売買契約が成立し，共有者は不明共有者の持分を取得し，他方で，不明共有者は代金債権に代わるものとして供託金還付請求権を取得するとすることが考えられる（建物の区分所有等に関する法律第63条第4項の売渡し請求制度参照）。

4　不動産への限定

　　所有者不明土地問題の解決という観点からは，対象となる共有物を不動産とすれば足りるが，他方で，他の共有者との関係で共有物の利用等について制約を受けることを解消するということは動産等でも問題となり得るとも考えられるため，対象となる共有物を不動産に限定するかどうかについて，引き続き検討する必要がある。

5　登記手続

　　不動産登記法の原則からすると，不明共有者の持分を裁判によらずに取得した共有者であっても，持分権の移転の登記の場面においては，結局，不明共有者を被告として，訴訟を提起し，共有持分の移転登記を命ずる判決を得なければならないこととなる（不動産登記法第60条，第63条第2項）が，機動性に欠ける部分がある。

　　他方で，例えば，共有者が不明であることについて公的機関が確認し，公告手続まで行うのであれば，実体的な権利変動の要件の仕組み方によっては，公告手続がされたこと，償金の額が相当であること，供託が適式にされたこと等に関する客観的な資料の提出を受けることにより，登記官は，判決がなくても，持分権が移転した事実を確認することが可能になるとも考えられる。

　　そこで，登記手続の簡略化の観点を踏まえながら，不明の事実をどのようにして確認するかを含め，この問題について更に検討することが考えられる。なお，この検討に際しては，共有者の中に管理費用の支払義務等を怠った者がいる場合におけるその者の持分取得（民法第253条）に関しても，併せて検討する必要がある。

2　共有者による取得時効

　　共有者は，10年間（共有者が悪意又は善意・有過失の場合には，20年間），平穏に，かつ，公然と共有物を占有した場合には，当該共有物の所有権を取得することができるものとすることの是非については，所有の意思についての次の各案の採否も含め，引き続き検討すべきである。

【A案】共有関係にあることにより所有の意思は原則として否定されないことを前提に，取得時効の成立を争う者が，他主占有事情を主張・立証すれば，所有の意思が否定される。

【B案】共有関係にあることにより所有の意思は原則として否定されることを前提に，取得時効の成立を主張する者が，自主占有事情を主張・立証すれば，所有の意思が肯定される。

- 77 -

研究報告書　｜　79

（補足説明）
1　問題の所在
　⑴　判例（最判昭和47年9月8日民集26巻7号1348頁，最判昭和54年4月
　　　17日集民126号541頁）によれば，共有者の一人が単独で共有物全部を占有
　　　していても，その者に単独の所有権があると信ぜられるべき合理的な事由がなけれ
　　　ば，その占有は自主占有とは認められないとし，合理的な事由のない共有者による
　　　取得時効を否定する。
　　　　そのため，例えば，共有者の一人が土地を占有し，固定資産税等の事務に要する
　　　費用を負担しているが，他の共有者との間で土地の利用について協議をしたことが
　　　なく，他の共有者が占有している共有者に対して利用料相当額の請求をしたことも
　　　ない状態が長期間継続し，占有している共有者としても，当該土地は自己の物であ
　　　ると認識するに至っていたとしても，登記簿上，土地が共有であることが明らかで
　　　ある場合には，上記のような合理的な事由があるとはいえないため，自主占有が認
　　　められず，取得時効は成立しないことになる。
　⑵　しかし，これでは，他人の土地を他人の土地と知った上で占有を開始した者につ
　　　いては取得時効が成立し得るが，共有物を共有物と知った上で占有を開始した共有
　　　者については取得時効が成立しないこととなり，バランスを欠く結果になるように
　　　も思われる。さらに，上記の判例にいう単独の所有権があると信ぜられるべき合理
　　　的な事由の有無は，実質的には，占有する共有者が他の共有者の存在について善意
　　　・無過失かどうかによって判断されることになるが，悪意又は善意・有過失の占有
　　　者であっても取得時効が成立し得ることとの整合性に疑問もある。
　　　　また，実際上も，共有者の一人が共有物を独占的に使用し，他方で，他の共有者
　　　がその共有者に何らの請求もしていない状態が一定の期間継続している場合には，
　　　その独占的使用者にとっては，あたかも，他の共有者からその持分の譲渡を受け，
　　　又は放棄された持分の帰属を受けたと認識するに至っていると評価することもで
　　　きるとも解される。そのため，占有開始後長期間が経過しており，他の共有者が今
　　　後持分を主張することをうかがわせる事情があるとはいえない（又はそのような事
　　　情がない）場合に，共有物を占有している共有者を保護することは，事実状態を尊
　　　重する取得時効の趣旨に合致するとも思われる。
　⑶　以上を踏まえ，他人の物を占有する者と同様に，共有者の一人が共有物全部を占
　　　有している場合においても，占有開始時点からの自主占有を認め，取得時効が成立
　　　し得るとすることについて，引き続き検討する必要がある。
2　他主占有事情又は自主占有事情の要否と立証責任
　⑴　共有者の一人が共有物を占有する場合に，自主占有を認め，取得時効の成立を認
　　　めるとしても，常にこれを肯定するのは相当ではない。
　　　　例えば，共有者間に定めがあり，その定めに基づいて共有物全部を占有している
　　　ケースや，共有物を占有している共有者が他の共有者に対して利用料相当額を支払
　　　っているケースのように，占有する共有者が他の共有者の共有持分の存在を前提と
　　　する行為をしていた場合には，他主占有事情があることによって取得時効が成立し
　　　ない場合と同様に，取得時効を認めることはできない。

- 78 -

したがって，共有者の一人による共有物の取得時効を認めるとしても，それは，その者に自主占有に相当する事情がある場合に限られると解される。

⑵　もっとも，このような事情についての立証責任については，本文のとおり，２つの異なる考え方があり得る。

　【Ａ案】は，自主占有の推定についての民法第１８６条の規律を基礎として，共有関係にあること自体は直ちに自主占有を否定するものではないという考えを採るものである。これに対して，【Ｂ案】は，共有関係にあることは，原則として自主占有の推定を覆すものであるから，これを再度覆す自主占有事情を，取得時効を主張する者に主張立証させるという考えを採るものである（なお，【Ｂ案】は，自主占有事情があれば，占有の開始時点からその占有を「自主占有」と認めるものであり，民法第１８５条を改正し，他主占有から自主占有への新たな転換方法を認めるものではない。民法第１８５条の改正については，下記３参照）。

　両者のいずれを採るべきかは，最終的には，共有関係にある場合において，特定の者が長期間占有している事実状態をどこまで保護すべきと考えるのかによることになるが，取得時効の成立を認めると，持分の移転についての対価が支払われないことにも十分に留意する必要がある（前記１の持分の移転では，対価が支払われる。）。また，遺産共有ではなく，通常の共有の関係にある共有者間において，共有者の一人が，他の共有者と何らの接触もなく共有物を独占的に使用し続ける場面で，自主占有が認められるのは具体的にどのような場合かを念頭に置いて検討する必要がある。

3　他に考えられる法律構成

　本文の提案は，共有者の一人であっても，一定の事情がない限り（又は一定の事情がある限り），占有開始時点から，自主占有を認めようとするものである。

　共有者の一人による取得時効を認める法律構成としては，他に，共有者の一人による共有物の占有は通常他主占有であるという現行法における解釈を維持した上で，他の共有者が不明であるときには，他の共有者に対して現実に転換の意思表示（民法第１８５条）をすることができない（転換の意思表示は黙示にすることもできるが，不明共有者に対して黙示に意思表示をしていたと認定することは難しいと思われる。）ので，公示による意思表示（民法第９８条）の方法を採ることが考えられる。

　このような転換の意思表示をすれば，現行法を前提としても取得時効が認められるが，飽くまでも時効期間はその転換がされた時点から起算することになるので，例えば，共有者が共有物を占有し，占有を開始してから５０年を経過した段階で転換の意思表示をしても，取得時効が完成するにはそれから１０年又は２０年を経過することが必要となり，取得時効の完成は本文の提案に比べて遅れることとなる。

　また，取得時効の完成が本文の提案に比べて遅れることになるとしても，他主占有から自主占有への転換をより容易にするために，①自主占有事情に相当する事情があれば，所有の意思があることを表示せずとも，自主占有への転換を認める，②所有の意思に代えて，何らかの手続をする（公示による意思表示ではなく，公告をするなど）ことも考えられる。

4　共有持分のみなし放棄

- 79 -

研究報告書　│　81

そのほか，例えば，所有権のみなし放棄（前記第2章第2節第4参照）との関係で，共有者の一部に所有権を集約させるため，共有者の一部が不明であるとき，又は管理をしないときは，当該共有者は持分を放棄したものとみなし，その持分を他の共有者に無償で帰属させることについても検討することが考えられる。

もっとも，所有権のみなし放棄に関連して指摘したとおり，所有権の消滅時効が認められていないこととの関係等も問題となるほか（前記第1節第1款第4参照），管理費用等の支払を怠っているケースについては，民法第253条に規定があり，相当の償金を支払って，共有者は，他の共有者の持分を取得することができるとされていることとのバランスからしても，共有持分のみなし放棄を認めることには，課題が多い。

他方で，共有者の一部に所有権を集約させることに関しては，上記のとおり，共有者の一人に時効取得を認め，共有物を利用している者に共有持分を時効で取得させることや，共有者の一部が不明であるとき，又は管理をしないときは，他の共有者が有償でその共有者の持分を取得することにより対応することが考えられる（上記第4の1参照）。

そのため，差し当たっては，上記のような共有持分のみなし放棄を導入するのではなく，共有者による取得時効又は有償による持分取得について検討を進めるべきである。

3 裁判による共有物分割

裁判による共有物分割として，**全面的価格賠償の方法（共有物を共有者のうちの一人の単独所有又は数人の共有とし，これらの者から他の共有者に対して持分の価格を賠償させる方法）を採ることができるとした判例法理を踏まえ，そのルールの内容を明確にすることについて，引き続き検討すべきである。**

（補足説明）

判例は，裁判による共有物分割として，全面的価格賠償の方法による分割を採ることを認めている（最判平成8年10月31日民集50巻9号2563頁）。判例によれば，①当該共有物を共有者のうちの特定の者に取得させるのが相当であると認められること，②共有物の価格が適正に評価され，当該共有物を取得する者に支払能力があって，他の共有者にはその持分の価格を取得させることとしても共有者間の実質的衡平を害しないことが要件として挙げられている。

全面的価格賠償は，共有状態を解消するものであり，そのルールを明確にすることは重要であると考えられるため，引き続き検討する必要がある。

第5 遺産共有における持分の移転・共有の解消方法

1 遺産に属する個別の財産について相続人が有する持分の有償移転

遺産に属する個別の財産について共同相続人が有する持分（例えば，遺産の中にある特定の土地について相続人が有する持分）につき，共同相続人の一部が不明である場合に，その持分を他の共同相続人に有償で移転させることに関し，共有者の一部が

- 80 -

不明である場合における当該共有者の持分の移転の制度（第4の1参照）と同様の制度を置くことについては，慎重に検討すべきである。

（補足説明）
　　共同相続人の一部が不明である場合にも，他の共同相続人は，遺産に属する個別の財産の利用等について制約を受けるから，共有者の一部が不明である場合と同様に，遺産に属する特定の財産について不明共同相続人が有する持分（例えば，遺産の中にある特定の土地に有する持分）につき，他の共同相続人が，当該不明共同相続人のために相当の償金を供託して，その持分を取得することができるものとすることについて検討することが考えられる。

　　しかし，遺産分割は，1つの財産を分割する共有物分割とは異なり，基本的には，複数の財産の集合体である遺産を全体として分割するものであり，遺産分割の前に，遺産の一部である特定の財産のみを先に分割することと同じ効果を生むことになる持分の移転を，持分を奪われる共同相続人の同意もないまま認めることは，適切ではないと考えられる。

　　また，遺産分割は，法定相続分ではなく，具体的相続分でされるものであるから，上記のような持分の有償移転の制度を置くとしても，供託金の額は，法定相続分ではなく，具体的相続分を踏まえて算出するほかないと考えられる。しかし，具体的相続分は，法定相続分とは異なり，法律上一律に決まるものではなく，特別受益や寄与分の額を算出した上で決まるものであり，当事者の合意がなければ，裁判所の判断を経ない限り，これを確定することができないため，遺産分割の制度とは別に，このような持分の制度を置くことは相当でないと考えられる。

　　もっとも，以上のことは，飽くまでも遺産共有の状態が継続している場合を前提とする議論であり，例えば，遺産分割について期間制限を設けた場合（前記第2章第2節第2款の第2参照）において，その期間が経過することによって遺産共有の状態が通常の共有の状態となり，その財産の分割が共有物分割で行われるべきときには，別である。

　　以上のとおり，共有者の一部が不明である場合における当該共有者の持分の移転の制度と同じ制度を置くことについては，慎重に検討する必要があるが，その際には，遺産分割の期間制限の検討の結果も考慮する必要がある。

2　相続人による取得時効

遺産に属する財産の相続人による取得時効については，共有者による共有物の取得時効（第4の2参照）とともに，引き続き検討すべきである。

（補足説明）
　　共有者による共有物の取得時効と同様に，遺産に属する財産の相続人による取得時効については引き続き検討する必要があるが，相続人による取得時効については，通常の共有における共有者の取得時効には見られない，次のような特有の問題もある。

　　土地については，所有者が死亡しても，登記簿上被相続人の名義がそのまま残っていることが多く見られるが，このような土地の中には，遺産分割協議が何らなされていな

- 81 -

研究報告書　| 83

いものもあるものの，遺産分割協議がされているが登記がされないまま放置されているに過ぎないものもあると考えられる。そして，遺産分割協議があっても書面化がされていない多くのケースにおいて，登記がされないまま数次相続が発生すると，関係者の多くが死亡し，遺産分割協議がされたことの立証は極めて困難になる。

　このような場合において，所有権の取得を主張するために，取得時効を活用することが考えられるが，判例（上記最判昭和４７年９月８日，最判昭和５４年４月１７日）によれば，相続人の一人が単独で共有物全部を占有していても，その者に単独の所有権があると信ぜられるべき合理的な事由がなければ，その占有は自主占有とは認められない。そのため，登記簿上，土地が被相続人の名義のままで残っており，遺産共有の状態であることが明らかである場合には，上記のような合理的な事由があるとはいえず，取得時効は，成立しない。したがって，現行法下では，事実上の遺産分割協議がされた場合には，取得時効を活用することは難しいと考えられる（ただし，数次相続のケースでは，後に生じた相続を「新権原」として，その新権原に基づく占有について自主占有を肯定し，その新権原に基づく占有の開始時点からの期間の経過により取得時効を認める余地はある。）。

　相続人による取得時効については，共有者による共有物の取得時効において検討したことのほかに，上記のような点も考慮して検討する必要がある。また，自主占有事情又は他主占有事情の立証責任についても，上記のようなケースを念頭に検討する必要がある。

3　相続回復請求権

　相続回復請求権に関する規定である民法第８８４条については，相続人による取得時効と併せて，その見直しについて，引き続き検討すべきである。

（補足説明）

　共同相続人の一人が遺産に属する財産の占有を継続した場合に時効取得を認める制度を検討するに当たっては，他の共同相続人が相続権の侵害を原因として取得する相続回復請求権の消滅時効（民法第８８４条）との関係が問題となる。

　民法第８８４条は，「相続回復の請求権は，相続人又はその法定代理人が相続権を侵害された事実を知った時から５年間行使しないときは，時効によって消滅する。相続開始の時から２０年を経過したときも，同様とする。」と定めているが，大判昭和７年２月９日民集１１巻１９２頁は，相続回復し得る間は，僭称相続人が相続財産たる不動産を占有しても，時効取得することはない旨判示している。

　また，最判昭和５３年１２月２０日民集３２巻９号１６７４頁は，共同相続人甲が，共同相続人乙の相続持分の部分につき相続権を侵害しているため，乙が侵害の排除を求める場合には，民法第８８４条の適用はあるが，甲においてその部分が乙の持分に属することを知っているとき，又はその部分につき甲に相続による持分があると信ぜられるべき合理的な事由（以下「合理的事由」という。）がないときには，同条の適用は排除されると判示している。これは，善意であり，かつ，合理的事由のある共同相続人は，民法第８８４条により５年又は２０年の経過を理由として，他の相続人からの請求を拒

- 82 -

めるが，悪意又は善意につき合理的事由のない共同相続人は，他の相続人からの請求を拒めないとするものである。

これらの判例法理に従うと，善意であり，かつ，合理的事由のある共同相続人の一人が，遺産に属する財産を所有の意思をもって１０年間占有を継続し，取得時効の要件を形式的に満たしていても，相続権を侵害された共同相続人等がその事実を知った時から５年間を経過するか，相続開始の時から２０年間を経過しない限り，時効取得ができないということになると考えられる。

しかし，この考えによれば，善意無過失の占有者が１０年で対象物の所有権を取得することとのバランスを欠く結果になるとも考えられる。また，この法理を維持したまま，共同相続人の一人が遺産に属する財産を時効取得する制度を創設すると，悪意又は合理的事由のない共同相続人が占有を継続した場合には取得時効が成立するが，善意であり，かつ，合理的事由のある共同相続人が占有を継続した場合には，相続回復請求権を行使することができる間は取得時効が成立しないことになるが，そのような結果が妥当であるのか検討する必要があるとも思われる。

以上を踏まえて，相続回復請求権に関する規定である民法第８８４条については，その見直しについて引き続き検討する必要がある。

具体的には，善意であり，かつ，合理的事由のある共同相続人の一人が，取得時効の要件を満たしていても，相続権を侵害された共同相続人等がその事実を知った時から５年間を経過するか，相続開始の時から２０年間を経過しない限り，時効取得ができないとの問題に対応するために，相続回復請求権の存在は，取得時効の成立を妨げないとすることが考えられる。そのほかには，民法第８８４条は，相続関係の帰属及びこれに伴う法律関係を早期にかつ終局的に確定させる趣旨と理解されているが（前掲昭和５３年判決），独自の存在意義を失っているとの指摘もあること，法律関係の早期かつ終局的確定は，取得時効又は消滅時効によって対応すべきであること等を踏まえ，相続人による時効取得の成立範囲を拡大する場合には，相続回復請求権に関する規定である民法第８８４条を廃止することも考えられる。

第６　第三者が提起する通常の共有及び遺産共有に関する訴訟

1　取得時効を理由とする持分移転登記請求訴訟

第三者が共有不動産（遺産分割前の遺産に属するものを含む。以下第６において同じ。）を時効により取得した場合に関し，第三者が取得時効を理由とする持分移転登記請求を提起する場合における被告適格の見直しの是非については，共有者（遺産共有における相続人を含む。以下第６において同じ。）の氏名又は所在を探索する第三者の負担を軽減する観点から，次の【Ａ案】から【Ｃ案】までの案などの採否を含め，引き続き検討すべきである。

【Ａ案】　① 　登記簿上の所有者（又は共有者）を被告とすれば足りるものとする。

② 　送達等は，登記簿上の住所地にすれば足りる（登記簿上の住所地に送達ができない場合には，特段の住所調査を経ることなく，公示送達をすれば足りる）ものとする。

【Ｂ案】　　共有者の一人を被告とすれば足りるものとする。

- 83 -

研究報告書　| 85

【C案】 共有者全員のために管理権限を有する者を選任し，その者を被告とすれば
足りるものとする。

（補足説明）
1　問題の所在
　(1)　例えば，①登記簿上はAの所有であるが，Aは死亡しており，実際には，B，C
　　及びDの遺産共有状態である共有不動産（登記簿上共有者とその所在が不明である
　　共有不動産），又は②登記簿上は，A，B及びCの通常の共有状態であるが，登記
　　簿上のAらの住所が実際の住所と一致していない共有不動産（登記簿上共有者の所
　　在が不明である共有不動産）を第三者が時効により取得した場合には，第三者は持
　　分移転登記を求めることが考えられる。
　　　この場合に，第三者が訴訟によって自己が当該土地を単独で所有している旨の登
　　記をするためには，いずれのケースでも，共有者全員に対して訴訟を提起し，いず
　　れにも勝訴しなければならない（もっとも，共有者全員を1度に訴える必要はなく，
　　いわゆる固有必要的共同訴訟ではない。）。
　　　そのため，上記①のケースでは，第三者は，Aの死亡の事実を確認した上で，そ
　　の相続人を調査し，共有者（相続人）がB，C及びDであることを特定し，かつ，
　　その所在を調査しなければならない。また，上記②のケースでは，登記簿上の住所
　　と実際の共有者の住所が異なるために，第三者は，その所在調査をしなければなら
　　ず，所在が不明である共有者が複数になると，負担感は重くなる。
　(2)　上記の調査を経てもなお共有者の所在が不明である場合には，最終的に公示送達
　　をすることを前提に，訴訟を提起することができるが，共有者を特定することがで
　　きなかったときには，そもそも訴訟を提起することができない事態も生じ得る。そ
　　のため，第三者に調査の負担を負わせるべきであるのか，負うべきではないとした
　　場合には，どのような方策が考えられるのかについて，その方策の具体的帰結を見
　　定めながら，検討する必要がある（なお，検討に際しては，前記第2章第1節第3
　　款第3「時効取得を原因とする所有権の移転の登記手続の簡略化」の議論にも留意
　　する必要がある。）。
　　　ただし，その検討に当たっては，共有者の手続保障についても十分留意する必要
　　がある。本文では，検討のたたき台として，【A案】〜【C案】を検討することを
　　提案している。
　(3)　なお，この類型の訴訟では，特定承継があっても，登記移転義務を負うのは飽く
　　まで登記簿上の共有者であり（例えば，登記簿上はA，B及びCの通常の共有状態
　　である共有不動産であるが，AがDに対して持分を譲渡していた場合に，第三者が
　　当該土地を時効により取得したときは，第三者は，A，B及びCに対して持分移転
　　登記請求訴訟を提起することになり，Dに対して訴訟を提起する必要はない。），
　　その承継をした者を探索する必要はないと考えられる。そのため，ここでの議論で
　　は，特定承継による承継人が登記簿上記録されておらず，その承継人が誰であるの
　　かが不明であるケースは，念頭に置いていない。
　　　また，時効起算日前に所有権の登記名義人が死亡し，その相続登記が未了である

- 84 -

86　│　第1章　登記制度・土地所有権の在り方等に関する研究報告書

場合に，登記名義人から直接時効取得者への所有権の移転の登記をすることができるようにすることに関する検討については，前記第２章第１節第３款第３の２参照。

2　各案の根拠等

⑴　【A案】は，共有者は自己の情報を適切に登記に反映させるべきであり，その登記に反映されていない場合には，それによって被る不利益は共有者自身が負うべきであることを根拠とするものである。その意味では，実質的には，相続登記や住所変更の登記を義務化するものであるため，この議論は，相続登記や住所変更の登記の義務化と併せて検討する必要がある（前記第２章第１節第２款第２の２参照）。

法的構成としては，登記又は登記懈怠の効果の一種として構成することが考えられる。もっとも，上記①のケースでは，登記懈怠の効果として相続人が死亡していないと扱うものであるので，結果的に，この場面では相続登記を相続の効力要件とするものになり，一律であるべき相続の効力発生を関係者ごとに区々に分けることになりかねないと考えられる。また，被相続人自身を当事者と扱うことは，実質的には死者である被相続人を被告とする訴訟の係属を認めることになるので，死者そのものを相手とする訴訟が認められていない民事訴訟法の従前の考え方と整合しないほか，実質的にも，相続人の手続保障として問題がないのかについても検討する必要があり，【A案】を採用することについては，慎重な検討を要する。

⑵　【B案】は，共有者は，他の共有者の氏名や所在を当然に把握し，相互に協議等をして，適切に共有物の管理をすべきであり，共有物に関する訴訟の対応も，基本的には，共有者内部で，相互に情報の共有等を行った上で，協議等をして決すべきであるが，そうであれば，訴訟提起自体は，共有者の一人に対して行えば足り，その後の対応（訴訟が提起されている事実の告知等）は，その共有者が他の共有者に行うべきである（単独所有ではなく，共有状態にあることによって生ずる不利益は，共有者が負うべきである）ことを根拠とするものである。

法的構成としては，登記は共有物の権利関係を公示するものであり，持分移転登記請求訴訟の応訴は共有物の管理に関する行為であるから，それが一人でできるのかは，基本的には，共有物の管理に関する行為についての民法の枠組みで決まるとの考えに立った上で，現行民法の枠組みを前提にすると，訴訟の応訴の目的は飽くまでも現状維持に向けた活動にすぎないとして「保存行為」（民法第２５２条）の一種と捉え，共有者の一人は，共有者全員のために，訴訟行為をすることができるとし，その判決の効力を共有者全員に及ぼすこととすることが考えられる。もっとも，敗訴した場合に他の共有者が被る不利益を考慮すると，応訴は，「保存行為」に当たるとはいえず，「変更・処分」等に該当すると整理することも考えられる。その場合に，【B案】を採用するときは，原告の負担等を考慮して民法の特則を定める民事訴訟法第３２条を参考に特別の規定を設け，共有者の一人は，特段の授権を要することなく，応訴することができるとすることも考えられる。

もっとも，【B案】には，取得時効を主張する第三者が，被告とする共有者を任意に決めることができることになり，なれ合い訴訟を誘発しかねないなどの課題もある。いずれにしても，共有者にとって極めて重要である持分権の登記につき，第

- 85 -

三者が共有者の一人に対して共有者全員の持分移転登記請求をした場合に，共有者
全員に判決の効力を及ぼすことを認めることには，他の共有者の手続保障の観点か
ら，慎重な検討を要する。

(3) 【C案】は，【B案】と同様に，訴訟提起がされた後の対応（訴訟が提起されて
いる事実の告知等）は，共有者内部の問題として処理すべきである（単独所有では
なく，共有状態にあることによって生ずる不利益は，共有者が負うべきである）こ
とを基本の考えとするものであるが，訴訟に関する対外的・内部的な活動は，共有
者の一人であるというだけで，当然にできるものとするのではなく，共有者の持分
の過半数の者ら，又は裁判所が，共有物を管理するのにふさわしい者として選んだ
者とすべきであるとするものである。

法的構成としては，【B案】での検討と同じく，当事者適格は，基本的には，民
法の枠組みで決まるとの考えに立った上で，「保存行為」（民法第２５２条）の一
種と捉えることが考えられるが，他方で，敗訴の場合に他の共有者が被る不利益を
被ることを理由に「変更・処分」に当たると整理した上で，民法の特則である民事
訴訟法第３２条を参考に特別の規定を設け，管理権者等は，特段の授権を要するこ
となく，応訴することができるとすることが考えられる。

もっとも，他の共有者の手続保障の観点から慎重な検討を要することについて
は，【B案】と同様である。

3 具体的な適用

上記の各案を形式的に適用した場合には，次のような帰結になると考えられる。

(1) 【A案】によれば，上記①のケースでは，第三者は，登記簿を調査する以外には，
特段の負担を負うことはなく，登記簿を調査した上で，Aを被告とし，特段の調査
を経ることなく，公示送達をすることになる。上記②のケースでは，A，B及びC
を被告とし，その登記簿上の住所に送達をする（登記簿上の住所と実際の住所にズ
レがある場合には，特段の調査を経ることなく，公示送達をする）ことになる。

(2) 【B案】によれば，上記①のケースでは，第三者は，相続人のうち一人の所在を
把握すれば，その余の相続人について探索や所在調査をすることなく，訴訟を提起
することができる。また，上記②のケースでも，第三者は，A，B又はCのいずれ
かの所在を把握すれば，その所在を把握した者を被告として，訴訟を提起すること
ができる。

(3) 【C案】によれば，遺産共有状態において管理権者が相続財産を管理する制度（前
記第3の4参照）が創設されたことを前提とすると，上記①のケースでは，戸籍等
により，Aが死亡したことが確認された場合には，第三者は，相続人又は裁判所が
選任した管理権者を被告（又は代理人）として訴訟を提起することが考えられる。
また，上記②のケースでは，共有状態において管理権者が共有物を管理する制度（前
記第2の4参照）が創設されたことを前提とすると，第三者は，共有者又は裁判所
が選任した管理権者を被告（又は代理人）とすることが考えられる。

(4) 以上では，主に，登記と実際の権利関係等にズレがある等の理由から第三者が共
有者の氏名や住所を把握していない場合におけるその負担の軽減を中心に検討を
しているが，登記と実際の権利関係等にズレがなく，第三者が共有者の氏名や住所

- 86 -

88 ｜ 第1章 登記制度・土地所有権の在り方等に関する研究報告書

を把握している場合にも，共有者全員を被告としなければならないのかは，別途問題となる。【B案】や【C案】は，そのような場合であっても，共有者全員を被告とする必要はないというものであるため，【B案】又は【C案】を採用するかどうかは，その場合についても併せて検討する必要がある。

4 その他（第三者が共有者を相手方として提起する他の訴訟等）
　取得時効を理由とする持分移転登記請求訴訟以外の第三者が共有者を相手方として提起する他の訴訟（所有権確認訴訟など。筆界確定訴訟については，後記本文２〔筆界確定訴訟〕参照）についても，取得時効を理由とする持分移転登記請求訴訟と同様の問題は生じ得ると考えられるため，同様に引き続き検討する必要がある。
　また，共有者相互間での訴訟となる共有物分割訴訟も問題となり得るが，類型的に共有者間の利害が対立する訴訟であるので，例えば，A，B及びCの共有状態にある場合に，共有者の一人であるAが，他の共有者に対して訴訟を提起する際に，【B案】を採用して，Bのみを訴えたり，【C案】を採用して，共有者全員を代表する者一人を訴えたりすることはできないと考えられる（B及びCの住所が変更されたが，登記簿上反映されていない場合には，【A案】の採否が問題となり得る。）し，そのことを正当化する理由も難しいと考えられる。もっとも，この例において，Bが死亡しており，相続登記がされていないときは，通常の共有と遺産共有が混在しているので，両者を区別し，AとBの相続人間については，第三者が共有者を相手方として訴訟を提起する場合と同様とすることが考えられる。

2 筆界確定訴訟
　共有地の隣地を所有する者が共有地と隣地との筆界を確定する訴訟を提起する場合における被告適格の見直しの是非に関しては，共有者の氏名又は所在を探索する第三者の負担を軽減する観点から，前記本文１の【A案】から【C案】までの案などの採否も含め，引き続き検討すべきである。

（補足説明）
　現在の判例は，筆界確定訴訟は，共有地の筆界が問題となる場合には，共有者の全員が原告又は被告のいずれかの立場で当事者として訴訟に関与していなければならないとする。そのため，共有地（遺産分割前の遺産も含む。）の隣地を所有する者が共有地と隣地の筆界を確定する訴訟を提起する場合には，次のような調査を行う必要がある。
　① 相続等によって共有者となった者が，その旨を登記していない場合には，その共有者が誰であるのかを特定するために，相続人調査を行う。
　② 共有者が誰であるのかは一応把握することができたとしても，その所在が不明である場合には，訴状の送達等をするために，住所を特定するものとし，又は公示送達（民事訴訟法第１１０条）の要件を充足しているものとすることを証明するために，所在調査を行う。しかし，このような調査を行うことは，訴えを提起しようとする第三者にとって，負担感が重いことは，前記１と同様であり，前記１と併せて検討する必要がある。
　なお，【A案】～【C案】を検討するに際しては，筆界確定訴訟の場合には，次の点

- 87 -

研究報告書 ｜ 89

で異なっており，注意を要する。

(1) 筆界確定訴訟における被告適格は，隣地の所有者であると解されているが，隣地の所有者（又は共有者）がその所有権（又は持分権）を譲渡したが，その旨の登記をしていない場合に，譲受人が被告適格を有するのか，それとも譲渡人が被告適格を有するのかを明確に判示した判例は見当たらない（判例の中には，登記簿上の隣地の所有者である者を被告として訴えた事案において，原告が当該隣地を全て時効により取得したことを理由に，訴えを却下したものがある。最判平成７年７月１８日集民１７６号４９１頁参照）。そのため，前記１では，特定承継のケースについては検討の対象としていなかったが，筆界確定訴訟では，特定承継のケースについても，【Ａ案】を採用するかどうかについて併せて検討する必要がある。

(2) 判例によれば，筆界確定訴訟自体は共有者の権利関係を直接定めるものではないとされている。この考えを強調して，筆界確定訴訟の当事者適格は，共有等の実体法上の枠組みとは直接関係がなく，適切に手続保障を与えるべき者との訴訟的観点により定まるものと理解することも考えられる。そのため，【Ｂ案】及び【Ｃ案】を採用するかどうかについても，判決の効力が及ぶ共有者に対する手続保障としては，共有者の一人に訴えを提起すれば足りるかどうかを検討すれば足り，実体法上の根拠等については，検討する必要がないとも考えられる。

もっとも，筆界確定訴訟は共有者の権利関係を直接定めるものではないが，共有物の形状に関わるものであり，その訴訟の応訴は共有物に関する行為であるから，それを一人ですることができるのかは，基本的には，共有物に関する行為についての民法の枠組みで決まるとも考えられる。この考えに従うのであれば，【Ｂ案】及び【Ｃ案】については，前記１で検討したことが基本的にそのまま当てはまることになる。

いずれにしても，上記の考え方に対しては，訴訟的観点及び実体法的観点のいずれかではなく，双方の観点を考慮して検討すべきではないかとの指摘が考えられる。

3 共有物の管理権者の訴訟権限

共有物の管理権者の訴訟権限等に関しては，前記本文１及び２と併せて，次のとおりとすることについて，引き続き検討すべきである。

共有物の管理権者は，第三者が提起した共有に関する訴訟に関して，共有者全員のために，訴訟行為をすることができる。ただし，管理権者は，共有者全員の同意（又は裁判所の許可）を得なければ，訴えを提起することができない。

（補足説明）

通常の共有状態にある，又は遺産共有状態にある共有物の管理権者（前記第２の４及び第３の４参照）の訴訟権限については，第三者が提起した訴訟に応訴する行為と第三者に対して訴訟を提起する行為の２つを分けて検討する必要がある（第三者が提起した訴訟に応訴する行為については，既に前記本文１及び２で検討している。）。

共有物の管理権者が第三者に対して訴訟を提起することは，「保存行為」と位置付けることも考えられる。もっとも，共有物の管理権者が共有者全員のために訴訟を提起することを認める場合には，訴訟に勝訴した場合だけでなく，その訴訟に敗訴した場合に

- 88 -

も，その効力は共有者全員に及ぶと考えるほかなく（民事訴訟法第１１５条参照），その場合に共有者が受ける不利益を考慮すると，訴訟の提起は，「変更・処分」に該当し，共有者全員の同意（又は裁判所の許可）を得なければ，することができないとすることも考えられる。相続人不存在の場合における相続財産管理人についても，裁判実務上，訴訟の提起は，民法第１０３条各号の保存行為等に該当しないとして，裁判所の許可を得なければ，することができないと解されている（民法第９５３条，第２８条参照）。

なお，共有地に第三者名義の単独所有の虚偽登記がされている場合に，共有者の一人は，保存行為として，その第三者に対して，登記抹消請求訴訟を提起することができるとする判例（最判昭和３３年７月２２日民集１２巻１２号１８０５頁）がある。もっとも，この訴訟の判決の効力は，他の共有者に及ばないと考えられる（上記の判例も，他の共有者に判決の効力が及ぶかどうかについては，言及していない。）のであり，共有物の管理権者が訴訟を提起することとは区別して考えることができると解される。

そのほか，この問題と関連して，共有物の管理権者が選任されていないときには，相続人不存在であるが相続財産管理人が選任されていない場合に受訴裁判所が特別代理人を選任して手続を進めることができることと同様に，受訴裁判所が特別の管理権者を選任して手続を進めることができることとするのかも問題となり得る。

第２節　財産管理制度
第１　総説
不在者の財産や相続財産に属する所有者不明土地をより適切に管理することができるようにするため，不在者財産管理制度及び相続財産管理制度の機能向上を図る仕組みについて，不在者や相続財産の利益保護にも留意しながら，引き続き検討すべきである。

（補足説明）

所有者不明土地の典型として，土地所有者が従来の住所又は居所を去って容易に帰来する見込みがない不在者になっている場合や，土地所有者が死亡したが，相続人があることが明らかでない場合がある。不在者財産管理制度（民法第２５条第１項）及び相続財産管理制度（民法第９５２条第１項）は，このような土地を管理する必要がある場合に活用されている。また，財産管理制度においては，事案の内容にもよるが，家庭裁判所の許可を得ることによって，財産を売却することもできるため，不在者の財産や相続財産に含まれる土地の利用を促進する機能も果たしている。

もっとも，不在者の財産全般又は相続財産全般を管理することとされているため，特定の財産にのみ利害関係を有する場合であっても，財産全般を管理することを前提とした事務作業や費用等の負担を強いられ，事案の処理にも時間を要しているとの指摘がある。また，財産管理人の報酬を含む管理費用は，不在者の財産又は相続財産から支出されるのが原則であるが，不在者等の財産から管理費用を賄うことができないときには，申立人が管理費用相当額の予納金の納付を求められることがある。このような費用や手続面での負担から，不在者の所有する土地や相続財産中の土地に関して，財産管理制度を利用しようとしても，利用が困難で，管理不全状態で放置されることとなりかねない。また，不在者の財産や相続財産に含まれる土地を利用するために財産管理制度を利用し

- 89 -

ようとする場合に，国や地方公共団体以外の私人が利害関係人として財産管理制度を利用することができるか否かは判然とせず，不在者等の土地を利用しようとする場合には障害となるとの指摘がある。

　他方で，不在者は帰来する可能性があり，相続人のあることが明らかでない場合においても相続人が現れる可能性がある以上，不在者の財産や相続財産を管理する際には，不在者等の利益も考慮する必要がある。

　そこで，不在者等の利益を適切に保護しながら，①管理コストを低減化させる仕組みを整備するとともに，②財産に属する土地の管理・利用を促進する仕組みを整備することが必要である。

第2　不在者等の財産の管理
1　不在者の特定の財産を管理するための仕組み
　不在者の特定の財産の管理を可能にするための仕組みに関し，次の各案について，引き続き検討すべきである。

【A案】 現行の不在者財産管理制度（民法第25条第1項）とは別に，特定の財産（不動産）自体に着目し，財産の所有者の所在が不明である場合に，当該財産を適切に管理することを可能とする新たな財産管理制度を設け，裁判所が，特定の財産を管理する管理人を選任し，又は，特定の財産について必要な処分をすることができるものとする。

【B案】 現行の不在者財産管理制度を見直し，財産管理人の権限の範囲を特定の財産の管理に限定し，又は，特定の財産について必要な処分をすることができることを明文化することにより特定の財産を管理することができるものとする。

（補足説明）
1　問題の所在
　前記第1補足説明のとおり，不在者財産管理制度は，実務上，裁判所が財産管理人を選任し，財産管理人が不在者の財産全般を管理するものとして運用されているため，例えば，不在者の所有する土地が放置され，雑草が繁茂して害虫が発生し，第三者に対して害悪を及ぼしているなど，当該土地のみを管理すれば足りる場合であっても，選任された管理人は不在者の財産全般を管理する必要があり，事務の処理に時間と費用を要し，手続が煩雑で負担が大きいとの指摘がある。

　そこで，管理コストを低減化させる方策として，不在者の判明している財産のうち，特定の財産を管理する仕組みを検討する必要がある。本文では，2つの案を提示している。

2　【A案】の考え方
⑴　【A案】は，特定の財産の所有者の所在が不明である場合に，当該財産が適切に管理されないことによって第三者に損害等が生ずることを防止する観点から，管理人が当該財産を管理する制度を設けるものである。この案は，飽くまでも当該財産を適切に管理するという点に主眼があり，財産管理人は，当該財産以外の不在者の財産（債務を含む。）を管理しない。当該財産の管理をする際には当該財産以外の

- 90 -

92 ｜ 第1章　登記制度・土地所有権の在り方等に関する研究報告書

財産の状況は考慮せず，基本的に当該財産自体の状況のみを踏まえて行うことになる。なお，ここでいう「特定の財産」は，不動産などを想定しており，消極財産である債務は想定していない。

(2)　【A案】の具体的な規律は，例えば，次のようにすることが考えられる。

　　ア　申立権者

　　　　特定の財産について利害関係のある者は申立てをすることができるものとする。

　　イ　裁判所の処分等

　　　　裁判所は，特定の財産の管理について，財産管理人の選任等の必要な処分をすることができるものとする。

　　ウ　財産管理人の権限等

　　　①　裁判所が選任した財産管理人は，管理の対象とされた特定の財産について，民法第１０３条に定める行為（保存行為・目的物又は権利の性質を変えない範囲内での利用・改良行為）を行う権限を有することとし，当該財産に関してこれを超える行為を必要とするときは，裁判所の許可を得て，その行為をすることができるものとする。

　　　②　財産管理人は，当該財産の所有者の財産から裁判所が定める額の費用及び報酬を受けることができるものとする。

　　エ　その他

　　　　管理の必要がなくなった場合には手続を終了することができるものとするなどの規律を整備する。

　　　　なお，上記ウ②において，要した費用や報酬について当該財産の所有者の財産から支払を受けることができるものとすることが考えられるのは，当該財産の管理はその所有者が行うべきものであるという基本的な考え方に基づいている。

　　　　もっとも，管理行為として所有者がすべき行為がどういったものであるのかは，相隣関係に関する規定など他の規定により定まると考えられるので，この規律の在り方については，これらと併せて検討する必要がある。

　　　　また，対象となる財産以外の財産について財産管理人等は管理権がないので，対象ではない財産も含めて当該財産の所有者の財産から費用等の支払を受けるためには，裁判所の判断を経る必要があると考えられる。

(3)　【A案】を採用する際には，①対象となる財産を不動産に限定するか，②「所有者の所在が不明である財産（不動産）」としてどのようなものを想定するかについて検討する必要がある。

　　　まず，①については，不動産は，不適切な管理によって第三者に損害を生じさせる典型的な財産であり，その他の財産まで対象とする必要はないと考えられるが，他方で，動産などの財産においても不適切な管理により第三者に損害を生じさせる場合はあり得るのであり，その対象を限定すべきではないとも考えられる。

　　　②については，財産（土地）の管理が必要となるのは，所有者が不在者であるケースに限らず，㋐所有者を特定することができないケース，㋑従前の所有者が死亡し，その相続人がいないケース，㋒所有者が法人であるが，その法人が休眠状態に

- 91 -

研究報告書　｜　93

あるケースなどもあると考えられ，そのうちのどこまでを含むものとするかを検討する必要がある。

すなわち，⑦変則型登記がされた土地について所有者を特定することができないケースについては，後記第4章第2の変則型登記がされた土地に関する管理命令により対応すべきであるが，その他【A案】の対象とすべき場合について引き続き検討する必要がある。

⑦従前の所有者が死亡し，その相続人がいないケースについては，後記第3の1においても検討しているとおりである。

⑦現行法上，休眠状態にあるものとして解散したものとみなされた株式会社，一般社団法人又は一般財団法人（以下「株式会社等」という。）が所有する土地については，会社法第478条第1項又は一般社団法人及び一般財団法人に関する法律（平成18年法律第48号）第209条第1項の規定により清算人となる者がないときは，利害関係人の申立てにより裁判所が，清算人を選任し，当該土地の換価等を含む株式会社等の清算手続が行われる（会社法第472条，第478条第2項，一般社団法人及び一般財団法人に関する法律第149条，第203条，第209条第2項）。清算人選任申立事件においては，裁判所が，清算人に対して会社法が規定する清算手続のすべてを履践することを求めず，申立人が目的とする清算業務のみを行い，当該業務が終了した時点で，非訟事件手続法（平成23年法律第51号）第59条第1項により選任決定を取り消して当該清算人の業務を終了させる運用がされる例がある（いわゆるスポット運用）が，清算中の株式会社は清算の目的の範囲内においてのみ存続するものとみなすとされており，その範囲を超えて土地の管理を行うことは想定されていない。【A案】を採用した場合には，法人の所有する土地についても財産の管理を行うことが可能となるが，どのような場合を対象とするのか引き続き検討する必要がある。

なお，【A案】では，特定の財産の管理を開始した後，他の財産の管理の必要が生じた場合には，それらの財産の所有者が同一人物であっても，他の財産について別途財産管理人を選任するなどの手続を採ることになると考えられる。

3 【B案】の考え方

(1) 【B案】は，現行の不在者財産管理制度を前提に，不在者財産管理人の具体的な管理権を，実際に管理等が必要な財産に限定することを可能にするというものである。この案は，飽くまでも不在者財産管理制度を前提とするものであり，当該財産管理人は，不在者の財産全般の状況を考慮しながら，当該管理権を行使することになる。

(2) 【B案】の具体的な規律としては，裁判所が，不在者財産管理人を選任する際に，管理権の対象を特定の財産に限ることができるものとすることが考えられる。

また，特定の財産の管理を開始した後に他の財産の管理の必要が生じた場合や，特定の財産の管理を開始するために他の財産を利用する必要がある場合には，裁判所が対象となる財産の範囲を適宜拡張することができるものとすることが考えられる。その余の規律については，基本的に現在の不在者財産管理制度と同様にすることが考えられる。

4　今後の検討課題

　　【A案】と【B案】とでは，財産管理人が特定の財産についてのみ管理権を有する点は共通しているが，その管理権を行使する財産に着目するのか，人に着目するのかによる違いが生ずる。

　　例えば，不在者が，不動産を有しているが金銭債務を負っている場合に，【A案】では，当該不動産についての財産管理人を選任しても，その財産管理人は，当該不動産の適切な管理を職務とすることとなり，当該不動産と関係ない債務の弁済等は職務の範囲外となると考えられる。もっとも，当該不動産が金銭債務の履行原資となり得る点では【B案】と異なるところがない。【A案】では，財産管理人が当該不動産の処分をすることができるのか，できるとしてその可否をどのような考慮要素に基づいてどのような手続により判断するかが課題となる（後記本文5参照）。

　　これに対して，【B案】では，不在者財産管理人は，全体として不在者の利益を図る必要があり，当該金銭債務の履行原資とするために，裁判所の許可を得て，当該不動産を処分することも考えられる（当該不動産についてのみ管理権を有する不在者財産管理人が，当該金銭債務の弁済を行うために，当該金銭債務の弁済についても権限を付与する必要があるのかについては，別途問題となる。）。【B案】では，当該不動産の処分の可否は，全体として不在者の利益を害しないかという観点から判断されると考えられるが，裁判所や管理人がどのようにして当該不動産以外の財産状態を把握するかが課題となる（後記本文5参照）。

　　また，【A案】【B案】のいずれについても，当初は不在者の特定の財産のみの管理を行っていたが，何らかの事情で不在者の財産を管理する必要が生じた場合に，どのようにして手続を現行の不在者財産管理制度による管理に移行させるかが課題となる。

　　なお，不在者財産管理制度のコストを低減化させる方策としては，他にも，申立人に財産の管理・処分をさせることができるものとすること（後記本文3参照）などが考えられる。不在者の特定の財産を管理するための仕組みについては，こうした他の方策との関係も勘案しながら，引き続き検討を進めていく必要があると考えられる。

2　不在者財産管理制度の申立権者の範囲
（1）利害関係人の範囲

　　不在者の特定の財産の取得を希望する者につき，利害関係人として不在者財産管理の申立権を認めることについては，引き続き検討すべきである。

　　また，隣地所有者を利害関係人として不在者財産管理の申立権を認めることについては，相隣関係に関する検討と併せて，引き続き検討すべきである。

（2）公的機関の申立権

　　市町村長などの公的機関に対して，不在者財産管理の申立権を一律に付与することについては慎重に検討すべきである。

　　また，公的機関に申立権を付与する規律を設ける必要がある場面の有無については，引き続き検討すべきである。

- 93 -

研究報告書　｜　95

（補足説明）
1　本文(1)について
　⑴　問題の所在
　　ア　不在者財産管理の申立権を有する「利害関係人」とは，不在者の財産の管理保存について法律上の利害関係を有する者をいうものと解される。実務上は，一般に，不在者の所有地を公共事業のために取得しようとする国や地方公共団体がこれに当たるとされている一方で，国や地方公共団体以外で当該土地の取得を希望する者は，一般に利害関係人に当たるか否かは個別の事案に応じて判断されている。
　　　　これは，公共事業のための用地取得の場合には，土地収用手続等により，いずれ強制的に不動産を取得されることになるから，国や地方公共団体には法律上の利害関係を認めることができるのに対し，民間事業者が用地取得しようとする場合にはこのような手続がないからであると説明されている。
　　　　これに対し，不在者の土地の円滑かつ適正な利用の観点から，民間事業者が用地取得しようとする場合においても財産管理制度を利用することができることとすべきであるとの指摘がある。
　　イ　不在者の土地の隣地所有者が，不在者に対して，所有権に基づく妨害排除請求権などの具体的な権利を有している場合には，利害関係人として財産管理の申立てが認められるのに対し，具体的な権利を有していない場合には，一般に，隣地所有者であるというだけでは利害関係人に該当しないと考えられている。
　　　　もっとも，隣接し合う土地の所有権の調整については，民法上も相隣関係に関する諸規定が置かれているところであり，不在者の土地の隣地所有者は，不在者の財産の管理について類型的に大きな利害関係を有しているとも考えられる。
　　　　また，利用されていない不在者の土地の利用を希望する者は，当該土地の隣地所有者であることが多いと考えられ，この点でも，隣地所有者は類型的に利害関係を有しているともいえる。
　　ウ　そこで，土地の管理・利用を促進する観点から，①不在者の特定の財産の取得を希望する者や②隣地所有者が不在者財産管理の申立てを行うことができることとすることの是非について検討する必要がある。
　⑵　検討
　　ア　不在者の特定の財産の取得を希望する者
　　　　所有者不明土地を円滑に利用する観点からは，土地の取得を希望する者に不在者財産管理を申し立てることができるようにすることには一定の意義がある。
　　　　また，仮に土地の取得希望者が不在者財産管理を申し立てることができることとしても，所有者が容易に帰来する見込みのない不在者であることが裁判所に認定された上で，第三者が財産管理人に選任され，財産管理人及び裁判所の確認を経て，売却が相当と認められて初めて買受けが認められるのであり（後記本文5），取得希望者に申立権を認めても，直ちに不在者の利益に反するものではない。
　　　　もっとも，公共事業の用地取得のようにいずれ強制収用手続が予定されている

- 94 -

96　│　第1章　登記制度・土地所有権の在り方等に関する研究報告書

ような場合とは異なり，民間事業者においては，土地の取得目的や買受けの確実性その他の事情から，必ずしも売却を認めることが相当であるとは限らず，広く取得希望者に対して一律に管理人選任申立権を認めることについては，本研究会においても，不在者の利益の保護の観点から，慎重な検討が必要であるとの意見があった。

なお，変則型登記がされた土地で，探索の結果表題部に登記すべき所有者を特定することができなかったものについての財産管理（後記第4章第2）においては，民間事業者等が土地を取得して開発を行うときも，当該民間事業者も「利害関係人」として財産管理の申立てができるものとすることに異論はなかったが，少なくともその所有者と連絡を取ることが困難という意味においては不在者と共通する部分もある。

そこで，不在者の特定の財産の取得を希望する者を利害関係人として不在者財産管理の申立権を認めることについては，引き続き検討すべきである。

イ　隣地所有者

前記(1)のとおり，隣地所有者は，不在者財産管理人の選任申立てに関する利害関係人に一般的に当たるわけではないものの，不在者が所有する土地から隣地に木の枝が侵入している場合など，隣地所有者の所有権を妨害し，又は妨害するおそれがあるようなケースにおいては，現行法においても，隣地所有者が不在者に対して，所有権に基づく妨害排除請求権を有していることを根拠として，利害関係人として不在者財産管理人の選任申立てをすることが可能であると考えられる。

また，相隣関係において，例えば，後記第3節第2において検討するように，隣地所有者に対する管理措置請求権などの新たな権利が創設された場合には，当該権利に基づき法律上の利害関係が認められ，管理人も不在者に当該権利に対応する義務があることを前提として管理行為を行うことが可能になるものとも考えられる。

そこで，現行法による権利関係や，相隣関係における新たな規律に関する検討状況も踏まえながら，他に隣地所有者に管理人の選任申立権を認めることが必要となる場面や，隣地所有者に対して一律に管理人選任申立てを認めることの是非について，引き続き検討する必要がある。

2　本文(2)について

不在者財産管理の申立権者は，利害関係人のほか，公益の代表者である検察官とされている。

所有者不明土地の利用の円滑化等に関する特別措置法第38条においては，所有者不明土地の適切な管理のため特に必要があると認めるときに，国の行政機関の長又は地方公共団体の長が不在者財産管理又は相続財産管理の申立てを行うことができることとされた。

これを更に進め，民法においても，市町村長などの公的機関に財産管理の申立権を付与することが考えられる。

しかし，同法第38条は，所有者不明土地に関して，国及び地方公共団体が，所有

- 95 -

研究報告書　│　97

者不明土地の利用の円滑化等に関する施策を実施する責務を有するとされていること（同法第４条及び第５条）を踏まえ，地域の土地の管理の状況の実情を迅速かつ的確に把握することが容易な立場にある地方公共団体の長等に財産管理人の選任請求権を付与することとしたものである。これに対し，不在者財産管理一般については，仮に，公益的な観点から，土地やその他の財産の管理のために公的機関が管理人の選任申立てを行う必要がある場合が存在するとしても，事案の類型に応じて関与すべき機関が異なるため，一律に市町村長その他の公的機関に申立権を付与することについては慎重に検討する必要がある。また，民法において検察官以外の公的機関を申立権者とする場合は，他の各種財産管理の申立権者についても見直す必要が生じ，その公的機関に大きな事務負担をかけることになるおそれがあることにも留意する必要がある。

　そこで，財産管理の申立権者について，市町村長などの公的機関に対して，不在者財産管理の申立権を一律に付与することについては慎重に検討することとし，公的機関に申立権を付与する規律を設ける必要がある場面の有無について，引き続き検討する必要がある。

（参考）所有者不明土地の利用の円滑化等に関する特別措置法（平成３０年法律第４９号）

　　第３８条　国の行政機関の長又は地方公共団体の長（次条第五項において「国の行政機関の長等」という。）は，所有者不明土地につき，その適切な管理のため特に必要があると認めるときは，裁判所に対し，民法（明治二十九年法律第八十九号）第二十五条第一項の規定による命令又は同法第九百五十二条第一項の規定による相続財産の管理人の選任の請求をすることができる。

3　必要な処分として申立人自身を財産の管理に関与させる方策

**　財産の管理のために必要な処分として，申立人自身が管理行為を行うことを認めることや，申立人を不在者財産管理人として選任することができるものとすることについて，法改正の要否にも留意しつつ，引き続き検討すべきである。**

（補足説明）

　1　問題の所在

　　民法は，裁判所が不在者の財産の管理について必要な処分を命ずることができる旨規定しているが（民法第２５条第１項），「必要な処分」については，実務上，裁判所が財産管理人を選任し，財産管理人が不在者の財産全般を管理するものとして運用されている。

　　どのような者を財産管理人に選任するかは法律上定められていないが，不在者の財産を適切に保護しながら財産を管理することができる者が選任され，申立人以外の第三者が選任されることが通常であるものと考えられる。そのため，申立人は，財産管理人の報酬相当額の原資を予め予納金として納付することを求められ，利用が困難な場合がある。これに対し，何らかの形で，申立人自身が必要な管理行為を行うことができるものとすれば，報酬相当額分の予納が不要になり，申立ての際の負担を抑えることができるとも考えられる。

- 96 -

98　｜　第１章　登記制度・土地所有権の在り方等に関する研究報告書

2　検討

　前記のとおり，民法においては，不在者の財産の管理について「必要な処分」を命ずることができるとされており，財産管理人を選任することなく，裁判所が不在者の特定の財産について，特定の管理行為を命ずることは必ずしも排除されていないと考えられる。所有者不明土地問題との関連では，例えば，不在者の土地上の雑草が繁茂して害虫が発生している場合に，申立人が雑草や害虫を除去することや，不在者の土地上の木の枝が隣地に侵入している場合に申立人が木の枝を伐採することを裁判所が許可することができるようにすることも考えられる。

　また，申立人に特定の管理行為を行わせることを認めることは，申立人自身が財産管理人として管理行為を行うことと実態としては同様である。そこで，予想される事務に照らし，申立人が不在者の財産を適切に管理することができる場合には，申立人を管理人に選任して財産を管理させることができるようにすることも考えられる。

　以上の処理は，現行法でも，「必要な処分」の解釈によって可能な場合があると考えられるが，例えば，申立人が不在者の財産を取得しようとする場合等には，申立人の利益と不在者の利益が相反することとなるため，申立人を管理人に選任することは相当でなく，どのような場合に申立人を管理人に選任することができるかが課題となる。この点については，不在者の土地の雑草や害虫を除去したり，隣地に侵入している不在者の土地上の木の枝を伐採したりして不在者の土地の現状を維持する行為については申立人自身を管理人として選任することができることとし，例えば，申立人が取得を希望した場合には，申立人に報酬相当額の原資の追納を求めるなどして費用を拠出させた上で，財産管理人を第三者に改任することが考えられる。

　そこで，財産の管理のために必要な処分として，申立人自身が管理行為を行うことを認めることや，申立人を不在者財産管理人として選任することができるものとすることについて，引き続き検討すべきである。

4　土地の共有者のうち複数の者が不在者である場合に，複数の不在者について一人の財産管理人を選任する仕組み
　(1) 土地の共有者のうち複数の者が不在者である場合に，複数の不在者の利益が相反する場合を除き，複数の不在者について一人の財産管理人を選任することができることとし，管理人は，不在者間の利益が相反する事項については代理権を有しないこととする規律を設けることについて，引き続き検討すべきである。
　(2) 財産管理人のどのような行為が不在者間の利益相反行為に当たるかについて，引き続き検討すべきである。

（補足説明）
1　問題の所在

　土地が共有者のうち複数の者が不在者である場合において，当該土地を管理するために不在者財産管理制度を利用するときには，共有者ごとに財産管理人が選任されることとなるため，煩雑であり申立人の費用の負担が大きいとの指摘がある。

　所有者不明土地の利用の円滑化等に関する特別措置法の附帯決議（衆議院国土交通

- 97 -

研究報告書　｜　99

委員会及び参議院国土交通委員会）においても，「財産管理制度の円滑な利用を図るため，複数の土地共有者が不在者であるときは，不在者財産管理人は，複数の土地共有者を代理することができる仕組みを検討すること」とされている。

そこで，土地の共有者のうち複数の者が不在者である場合に，複数の不在者について一人の財産管理人を選任する仕組みを検討する必要がある（共有物の管理権者については，前記第1節第2の4参照）。

2　検討

(1)　現行の不在者財産管理制度においても，複数の不在者について同一の管理人を選任することが禁止されているわけではなく，複数の不在者を代理することも必ずしも不可能ではないと考えられるが，どのような場合に複数の不在者について同一の管理人を選任することができるかについても明文規定がなく，予測が困難である。

他方で，自己契約や双方代理は無権代理行為とみなされ，これら以外の利益相反行為についても，本人があらかじめ許諾したものを除き，無権代理行為とみなされる（平成29年法律第44号による改正後の民法第108条）ことからすると，複数の不在者間の利益が相反する場合においても複数の不在者に同一の管理人を選任し，一切の管理行為をさせることは，望ましくないと考えられる（第826条参照）。

すなわち，財産管理人は，不在者の財産の管理に関して善管注意義務を負っているが（家事事件手続法第146条第6項，民法第644条），複数の不在者について一人の財産管理人を選任した場合において，財産管理人が，不在者同士の利益が相反する管理行為を行うときには，一部の不在者の利益が害されるおそれがあるほか，財産管理人としても，各不在者に対する善管注意義務を果たすことが困難になると考えられる。

そこで，管理人は，利益相反が生じないと考えられる管理行為については，複数の不在者を代理して行うことができるものとし，不在者の全員について一人の財産管理人を選任することができるものとすることが考えられる。

なお，利益相反行為に該当するか否かは，代理人の意図や動機，行為の結果等の具体的な事情とは関係なく，代理行為自体を外形的・客観的に考察して，その行為が代理人にとっては利益となり，本人にとっては不利益となるものであるかによって判断されるものと解されている（最判昭和42年4月18日民集21巻3号671頁）。

所有者不明土地問題への対応として不在者財産管理制度の利用が問題となる典型的な例として，①雑草の除去等の土地の維持・管理行為，②第三者に対する土地の売却，③共有物分割や遺産分割があるが，基本的には，①及び②については利益相反行為とならず，③については利益相反行為に該当するものと考えられる。

(2)　以上によれば，土地の共有者のうち複数の者が不在者である場合に，複数の不在者の利益が相反する場合を除き，複数の不在者について一人の財産管理人を選任することができるものとし，管理人は，不在者間の利益が相反する事項については代理権を有しないものとする規律を設けることについて，引き続き検討する必要がある。また，財産管理人のどのような行為が不在者間の利益相反行為に当たるか引き

続き検討する必要がある。

5　不在者の財産の売却の許可の在り方
　　供託により，不在者が帰来した場合にその対価が確実に返還される仕組み（後記本文6）の検討と併せて，不在者の財産の売却の許可の在り方に関し，次の各案について，引き続き検討すべきである。
【A案】裁判所は，不在者の不在の期間が一定期間継続した場合において，提示された売却価格が相当であるときは，不在者の財産の売却を原則として許可することができることとする。
【B案】裁判所は，財産管理人に継続的に管理をさせない限り，不在者の財産が適切に管理されないおそれがある場合において，提示された売却価格が相当であるときは，不在者の財産を原則として許可することができることとする。
【C案】裁判所は，不在者が従来の住所又は居所に帰来する可能性，当該財産の状況その他の事情から当該財産の売却の必要があり，かつ，提示された売却価格が相当であるときは，不在者の財産の売却を許可することができることとする。

（補足説明）
1　問題の所在
　　現行の不在者財産管理制度において，管理人は，不在者の財産全般について民法第103条に定める行為（保存行為・目的物又は権利の性質を変えない範囲内での利用・改良行為）を行う権限を有することとされ，これを超える行為を必要とするときは，裁判所の許可を得て，その行為をすることができることとされている（民法第28条）。
　　裁判所は，個別の事案に応じてその許否を判断しているが，実務上，一般的には，管理行為に一定の費用が生ずる場合や債務の弁済等のために換価することが必要な場合など，不在者の財産の維持・管理という観点から見て不動産を売却する必要性があるケースでは，売却価格の適正を確保した上で，概ね売却の許可がされているものと考えられる。他方で，不在者財産管理は，不在者の財産を確実に保全することが本来の目的であり，管理上便宜であるというだけでは，不動産の売却の必要性は認められないと解されている。
　　これに対し，現に利用されていない不在者の土地については，その土地の利活用を促進するため，適正価格であることを確保できるのであれば可能な限り売却を可能とし，不在者の利益の保護は，金銭という形に変えて同価値の財産を維持・保全することで実現することができるとの指摘もある。
　　そこで，不在者の財産の売却に関する権限外行為許可の在り方について検討する必要がある。
2　検討
⑴　不在者とは，従来の住所又は居所を去って容易に帰来する見込みのない者をいうが，帰来する見込みの程度等において様々なケースがある。
　　そのため，不動産のように，不在者が帰来した際にその生活の基盤となり得る物について，取得希望者から提示された代金額がその時点での適正価格に沿ったもの

- 99 -

研究報告書　│　101

であることのみをもって，直ちに売却を許可することができるとするのは，不在者の利益の保護の観点から問題があると考えられる。

そこで，本文では，3つの案を提示している。

(2) 【A案】は，不在者の不在の状態が長期間継続するに従い，不在者が従来の住所又は居所に帰来して当該財産を利用又は処分する可能性も低くなるものと考えられるという考え方に基づくものである。

例えば，不在者の不在の状態が，失踪宣告が可能な程度の期間（不在者の生死が7年間不明である場合等）にわたるなど，不在者の不在の状態が一定期間継続したケースでは，失踪宣告によって相続が開始し得る状態（民法第30条第1項）となっているのであるから，その者の財産の管理を行うことも許容されるとも考えられる。もっとも，失踪宣告が可能な状態にある場合には，失踪宣告がされれば相続が開始し，その相続人に財産が承継されるのに，失踪宣告を請求しないまま，相続人の利益を考慮せずに売却することが課題となるため，その是非や，期間設定や推定相続人の意思確認方法の在り方等につき，引き続き検討する必要がある。

(3) 【B案】は，財産管理人に継続的に管理を継続させない限り，不在者の財産が適切に管理されないおそれがある土地は，管理費用を不在者の財産から継続的に支出することとなり，かえって不在者の財産の保護の観点からも望ましくないことから，当該財産を売却して金銭とすることもやむを得ないという考え方に基づくものである。もっとも，財産管理人に継続的に管理をさせない限り，不在者の財産が適切に管理されないおそれがある状態とはどのような場合を想定するのかにつき，引き続き検討する必要がある。

(4) 【C案】は，不在者の不在状態が長期間となった場合には，不在者の帰来する可能性が一般的に低減するものと考えられることや，財産の管理につき継続的に管理費用を要する場合などには，売却の必要性，相当性が相対的に高まるものと考えられることから，これらの事情も踏まえて，不在者の財産の売却を許可することができるものとしながら，不在者の財産の売却が不在者の財産の保護の観点から見て相当であるかどうかは，不在者が従来の住所又は居所を去った経緯や，売却の対象とする財産の多寡，代替性等財産の性質など様々な事情を総合考慮して判断されるべきものであるという考え方である。

(5) 不在者の利益を保護しながら土地の利活用を促進する観点から，以上の3案を含め，引き続き検討する必要がある。なお，権限外行為許可の在り方は，最終的には，個別の事案に応じて裁判所が適切に判断すべき事柄であり，明文化の要否については別途検討を要する。

6　不在者財産管理制度における供託の活用

不在者財産管理人は，不在者の財産の管理，処分その他の事由により金銭を生じたときは，当該金銭を供託することにより，手続を終了することができるものとし，不在者財産管理人は，供託をしたときは，その旨等を公告しなければならないものとすることについて，引き続き検討すべきである。

（補足説明）

不在者財産管理事件においては，財産の管理の必要性や財産の価値に比して管理の費用が不相当に高額となった場合など，財産の管理を継続することが相当でなくなったときには，財産管理人選任処分の取消しの審判をしなければならないこととされている（家事事件手続法第１４７条）。

しかし，管理対象財産として，現金や預金債権のみが残存している場合には，「財産の管理を継続することが相当でなくなったとき」に該当するといえるか判然とせず，実務上，金銭が存在する限り管理を継続しているケースがあるとの指摘がある。

このようなケースで不在者の財産の管理を継続すると，管理費用や報酬によって不在者の財産がかえって目減りすることとなる可能性があり，管理コストの観点からも問題がある。

そこで，不在者本人の利益を保護しながら，管理事務の適正化を図るため，管理人が，管理している現金等を供託することができることとすることにより，手続を終了させる規律を設ける必要がある。この場合の供託については，例えば，管理人は管理中に受領した金銭その他の物やその収受した果実を不在者に引き渡す義務を負う（家事事件手続法第１４６条，民法第６４６条）が，不在者が受領不能であるとも捉えられることから，弁済供託（民法第４９４条）に類似するものと位置付けることが考えられる。

もっとも，不在者の財産を供託すると，不在者が把握しない間に還付請求権が時効により消滅することとなりかねないから，不在者や不在者の債権者等の第三者が，供託の事実や還付請求権の存在を把握する機会を与えるため，供託時に管理人が公告を行う仕組みを設ける必要がある。

そこで，不在者財産管理人は，不在者の財産の管理，処分その他の事由により金銭を生じたときは，当該金銭を供託することにより，手続を終了することができることとし，不在者財産管理人は，供託をしたときは，その旨等を公告しなければならないこととする規律を設けることについて，引き続き検討する必要がある。

また，前記本文１において不在者の特定の財産を管理・処分することを可能とする制度を設けた場合にも，同様の規律を設けることが考えられる。

上記の供託がされた場合には，供託金還付請求権は，権利を行使することができる時から１０年間行使しないときは，時効により消滅することとなる（民法第１６７条第１項）。そして，一般的には供託時から消滅時効が進行すると解されているものの（昭和６０年１０月１１日民四第６４２８号民事局第四課長回答），当事者間に紛争が生じている場合には，消滅時効が進行しないと解されており，紛争の存否について必ずしも把握できない供託所としては，時効の起算点を判断することが困難である。しかし，供託から長期間経過し，不在者が還付請求をする可能性が低い場合に，供託金を保管し続けることは合理的ではないとも考えられる。

そこで，法律関係の明確化の観点から，供託金還付請求権は，供託の日から例えば【１０年間】行使しないときは，消滅するものとすることが考えられる。

また，不在者財産管理人はその職務上供託をし，供託によって管理を終了することができることとするものであるから，供託金取戻請求権を観念する必要がないとも考えられる。

- 101 -

研究報告書 ｜ 103

そこで，供託金還付請求権が消滅した場合には，供託金は国庫に帰属することを確認的に規定することが考えられる。

（参考先例）
○　昭和６０年１０月１１日民四第６４２８号民事局第四課長回答
「債権者の所在不明による受領不能を原因とする弁済供託については，供託当事者は，供託後，いつでも払渡請求権を行使できるのであるから，供託時を当該払渡請求権の消滅時効の起算点と解するのが相当である。」

第３　相続人のあることが明らかでない場合の相続財産の管理・清算
　１　相続財産の清算を前提としない新たな相続財産管理制度
　　　現行法の相続財産の清算に向けた相続財産管理制度（民法第９５２条以下）とは別に，相続財産の清算を前提としない新たな財産管理制度を創設することの是非について，次の各案を含め，引き続き検討すべきである。
　　【Ａ案】特定の財産（不動産）自体に着目し，財産の所有者が死亡し，その相続人のいることが明らかでない場合に，当該財産を適切に管理することを可能とする新たな財産管理制度を設け，裁判所が，特定の財産を管理する管理人を選任し，又は，特定の財産について必要な処分をすることができるものとする。
　　【Ｂ案】相続人のあることが明らかでない相続財産（相続財産法人）について，将来出現する可能性のある相続人その他の利害関係人のために相続財産を保全するという観点から，相続財産の清算を前提とせず，不在者財産管理制度（民法第２５条第１項）と同様に相続財産の管理を行うことができることとする制度を創設するとともに，財産管理人の権限の範囲を特定の財産の管理に限定し，又は，特定の財産について必要な処分をすることができるものとする。

（補足説明）
　１　問題の所在
　　　現行民法においては，相続人があることが明らかでない相続財産は法人とされ（第９５１条），利害関係人又は検察官の請求により，相続財産の管理・清算を行う相続財産管理人を裁判所が選任し（第９５２条），相続人の捜索をするとともに，相続債権者及び受遺者に弁済を行い（第９５７条第２項において準用する第９２９条），さらに，相続人が出現しないときは特別縁故者への財産分与を行い（第９５８条の３），最終的に残余財産を国庫に帰属させることとされている（第９５９条）。
　　　このように，相続人があることが明らかでない相続財産管理制度は，清算を目的とするものとして仕組まれており，相続財産に属する財産について，第三者が管理行為を求める場合でも，これを利用することが予定されている。
　　　もっとも，清算に至るまでには相応の時間と費用がかかるため，例えば，相続財産に属する土地について生じている害悪を除去しようとする場合など，相続財産に属する財産の一部の管理が必要であるに過ぎないケースでは，負担が大きすぎて制度が利用できず，結局，相続財産の管理ができないことがあるとの指摘がある。

- 102 -

そこで，管理コストを低減させる観点から，相続人のあることが明らかでない場合にも，前記第2の2の不在者の特定の財産を管理する仕組みと同様，現行の相続財産管理制度（民法第952条以下）とは別に，相続財産の全部又は管理が必要となる特定の財産について，清算手続を行うことなく，必要な管理行為のみを行う制度を新たに創設することの是非について検討する必要がある。

なお，現行の相続財産管理制度とは別に，相続財産の管理のための制度を創設した場合には，相続人全員が相続放棄したために相続人があることが不明になったケースにおいて，相続放棄者が相続財産の管理のための制度を利用することができることとすると，相続放棄者の相続財産の管理継続義務（民法第940条第1項）と矛盾するようにも考えられるので，相続人全員が相続放棄した場合の相続財産の管理継続義務の存否との関係も問題となる（後記本文第5参照）。

2　【A案】の考え方

⑴　【A案】は，前記第2の1の【A案】と同様に，特定の財産の所有者が死亡し，その相続人のあることが明らかでない場合に，当該財産が適切に管理されないことによって第三者に損害等が生ずることを防止する観点から，管理人が当該財産を管理する制度を設けるものである。

この案は，飽くまでも当該財産を適切に管理するという点に主眼があり，当該財産の管理をする際には当該財産以外の財産の状況は考慮せず，基本的に当該財産自体の状況のみを踏まえて行うことになる。また，管理人は，当該財産の適切な管理を職務とするため，相続債権者に対する金銭債務の履行等について関与することはなく，相続債権者が債権を回収しようとする場合には相続財産の清算を前提とした現行法の相続財産管理制度を利用することが考えられる。

また，【A案】は，現行法の相続財産の清算を前提とした制度とは別の特定の財産に着目した制度であるから，当該特定の財産の管理の必要がなくなった場合には手続を終了することとなる。

⑵　【A案】の具体的な規律は，例えば，次のようにすることが考えられる。

ア　申立権者

特定の財産について利害関係のある者は申立てをすることができるものとする。

イ　裁判所の処分等

裁判所は，特定の財産の管理について，財産管理人の選任等の必要な処分をすることができるものとする。

ウ　財産管理人の権限等

①　裁判所が選任した財産管理人は，管理の対象とされた特定の財産について，民法第103条に定める行為（保存行為・目的物又は権利の性質を変えない範囲内での利用・改良行為）を行う権限を有することとし，当該財産に関してこれを超える行為を必要とするときは，裁判所の許可を得て，その行為をすることができるものとする。

②　財産管理人は，当該財産の所有者の財産から裁判所が定める額の費用及び報酬を受けることができるものとする。

- 103 -

研究報告書　｜　105

エ　その他

　　管理の必要がなくなった場合には手続を終了することができものとするなどの規律を整備する。

　　なお，管理に要した費用や報酬に関する規律や対象となる財産を不動産に限定することの要否や，特定の財産の管理を開始した後に他の財産の管理の必要が生じた場合の規律等については，前記第2の1の【A案】と同様に，引き続き検討する必要がある。

3　【B案】の考え方

⑴　【B案】は，相続人のあることが明らかでない場合において，相続人の不存在が確定していない段階においては，清算手続まで行う必要はないが，将来出現する可能性のある相続人や相続財産について利害関係を有する者のために相続財産を保全すべき場合も存在することから，相続財産を保全するための制度を新たに創設するという考え方である。

　　【B案】を採用した場合には，熟慮期間中の相続財産の保存のための相続財産管理制度（民法第918条）や，不在者の財産の保全を図ることを目的とする現在の不在者財産管理制度と同様の規律によることが考えられ，相続財産管理人は，相続財産の保全という観点から，相続財産全般の状況を考慮しながら，当該管理権を行使することになる。

　　【B案】による場合には，相続人の存否不明の段階において将来出現する可能性のある相続人や最終的な相続財産の帰属先のために暫定的に必要な管理行為を行い，管理の必要がなくなった場合には手続を終了することができるものとし，その後，相続財産の清算が必要となったときには，別途，相続財産の清算のための手続を利用することができることとすることが考えられる。

⑵　【B案】を前提とした場合においても，例えば，相続財産のうちの特定の財産が第三者に害悪を及ぼしている場合にこれを除去するための行為を行う必要がある場合など，特定の財産についてのみ管理行為を行う必要があることも考えられることから，前記第2の1の【B案】と同様に，裁判所が，相続財産管理人を選任する際に，管理権の対象を特定の財産に限ることができるものとすることが考えられる。

　　また，特定の財産の管理を開始した後に他の財産の管理の必要が生じた場合や，特定の財産の管理を開始するために他の財産を利用する必要がある場合には，裁判所が対象となる財産の範囲を適宜拡張することができるものとすることが考えられる。

4　検討

　　【A案】と【B案】の相違点は，前記第2の1の不在者財産管理制度の場合と同様である。

　　また，【A案】【B案】のいずれを採用する場合においても，不在者財産管理制度と同様に，申立権者の範囲（前記第2の2），申立人自身が財産の管理を行う方法（前記第2の3），複数の相続財産法人について一人の財産管理人を選任する方策（前記第2の4），相続財産の売却の許可の在り方（前記第2の5），供託の活用（前記第

- 104 -

106　｜　第1章　登記制度・土地所有権の在り方等に関する研究報告書

2の6）について引き続き検討する必要がある。

　もっとも，本研究会においては，不在者財産管理制度の場合とは異なり，相続人のあることが明らかでない場合には，相続財産の清算を行って，最終的な権利の帰属先を確定することが望ましいとも考えられ（民法第９５２条以下），これらの手続を経ずに相続財産の全部又は一部の管理を行うことについては慎重な検討が必要であるとの指摘があった。例えば，相続財産の中に利用価値の高い土地と低い土地とが存在する場合に，利用価値の高い土地の取得を目的として相続財産の管理が開始され，利用価値の低い土地が管理の対象とされず放置されることになりかねないことについての懸念である。

　これに対しては，現行法においても，相続財産管理の申立てがない限り，相続財産は管理されずに放置されるのであり，一部であっても相続財産の管理を促進することには一定の意義があるとの指摘が考えられる。

　以上のように，相続財産の清算を前提としない制度の創設については，その是非を引き続き検討する必要がある。なお，仮にこのような制度を創設するとしても，相続人のあることが明らかでない場合に，第三者に害悪を及ぼし，又は及ぼすおそれのある財産を暫定的に管理することができるにとどまるものとし，土地の取得等を目的とする場合には，清算を前提とする制度を利用しなければならないものとすることや，相続財産に属する土地の権限外許可による処分は，土地を放置すれば第三者に損害を与えるおそれがあるが相続財産から管理費用を捻出することができない場合など，相続財産の保全のために必要な場合に限ることなども含めて引き続き検討する必要がある。

2　清算に向けた相続財産管理制度
(1)　申立権者
ア　利害関係人の範囲
　　相続財産の取得を希望する者や，土地の所有者が死亡し，その相続人のあることが明らかでない土地の隣地所有者に対して，清算のための相続財産管理人の選任申立権を付与するなど，申立権者の範囲の拡大の是非について引き続き検討すべきである。
イ　公的機関
　　市町村長などの公的機関に清算のための相続財産管理人の選任申立権を付与することの是非について，引き続き検討すべきである。

（補足説明）

　不在者財産管理人の選任申立権を有する「利害関係人」の範囲については，前記第2の2の補足説明で記載したとおりである。

　これに対し，相続財産の清算を前提とした相続財産管理制度は，相続人のあることが明らかでなく，権利の帰属先が明らかでない相続財産について，相続人を捜索した上で相続人不存在の場合には最終的に国庫に帰属させることとし，権利関係の帰属先を明らかにするための制度であるともいえるため，いかなる契機であっても，その手続が開始

- 105 -

研究報告書　｜　107

されることが望ましいとも考えられる。

　清算を前提とした相続財産管理制度において，相続財産の買収を希望する者に申立権を認めることにより，相続財産のうち利用可能な土地の取得を目的として手続が開始されれば，相続財産のうち他の利用が困難であるが放置すると将来的に周囲に害悪を及ぼすおそれのある土地についてもその帰属先が明らかになり，所有者不明土地の解消にも資する。また，相続財産の買収希望者等に対して広く申立権を認めたとしても，相続人不存在が確定するまでの間は，原則として，管理人は相続財産を維持するための保存，管理行為を行うこととし，相続人不存在が確定した段階において広く売却等を行うことができることとすることなどにより，相続人等の保護を図ることができるとも考えられる。

　このような観点も踏まえ，相続財産の清算を前提とした相続財産管理制度における申立権者の範囲の拡大の是非について，引き続き検討する必要がある。

(2)　申立人を相続財産管理人として選任する方策

**　清算に向けた相続財産管理制度において，申立人を相続財産管理人として選任することができるものとすることにつき，引き続き検討すべきである。**

（補足説明）

　相続財産の清算を前提とする相続財産管理制度は，不在者財産管理制度と比較しても，相続債権者，受遺者に対する弁済などの手続を行うことから，法律専門家等が管理人として選任され，一般に，不在者財産管理制度と比較して報酬等の費用も高額になるものといわれている。

　もっとも，法律上，管理人を申立人以外の第三者とすべきことは必ずしも要求されておらず，同様の清算手続を行う場合の限定承認手続においては，手続を適切に処理することができる者であれば，法律専門家以外の者を管理人として選任することも妨げられないと考えられる。なお，限定承認がされた場合に，相続人が数人あるときには，相続人の中から相続財産の管理者（もっとも，その注意義務の程度は，いわゆる善管注意義務の程度ではなく，その固有財産におけるのと同一の注意をもってすれば足りるとされている。民法第９３６条第３項において準用する第９２６条第１項参照）を選任しなければならないこととされている（第９３６条第１項）。

　そこで，コストの低減化の観点から，申立人を財産管理人に選任することが考えられる。

　もっとも，申立人が相続財産を取得しようとする場合や，債権の回収を図ろうとする場合など，相続財産法人の利益と相反する場合にまで申立人を管理人とすることは相当でないと考えられるため，どのような場合に申立人を財産管理人として選任することができるかについて，引き続き検討する必要がある。

(3)　複数の相続財産法人について一人の相続財産管理人を選任する方策

**　複数の相続財産法人について，複数の相続財産法人の利益が相反する場合を除き，複数の相続財産法人について一人の相続財産管理人を選任することができるものと**

し，管理人は，相続財産法人の利益が相反する事項については代理権を有しないものとする規律を設けることについて，引き続き検討すべきである。

（補足説明）
　　前記第１の４のとおり。

　（4）　公告
　　　　清算に向けた相続財産管理制度における公告の方法を整理し，権利主張期間を短縮化してはどうか。
　　ア　公告の方法
　　　　【Ａ案】①相続財産管理人の選任の公告，②相続債権者及び受遺者に対する請求申出を求める公告，③相続人捜索の公告を同時に行うものとする。
　　　　【Ｂ案】①選任の公告，③相続人捜索の公告を同時に行い，その後，相続人の不存在が確認されたときには，②請求申出を求める公告を行うものとする。
　　イ　相続人の権利主張期間（相続人捜索の公告期間）
　　　　相続人が権利主張することができる期間について，公告から３箇月を下ることができないものとする。

（補足説明）
　１　問題の所在
　　　　現行民法においては，相続人のあることが明らかでないために相続財産管理人を選任した場合には，①　裁判所が遅滞なく相続財産管理人の選任の公告を行い（民法第９５２条第２項），②　この公告後２箇月以内に相続人のあることが明らかにならなかったときは，相続財産管理人が，相続債権者及び受遺者に対して２箇月以上の期間を定めて請求申出を求める公告を行い（民法第９５７条第１項），③　②の期間の終了後，なお相続人のあることが明らかでないときは，相続財産管理人等の請求に基づき，裁判所が６箇月以上の期間を定めて相続人捜索の公告を行うこととされている（民法第９５８条）。
　　　　これに対しては，公告手続を何度も行わなければならない上，権利関係の確定に合計１０箇月以上要することとなるため，管理人の業務の負担が大きく，管理人の報酬等の手続費用も高額となるとの指摘がある。
　２　対応の方向性
　　　　公告の方法やその期間について，相続人，債権者等の利益にも配慮しつつ，手続の簡略化や期間の短縮を図ることの是非について，以下の各案の内容を踏まえ，引き続き検討する必要がある。
　　⑴　公告の方法
　　　ア　【Ａ案】の考え方
　　　　　【Ａ案】は，①相続財産管理人選任の公告，②相続債権者等に対する請求申出を求める公告，③相続人捜索の公告は，いずれも，相続人や債権者等に権利主張の機会を与えるものであるから，その機会を確保すれば足りることを根拠とし

- 107 -

研究報告書　｜　109

て，これらの公告を同時に行うこととするものである。

イ　【B案】の考え方

　【B案】①の選任の公告は，相続財産法人の代表者を広く一般に知らせるとともに，相続人の出現を促す趣旨も兼ねていると解されている。③の相続人捜索の公告は，相続人等の失権（民法第９５８条の２）の前提として，相続人に権利主張の機会を与えるために要求されており，①の相続人選任時の公告と趣旨が重なる面があるし，いずれも，相続人不存在を確定するための前提となる公告と考えることができる。

　これに対し，②の請求を求める公告は，清算を行うことを目的として行われるものであり，相続財産の清算は，本来相続人の不存在が確定された後に行うべきものであるとも考え得ることから，①及び③の公告により相続人の不存在が確定した後に②の公告を行うべきであるとも考えられる。

　そこで，まず，相続人の存否を確認するために，①選任の公告と，③相続人の捜索の公告を同時に行い，相続人の不存在が確定した後に②相続債権者等に対する請求を求める公告を行い，清算手続を行う案を，【B案】として提案している。

(2)　相続人の権利主張期間（相続人の捜索の公告期間）

　現行法においては，相続人の捜索の公告は，相続債権者及び受遺者への公告及び弁済の後に行われることとされている（民法第９５７条）。このような相続債権者等への弁済等の清算が終了した段階においては手続を急ぐ必要がなく，できるだけ相続人を探すべきであるとして，民法制定時には１年間以上の公告期間が定められていたが，昭和３７年の民法改正において，通信，交通手段の発達によって長い期間を設ける必要がなくなったことから，管理人の相続財産の管理の煩さを軽減するために，公告期間が６箇月に短縮された。

　もっとも，現在においては，昭和３７年当時よりもさらに通信，交通手段が発達している。例えば，平成２５年に制定された家事事件手続法においても，失踪宣告の手続における不在者による生存の届出期間や，不在者の生死を知る者による届出期間が短縮され，従来，普通失踪の場合は６箇月以上，危難失踪の場合は２箇月以上とされていたものが，普通失踪の場合は３箇月以上，危難失踪の場合には１箇月以上とされるなど，公告の期間は短縮される傾向がある。このような情勢を踏まえ，公告期間を更に短縮すべきであると考えられる。

　【A案】は，上記の普通失踪の手続における届出期間を参考に，相続人の捜索の公告期間を３箇月とすることを提案するものである。なお，【A案】を採用し，公告の方法について，本文アの【A案】を採用した場合には，相続人や債権者等の捜索のための手続は３箇月で終了することとなり（民法第９５８条の２），本文アの【B案】を採用した場合には５箇月で終了することとなる。

　以上の帰結も踏まえ，清算に向けた相続財産管理制度における公告の方法及び権利主張期間について，引き続き検討する必要がある。

　（参考）

・失踪宣告の手続における不在者による生存の届出の期間，不在者の生死を知る

- 108 -

者による届出の期間（民法第３０条，家事事件手続法第１４８条第３項第２号，第４号）

普通失踪の場合（民法第３０条第１項）：３箇月以上
危難失踪の場合（民法第３０条第２項）：１箇月以上

・破産手続における破産債権の届出期間（破産法第３１条第１項，破産規則第２０条第１項第１号）

特別の事情がある場合を除き，２週間以上４箇月以下（知れている破産債権者で日本国内に住所，居所，営業所または事務所がないものがある場合には，４週間以上４箇月以下）

(5) 相続財産の売却等の権限外許可の在り方

公告期間に相続人が権利を主張しなかったことにより相続人の不存在が確定した場合など（民法第９５８条の３参照）において，売却価格が相当であるときには，相続財産の売却を許可することができるものとすることについて，引き続き検討すべきである。

（補足説明）

相続人不存在の場合の相続財産は，清算した上で残余財産を国庫に帰属すべきものであるが，実務上，国庫に帰属させるための手続を行う際には，不動産については，裁判所の権限外許可を得た上で任意売却するなどして金銭化した上で国庫に帰属させることが望ましいともいわれている。このような考え方を前提とすると，相続人の不存在が確定した場合には，価格が適正であれば広く不動産を含む相続財産の売却を認めることができるとも考えられる。

また，相続人不存在が確定した段階においては，いずれ残余の相続財産が国庫に帰属されるべきものであることとなるため，不在者財産管理制度の場合と異なり，所有者の権利保障の必要性を考慮する必要がないと考えられる。

そこで，所有者不明土地の円滑な利用を促すために，公告期間に相続人が権利を主張しなかったことにより相続人の不存在が確定した場合など（民法第９５８条の３参照）の一定の場合において，売却価格が相当であるときには，相続財産の売却を許可することができるものとすることについて引き続き検討すべきである。

第４ 遺産共有状態における相続財産の保存又は管理のための制度の創設

相続が開始して共同相続人が相続を単純承認した場合において，遺産に属する財産が適切に管理されないときは，遺産分割により権利関係が確定するまでの間，裁判所が，相続財産管理人の選任を含め，相続財産の保存について必要な処分を命ずることができるものとすることの是非等について，前記第１節第３の４の共有物の管理権者に関する検討と並行して，引き続き検討すべきである。

（補足説明）

1 問題の所在

- 109 -

研究報告書 ｜ 111

①相続を開始した後相続人が承認又は放棄をするまでの間（民法第918条第2項）と，②相続放棄がされた場合に相続放棄によって相続人となった者が相続財産の管理を始めることができるまでの間（民法第940条第2項，第918条第2項）には，利害関係人又は検察官の請求により，裁判所が相続財産管理人の選任を含む「相続財産の保存に必要な処分」を命ずることができることとされている。

これに対し，複数の共同相続人の単純承認により遺産共有状態となった後，遺産分割により権利関係が確定するまでの間においても，同様に，相続人自身による適切な管理が行われない場合が存在するものと考えられるが，このような遺産共有状態においては，遺産分割の審判事件又は調停申立事件を本案とする保全処分として，裁判所が財産の管理者を選任し，又は事件の関係者に対し，財産の管理に関する事項について指示することができる制度（家事事件手続法第200条第1項）が設けられているにとどまり，遺産分割が申し立てられない場合の遺産共有状態には相続財産の保存・管理のための制度に関する規律がない。

そこで，遺産共有状態にある土地等の財産管理制度の創設について，検討する必要がある。

2　検討

①相続を開始した後相続人が承認又は放棄をするまでの期間（民法第918条第2項）と，②相続放棄がされた場合に相続放棄によって相続人となった者が相続財産の管理を始めることができるまでの間（民法第940条第2項，第918条第2項）に相続財産の管理のための制度が定められているのは，相続人が自己の財産と同一の注意をもって相続財産を管理する義務を負うところ，相続財産が遠隔地にあるなどの理由で，相続財産の管理を行うことが困難な場合もあることによるものである。

複数の共同相続人の単純承認により遺産共有状態となった後，遺産分割により権利関係が確定するまでの間においても，例えば，共同相続人が多数に及び，そのうち複数の者が遠隔地に居住していたり，所在不明であったりする場合において，当該土地の管理が必要となった際に，それぞれの相続人について不在者財産管理人を選任すると手続が煩雑で，費用の負担がかかる。

そこで，裁判所が相続財産管理人の選任等の相続財産の保存又は管理について必要な処分を命ずることができることとする規律を設けることが考えられる。

また，民法第918条第2項，民法第940条第2項に規定する相続財産の保存・管理のための制度においては，申立権者や管理人の権限について，基本的に不在者財産管理制度に関する制度と同様の規律が設けられていることから，仮に，遺産共有状態の場合の相続財産管理制度を設けた場合には，①申立権者，②管理人の権限，③供託を活用した財産の売却などについて，不在者財産管理制度と同様の規律によることが考えられる。

もっとも，共同相続人の一部の所在が判明している場合において判明している共同相続人が管理人の選任等に反対しているときにまで管理人を選任することについては慎重に検討する必要がある。

また，遺産共有状態にある場合には，遺産分割に向けて，相続財産の管理に関して共同相続人間の利益が相反していることもあり得るため，管理人がどのような管理行

為を行うことができるのかという点については慎重に検討する必要があり，特に，遺産共有状態にある物を維持する保存・管理のみならず，本来共同相続人の全員の同意によるべきである売却等の処分行為まで裁判所の権限外許可により行うことができることとする場合には，権限外許可をするために考慮すべき事項などについて慎重な検討が必要である。

　本研究会における議論でも，遺産共有についても共有の規律が適用されるから，共有物の管理権者の制度（前記第1節第3の4）で対応することが考えられるのではないかとの意見や，遺産共有状態にある相続財産の管理は原則として共同相続人の意思に委ねられるべきであり，制度の創設の必要性や，遺産共有全体にこのような制度を導入するのか，局面を限って制度を導入すべきなのかといった点についての検討が必要であるとの意見があった。

　そこで，共有物の管理権者の制度に関する検討と並行して，共同相続人によって単純承認がされたが遺産分割がされていない相続財産についての財産管理制度の導入の是非等について，引き続き検討する必要がある。

第5　その他
① 法定相続人全員が相続放棄をした場合に，相続放棄者が，相続財産管理人が選任されるまでの間，相続財産の管理継続義務を負うものとすることについて，相続放棄の趣旨に留意しつつ，引き続き検討すべきである。
② 相続放棄者が，清算に向けた相続財産管理人の選任申立てを行う義務を負うこととすることについて，相続放棄の趣旨に留意しつつ，引き続き検討すべきである。

（補足説明）
1　問題の所在
⑴　相続の放棄をした者は，その放棄によって相続人となった者が相続財産の管理を始めることができるまで，自己におけるのと同一の注意をもって，その管理を継続しなければならないこととされている（民法第940条第1項）。

　この管理継続義務は，次順位の相続人が相続財産の管理を始めることができるまでの管理についてのものであるから，相続人が全員相続放棄し，他に次順位の相続人が存在しない場合にも同規定が適用されるか疑義があるとの指摘がある。

　また，相続放棄者が，相続財産を占有していない場合や相続財産を把握していない場合にまで管理継続義務を負うかは必ずしも明らかでなく，その義務の性質としても，相続放棄者が義務に違反した場合に第三者に対して責任を負う根拠となるものなのかも明らかではない。

⑵　さらに，仮に放棄者が管理継続義務を負うものと解するとしても，相続人が全員相続放棄した場合の義務の内容は明らかではないが，相続財産を適切に管理するため，相続放棄者に清算を前提とした相続財産管理制度の申立てを行う義務を負わせるべきかが問題となり得る。

⑶　そこで，本研究会では，①相続人が全員相続放棄し，次順位の相続人が存在しない場合にも，放棄した者は相続財産の管理継続義務を負うのか（民法第940条），

- 111 -

研究報告書 ｜ 113

②そのような場合に，相続放棄をした者には，清算を前提とした相続財産管理の申立義務を負わせるべきかを検討した。

2　検討

　相続人は，相続開始により相続財産の管理義務を負うが（民法第９１８条第１項），相続放棄者が相続財産の管理を放棄した場合に，他の共同相続人や次順位の相続人が直ちに相続財産の管理を開始することができるとは限らず，そのような場合に相続放棄者による管理がされないと次順位の相続人に損害が生ずるおそれがあることから，民法第９４０条第１項は，次順位相続人を保護するとともに，国家の経済上においても財産の毀損や損耗を防ぐために，放棄者に自己の財産におけるのと同一の注意をもって財産管理を継続する義務を負わせている。

　そして，相続人が全員相続放棄した場合においては，現行法の解釈上，次順位相続人が存在しないため，民法第９４０条第１項は適用されず，相続放棄者には管理継続義務が課されないと解することができるものの，管理者の存在しない不動産が放置されることとなりかねず，社会経済上損失が生ずるおそれがあるとも考えられ，相続放棄者に引き続き管理継続義務を負わせるとともに，清算を前提とした相続財産管理の申立義務も負わせるべきであるとの指摘もある。

　しかし，相続人が，自己の責任で生じたわけでもない被相続人の負債等の責任を相続しなければならないいわれはなく，相続放棄によって被相続人からの権利義務の一切の承継を行わないこととすることができるのであって（民法第９３８条，第９３９条），相続財産の管理を継続する義務は，その放棄によって相続人となった者が相続財産の管理を始めることができるまでの間に限るべきであり，相続人の全員が放棄した後にまで，引き続き管理継続義務を負わせることや，清算を前提とした相続財産管理の申立義務を負わせることは，被相続人からの権利義務を一切承継しないこととする相続放棄が認められた趣旨に反するとも考えられる。

　また，複数の相続人が順次相続放棄することにより，相続人のあることが明らかでなくなった場合に，最終的に相続放棄した者が管理継続義務や清算を前提とした相続財産管理の申立義務を負うとすると，先に相続放棄をした者は管理継続義務等を免れ，後で相続放棄をした者が管理継続義務等を負い続けることとなり，同じ放棄者であっても相続放棄のタイミングによって相続財産の管理継続義務等を負うか否かの差異が生ずることとなる上，先順位の相続人の相続放棄により相続人となった後順位の相続人が相続放棄した場合などには常に後順位の相続人が管理継続義務等を負い続けることとなりかねない。他方で，先順位の相続人は後順位の相続人が相続を承認しない限り相続財産の管理継続義務等を負うとすると，先順位の相続人は，後順位の相続人が相続放棄をしたか否かを自動的に知り得る立場にはないにもかかわらず，後順位の相続人が相続を承認しない限り，相続財産の管理継続義務等を負うとすることは負担が大きいとも考えられる。

　そのほか，管理継続義務と清算を前提とした相続財産管理の申立義務とを区別することも考えられる。例えば，相続の放棄をした者は，相続財産管理人が選任されるまでは，引き続き管理継続義務を負い，その財産を引き継ぐ義務を負うが，清算を前提とした財産管理の申立義務までは負わないとすることも考えられる（もっとも，この

- 112 -

考え方によっても，自己の義務を免れるために相続財産管理人の選任の申立てを事実上強制される結果となるおそれもある。）。他方で，相続放棄者には，管理継続義務等を負わせることはできないが，相続財産が放置されることは妥当ではないので，相続財産の帰趨を明確にするために，清算を前提とした相続財産管理の申立てを義務付けるとすることも考えられる（もっとも，この考え方によっても，相続財産により管理費用を支弁することができない場合には，相続放棄者がその費用を負担することまで含意するのであれば，相続放棄者が負う負担が重くなるとの問題が生ずるおそれがある。）。以上を踏まえ，相続人全員が相続放棄した場合においても，相続放棄者が相続財産の管理継続義務を負うものとすることや，清算を前提とした相続財産管理の申立義務を負うものとすることについては，相続放棄の趣旨を踏まえつつ，引き続き検討する必要がある。

なお，仮に相続放棄者に相続財産の管理継続義務を課すとしても，そもそも管理継続義務は他の相続人又は次順位相続人に対して負うものであることや，相続放棄者は，相続財産について責任を負わない立場であること（民法第９３９条）からすると，その義務は，相続財産管理人が選任された後に存在等が判明した相続人に対して負うものにとどまり，第三者との関係でも負うのかどうかは別の問題であると考えられるため，相続財産管理人が選任されるまでの間に相続財産に属する土地や土地上の工作物の設置・保存の瑕疵によって第三者に損害が発生した場合に，相続放棄者が第三者に対する損害賠償責任まで負う（民法第７０９条，第７１７条第１項）とすることについては，別途慎重に検討する必要がある。

第３節　相隣関係
第１　総説
土地利用の円滑化を図るため，相隣関係の規律を現代的に見直すことについて，引き続き検討すべきである。

（補足説明）

所有者不明土地は，往々にして，土地の所有者にも第三者にも利用されない状態が継続し，管理が放置されていることがある。このような土地は，隣地所有者にも影響を与え，隣地の利用に支障を生じさせる。さらに，管理不全の土地は，その隣地に限らず，地域の生活環境の悪化を招きかねない。

また，土地を売却したり，自己の土地に建物を建てたりするなど，土地を使用，収益及び処分する場面においても，所有者不明土地の存在が土地所有権の円滑な行使を阻むことがある。例えば，土地を売却する際に，当該土地の面積を明確にする目的で，境界の調査や土地の測量作業を行うために隣地に立ち入る必要が生ずることがあるが，隣地が所有者不明状態に陥ると，立入りについて隣地所有者の同意を得ることができず，対応に苦慮することが多い。

さらに，自己の土地上に建物を建て，水道，下水道，電気，ガス等のライフラインを引き込むための導管等設置工事を行う際に，資材を置いたり，足場を組んだりするために隣地を使用する必要が生ずる際にも同様の問題が生ずる。

- 113 -

研究報告書　｜　115

加えて，ライフラインを引き込むために他人の土地や他人の設置した導管等を利用する必要が生じた場合に，当該土地や当該導管等を利用することができる（導管等設置権等）と考えられているが，その根拠となる規定やその内容について必ずしも明らかではなく，これらを整理し，土地や導管等の所有者が所在不明である場合に備えておく必要がある。

　これらは，隣接する土地の利用の調整の問題であるが，相隣接する土地の利用の調整を図る民法の相隣関係の規律（第二編第三章第一節第二款）は，明治２９年に民法が制定されて以来，平成１６年に現代語化されたものの，実質的な見直しはされていない。そのため，その間に大きく変化した社会経済情勢に合わせて，改めて見直す必要が生じている。

　今後人口減少傾向が続き，所有者によって管理がされない土地が増加する可能性があることも見据え，土地の管理や利用に関して所有者が負うべき責務の在り方等に係る国土審議会の議論を踏まえつつ，隣地や近傍の土地所有者相互間の相隣関係の規律につき，現代の社会生活に則した見直しを図ることを，引き続き検討すべきである。

第2　隣地等の管理措置請求

　所有者が土地を管理せず，土地が管理不全状態となっている場合において，その土地の隣地所有者に損害が生じ，又は生ずるおそれがあるときは，相隣関係の規律として，隣地所有者が，管理不全土地の所有者に対し，管理不全状態を除去させることができるものとすることについて，現行法において認められている各種の請求権との関係に留意しつつ，引き続き検討すべきである。

（補足説明）

1　問題の所在

　　所有者不明土地は管理不全状態になっているものも多く，雑草等が繁茂して害虫等が繁殖したり，不法投棄がされたりすることもある。そのような土地の隣地は，利用に不都合が生ずるだけでなく，周辺地域の生活環境の悪化を招き，土地の価値が下がるおそれがあるなど，問題が多い。

　　しかし，現行法では，工場等からの悪臭など，隣地所有者間の土地利用に関して生ずる生活妨害紛争につき，個別事案において受忍限度を超えると認められるときは，不法行為に基づく損害賠償や人格権等に基づく差止めが認められることはあるものの，差止請求権の法的性質については争いがあるのみならず，生活環境の悪化の原因となっている行為の差止めのほかに，土地の管理不全状態の除去を求めることが可能かどうかも必ずしも明らかでない。

　　また，例えば，管理不全の土地の所有者が不在者である場合において，その土地の隣地所有者（権原に基づいて占有する者も同じ。）が管理不全状態を除去しようとするときは，不在者財産管理制度を利用することが考えられるが，隣地所有者であるというだけでは財産管理の申立権者としての利害関係人には当たらないと解されており，申立てをすることは必ずしも容易ではない。

2　隣地所有者の管理措置請求権

- 114 -

そこで，土地が管理不全状態になることにより最も迷惑を被るのは隣地所有者であり，その土地の管理について類型的に関心が高いことに着目し，土地の所有者が土地を管理せず，土地が管理不全状態となっている場合に，隣地所有者に管理不全状態を除去させる権利（以下「管理措置請求権」という。）を与えることが考えられる。

もっとも，管理措置請求権を相隣関係の規律として創設するとして，その要件をどのようなものとするのかが問題となる。

例えば，管理不全によって，土地上に雑草が繁茂していたり，物が放置されていたりして，当該土地の美観が以前と比べて悪化したとしても，美観は多分に主観的なものであり，その悪化だけで，管理措置請求を認めて土地の所有権の行使を制限することは相当ではないと考えられる。そこで，管理不全状態によって隣人に損害が生じ，又は生ずるおそれがある場合に限り，管理措置請求権が発生するものとすることが考えられる。

今後，現行法における土地の所有権に基づく妨害排除請求権や妨害予防請求権，生活妨害による不法行為責任，人格権等に基づく差止請求権との異同にも留意しながら，管理措置請求権の創設について検討を進める必要がある。

また，管理に要する費用については，土地を管理不全状態にして隣地所有者に損害を与えたことにつき不法行為が成立する場合には，管理不全の土地の所有者が加害者として損害賠償責任を負うことになるが，不法行為には至らない場合に，誰がどの程度の費用を負担するかを検討する必要がある。

差し当たっては，管理措置請求権を，①隣地所有者が管理不全の土地の所有者に対して積極的な管理措置を採ることを請求するものとして，管理不全の土地の所有者が費用を負担するものとする考え方，②隣地所有者が自ら管理不全の土地の管理措置を採ることを管理不全の土地の所有者に忍容することを請求するものとして，隣地所有者が費用を負担するものとする考え方，③双方の土地の効用を高めるものとして，双方が費用を折半するものとする考え方があり得るが，更なる検討が求められる。

3　近傍の土地の所有者等の管理措置請求権

相隣関係の規律は，必ずしも土地の境界を接する土地相互の関係のみを規律したものではないことからすれば，管理不全状態の土地の隣地所有者に限らず，近傍の土地の所有者にも管理措置請求権を認めることも考えられる。

他方で，管理措置請求権を付与すべき近傍の土地の所有者等の範囲をあらかじめ規定することが難しく，管理措置請求権を有する者の範囲が広がりすぎて，過度に容易に土地所有権を制約することになりかねないという課題もあり，慎重に検討する必要がある。

4　財産管理制度との関係

相隣関係において管理措置請求権を創設するとすれば，管理不全の土地の所有者が不在者等であるときは，当該所有者は，隣地所有者から管理措置請求を受け，土地所有権を制約されるおそれがあるため，当該所有者の利益を保護することを目的として，不在者財産管理制度等の利用が可能になる場面が明確化するものと考えられる。

そうすると，隣地所有者も，利害関係人として財産管理人選任の申立てができる場面が拡大することも考えられるところであり，このような関係にあることを踏まえて，

- 115 -

研究報告書　│　117

相隣関係及び財産管理制度の見直しを進めることが必要である。

第3　越境した枝の切除

竹木の枝が境界線を越えるときは，越境された土地の所有者は，自ら枝を切り取ることができるものとすることに関し，竹木の所有者が所在不明である場合においても迅速に越境状態を除去することができるようにするため，次の各案について，引き続き検討すべきである。

【Ａ案】越境された土地の所有者は，何らの事前の措置を採らずに，自ら枝を切除することができるものとする。

【Ｂ案】越境された土地の所有者は，竹木の所有者に対して相当の期間を定めて切除を催告した上で，その期間内に切除がされなければ，自ら枝を切除することができるものとする。

（補足説明）

1　問題の所在

土地の所有者による土地の管理が適切に行われず，当該土地から越境した竹木の枝の処理に困る事例は少なくないが，民法第２３３条第１項は，隣地の竹木の枝が境界線を越えるときは，竹木の所有者（竹木は土地に付合するため，通常は土地所有者が竹木の所有者となる。民法第２４２条）に対して枝を切除させることができるとしている。そのため，竹木の所有者が所在不明である場合には，越境した竹木の枝により土地の利用が妨げられている土地の所有者（権原に基づいて占有する者も同じ。）は，竹木の所有者の所在を探索し，当該所有者に対する枝の切除請求訴訟を提起して，請求認容判決を得た上で，これを債務名義として強制執行を申し立て，竹木所有者の費用負担で第三者に切除させる方法（民法第４１４条第２項本文，民事執行法第１７１条第１項，第４項（なお，平成２９年法律第４４号及び平成２９年法律第４５号が施行される２０２０年４月１日以降は，民事執行法第１７１条第１項第１号，第４項））によらなくてはならないが，この手続には相応の時間や労力を要する。

また，民法第２３３条第２項は，越境した竹木の根については，自ら切除することができるとし，枝と根とで異なる規律としている。その趣旨は，①竹木の所有者にその根を切除させるためには，自己の土地に立ち入らせなければならないが，枝は往々にして，隣地から伐採することが可能であること，②枝は成熟した果実が付いていることもあり価値が高いが，根は価値が低いことによると説明されている。しかし，①については，越境された土地の所有者においても，少なくとも境界線を越えている部分については，自ら枝を伐採することが可能なのであり，必ずしも竹木の所有者に切除を請求する必要はないとも考えられるし，②については，根を切除すれば竹木そのものが枯死する可能性も否定できず，枝自体の価値と根自体の価値とを比較することは必ずしも合理的ではないとも考えられる。

2　越境された土地所有者による枝の切除

本研究会において，竹木の所有者に対して枝の切除を命ずる判決を取得せずとも，越境した枝により土地の利用が妨げられている土地の所有者等において，自ら枝を切

- 116 -

除することができるような規律とすることの当否について検討を行ったところ，その必要性について大きな異論はみられなかったものの，手続については，本文に提案した２つの案について，引き続き検討する必要がある。

【A案】は，越境された土地所有者の利益を重視し，根を切除する場合と同様，当該土地所有者が自ら越境した枝を切除することができるようにするものであり，竹木の所有者の所在調査を不要とするものである。

この案に対しては，相隣関係上の権利として竹木の切除権を認めた場合には，竹木の所有者が現に居住しているなど，所在が判明していても竹木を切除することができることになるが，竹木の所有者は，一般に，当該竹木の適切な生育を図ることができる立場にあり，枝の切除をする機会を与えられれば，当該竹木のために最も適した方法で剪定をすることができるはずであるのに，そのような機会を与えられることなく，隣地所有者に枝を切除されてしまうこととすると，社会経済上も望ましくないケースを生じさせかねないとの指摘が考えられる。

【B案】は，枝と根で取扱いを異にする民法第２３３条の趣旨は今後も維持しながら，越境した枝によって土地の利用が害される状態をできる限り迅速に除去できるようにするため，越境された土地の所有者は，竹木の所有者に対し，相当の期間を定めて枝の切除を催告した上で，その期間内に切除がされないときは，越境された土地の所有者が自ら切除することができるとするものである。この案に対しては，催告をどのような内容・手続で行うものとするか，催告をせずに枝が切除された場合の法律関係はどのようなものになるかなど，具体的な仕組みを検討する必要があるとの指摘が考えられる。これについては，例えば，竹木の所有者は，隣地所有者の土地所有権に基づく妨害排除請求によって，越境した枝を切除する義務を負っていることから，隣地所有者は竹木の所有者に対して，切除が必要である旨を通知すれば足り，竹木所有者が相当の期間内に切除しないときは，隣地所有者において切除をすることができるものとすることが考えられ，その手続を踏まずに隣地所有者が切除したときは，自力救済となり，不法行為が成立し得ると考えられる。

そのほか，本研究会においては，枝の切除に要する費用負担の規律の在り方等の付随的な事項についても，考え方を整理しておく必要があることが指摘されたところであり，引き続き検討を進めるべきである。

第４　隣地の使用請求
１　土地の境界標等の調査又は土地の測量のための隣地使用
　土地の境界標等の調査又は土地の測量のための隣地使用に関して，次の規律を設けることについて，引き続き検討すべきである。
① 　土地の境界標等の調査又は土地の測量のために必要があるときは，土地の所有者は，隣地に立ち入ることができるものとする。
② 　①により隣地に立ち入ることのできる土地の所有者は，境界標等の調査又は土地の測量のために土地を掘り起こしたり，構造物の基礎の部分を削ったりするなどの必要な行為をすることができるものとする。
③ 　②の場合において，隣地所有者が損害を被った場合には，隣地所有者はその償金

- 117 -

研究報告書 | 119

を請求することができるものとする。

（補足説明）
1　問題の所在
　　土地の売却，住宅や各種施設の建築を行う場合などにおいては，当該土地の境界や面積を明らかにするため，境界線上に設けた境界標，囲障，障壁，溝等（以下「境界標等」という。）を調査し，この調査結果を基に当該土地を測量すること（以下「境界標等の調査等」という。）が必要な場合がある。
　　境界標等は，境界線上あるいは境界線に接して設置されているため，土地の境界標等の調査等を行うに当たっては，ほとんどのケースで，自己の所有する土地における作業では足りず，隣地に立ち入る必要がある。現状において，境界標等の調査等のために隣地に立ち入るに当たっては，隣地所有者に対して，立入りの趣旨を説明し，当該隣地所有者の承諾を得ているが，当該隣地所有者の所在が不明であるなどの何らかの理由によりその承諾が得られない場合でも立ち入ることができるのかどうかは，必ずしも明らかではないとの指摘がある。
2　境界の調査・測量のための隣地立入権
　　上記の問題を受け，土地の所有者は境界標等の調査等を行う場合には，隣地に立ち入ることができるとする旨の規律を置くことが考えられ，これを本文①において示している。
　　境界標等の調査等のための隣地の立入権を創設したとして，隣地所有者の承諾を要するかどうかについては，土地の境界標等の調査等のための隣地への立入りに要する時間は，通常，長くても数時間程度であり，隣地所有者の権利利益に対する影響は比較的小さいと考えられることから，隣地所有者の承諾を不要とすることが考えられる。
　　一方で，立ち入る時間は僅かであっても，隣地所有者の財産権やプライバシーに対する制約となることから，隣地所有者に対する事前の手続保障を図る必要があるのではないかとの指摘や，境界紛争においては境界標が動かされたと主張されることが多いが，隣地所有者に対する通知なくして隣地に立ち入ることができるとすると，このような紛争が増えるおそれがあるとの指摘が考えられる。そこで，境界標等の調査等のために隣地へ立ち入るには，隣地所有者の承諾までは不要としつつ，事前に，土地に立ち入る旨を通知することとするなど，立入権の権利の内容及び行使方法については，引き続き検討する必要がある。
3　調査・測量のために必要な行為
　　境界標や溝は，囲障や障壁等の構造物の設置・改良工事等により，当該構造物の基礎の下又は地中に埋没していることがあり，このような場合には，当該境界標や溝の確認に当たって，境界線付近の隣地も含めた土地を掘り起こしたり，当該構造物の基礎の部分を削ったりする必要があることもある。
　　そこで，土地の所有者は，土地の境界標等の調査等のために必要があるときには，隣地やその上の構造物の形状を物理的に改変することができる旨を規定することが考えられ，これを本文②において示している。他方で，この場合には，隣地所有者の財産権に対する制約の度合いがより大きいことから，隣地所有者が個別に承諾すること

- 118 -

120 ｜ 第1章　登記制度・土地所有権の在り方等に関する研究報告書

を要するとすべきであるとも考えられ，研究会においても，このような観点から，物理的な改変についての規定は設けないとすべきであるとの意見もあった。

4　償金

本文②の調査・測量のために必要な行為に関する規律を設ける場合には，民法第２０９条第２項を参考に，これにより損害を被った隣地所有者は，その償金を請求することができるものとする旨を明らかにすることが考えられ，これを本文③において示している。

5　その他

隣地所有者から占有権原を与えられている者がいる場合にも，上記の規律の適用を認めるべきかについて，併せて検討することが必要と考えられる。

2　土地の境界の確定のための協議

土地の境界（所有権の境界）が明らかでない場合には，土地の所有者は，隣地所有者（隣地所有者が共有者である場合も含む。）に対して，土地の境界確定のための協議を求めることができるものとすることについては，その効果や必要性に十分に留意しつつ，引き続き検討すべきである。

（補足説明）

1　問題の所在

土地の取引に当たっては，土地の売主が，買主から，売買の対象となる土地が境界紛争がない土地であることの証として，隣地との境界について，隣地所有者に対して現地での立会いを求めた上で確認を行い，その結果を書面（当該確認をした者の記名押印をしたものが一般的）にしたものを求める場合があり，このような書面の取り交わしによって，当該取引後の境界に関する紛争の発生を防止しているが，隣地所有者が確認に応じないケースでは円滑な取引に支障を生ずることがあるとの指摘がある。

また，民法上，境界線付近の建築制限（第２３４条及び第２３５条），境界線付近の掘削の制限や注意義務（第２３７条及び第２３８条）が課せられており，これらの制限や義務を履行するに当たり，このような制限や義務の及ぶ範囲を把握することが必要である。建物や動産は物理的に独立しているため，その所有権の及ぶ範囲について不明であることは通常考えられないが，物理的に連続している土地については，自己の有する土地の所有権の範囲を特定し，土地の境界を明確にしておく必要性が高いといえる。

そこで，土地の所有者は，隣地所有者に対して，土地の境界を明確にするための協力を求めることができる規律を設けることとすることが考えられる。

2　境界確認請求・境界確定協議請求

国有財産の管理に関しては，境界が明らかでない場合における隣地所有者との間の境界確定のための協議等について，規律が設けられている。すなわち，各省各庁の長は，その所管に属する国有財産の境界が明らかでないため，その管理に支障がある場合には，隣地所有者に対し，立会場所，期日その他必要な事項を通知して，境界を確定するための協議（境界確定協議）を求めることができるとされている（国有財産法

- 119 -

研究報告書　｜　121

第31条の3第1項）。

　これを参考に，民有地間の境界であっても，当該境界が明らかでない場合には，土地の所有者は，隣地所有者に対して，土地の境界の確認を求めるとともに，境界の確定のための協議を求めることができる旨の規定を置くことが考えられる。このような規定を置くことにより，隣地所有者は，土地の境界の確認作業に立ち会い，これを確認する義務又は隣地所有者との間で境界の確定のための協議を行うべき義務を負うことになるものと考えられる。

　本研究会において，このような規定を置くことについて検討をしたが，上記義務が履行されないとしても，境界を強制的に決定することができるような性質のものではないため，協議を求めることができるとする規律を置く意義がどのような点にあるのかをよく検討する必要があるとの指摘がされた。

　これに対しては，土地の所有者は，土地の境界について誠実に協議すべきである旨の規律を土地所有者の行為規範として置くこと，土地の境界に関する紛争については民事調停を前置させること，隣地との境界に関する協議を求める規律を公法上の概念である筆界の確定に関する規律として構成した上で，所要の規定を他の法令に設けることも考えられるとの意見もあったところであり，引き続き検討する必要がある。

　なお，土地の所有者が隣地所有者に対して境界の確認や確定の協議を求めることができるとして隣地所有者に境界の確認等の義務を認めるとした場合には，協議を求めた土地所有者が隣地所有者に対して協議に要する費用等一定の対価を支払うことに関する規定を設けることが考えられるが，こういった規定を設けることでかえって紛争を惹起しないかという課題が考えられる。

3　その他

　上記と併せて，隣接する土地が共有となっている場合において，共有者の一部のみが境界の確認等に応じるときの取扱いをどのように考えるかなどの点も検討する必要があると考えられる。

3　工事のための隣地使用権

**　隣地使用権（民法第209条）について，土地の所有者は，境界又はその付近において障壁又は建物を築造し又は修繕するためのほかに，給水管等の導管を設置又は修繕するためなどでも隣地を使用することができるものとすることについて，隣地の所有者の財産権やプライバシーに留意しつつ，引き続き検討すべきである。**

（補足説明）

1　問題の所在

　民法第209条は，土地の所有者は，境界又はその付近において障壁又は建物を築造し又は修繕するために必要な範囲内で，他人の所有する隣地の使用を請求することができる旨定めている。これは，自己の所有する土地上に建物や障壁を築造し，また，その修繕を行う際に，隣地に立ち入ることができないとすると，その建築工事等が自己の土地の中で済むよう，できる限り境界との距離をとって建築する建物や障壁を設計しなければならなくなるなど，土地の利用が制限されることになりかねないため，

- 120 -

122　│　第1章　登記制度・土地所有権の在り方等に関する研究報告書

隣地の使用権を認めることによって，土地の利用可能性を高めているものと考えられる。

しかし，同条に挙げられた隣地使用の目的が，限定列挙なのか，例示列挙なのかについては，学説上争いがあり，建物や障壁の築造・修繕ではなく，樹木を植栽・移植する工事や庭石を移設する工事，水道管，下水道管や電線等のライフラインの導管・導線を自己の所有する土地の地下や地上に設置する工事の際に，隣地に資材を置いたり，足場を組んだりすることがどの程度可能であるかは必ずしも明らかではない。

特に，後記第5の1のとおり，ライフラインの導管及び導線（以下「導管等」という。）を他人の土地に設置する権利（いわゆる導管等設置権）の法制化を検討するに当たっては，境界又はその付近の自己の土地において導管等の設置工事などを行うために隣地を使用することができるものとするかどうかについても併せて検討する必要がある。

（参考）各事業法において事業の施行に当たり，他人の土地の使用を認めている規定として，道路法（昭和27年法律第180号）第66条第1項，第67条，下水道法（昭和33年法律第79号）第13条，第32条第1項，電気事業法（昭和39年法律第170号）第58条第1項，第59条，ガス事業法（昭和29年法律第51号）第167条第1項，電気通信事業法（昭和59年法律第86号）第133条第1項等がある。

2　隣地使用目的の拡張

民法の相隣関係は，土地の所有権の利用可能性を確保するため，隣地の土地所有権を制約するものであるから，その制約を認めるに当たっては，必要かつ合理的な範囲内で許されるとすべきであり，隣接地の所有権を過度に容易に制約するものとならないようにしなければならない。

現代社会においては，土地の利用に当たっては，水道，下水道，電気，ガス，電話等のライフラインが備えられていることが必要不可欠であり，これらのライフラインの導管等を設置するために隣地を使用することは，それが必要かつ合理的な範囲内にとどまる限り，建物・障壁の築造・修繕のために隣地を使用することと同視することができると考えられる。

その一方で，自己の土地上の樹木の植樹や庭石の移設等の工事のためであっても，隣地を使用することができるとする考え方もある。しかし，これらの工事のために隣地を使用することが，類型的に必要かつ合理的なものといえるかどうかは，慎重に検討することが必要とも考えられる。

なお，隣地の使用が認められる目的を建物・障壁の築造・修繕の工事以外の工事に広げるとして，認められる場合を限定するのか，あるいは，隣地の使用が認められる場合を例示し，例示されたもの以外の場合を必ずしも排除するものではないものとするのかについても，検討を要する。

4　隣地使用権の内容と行使方法

土地の所有者が，工事のために隣地を使用する必要がある場合における権利行使の在り方に関し，円滑な隣地使用を実現するための次の各案について，隣地所有者の財

産権に留意しつつ，引き続き検討すべきである。

【Ａ案】土地の所有者は，隣地所有者の承諾又は承諾に代わる判決を得なくても，必要な範囲内において隣地を使用することができるものとするが，所在が知れている隣地所有者に対して，あらかじめ，いつ，どの範囲で隣地を使用するかについての通知をすることを要するものとする。

【Ｂ案】土地の所有者は，隣地を使用するに当たっては，隣地所有者の承諾を請求する必要があるという現行法の仕組みを維持しながら，土地所有者は，隣地所有者に対し，あらかじめ，いつ，どの範囲で隣地を使用するかについての通知をするとともに，異議があれば，一定期間にその旨を申し出ることを催告し，同期間を経過したときは，隣地の使用について隣地所有者の承諾があったものとみなすことができるものとする。

（補足説明）

1　問題の所在

　民法第２０９条第１項は，土地の所有者は，境界又はその付近において障壁・建物を築造・修繕するため必要な範囲内で，隣地の使用を請求することができる旨規定している。この権利の法的性質については，隣地の使用を承諾すべきことを，隣地所有者又は適法に隣地を使用する権原を有する者（地上権者，借地人など）に対して請求することができる権利と解する説が有力である。この説によれば，隣地を使用するためには隣地所有者等の承諾を要し，承諾が得られない場合には，隣地所有者等に対して承諾を命ずることを求め，承諾に代わる判決（民事執行法第１７４条参照）を得る必要がある。実務においても，このような考え方に基づいて運用がされることが多い。

　しかし，このような運用の下では，隣地を現に使用する者がいない場合には，工事のために隣地を使用する必要のある者は，隣地所有者を探索した上で，その承諾を求め，隣地所有者の所在が不明であるときは，承諾に代わる判決を得ない限り，隣地を使用することができないため，相当の時間や労力を費やすこととなり，土地の利用を阻害する要因となっているとの指摘がある。

2　工事のための隣地使用権の行使方法

　本文では，土地においてより円滑に工事を行うことを可能とするため２つの案を提案している。

　【Ａ案】は，工事のために必要な範囲内で隣地を使用する限り，隣地所有者等の承諾は不要とするが，隣地所有者等の手続保障を図るため，あらかじめ隣地を使用する旨の通知を要求するものである。隣地使用権の性質を，公道に至るための他の土地の通行権（民法第２１０条）等と同様に，隣地所有者等の承諾なく隣地使用を可能とするものに変更することによって，工事の円滑な実施を図るものといえる。

　この案によれば，隣地の使用についてその所有者等が反対する場合には，隣地所有者等において，隣地の使用差止請求訴訟を提起するなどの方法により対応することとなる。

　この案に対しては，隣地所有者等が現に隣地を使用している場合でも，通知をするだけで隣地を使用することができるようになるため，無用な紛争を生じさせるおそれ

- 122 -

があるとの指摘などが考えられる。

　【B案】は，工事のために隣地を使用するに当たっては，隣地所有者等の承諾が必要であるという現行法の仕組みを維持しながら，隣地所有者に対し，あらかじめ，いつ，どの範囲で隣地を使用するのかを通知するとともに，異議があれば一定期間内にその旨を申し出ることを催告し，その期間内に異議の申出がなければ，土地所有者が，通知の内容の隣地使用について承諾したものとみなすものである。現行法における隣地使用権の性質を維持しつつ，その行使方法を定めることによって，工事の円滑な実施を図るものといえる。

　この案は，隣地所有者が隣地使用に関する準備をすることができるようにしながら，所在不明などの事情で諾否を回答しない隣地所有者等については，一定の手続を履むことで承諾を擬制するものである。

　この案に対しては，不動産登記簿上の隣地所有者が住所変更の登記をしておらず，通知が到達しない場合の取扱いをどうするかによって，隣地所有者の探索の負担が変わってくるとの指摘や，隣地所有者が異議を述べた場合の取扱いをどうするかが課題であるとの指摘などが考えられる。

　なお，この案に立った上で，不動産登記簿上の隣地所有者に対して催告すれば足りるとしたり（抵当権消滅請求に関する民法第３８３条において，登記をした債権者に対して書面を送付すれば足りるものとしていることが参考となる。なお，第２章第１節第２款第２の２参照），登記簿上の所有者に催告しても，催告が到達しないときは，所在を知ることができないものとして，公示による意思表示（民法第９８条）をすることができるものとしたりすることも考えられる。

　また，これらの案に対しては，隣地が複数の者によって共同所有されている場合には，共有者全員に対して通知又は催告をしなければならないのか，あるいは，共有者のうち持分の過半数を有する者に対して通知又は催告をすれば足りるのかなど隣地が共有となっている場合の手続の在り方等についても併せて検討をする必要があると考えられる。

　以上を踏まえ，【A案】及び【B案】を含め，工事のための隣地使用権の行使方法について，引き続き検討を進める必要がある。

第５　ライフラインの導管等の設置に係る他人の土地及び他人の設置した導管等への接続

１　導管等設置権（仮称）及び導管等接続権（仮称）

　他人の土地や他人が設置した導管等を経由しなければライフラインの導管等を引き込むことができない土地に関し，以下のような規律を設けることについて，引き続き検討すべきである。

① 他人の土地を経由しなければライフラインの導管等を引き込むことができない土地の所有者は，導管等を引き込むために必要であり，かつ，他人の土地のために損害が最も少ない場所及び方法で，他人の土地に導管等を設置することができるものとする。

② 他人が設置した導管等を経由しなければライフラインの導管等を引き込むことができない土地の所有者は，導管等を引き込むために必要であり，かつ，他人の導管

- 123 -

研究報告書　｜　125

等のために損害が最も少ない場所及び方法で，他人の導管等に，新たに設置する導管等を接続することができるものとする。

③　①による導管等設置権又は②による導管等接続権を有する者は，他人の土地又は他人の導管等の損害に対して償金を支払わなければならないものとする。

（補足説明）

1　問題の所在

　現代生活において，水道，下水道，ガス，電気，電話等のライフラインは必要不可欠であるが，他人の土地や他人の設置した導管等を経由しなければ，ライフラインの導管等を引き込むことができない土地（いわゆる導管袋地）がある。

　民法は，ライフラインの技術が未発達の時代に制定されたため，導管等の設置のための他人の土地等の使用に関しては，公の水流又は下水道に至る排水のための低地の通水（第220条）や，通水用工作物の使用（第221条）を除き，規定を置いていない。

　実務においては，ライフラインの導管等の設置の必要性が高いことから，民法第209条（隣地の使用請求），第210条（公道に至るための他の土地の通行権），第220条（排水のための低地の通水），第221条（通水用工作物の使用），下水道法第11条（排水に関する受忍義務等）等を類推適用することにより，他人の土地の使用を認めた裁判例が多数ある（民法第220条及び第221条を類推して他人の設置した給排水設備の使用を認めた最高裁判例として，最判平成14年10月15日民集56巻8号1791頁がある。）が，類推適用される規定は必ずしも定まっていない。

　そのため，土地所有者が導管等を設置したい場合において，隣地所有者が所在不明であるときは，隣地所有者の探索をする負担を負うだけでなく，どのような根拠に基づいて対応すべきかが判然とせず，対応に苦慮することになる。

2　導管等設置権及び導管等接続権の明確化

　本文①及び②は，導管袋地の利用可能性を向上させるため，他人の土地に導管等を設置する権利（導管等設置権）と，他人の導管等に導管等を接続させる権利（導管等接続権）とを明確化することを提案するものである。

⑴　導管等を設置する場所及び方法

　　導管等設置権及び導管等接続権（以下「導管等設置権等」という。）も，他人の土地所有権や導管等所有権を制約するものである以上，設置する場所及び方法は，導管等を設置する必要があり，かつ，他人の土地及び導管のために損害が最も少ないものを選ばなければならないとすることが適当と考えられる（公道に至るための他の土地の通行権〔囲繞地通行権〕に関する民法第211条第1項参照。）。前記平成14年最判も，他人の設置した給排水設備の使用が認められる要件につき，他の土地を経由しなければ，水道事業者が敷設した配水管から当該宅地に給水を受け，その下水を公流又は下水道等まで排出することができない場合において，他人の設置した給排水設備をその給排水のため使用することが他の方法に比べて合理的であるときは，その使用により当該給排水設備に予定される効用を著しく害する

- 124 -

126　│　第1章　登記制度・土地所有権の在り方等に関する研究報告書

などの特段の事情のない限り，当該給排水設備を使用することができるものと解するのが相当であると判示している。

　もっとも，導管等を設置する際には，接続先の導管等との位置関係や地中や上空の利用の状況などを考慮する必要があること，また，地中や上空に導管等を設置するものであり，人の通行のために地表を利用する場合と同じくする必要はないことから，導管等設置権が認められる場所は，囲繞地通行権が認められる場所とは必ずしも一致しないものと考えられる。

　また，囲繞地通行権においては，土地の分割によって公道に通じない袋地が生じた場合には，当該袋地の所有者は，他の分割者の所有地のみを通行することができるとされている（民法第２１３条第１項）が，土地の分割により導管袋地が生じた場合には，接続先の導管等との位置関係などにより，分割により生じた他の土地に導管等を設置しなければならないとすると不都合が生ずる場合があり得るため，囲繞地通行権とは異なる規律とする必要があるものと考えられる。

　これについては，例えば，分割により導管袋地が生じた場合においては，一次的には，分割により生じた他の土地に導管等を設置しなければならないとしつつ，これが不適当である場合には，例外的に，他人の土地のために損害の最も少ない場所・方法で，他人の土地に導管等を設置することができるとすることなどが考えられる。

⑵　償金

　導管等設置権に基づいて他人の土地に導管等を設置し，又は導管等接続権に基づいて他人の導管等に導管等を接続した者は，民法第２１２条を参考として，他人の土地や他人の導管等の損害に対して償金を支払わなければならないものとすることが考えられる。

　もっとも，土地の分割により導管袋地が生じた場合には別の規律とすることが考えられる。すなわち，上記⑴で検討したとおり，土地の分割により導管袋地が生じた場合において，分割者の所有地の地中又は上空に導管等を設置することがあり得るが，その際には，分割の際に当事者間において償金支払に関する協議も行っているのが通例と考えられることから，償金を支払うことを要しないとする民法第２１３条の趣旨をこの場合にも及ぼし，無償とすることも考えられ，この点も併せて検討する必要がある。

　また，導管等接続権に関しては，民法第２２１条第２項を参考として，導管等接続権者は，その利益を受ける割合に応じて，導管等の設置・保存の費用を分担しなければならないこととすることも考えられる。

３　小括

　以上を踏まえ，ライフラインの導管等を引き込むために他人の土地や他人が設置した導管等を使用する新たな権利を設けることについて，引き続き検討する必要がある。

２　導管等設置権等の対象となるライフライン

　水道管，下水道管，ガス管，電力線，電気通信線その他の導管等を，導管等設置権等の対象とすることにつき，現行法の規律や必要性に留意しつつ，引き続き検討すべ

- 125 -

研究報告書　｜　127

きである。

（補足説明）
1　問題の所在
　　現代生活において一般に用いられているライフラインとして，①水道，②下水道，③ガス，④電気，⑤電話があるが，導管等の所有関係は，ライフラインの種類ごとに異なっており，公法上の規律も別異に定められているため，相隣関係において導管等設置権等の規律を置くことを検討する際には，ライフラインに係る権利関係との整合性を検討する必要があると考えられる。
2　導管等の所有関係
　　一般に，導管等は，公道に設置された公的事業者所有の導管等（以下「本管」という。）に，各戸に引き込む導管等（以下「支管」という。）を接続してその機能を果たしている。
　　そして，支管は，ライフラインの種類ごとに基本的な所有・管理関係が異なっており，⑦各戸の不動産所有者等が所有・管理するもの（①水道管，②下水管），⑦主に各戸の不動産所有者等が所有し，事業者が管理するもの（③ガス管），⑦各戸の土地内の一定の場所まで事業者が所有・管理するもの（④電力線，⑤電気通信線）がある。
　　このような支管の所有関係を踏まえると，支管が導管袋地の所有者等の所有・管理に係るものである場合（⑦）には，導管等設置権者及び導管等接続権者（以下「導管等設置権者等」という。）が自ら導管等を設置することになり，支管が事業者の管理に係るものである場合（⑦，⑦）には，導管等設置権者等の承諾のもとに，事業者が導管等を設置するという構造になると考えられる。
　　もっとも，このような構造になるとしても，通常は，実際の施工・管理作業はいずれにしても導管等設置権者等ではない者が行うことになり，また，相隣関係における導管等設置権は，基本的に，支管を本管に接続させるために他人の土地や他人の導管等を使用する権利であると考えれば，支管の所有・管理関係は導管等設置権等の内容に直接影響しないと考えられるが，引き続き検討する必要がある。
3　公法上の法律関係等と導管等設置権等
　　公道に，水道，下水道，電気，ガス，通信等の事業のための種々の導管等を設置する場合には，道路管理者の許可を受けて当該公道の一定の部分を占有して使用することができ（道路法第３２条第１項），道路管理者は，水道管，下水道管，ガス管，電柱，電線のための道路占用が，政令で定められた許可基準に適合する限り，道路占有の許可をしなければならないとされている（同法第３６条第２項）など，導管等を公道に設置する場合の規律は設けられているものの，私人が他人の私道や宅地等に水道管，ガス管，電線等の導管等を設置することに関する規定はない。
　　他方で，下水道については，浸水防除，地域の公衆衛生の確保，公共用水域の水質保全等の公共的役割に鑑み，公共下水道の供用が開始された場合においては，原則として，当該公共下水道の排水区域内の土地の所有者等は，遅滞なく，その土地の下水を公共下水道に流入させるために必要な排水管，排水渠その他の排水施設（以下「排水設備」という。）を設置しなければならないとされ（下水道法第１０条第１項），

- 126 -

この義務を負う者は，他人の土地又は排水設備を使用しなければ下水を公共下水道に流入させることが困難であるときは，他人の土地に排水設備を設置し，又は他人の設置した排水設備を使用することができるなどとされている（同法第１１条第１項）。

　また，他の導管等と異なり，ガスの供給については，導管を要する都市ガスを用いなくても，ＬＰガスによることが可能であることをどのように評価するかという課題もある（都市ガスのガス管については，熱源の供給が都市ガスに限られないとして，下水道法第１１条，民法第２１０条の類推適用を否定した裁判例として，東京地判平成８年９月２５日判タ９２０号１９７頁があり，最近の住宅事情，都市近代化の趨勢に鑑みプロパンガスを都市ガスに切り換える必要性を認めたものとして，東京地判昭和５７年４月２８日判時１０５７号７７頁がある。）。

　本研究会においてこの点を検討したところ，近傍に都市ガスの本管が存在し，これを利用することを希望しているにもかかわらず，これを利用することができないこととするのは，相当ではないのではないかという指摘があった。

　以上のとおり，ライフラインの種類ごとに導管等の所有関係が異なっていたり，公法上の権利関係が異なっていたりするからといって，相隣関係において導管等設置権等を法制化することを直ちに妨げるものではないと考えられるが，多数の法令にまたがる複雑な調整を要することから，引き続き，関係機関と連携して，導管等設置権等の法制化を検討する必要があると考えられる。

　なお，今後も，技術の発達により，新たなライフラインの開発・普及や既存のライフラインを活用した新規のライフラインの普及が進められる可能性があるため，これにも対応できる形で導管等設置権等の法制化を図ることが望まれる。

3　導管等設置権等の内容と行使方法

　導管等設置権等の規律を設けるとした場合における導管等設置権等の内容・行使方法に関し，次の各案について，導管等が設置される土地の所有者や導管等の所有者の財産権に留意しつつ，引き続き検討すべきである。

【Ａ案】導管等設置権者等は，土地又は導管等の所有者の承諾，又は承諾に代わる判決を取得しなくても，隣地等に導管等を設置し，又は導管等を利用することができるものとするが，所在が知れている隣地等所有者に対して，あらかじめ，どの範囲で隣地を使用するかについての通知をすることを要するものとする。

【Ｂ案】導管等設置権者等は，導管等を他人の土地に設置し，又は他人の所有する導管等に接続するに当たっては，当該土地の所有者の承諾を請求する必要があるとした上で，土地の所有者又は導管等の所有者に対し，あらかじめ，いつ，どの範囲で土地又は導管等を使用するかについて通知をするとともに，異議があれば，一定期間にその旨を申し出ることを催告し，同期間を経過したときは，土地又は導管等の使用について承諾があったものとみなすことができるものとする。

（補足説明）

1　問題の所在

　導管等設置権等の規律を設けるとした場合には，導管等設置権等を実現するため

- 127 -

に，いかなる手続を踏むこととするかについても明らかにする必要がある。特に，導管等が設置される土地が所有者によって使用されておらず，導管等を設置しようとする者において，当該土地の所有者の承諾が得られない場合であっても，ライフラインの導管等のために迅速に土地の利用をすることができるようにすべきと考えられるが，その際には，当該土地の所有者の権利保障との調整を考える必要がある。

2　導管等設置権等の行使方法

　　ライフラインは生活上不可欠なものであり，これを引き込む緊急性が高いこと，ライフラインの導管等は地中や上空に設置され，土地利用に与える制約は通常限定されること等に鑑み，導管等を設置するに当たり，導管等が設置される土地の所有者の承諾を必要としないと考える説が有力であり，裁判例においても，囲繞地所有者の承諾を不要としている囲繞地通行権（民法第２１０条）の規定を類推適用する裁判例が多数あり，実務上は，当該土地又は導管等の所有者の承諾なく，法律上当然に生ずる権利として考えられているものと思われる。

　　しかしながら，導管等が設置されれば，数十年にわたり当該土地の使用が制限され得ることとなり，導管等を設置した当時においては支障はなかったものの，建物の建替え，地下室の築造等の事後の事情変更が生じた場合において，当該土地の利用に支障が生ずることも否定できない。

　　そこで，導管等設置権等をどのように行使すべきとするかについては，本文に示した２つの案が考えられる。なお，これらの検討内容については，前記第４の４を参照。

第４章　変則型登記の解消

　変則型登記がされた土地（所有権の登記がない一筆の土地のうち，表題部に所有者の氏名又は名称及び住所の全部又は一部が登記されていないものをいう。）に関しては，その解消に向けて，例えば，次のような，登記官が主体となって変則型登記をされた土地の所有者の探索を行い，その結果に基づき登記を改める措置や，探索を行っても所有者を改めることができなかった土地について裁判所の選任した管理者による管理を可能とする措置等を講ずるべきである。

第１　変則型登記がされた土地の表題部所有者の登記に関する措置

1　登記官による所有者等の探索

（1）探索の開始

　　　登記官は，変則型登記がされた土地（所有権の登記がない一筆の土地のうち，表題部に所有者の氏名又は名称及び住所の全部又は一部が登記されていないものをいう。）について，必要があると認めるときは，職権で，その所有者等（所有権又は共有持分が帰属し，又は帰属していた者をいう。以下同じ。）の探索を行うものとする。

（2）登記官の調査権限

ア　登記官は，変則型登記がされた土地の所有者等の探索のため，①当該変則型登記がされた土地や近隣の土地の実地調査をすること，②関係者からその知っている事実を聴取し又は資料の提出を求めること，③その他変則型登記がされた土地の所有者等の探索のために必要な調査をすることができるとするなど，

登記官による調査に関する所要の規律を設けるものとする。

　イ　登記官は，変則型登記がされた土地の所有者等の探索のために必要な限度で，関係地方公共団体の長その他の者に対し，変則型登記がされた土地の所有者等に関する情報の提供を求めることができるものとする。

（3）利害関係人による意見の提出

　利害関係人は，登記官に対し，変則型登記がされた土地の所有者等について，意見又は資料を提出することができるものとする。

2　所有者等探索委員による所有者等の探索

（1）所有者等探索委員制度の創設

　変則型登記がされた土地の所有者等の探索を行い，登記官に意見を提出させるため，法務局長等により必要な知識及び経験を有する者から任命される所有者等探索委員の制度を創設するものとする。

（2）所有者等探索委員の調査権限

　所有者等探索委員については，1（2）アの登記官が有する調査権限と同様の調査権限に関する規律を設けるものとする。

3　所有者等の特定及び職権による表題部所有者の登記

（1）登記官は，探索により得られた情報の内容等を総合的に考慮して，変則型登記がされた土地について表題部所有者（不動産登記法第2条第10号に規定する表題部所有者をいう。）として登記すべき者（変則型登記がされた土地の所有者等のうち，表題部所有者として登記することが適当である者をいう。）の特定等について判断するものとする。

（2）登記官は，（1）の判断をしたときは，当該変則型登記がされた土地につき，職権で，遅滞なく，表題部所有者の登記を抹消し，その表題部に次に掲げる事項を登記するものとする。①表題部所有者として登記すべき者の氏名又は名称及び住所②表題部所有者として登記すべき者がないときは，その旨及びその理由

　（注）当該変則型登記がされた土地が数人の共有に属する場合については，共有持分ごとに上記に準じて登記をするものとする。

4　探索等の中止

　登記官は，変則型登記がされた土地に関する権利関係について訴訟が係属しているとき，その他相当でないと認めるときは，変則型登記がされた土地の所有者等の探索，所有者等の特定及び登記に係る手続を中止することができるものとする。

5　公告

　登記官は，探索の開始時，3（2）の登記をする前及び登記をした後などの主要な場面において，それぞれ公告をしなければならない旨の規律を設けるものとする。

第2　所有者等を特定することができなかった変則型登記がされた土地の管理等に関する措置

1　変則型登記がされた土地の管理命令の創設

　裁判所は，変則型登記がされた土地であって，第1の3（2）②の登記において登記官が探索を行ってもなお所有者等のいずれをも特定することができなかったことを理由とする旨の登記がされたもの（注）について，必要があると認めるときは，

- 129 -

研究報告書　|　131

利害関係人の申立てにより，その申立てに係る土地を対象として，管理者による管理を命ずる処分をすることができる制度を創設する。

（注）変則型登記がされた土地が数人の共有に属する場合において，一部の共有持分について，所有者等を特定することができなかったものであるときにあっては，その共有持分の部分のみを指す。

2　管理者の権限

上記1の対象とされた土地（その管理，処分その他の事由により管理者が得た財産を含む。以下「対象土地」という。）の管理及び処分をする権利は，管理者に専属するものとする。ただし，管理者が次に掲げる行為の範囲を超える行為をするには，裁判所の許可を受けなければならないものとする。

① 保存行為

② 対象土地の性質を変えない範囲において，その利用又は改良を目的とする行為

3　当事者適格

管理者は，対象土地に関する訴えについて当事者適格を有するものとする。

4　管理者の義務

管理者は，対象土地の所有者に対し，善管注意義務及び誠実公平義務等を負うものとする。

5　管理者の報酬等

管理者は，対象土地から裁判所が定める額の報酬等を受けることができるものとする。

6　管理者による金銭の供託

管理者は，対象土地の管理，処分その他の事由により金銭が生じたときは，対象土地の所有者のために，当該金銭を供託することができるものとする。

7　管理命令の取消し

裁判所は，対象土地の管理を継続することが相当でなくなったとき（注）は，管理者若しくは利害関係人の申立てにより又は職権で，管理命令を取り消さなければならないものとする。

（注）例えば，対象土地の所有者が特定されたとき，管理すべき財産がなくなったとき（6の規定により供託したことによって管理すべき財産がなくなったときを含む。）などをいう。

第3　法人でない社団又は財団に属する変則型登記がされた土地の管理等に関する措置

裁判所は，変則型登記がされた土地（注）であって，第1の3(2)②の登記において法人でない社団又は財団に属することを理由とする旨の登記がされたものについて，当該法人でない社団又は財団の代表者又は管理人が選任されておらず，かつ，当該法人でない社団又は財団の全ての構成員を特定することができず，又はその所在が明らかでない場合において，必要があると認めるときは，利害関係人の申立てにより，その申立てに係る土地を対象として，第2の1と同様の管理を命ずる処分をすることができるものとする。

（注）当該変則型登記がされた土地が数人の共有に属する場合において，その共有持分の一部が法人でない社団又は財団に属する場合も対象とする。

- 130 -

132 ｜ 第1章　登記制度・土地所有権の在り方等に関する研究報告書

（補足説明）
1　所有者不明土地問題の要因としての変則型登記
　　所有者不明土地問題が発生する要因として，相続登記がされないまま放置されていることが指摘されているが，このほかにも，所有権の登記がない一筆の土地のうち，登記記録の表題部に所有者の氏名又は名称及び住所の全部又は一部が正常に登記されていないもの（以下「変則型登記がされた土地」という。）の存在が指摘されている。
2　変則型登記の内容等
　　所有権の登記のない土地の登記記録の表題部には，法律上，所有者の氏名又は名称及び住所並びに所有者が二人以上であるときはその所有者ごとの持分を登記する必要がある（不動産登記法第27条第3号）。そして，この表題部に所有者として記録されている者を表題部所有者という（同法第2条第10号）。当事者の申請等により所有権の登記がされると，表題部所有者に関する登記事項は抹消される（不動産登記規則第158条）。
　　しかしながら，実際には，表題部の所有者欄に，①氏名又は名称が記録されているものの，その住所が記録されていない土地や，②「A外七名」などと記録され，「A」の住所並びに他の共有者の氏名及び住所が登記記録上記録されていない土地，③住所が記録されておらず，「大字霞が関」等の大字名や集落名などの名義が記録されている土地など，表題部所有者の登記が変則的な記録となっている土地が存在する。
　　これは，主として，旧土地台帳制度（注）下においてされた所有者欄の氏名又は名称及び住所の変則的な記載が，昭和35年以降に不動産登記法の一部を改正する等の法律（昭和35年法律第14号）に基づいて行われた，旧土地台帳と不動産登記簿との一元化作業において，そのまま引き継がれたことにより発生したものであると考えられている。
　　（注）旧土地台帳は，税務署が地租の課税標準たる土地の賃貸価格の均衡適正を図るため，土地の状況を明確に把握するために地目や地積など必要な事項の登録を行う（土地台帳法（昭和22年法律第30号）第1条）ことを目的として設けられていた課税台帳である。土地台帳法等の一部を改正する法律（昭和25年法律第227号）により台帳事務が税務署から登記所に移管された後，不動産登記法の一部を改正する等の法律（昭和35年法律第14号）によって土地台帳は廃止され，不動産登記簿に一元化された。
3　変則型登記によって生ずる支障事例
　　このような変則型登記がされた土地についての所有者の探索は，取り分け困難なものであり，旧土地台帳や閉鎖登記簿等の確認のほか，自治会長などの地元精通者からの聴取などを行い，歴史的経緯や管理状況等を調査して所有者の特定に至っている状況にあるが，それらの調査を行っても所有者の特定に至らない事案も少なくない。そのため，契約の相手方を把握することができず，その土地についての取引をすることも事実上困難である。このように，変則型登記がされた土地については，円滑な公共事業の実施や適切な土地の管理のほか，不動産の円滑な取引等においても大きな支障を生じさせている。今後，歴史的資料の散逸や地域コミュニティの衰退等によって，

- 131 -

研究報告書　│　133

地域の事情に通じた者が少なくなるなど，所有者の探索がますます困難になると考えられ，速やかに変則型登記を解消する方策を講じていく必要がある。

4　本研究会における検討では，登記官の職権により所有者等を探索し，探索の結果に基づいて変則型登記を改めるための措置に加え，探索の結果，所有者等を特定することができなかった変則型登記がされた土地について，裁判所が選任した管理者による管理を可能とする措置等を検討し，上記の措置を講ずることが相当であるとの結論に至ったものである。

- 132 -

登記制度・土地所有権の在り方等に関する研究会　参加者名簿

座　　長	山野目　章　夫	早稲田大学大学院法務研究科教授
	沖　野　眞　巳	東京大学大学院法学政治学研究科教授
	垣　内　秀　介	東京大学大学院法学政治学研究科教授
	加　藤　政　也	司法書士
	金　親　　　均	東京法務局立川出張所長
	佐久間　　　毅	同志社大学大学院司法研究科教授
	水　津　太　郎	慶應義塾大学法学部教授
	鈴　木　泰　介	土地家屋調査士
	橋　本　賢二郎	弁護士
	松　尾　　　弘	慶應義塾大学大学院法務研究科教授
	山　本　隆　司	東京大学大学院法学政治学研究科教授

（関係機関）最高裁判所
国土交通省
農林水産省
林野庁
財務省
総務省
法務省

「登記制度・土地所有権の在り方等に関する研究報告書 ～所有者不明土地問題の解決に向けて～」の概要

法務省民事局参事官　　大谷　太
法務省民事局民事第二課所有者不明土地等対策推進室長　　江口幹太

　所有者不明土地（不動産登記簿により所有者が直ちに判明しない又は判明しても連絡がつかない土地）は、民間の土地取引や公共事業の実施等において深刻な問題を惹き起こしており、その対策が急務である。

　政府においては、所有者不明土地等対策の推進のための関係閣僚会議（議長：内閣官房長官）を中心に、関係省庁が一体となって対策を推し進めている。中でも、民事基本法制の見直し等の重要課題については、累次の政府方針[注1]において、2017年度から登記制度や土地所有権の在り方等を検討し、2018年度中に制度改正の具体的方向性を提示した上で、2020年までに必要な制度改正を実現することとされた。また、いわゆる変則型登記に関しては、2019年通常国会において、その解消を図る法案を提出することとされた。

　これを受けて、法務省では、2017年10月から、「登記制度・土地所有権の在り方等に関する研究会」（座長：山野目章夫早稲田大学教授。以下「研究会」という。）において、民法・不動産登記法の見直し等に関する検討を進めてきた。

　研究会は、合計18回にわたって会議を開催し、議論を重ねてきたが、2019年2月28日、考えられる所有者不明土地対策の方向性とその課題を幅広く提示するため、「登記制度・土地所有権の在り方等に関する研究報告書～所有者不明土地問題の解決に向けて～」（以下「最終報告書」という。）を取りまとめて公表した（2頁）。

（注1）　骨太方針2017（平成29年6月9日閣議決定）、未来投資戦略2017（同）、所有者不明土地等対策の推進に関する基本方針（平成30年6月1日関係閣僚会議決定）、骨太方針2018（平成30年6月15日閣議決定）、未来投資戦略2018（同）。

最終報告書の取り扱っている論点は相当多岐にわたるが、本稿において
は、その主要な部分を紹介し、今後を展望することとする。なお、意見にわ
たる部分は、もとより個人的見解である。

1 所有者不明土地問題とその対策の方向性の概観（第1章）

最終報告書は4章からなるが、第1章（「はじめに」）では、所有者不明土地が
民事法に関連して発生させる諸問題を概観した上で、検討の視点が示されてい
る。

(1) 民事法上の諸問題

最終報告書は、所有者不明土地は、典型的には次のような形で生じ、様々な民
事法上の問題を生じさせると分析している。

すなわち、所有者不明土地は、相続発生後、土地の遺産分割や相続登記がされ
ることなく放置されることによって発生する。

所有者不明土地の利用を希望する者等は、不動産登記簿によっては所有者が判
明しないため、戸籍簿等を調査して、所有者の氏名及び住所を特定しなければな
らなくなる。

共有関係にある土地においては、共有物の利用等に当たり、慎重を期して共有
者全員の同意を得ることが多いため、所有者調査を省略することができず、負担
が更に大きい。

所有者不明土地への対応策として、現行法においても、不在者財産管理等の財
産管理制度があるが、財産管理人は不在者等の財産の全体を管理しなければなら
ず、コストが高くなりがちである。

所有者不明土地が荒廃し、近傍の土地所有者等に損害を与えるおそれが生じた
場合などについても、法令上、権利関係が必ずしも明らかでなく、対応に苦慮す
ることになる。

(2) 検討の視点

以上の諸問題を踏まえ、最終報告書は、民事基本法制の観点から所有者不明土
地対策を検討するに当たり、①相続等による所有者不明土地の発生を予防するた
めの仕組みと、②所有者不明土地を円滑かつ適正に利用するための仕組みの2つ

研究報告書の概要 | 137

の観点を提示している。

そして、①については、⑦不動産登記情報の更新を図る方策と⑦所有者不明土地の発生を抑制する方策を検討すべきとし、②については、⑦共有制度の見直し、⑦財産管理制度の見直し、⑦相隣関係規定の見直しの各方策を検討すべきとしている。

また、土地所有権の「絶対性」については、民法において、所有権は基本的な権利であるが、法令の制限内において自由に所有物を使用、収益、処分をする権利とされていること、土地基本法の公共の福祉優先等の基本理念や各種法令における土地所有者の責務等に基づき、土地所有権に対する適切な制約の在り方が追求されることは妨げられないこと、民事基本法制においても、土地所有権の位置付けを踏まえて、社会経済情勢の変化に適合した制度の構築を図る必要があることなどが、改めて確認された(注2)。

2　相続等による所有者不明土地の発生を予防するための仕組み（第2章）

(1)　不動産登記情報の更新を図る方策

ア　対抗要件主義について

　所有者不明土地の発生要因については、民法上、不動産物権変動が当事者の意思表示のみによって生じ、不動産登記は物権変動の対抗要件とされていること（対抗要件主義）にあるという指摘もある。そこで、研究会においては、対抗要件主義を検証するとともに、不動産登記を物権変動の効力発生要件とする効力要件主義を採用することの是非について検討された。

　しかし、所有者不明土地の主な発生原因である、相続により土地所有権を承継したにもかかわらず相続人がその旨の登記申請をしないことへの対策として、効力要件主義を採用すべきとする意見はなかった。相続の場面で効力要件主義をとると、被相続人が死亡してから所有権の移転の登記がされるまでの間、土地所有権の帰属が定まらず、土地の管理を行うべき者がいないことになり、管理不全に

（注2）　所有権の「絶対性」に関する記述は、研究会が平成30年6月に公表した中間取りまとめの内容が踏襲されている。この中間取りまとめについては、金融財政事情研究会編『「登記制度・土地所有権の在り方等に関する研究会」中間取りまとめの概要』（金融財政事情研究会、2018年）15頁を参照。

陥るおそれがあることなどがその理由である。

　また、現行民法の解釈において、登記をしなくても相続による物権変動を第三者に対抗することができるとされる「法定相続と登記」(注3)や「相続放棄と登記」(注4)の場面につき、登記をしなければ第三者に対抗することができないものとすることについても具体的に検討が加えられた結果、登記をしない限り権利取得を対抗できなくなる相続人の不利益が大きすぎることなどから、見直しは適当でないと結論付けられた。

　そのほか、意思表示や取得時効といった、相続以外の原因による物権変動の場面で、登記を物権変動の効力発生要件とすることや、現行法では対抗問題とされていないケースを対抗問題とすることについても検討されたが、現行法の下でも登記のインセンティブは確保されており、所有者不明土地問題の対策として上記の方策をとることは、いずれも適当でないとされた。

　他方で、研究会では、真の権利者を登記に反映させることが重要であることには異論がなく、これを実現するために、対抗要件主義を前提としつつも、相続人に相続登記の申請について公法上の義務を課すなどの方策を別途検討すべきであるとされた。

イ　不動産登記の申請義務化

(ア)　土地について

　上記アを受けて、登記の申請を義務化することについて検討されたが、土地について相続による所有権の移転が発生した場合には、相続人等は、これを登記に反映させるために必要となる登記申請をする公法上の義務を負うものとする方向性については概ね異論がなかった。

　もっとも、登記申請義務の根拠については、土地所有者は所有者の地位にあることを公示する社会的責務を負うからとする意見(注5)や、対抗要件主義が働か

(注3)　例えば、共同相続人Ａ・Ｂが相続した遺産に属する土地につき、Ｂが偽造書類等を用いて単独所有の登記を経た上で、Ｃに売却して所有権の移転の登記をしたケースにおけるＡ・Ｃ間の関係を対抗問題とするかどうかが取り上げられた。

(注4)　例えば、共同相続人Ａ・Ｂのうち、Ｂが相続を放棄した後に、Ｂの債権者ＣがＢに代位して遺産に属する土地につきＢの法定相続分による登記をし、これを差し押さえたケースにおけるＡ・Ｃ間の関係を対抗問題とするかどうかが取り上げられた。

研究報告書の概要　|　139

ず、数次相続によって登記と実体との不一致が拡大しやすい相続登記の特質に求める意見などがあり、引き続き検討すべきであるとされた。

　また、この議論に関連して、相続が発生した場合に限らず、土地について物権変動が生じた場合を広く登記申請義務の対象とすることについても検討され、土地所有者の社会的責務を根拠とすると相続以外の場面も義務付けの対象とすることに積極方向になるが、相続登記の特質を強調すると相続以外の場面まで登記申請義務の対象とすることには消極方向に働くとされた。

　登記申請義務の対象となる権利については、不動産登記法第3条が定める登記することができる権利全般につき検討されたが、登記申請義務の根拠のひとつは土地の所有者の社会的責務にあると考えられることや、義務化の範囲は政策目的との関係で限定的に考えるべきことなどから、所有権のみを登記申請義務の対象とすれば足りるとの意見が大勢を占めた。

　そのほか、登記申請を義務化した場合に、その登記をいつまでに履行しなければならないのかなどが課題となるが、後記のように、登記申請のインセンティブとなる措置や義務違反があった場合に生ずる不利益に関する措置としてどのようなものを設けることが相当であるかと併せて検討すべきであるとされた。

(イ)　建物について

　所有者不明土地問題の対策としては、登記の申請義務化は土地を対象とすることで足りるとの意見もあったが、空き家についても所有者不明土地と同様の問題があるとの指摘や、所有者の責務との関係で、土地基本法の理念は、土地に限らず、国民の生活の基盤となる空間が適切に利用・管理されることも含んでおり、建物もその対象になり得るとの意見もあった。また、表題登記の申請義務（不動産登記法第47条第1項）との関係や、区分建物の取扱いにも留意すべきとされた。

　そこで、建物も権利に関する登記の申請義務の対象とすることにつき、義務の根拠や必要性に留意しつつ、引き続き検討すべきであるとされた。

（注5）　土地所有者が負う責務については、土地基本法の見直しの検討が進められており、そこでの検討内容にも留意する必要があるとされた。なお、政府方針では、2020年に予定している民事基本法制の見直しと併せて土地基本法等の見直しを行うこととされている。

そのほか、土地・建物の共通課題として、登記申請義務を負う主体を登記権利者と登記義務者の両方とすべきか、登記名義人の氏名や住所等について変更が生じた場合に変更の登記申請義務を負わせるかなどについても、引き続き検討すべきとされた。

(ウ) インセンティブの付与による義務化の実効性確保

登記申請を法律上の義務とした場合であっても、その義務が任意に履行されるようにすることが重要である。そこで、一定の期間内に申請義務を履行する者にはメリットを与えることとし、これをインセンティブとして登記申請を促進することが考えられる。

最終報告書は、相続登記の場面における対策の例として、所有権の登記名義人に相続が生じた場合において、相続人が一定期間内に登記所に対して被相続人の死亡の事実と対象となる不動産を申し出たときは、戸除籍謄本等の添付情報の提供をすることなく、相続登記を受けられるようにする仕組みを創設することが考えられると指摘している。もっとも、これについては、不動産登記簿と戸籍等との連携など、その運用を可能とする環境面の整備が課題となるとされている。

(エ) 義務違反者に不利益を与えることによる義務化の実効性確保

登記申請義務を法定した場合には、義務違反者に対していかなる不利益を与えるかが問題となるが、最終報告書は、様々な観点から論点を整理している。

まず、現行の不動産登記法が、表示に関する登記申請義務を負う者が申請を怠ったときは、10万円以下の過料に処するものとしている（第164条）ことを参考に、過料による制裁を科すことが考えられるとした。これについては、どのように義務違反の事実を捕捉するかという指摘がある一方で、罰則を定めた規定が設けられること自体によって義務の履行を促す効果が相当あるとの指摘もあったことなどが紹介されている。

また、例えば、法令の規定により不動産の所有者に対して通知等が必要なケースについて、民法第383条等を参考に、不動産登記上の登記名義人の氏名・住所に宛てて通知等を発すれば足りる旨の規定を設けることにより、真の所有者の特定や所在探索をする必要はないとすることが考えられるとされた。これについては、真の所有者の手続保障を図る必要があること等に鑑みると、個別の場面ごとに各法律の個別の規定の趣旨や具体的な規律の内容等を踏まえつつ検討をする必

要があると指摘されている。

　そのほか、義務違反者に対し、登記申請がされなかったことによって発生した探索費用等の損害を賠償する責任を負わせることや、義務違反者は、実体と一致しない登記を信じた第三者に対しては登記が実体と一致しないことを対抗することができないとすることについては、研究会で指摘された様々な課題を踏まえ、引き続き検討すべきであるとされた。

ウ　登記手続の簡略化

　不動産登記情報の更新を図るためには、可能な限り登記手続を簡略化していくことが重要である。とりわけ、共同相続の場面で迅速に登記情報を更新しようとすれば、相続に関するルールに従い、いったん法定相続分による所有権の移転の登記をした上で、遺産分割等により最終的に定まる権利関係に沿った登記をするという流れを定着させる必要があるが、最終報告書は、そのためには登記手続の見直しを図る必要があるとしている。

　すなわち、現行法では、特定の不動産につき、法定相続分による所有権の移転の登記がされないまま、遺産分割協議がされて特定の相続人が所有権を取得したときは、遺産分割協議書及び当該遺産分割協議書に押印された申請人以外の相続人の印鑑証明書を登記原因証明情報として提供し（昭和30年4月23日付け民事甲第742号民事局長通達）、不動産登記法第63条第2項に基づき単独で、遺産分割協議の結果に基づく相続を原因とする所有権の移転の登記を申請することができるとされている（昭和19年10月19日付け民事甲第692号民事局長通達）。これに対し、いったん法定相続分による所有権の移転の登記がされると、その後の遺産分割協議に基づいて持分の移転の登記をする際には、遺産分割協議における持分移転の当事者による共同申請が要求され、登記義務者の印鑑証明書も遺産分割協議書の分と登記申請書の分で重複して求められることになり、申請人の手続的負担が重くなる。

　こうした状況を踏まえ、最終報告書は、法定相続分による所有権の移転の登記がされた後に遺産分割が行われた場合における登記は、錯誤による更正の登記により行うこととするとともに、その更正の登記は、登記権利者が単独で申請することができるものとするため、必要な法制上の措置を講ずることを提案している。

同様に、法定相続分による所有権の移転の登記がされた後に共同相続人の一部の者による相続放棄が行われた場合において、相続放棄者以外の共同相続人（登記権利者）が行う錯誤による更正の登記は、現行法では共同申請が必要とされているが（昭和39年4月14日付け民事甲第1498号民事局長通達参照）、登記権利者が単独で申請することができるものとするため、必要な法制上の措置を講ずることも提案している。

　これに対し、法定相続分による所有権の移転の登記がされた後に受遺者が行う遺贈を原因とする登記については、共同申請により行うという現行の規律を維持する方向で引き続き検討すべきであるとされた。遺贈は、相続人以外の者を受遺者とすることができ、広くあらゆる者が申請人となり得ることに鑑みると、実際上、遺言の効力が争われるケースも少なくないことが想定され、単独申請を可能とした場合には、登記の真正の担保について問題が生ずるおそれがあることなどがその理由である。

　また、①担保権に関する登記の抹消を単独申請ですることができるとする不動産登記法第70条第3項の規定を参考に、法人としての実質を喪失している法人を登記名義人とする担保権に関する登記の抹消手続を簡略化し、単独で抹消することができるものとすることや、②買戻しの特約の登記について、登記義務者の所在が知れないまま買戻期間の上限である10年を経過した場合の登記の抹消手続を簡略化し、単独で抹消することができるものとすることなどにつき、引き続き検討すべきであるとされた。そのほか、時効取得を原因とする所有権の移転の登記手続に関し、登記権利者が単独で行うことができるものとすることの是非について、その要件や手続等に十分に留意しつつ、引き続き検討すべきとされている。

エ　登記名義人等の特定に関する不動産登記情報の更新等

　現在の不動産登記制度においては、相続等により所有権の移転が生じた場合や、登記名義人等の氏名又は名称及び住所に変更があった場合にも、その変更の登記の申請をするかどうかは当事者に委ねられている。そのため、登記記録上の情報と実際の最新の情報に不一致が生じていることが少なくなく、所有者不明土地が発生する原因となっているとの指摘がある。

　これについては、登記所が、戸籍や商業登記等から最新の情報を取得してこれを不動産登記の登記記録に反映させて情報を更新することができれば、不動産登

記記録上の情報と最新の情報との不一致の発生を防止する有効な手段となり得るものと考えられる。これを踏まえ、最終報告書では、各不動産登記記録上の登記名義人等を具体的に特定し、戸籍や商業登記等の特定の個人又は法人の情報との対応関係を確認した上で、これらを相互に関連付ける手法（不動産登記の情報と戸籍や商業登記等の情報との紐付けのための手法）の検討を含め、このような情報取得と情報更新を合理的に行うための課題について、引き続き検討すべきであるとされた。

　また、こうして得られた情報に基づいて不動産登記情報を更新するための手続に関しては、申請主義の原則との関係に留意しつつ、登記名義人等に対する通知の在り方等について、引き続き検討すべきであるとされた。

　そのほか、不動産登記情報において登記名義人等の現住所を公開することについては現行法を維持することを基本としつつ、登記名義人等の現住所を公開することが相当でない場合（例えば、登記名義人等がDV被害者であり、その者から公開しない旨の申出がある場合等）には、その現住所を公開しないものとする方向で、引き続き検討すべきであるとされた。

(2)　所有者不明土地の発生を抑制する方策

ア　土地所有権の放棄

　所有者不明土地の発生を抑止するため、土地を所有し続けることを望まない者は、土地を手放すことを可能とするとともに、当該土地を適切に管理することができる機関に移すことができる仕組みの検討が求められている。

　民事法の観点からは、土地所有権の放棄がひとつの問題となるが、現行民法には規定がなく、確立した最高裁判所判例も存在しないため、その可否は判然としない。所有者不明土地の発生防止の観点からは、権利放棄自由の原則を踏まえ、土地所有権を放棄することを広く認めることとすることが有用とも考えられる。他方で、土地の所有者は、相隣関係や不法行為において、一定の義務や責任を負う（民法第216条、第717条等）ほか、固定資産税の納税義務を負うなど、土地の管理コストを負担する立場にあり、土地所有権の放棄を認めることは、土地の所有に伴う義務・責任の放棄を認めることになるため、他の権利の放棄とは性質を異にする部分がある。

　そこで、最終報告書は、一定の要件を満たす場合にのみ、土地所有権を放棄す

ることを可能とすることにつき、引き続き検討すべきであるとしている。

そして、考えられる要件として、①土地を手放したい者が土地の管理に係る費用を負担するとき（例えば、適当と認められる金員を支払ったとき）、②帰属先機関が負担する管理に係る費用が小さく、流通も容易なとき（例えば、土地上に建物が存在せず、土地の権利の帰属に争いがなく、隣接地との筆界が特定されているとき）、③所有者に責任のない事由により、所有者が負担する土地の管理に係る費用が過大になっているとき（例えば、自然災害等により土地に崩壊等の危険が発生し、土地所有者や近隣住民の生命・財産に危害が生ずるおそれがあるとき）、④土地の引受先を見つけることができないとき（例えば、土地を手放したい者が、競売等の公的な手続により売却を試みても買い受ける者がないとき）、⑤帰属先機関の同意があったときが挙げられ、それぞれの基礎となる考え方と課題が示されている。

また、土地所有権が放棄された場合の効果については、土地が無主となってそのまま放置されることは許容できないことから、現行法が、所有者のない不動産は国庫に帰属することとしている（民法第239条第2項）のを参考としつつ、公的機関に帰属させることを提案している。その帰属先機関としては、国、地方公共団体、土地に関する専門機関が考えられ、それぞれに課題があるが、複数の帰属先機関を準備した上でその間に優先順位をつけ、先順位の機関が土地の帰属を拒否する場合に後順位の機関に帰属させる仕組みとすることが望ましいとされた。どの機関を最終的な帰属先とするのかについては、現行民法との整合性や土地の適切な利用・管理の促進という観点を踏まえつつ、引き続き検討すべきとされた。

併せて、関連する民事法上の諸課題も検討され、土地所有権の放棄を認めるものとした場合でも、共有持分の放棄（民法第255条）、動産所有権の放棄、建物所有権の放棄については、土地との性質の違いに鑑み、引き続き慎重に検討すべきとされた。土地工作物の所有者の損害賠償責任（民法第717条）については、土地所有権の放棄の要件設定の在り方と併せて、引き続き検討すべきとされている。

そのほか、土地所有者が土地を管理しないで放置した場合には、その所有権を放棄したものとみなす制度についても取り上げられている。所有権の消滅時効が

認められていないことや、公的機関に帰属させるとすれば憲法の財産権の保障との関係も問題となることなどから、こうした制度には慎重な検討が必要であるが、差し当たり、後述の共有持分の移転や共有の解消方法、財産管理制度における供託を活用した財産の処分に関する見直しの中で、引き続き検討すべきであるとされた。

イ　遺産分割の促進

　相続人が複数いる場合には、相続の開始により遺産が相続人の共有となるが、その後、遺産分割がされてその旨の登記がされれば、所有者不明土地の発生は抑制されることとなる。しかし、実際には、遺産分割がされず、放置されていることも少なくなく、このことが、所有者不明土地の発生要因のひとつであると考えられる。

　そこで、最終報告書は、遺産分割を促進して遺産共有を速やかに解消する方法として、遺産分割に期間制限を設けること等が考えられるとしている。

　具体的には、遺産分割の協議及び遺産分割の申立ては、相続の開始時から一定期間以内にしなければならないものとし、その期間を徒過したときは、法定相続分（又は指定相続分）に従って、遺産の分割がされたものとみなすという規律を設けることについて、引き続き検討すべきとされた。そして、その期間の設定については、過度に長期なものとすると、その間は遺産分割をする必要がないとの誤解を招きかねないことから、3年とする案や5年とする案が提示されたほか、債権の客観的起算点からの消滅時効や土地の取得時効の期間などを踏まえて、10年とする案も挙げられている。

3　所有者不明土地を円滑かつ適正に利用するための仕組み（第3章）

(1)　共有制度の見直し

　共有制度の見直しについては、通常の共有（民法第249条以下）と遺産共有（民法第898条）の両方について、㋐共有物の管理や共有物の変更・処分の規律の明確化、㋑共有物の管理や共有物の変更・処分に関し、共有者の同意取得方法に関する規律の整備、㋒共有物の管理に関する対外的窓口となる共有の管理権者の制度の整備、㋓共有の解消を促進する制度の整備、㋔第三者が提起する共有に関する訴訟の在り方などの論点を中心として検討された。

ア　共有物の管理や変更・処分の規律の明確化

　最終報告書では、共有物の「変更又は処分」をするには共有者全員の同意を要するものとし、「管理に関する事項」は持分の価格に従ってその過半数で決するものとするなどの民法の規律（民法第251条、第252条）は、基本的に維持した上で、共有者全員の同意の要否の解釈が分かれている特定の行為についてその解釈を明確にすることや、共有者全員の同意が必要と解されている特定の行為についてその解釈を見直すことの適否などについて、引き続き検討すべきとされた。

　特に、現行法下では共有者全員が同意しない限りすることができないと解する見解も有力な、①各共有者の持分の価格に従ってその過半数で定めることができる事項についてその規律に従って一定の定めがされた場合に、この定めを変更すること、②特段の定めなく共有物を利用（占有）する者がある場合に、共有物を利用（占有）する者を変更すること、③共有物に賃貸借等の利用権を設定することについて、各共有者の持分の価格に従い、その過半数で決することができるようにすることにつき、共有物の円滑な利用を促進する観点から、引き続き検討するものとされた。

　また、これらについては、遺産共有の場面でも同様の方向性で検討すべきとされた。

イ　共有物の管理に関する行為についての同意取得の方法

　民法は、共有物の管理に関する行為（最終報告書では、共有物の変更・処分、管理に関する事項についての行為及び保存行為のいずれをも含む意味で「共有物の管理に関する行為」の用語が用いられているが、ここでは、共有持分を喪失する行為は除かれている。持分喪失行為については、後記エ参照）につき、共有者の同意を取得する方法に関する規律を置いていない。そのため、共有物の管理に無関心な共有者や所在が不明な共有者からは賛否を問うことができず、共有物の利用等に支障が生ずることがある。

　そこで、最終報告書は、共有物の管理に関する行為についての同意取得の方法に関し、①共有者は、他の共有者に対し、相当の期間を定めて、その期間内に共有物の管理に関する行為について承諾するかどうかを確答すべき旨の催告をすることができること、②共有者は、他の共有者の所在が不明であることその他の事由により他の共有者に催告をすることができないときは、一定の期間を定めて、

その期間内に共有物の管理に関する行為について承諾するかどうかを確答すべき旨の公告をすることができること、③上記の催告又は公告がされた場合において、他の共有者が、その期間内に催告又は公告をした共有者に対して確答をしないときは、確答をしない共有者の持分は、共有物の管理に関する行為の可否を決する際の共有持分の総数に算入しないことにつき、引き続き検討すべきとしている。

　また、これらについては、遺産共有の場面でも同様の方向性で検討すべきとされた。

ウ　共有物の管理権者

　共有物を適切に管理し、共有者の便宜を図るとともに、第三者の負担を軽減する観点から、共有物についての一定の権限を有する管理権者の制度を設けることを検討する必要がある。

　最終報告書では、①共有者の持分の価格の過半数で共有物の管理権者を選任することができるものとし、選任に当たっては、前記イの同意取得の方法を利用することができるものとすること、②共有物（又は共有不動産）に管理権者がないときは、利害関係人は、一定の要件の下で、共有物の管理権者の選任を裁判所に請求することができるものとすること、③管理権者の権限につき、管理権者は、総共有者のために、共有物に関する行為をすることができるが、共有物の変更又は処分をするには、共有者全員の同意（又は裁判所の決定）を得なければならないものとすること、④管理権者は、善良な管理者の注意をもって、事務を処理する義務を負うものとすることなどにつき、引き続き検討すべきとされた。

　他方で、遺産共有状態にある共有物の管理に関しても、遺産全体の管理権者を置くことができるものとし、選任の方法、個々の財産の処分権限等は、前記の共有物の管理権者と同様の制度とすることや、遺産に属する個々の財産に、共有物の管理権者と同様の管理権者を置くことができるものとすることも提案されているが、相続財産の管理に関する他の様々な制度との関係を検討すべきとされた。

エ　共有持分の移転・共有の解消方法等

㋐　不明共有者の持分の有償移転

　通常の共有における共有者は、共有物分割請求の方法により共有関係を解消することができるが、不明共有者との間では協議することができないため、裁判に

よる共有物分割の方法を採ることになる。もっとも、裁判による共有物分割の方法を採る際には、一定の時間を要するし、具体的な分割方法は裁判所の裁量的な判断に委ねられているため、予測が困難な面もあるほか、共有者の一部が誰であるのかが特定することができない場合には、手続を行うことができない。

また、一般的に、共有者の一人が自己の共有持分のみを売却して得る代金よりも、共有物全体を売却し、その持分割合に応じて受け取る代金の方が高額になるが、共有者の一部が不明である場合には、共有物全体を売却することが困難である。

そこで、最終報告書は、①共有者の一部が不明である場合には、他の共有者は、不明共有者のために相当の償金を供託し、不明共有者の持分を取得することができるものとすることや、②共有者の一部が不明である場合には、共有者は、当該不明共有者以外の共有者全員の同意を得れば、当該不明共有者の同意がなくても、当該不明共有者のために相当の償金を供託した上で、当該不明共有者の共有持分を含めた所有権の全部を第三者に移転させることができるものとすることにつき、引き続き検討すべきとしている。

これらについては、持分取得の要件の在り方、法的構成（区分所有法における売渡請求制度を参考とするか）、不動産に限定するか否か、不動産の場合における登記手続の在り方など、様々な論点があることが指摘されている。

また、①の制度を利用することができれば、共有者の一人が不明共有者の持分を取得した上で、当該共有物を売却することも可能となるため、①の制度とは別に②の制度を置く必要性についても留意する必要があるとされている。

他方で、遺産に属する個別の財産について共同相続人が有する持分（例えば、遺産の中にある特定の土地について相続人が有する持分）につき、共同相続人の一部が不明である場合に、その持分を他の共同相続人に有償で移転させることに関しては、慎重に検討すべきとされた。遺産分割は、基本的には複数の財産の集合体である遺産を具体的相続分に基づいて全体として分割するものであり、遺産分割の前に、遺産の一部である特定の財産のみを先に分割するのと同じ効果を生む持分の移転を、持分を奪われる共同相続人の同意もないまま認めるのは適切でないなどの理由による。

(イ)　共有者による取得時効

研究報告書の概要　｜　149

判例（最判昭和47年９月８日民集26巻７号1348頁等）は、共有者の一人が単独で共有物全部を占有していても、その者に単独の所有権があると信ぜられるべき合理的な事由がなければ、その占有は自主占有とは認められないとし、合理的な事由のない共有者による取得時効を否定する。

しかし、他人の土地を他人の土地と知った上で占有を開始した者については取得時効が成立し得るが、共有物を共有物と知った上で占有を開始した共有者については取得時効が成立しないこととなり、バランスを欠く結果のではないかとの指摘がある。

そこで、最終報告書においては、10年間又は20年間、平穏に、かつ、公然と共有物を占有した共有者は、当該共有物の所有権を取得することができるものとすることの是非について、引き続き検討すべきとされた。

また、共同相続人の一人が遺産に属する財産の占有を継続した場合に取得時効を認める制度についても検討する必要があるが、あわせて、他の共同相続人が相続権の侵害を原因として取得する相続回復請求権（民法第884条）の見直しについても検討すべきとされた。

(ｳ) 裁判による共有物分割

その他、裁判による共有物分割として、全面的価格賠償の方法（共有物を共有者のうちの一人の単独所有又は数人の共有とし、これらの者から他の共有者に対して持分の価格を賠償させる方法）を採ることができるとした判例法理を踏まえ、そのルールの内容を明確にすることについて、引き続き検討すべきとされた。

オ　第三者が提起する共有に関する訴訟

第三者が共有不動産を時効により取得したことを理由として持分移転登記請求訴訟を提起する場合や、共有地の隣地を所有する者が筆界確定訴訟を提起する場合などでは、原告は、共有者全員を被告として訴訟を提起する必要があるが、被告の所在調査の負担感が重いとの指摘がある。

最終報告書は、このような第三者が提起する共有に関する訴訟における被告適格の見直しの是非について、共有者の氏名又は所在を探索する第三者の負担を軽減する観点から、登記簿上の所有者を被告とすれば足りるものとする案や、共有者の一人を被告とすれば足りるものとする案、共有者全員のために管理権限を有

する者を選任し、その者を被告とすれば足りるものとする案などの採否を含め、引き続き検討すべきとしている。そして、これらの案の採否については、被告とならない共有者の手続保障の問題がないかを慎重に検討する必要があるほか、登記簿上の所有者を被告とすれば足りる案については、相続登記や住所変更の登記申請の義務化と併せて検討する必要があるとされている。

また、共有物の管理権者は、第三者から提起された共有に関する訴訟に関しては、共有者全員のために訴訟行為をすることができるが、訴えの提起については、共有者全員の同意（又は裁判所の許可）を得なければすることができないものとすることについて検討すべきとされている。

(2) 財産管理制度の見直し

所有者不明土地の典型として、土地所有者が従来の住所又は居所を去って容易に帰来する見込みがない不在者になっている場合や、土地所有者が死亡したが、相続人があることが明らかでない場合がある。不在者財産管理制度（民法第25条第1項）及び相続財産管理制度（民法第952条第1項）は、このような土地を管理する必要がある場合に活用されているが、不在者の財産全般又は相続財産全般を管理するものとして運用されているため、特定の財産にのみ利害関係を有する場合であっても、財産全般を管理することを前提とした事務作業や費用等の負担を強いられ、事案の処理にも時間を要しているとの指摘がある。

そこで、最終報告書は、不在者財産管理制度及び相続財産管理制度の機能向上を図る仕組みについて、不在者や相続財産の利益保護にも留意しながら、引き続き検討すべきとしている。

ア　不在者等の財産の管理

例えば、不在者の所有する土地が放置され、雑草が繁茂して害虫が発生し、第三者に対して害悪を及ぼしているなど、当該土地のみを管理すれば足りる場合には、当該土地のみを管理する仕組みを検討する必要がある。

最終報告書は、①現行の不在者財産管理制度（民法第25条第1項）とは別に、特定の財産（不動産）自体に着目し、財産の所有者の所在が不明である場合に、当該財産を適切に管理することを可能とする新たな財産管理制度を設け、裁判所が、特定の財産を管理する管理人を選任し、又は、特定の財産について必要な処分をすることができるものとする案や、②現行の不在者財産管理制度を見直し、

財産管理人の権限の範囲を特定の財産の管理に限定し、又は、特定の財産について必要な処分をすることができることを明文化することにより特定の財産を管理することができるものとする案について、引き続き検討すべきとしている。

また、専門家が不在者財産管理人として選任されることを前提とすると、申立人は、選任請求時に報酬相当額の予納を求められることが多くなるが、こうした負担を軽減するため、申立人自身が管理行為を行うことや、申立人を不在者財産管理人として選任することができるものとすることについて、法改正の要否にも留意しつつ、検討が必要とされている。

さらに、土地の共有者のうち複数の者が不在者である場合に、現行法では、不在者ごとに財産管理人が選任されることになるため、申立人の費用負担が重いとの指摘がある。最終報告書では、複数の不在者について一人の財産管理人を選任することができるものとしつつ、この管理人は、不在者間の利益が相反する事項については代理権を有しないこととする規律を設けることについて、引き続き検討すべきとされた。

その他、不在者の財産の売却についてのいわゆる権限外行為許可の在り方や、売却等によって生じた金銭を供託することによって手続を終了することについて、検討の必要があるとされている。

イ　相続人のあることが明らかでない場合の相続財産の管理・清算

㋐　相続財産の清算を前提としない新たな財産管理制度

現行民法においては、相続人があることが明らかでない相続財産は法人とされ（第951条）、利害関係人又は検察官の請求により、相続財産の管理・清算を行う相続財産管理人を裁判所が選任し（第952条）、相続人の捜索をするとともに、相続債権者及び受遺者に弁済を行い（第957条第2項において準用する第929条及び第931条）、さらに、相続人が出現しないときは特別縁故者への財産分与を行い（第958条の3）、最終的に残余財産を国庫に帰属させることとされている（第959条）。

このように、相続人があることが明らかでない相続財産管理制度は、清算を目的とするものとして仕組まれているが、清算に至るまでには相応の時間と費用がかかるため、相続財産に属する財産の一部の管理が必要であるに過ぎないケースでは、負担が大きすぎて制度を利用することができず、結局、相続財産の管理が

できないことがあるとの指摘がある。

そこで、最終報告書では、管理コストを低減させる観点から、相続人のあることが明らかでない場合にも、前記アの不在者の特定の財産を管理する仕組みと同様、現行の相続財産管理制度とは別に、相続財産の全部又は管理が必要となる特定の財産について、清算手続を行うことなく、必要な管理行為のみを行う制度を新たに創設することの是非について、引き続き検討する必要があるとされた。

(イ) 清算に向けた相続財産管理制度

現行民法においては、相続人のあることが明らかでないために相続財産管理人を選任した場合には、①裁判所が遅滞なく相続財産管理人の選任の公告を行い（民法第952条第2項）、②この公告後2か月以内に相続人のあることが明らかにならなかったときは、相続財産管理人が、相続債権者及び受遺者に対して2か月以上の期間を定めて請求申出を求める公告を行い（民法第957条第1項）、③②の期間の終了後、なお相続人のあることが明らかでないときは、相続財産管理人等の請求に基づき、裁判所が6か月以上の期間を定めて相続人捜索の公告を行うこととされている（民法第958条）。

これに対しては、公告手続を何度も行わなければならない上、権利関係の確定に合計10か月以上を要することとなるため、管理人の業務の負担が大きく、管理人の報酬等の手続費用も高額となるとの指摘がある。

そこで、最終報告書は、上記の3つの公告を同時に行うものとする案や、①選任の公告、③相続人捜索の公告を同時に行い、その後、相続人の不存在が確認されたときには、②請求申出を求める公告を行うものとする案を示して、清算に向けた相続財産管理制度における公告の方法を整理し、権利主張期間を短縮化することを提案している。

その他、現行の清算に向けた相続財産管理制度の機能向上を図る観点から、最終報告書は、不在者の財産管理制度と同様に、申立人を相続財産管理人として選任することができるものとすることや、複数の相続財産法人について、複数の相続財産法人の利益が相反する場合を除き、複数の相続財産法人について一人の相続財産管理人を選任することができるものとし、管理人は、相続財産法人の利益が相反する事項については代理権を有しないものとする規律を設けることなどについて、引き続き検討すべきとしている。

研究報告書の概要 | 153

(ウ)　遺産共有状態における相続財産の保存又は管理のための制度の創設

　現行法では、相続を開始した後相続人が承認又は放棄をするまでの間（民法第918条第2項）と、相続放棄がされた場合に相続放棄によって相続人となった者が相続財産の管理を始めることができるまでの間（民法第940条第2項、第918条第2項）には、利害関係人又は検察官の請求により、裁判所が相続財産管理人の選任を含む「相続財産の保存に必要な処分」を命ずることができることとされている。

　これに対し、複数の共同相続人の単純承認により遺産共有状態となった後、遺産分割により権利関係が確定するまでの間においても、同様に、相続人自身による適切な管理が行われない場合が存在するものと考えられるが、このような遺産共有状態においては、遺産分割の審判事件を本案とする保全処分として、裁判所が財産の管理者を選任し、又は事件の関係者に対し、財産の管理に関する事項について指示することができる制度（家事事件手続法第200条第1項）が設けられているにとどまり、遺産分割が申し立てられない場合の遺産共有状態には相続財産の保存・管理のための制度に関する規律がない。

　そこで、最終報告書では、相続が開始して共同相続人が相続を単純承認した場合において、遺産に属する財産が適切に管理されないときは、遺産分割により権利関係が確定するまでの間、裁判所が、相続財産管理人の選任を含め、相続財産の保存について必要な処分を命ずることができるものとすることの是非等について、前記(1)ウの共有物の管理権者に関する検討と並行して、引き続き検討すべきとされた。

(エ)　その他

　相続の放棄をした者は、その放棄によって相続人となった者が相続財産の管理を始めることができるまで、自己におけるのと同一の注意をもって、その管理を継続しなければならないこととされている（民法第940条第1項）。

　この管理継続義務は、次順位の相続人が相続財産の管理を始めることができるまでの管理についてのものであるから、相続人全員が相続放棄し、他に次順位の相続人が存在しない場合にも同規定が適用されるか疑義があるとの指摘がある。

　また、相続放棄者が、相続財産を占有していない場合や相続財産を把握していない場合にまで管理継続義務を負うかは必ずしも明らかでなく、その義務の性質

154　│　第1章　登記制度・土地所有権の在り方等に関する研究報告書

としても、相続放棄者が義務に違反した場合に第三者に対して責任を負う根拠となるものなのかも明らかではない。

さらに、仮に放棄者が管理継続義務を負うものと解するとしても、相続人が全員相続放棄した場合の義務の内容は明らかではないが、相続財産を適切に管理するため、相続放棄者に清算を前提とした相続財産管理制度の申立てを行う義務を負わせるべきかが問題となり得る。

そこで、最終報告書では、①法定相続人全員が相続放棄をした場合に、相続放棄者が、相続財産管理人が選任されるまでの間、相続財産の管理継続義務を負うものとすることや、②相続放棄者が、清算に向けた相続財産管理人の選任申立てを行う義務を負うものとすることについて、相続放棄の趣旨に留意しつつ、引き続き検討すべきとされている。

(3) **相隣関係規定の見直し**

相隣接する土地の利用の調整を図る民法の相隣関係の規律（第2編第3章第1節第2款）は、明治29年に民法が制定されて以来、実質的な見直しはされていない。そのため、その間に大きく変化した社会経済情勢に合わせて、改めて見直す必要が生じている。

最終報告書は、今後人口減少傾向が続き、所有者によって管理がされない土地が増加する可能性があることも見据え、相隣関係の規律を現代的に見直すことを検討すべきとしている。

ア　隣地等の管理措置請求

所有者不明土地は管理不全状態になっているものも多く、雑草等が繁茂して害虫等が繁殖したり、不法投棄がされたりすることもある。そのような土地の隣地は、利用に不都合が生ずるだけでなく、周辺地域の生活環境の悪化を招き、土地の価値が下がるおそれがあるなど、問題が多い。

しかし、現行法では、工場等からの悪臭など、隣地所有者間の土地利用に関して生ずる生活妨害紛争につき、個別事案において受忍限度を超えると認められるときは、不法行為に基づく損害賠償や人格権等に基づく差止めが認められることはあるものの、差止請求権の法的性質については争いがあるのみならず、生活環境の悪化の原因となっている行為の差止めのほかに、土地の管理不全状態の除去を求めることが可能かどうかも必ずしも明らかでない。

研究報告書の概要　│　155

そこで、最終報告書では、所有者が土地を管理せず、土地が管理不全状態となっている場合において、その土地の隣地所有者に損害が生じ、又は生ずるおそれがあるときは、相隣関係の規律として、隣地所有者が、管理不全土地の所有者に対し、管理不全状態を除去させることができるものとすることについて、現行法において認められている各種の請求権との関係に留意しつつ、引き続き検討すべきとされた。

イ　越境した枝の切除

　土地の所有者による土地の管理が適切に行われず、当該土地から越境した竹木の枝の処理に困る事例は少なくないが、民法第233条第1項は、隣地の竹木の枝が境界線を越えるときは、竹木の所有者に対して枝を切除させることができるとしている。そのため、竹木の所有者が所在不明である場合には、越境した竹木の枝により利用が妨げられている土地の所有者は、竹木の所有者の所在を探索し、当該所有者に対する枝の切除請求訴訟を提起して、請求認容判決を得た上で、これを債務名義として強制執行を申し立て、竹木所有者の費用負担で第三者に切除させる方法によらなくてはならない。

　これに対し、民法第233条第2項は、越境した竹木の根については、それにより利用が妨げられている土地の所有者は、自らその根を切除することができるとし、枝と根とで異なる規律としているが、越境した枝についても、利用が妨げられている土地の所有者において、判決を取得せずとも自ら枝を切除することができるような規律とする必要があるとの指摘がある。

　そこで、最終報告書は、竹木の枝が境界線を越えるときは、越境された土地の所有者は、竹木の所有者に対する何らの事前の措置を採らずに、自ら枝を切除することができるものとする案や、竹木の所有者に対して相当の期間を定めて切除を催告した上で、その期間内に切除がされなければ、自ら枝を切除することができるものとする案について、引き続き検討すべきとしている。

ウ　隣地の使用請求等

　土地の境界標は、境界線上あるいは境界線に接して設置されているため、境界標の調査等を行うに当たっては、ほとんどのケースで、自己の所有する土地における作業では足りず、隣地に立ち入る必要があるが、当該隣地所有者の所在が不明であるなどの何らかの理由によりその承諾が得られない場合でも立ち入ること

156 ｜ 第1章　登記制度・土地所有権の在り方等に関する研究報告書

ができるかどうかは、必ずしも明らかではないとの指摘がある。

　そこで、最終報告書は、土地の境界標等の調査又は土地の測量のために必要があるときは、土地の所有者は、隣地に立ち入ることができるものとすることや、土地の所有権の境界が明らかでない場合には、土地の所有者は、隣地所有者に対して、土地の境界確定のための協議を求めることができるものとすることなどについて、引き続き検討すべきとしている。

　その他、隣地使用権（民法第209条）について、土地の所有者は、境界又はその付近において障壁又は建物を築造し又は修繕するためのほかに、給水管等の導管を設置又は修繕するためなどでも隣地を使用することができるものとすることについて、隣地の所有者の財産権やプライバシーに留意しつつ、引き続き検討すべきとされた。

エ　ライフラインの導管等の設置に係る他人の土地及び他人の設置した導管等への接続

　現代生活において、上下水道、ガス、電気等のライフラインは必要不可欠であるが、他人の土地や他人の設置した導管等を経由しなければ、ライフラインの導管等を引き込むことができない土地（いわゆる導管袋地）がある。

　民法は、ライフラインの技術が未発達の時代に制定されたため、導管等の設置のための他人の土地等の使用に関しては、公の水流又は下水道に至る排水のための低地の通水（第220条）や、通水用工作物の使用（第221条）を除き、規定を置いていない。そのため、土地所有者が導管等を設置したい場合において、隣地所有者が所在不明であるときは、隣地所有者の探索をする負担を負うだけでなく、どのような根拠に基づいて対応すべきかが判然とせず、対応に苦慮することになる。

　そこで、最終報告書は、他人の土地や他人が設置した導管等を経由しなければライフラインの導管等を引き込むことができない土地の所有者は、導管等を引き込むために必要であり、かつ、他人の土地や導管等のために損害が最も少ない場所及び方法で、他人の土地に導管等を設置することができるものとし（導管等設置権〔仮称〕）、又は、他人の導管等に新たに設置する導管等を接続することができるものとする（導管等接続権〔仮称〕）ことについて、引き続き検討すべきとしている。その際には、どのような導管等を導管等設置権等の対象とするかにつ

研究報告書の概要　｜　157

き、現行の公法上の規律や必要性に留意しつつ、検討する必要があるとされている。

　また、導管等設置権等の規律を設けるとした場合における導管等設置権等の内容・行使方法に関し、判決手続を経なくても権利の実現を可能とすることについて、導管等が設置される土地の所有者や導管等の所有者の財産権に留意しつつ、引き続き検討すべきとされた。

4　変則型登記の解消（第4章）

　最終報告書においては、変則型登記がされた土地（所有権の登記がない一筆の土地のうち、表題部に所有者の氏名又は名称及び住所の全部又は一部が登記されていないものをいう。）の解消に向けて、登記官が主体となって変則型登記がされた土地の所有者の探索を行い、その結果に基づき登記を改める措置や、探索を行っても所有者を改めることができなかった土地について裁判所の選任した管理者による管理を可能とする措置等を講ずるべきであるとされ、具体的な措置の内容が提案された。

5　今後の展望

　法務大臣は、平成31年2月14日、研究会における検討状況を踏まえ、法制審議会に対し、民法及び不動産登記法の見直しに向けた諮問（諮問第107号）を行った。諮問の概要は、①相続等による所有者不明土地の発生を予防するための仕組みや、②所有者不明土地を円滑かつ適正に利用するための仕組みを早急に整備する観点から、①の仕組みについては⑦不動産登記情報の更新を図る方策と④所有者不明土地の発生を抑制する方策を、②の仕組みについては⑦民法の共有制度の見直し、④民法の不在者財産管理制度及び相続財産管理制度の見直し、⑦民法の相隣関係に関する規定の見直しの各方策を始めとして、導入が必要となる方策について、法制審議会の御意見を承りたいというものであり、最終報告書の構成を概ね踏襲している。

　また、政府は、研究会における検討状況等を踏まえ、同月22日、変則型登記の解消を図るための法案として、「表題部所有者不明土地の登記及び管理の適正化に関する法律案」を閣議決定し、第198回通常国会に提出した。この法案は、令

和元年5月17日に成立し、同月24日公布された（令和元年法律第15号）。

　法制審議会においては、新たに民法・不動産登記法部会（部会長：山野目章夫教授）が設置され、同年3月19日を皮切りに、精力的に調査審議が重ねられている。

　最終報告書で取り上げられた論点は、法制審議会における今後の調査審議でも参考にされるものと考えられるが、本稿で紹介したとおり、国民生活に影響する論点も少なくない。他方で、冒頭で紹介したように、政府方針では、民法・不動産登記法等の民事基本法制の見直しにつき、2020年（令和2年）までに必要な制度改正を実現することとされている。前記の諮問においても、所有者不明土地を解決するための仕組みを早急に整備する観点からの意見が諮られたところであり、今後、法制審議会においては、急ピッチで審議が進められるものと予想される。

　国民の社会経済活動の基盤を支える民事基本法制において、所有者不明土地問題を抜本的に解決する見直しを行うためには、法律専門家を始めとして、広く国民の間で十分な議論が行われ、理解が浸透することが不可欠である。最終報告書の内容や、法制審議会における審議の動向を踏まえて、各方面で議論が深められることが期待される。

研究会だより⑧

　登記制度・土地所有権の在り方等に関する研究会（座長＝山野目章夫早稲田大学大学院教授）の第8回会議が平成30年6月28日に開催された。

　第8回会議においては、相続等の発生を登記に反映させるための仕組みについて検討が行われた。

1　相続による不動産物権変動を登記に反映させる仕組みについて

(1)　相続による不動産物権変動における登記の位置付けについて

　相続により生じた不動産物権変動を登記に公示させる仕組みとして、相続による不動産物権の取得に関する登記の位置付けを改めることについて検討がされた。死亡した者が生前有していた不動産の所有権の移転につき、登記を効力要件とする規律を設けることについては、人の死亡により相続が開始し、直ちに権利が移転するという相続の考え方を根本的に変えることになるし、被相続人が死亡してから所有権の移転の登記がされるまでの間の不動産の所有権の帰属をどうするのかが問題となるなどの理由から、相当ではないという意見が出され、相続による不動産物権の取得において登記を効力要件とすることに賛成する意見はなかった。また、登記なくして第三者に対抗することができるとされている法定相続分による権利の取得について、新たに対抗関係とする規律を創設することについては、対抗関係とするには、共同相続人の法定相続分を他の共同相続人が処分することができるとする説明をするほかないが、そのような説明は困難であるなどの理由から、相当ではないとの意見が多数あった。また、上記2つの案に対する共通の意見として、相続することが望まれない土地については、これらの規律を設けても、登記申請へのインセンティブが働かないのではないかとの指摘があった。そのほか、上記2つの案とは別に、登記申請のインセンティブの観点からは、不実の登記を信頼した者の保護に関する規定（下記3参照）を置くのが重要であるとの指摘もあった。

160 ｜ 第1章　登記制度・土地所有権の在り方等に関する研究報告書

⑵　相続放棄により相続放棄前の法定相続分を超えて取得した部分と登記の位
　　置付けについて

　次に、法定相続分の取得と同様、登記なくして第三者に対抗することができる
とされる相続放棄の場面につき、登記申請へのインセンティブを高める観点か
ら、相続放棄によって相続放棄前の法定相続分を超えて取得した部分を対抗関係
とすることについては、相続放棄をしたことを他の相続人が直ちに知り得るとは
限らないことや、相続人が数名いる場合には、相続放棄が続くことがあり、相続
放棄がされるたびに登記を強いることになることから、相続人への負担が重いの
ではないかとの意見や、この場合にも、相続することが望まれない土地について
の登記申請へのインセンティブが働かないのではないかとの指摘があった。

⑶　相続が生じた場合における登記申請の義務化について

　相続が生じた場合における登記申請の義務化については、相続により不動産登
記法第3条各号に掲げる権利を取得した者に対し、一定の期間内に相続による権
利移転の登記等を申請することを義務付ける案に賛成する意見が複数あったが、
同条各号に掲げる権利ではなく、所有権に限るべきではないかとの意見や、一定
の期間内に遺産分割協議が成立すればその結果を登記し、成立しなかった場合に
は法定相続分による登記をした上、成立後に改めてその結果を登記すべきではな
いかとの意見もあった。他方、登記名義人の相続人に対し、一定の期間内に登記
名義人死亡の登記を申請することを義務付ける案を支持する意見もあった。その
ほか、上記2つの案は両立し得るものであるとの意見や、後者の案は所有者不明
土地問題の解消のためには不十分ではないかとの指摘もあった。

⑷　登記申請を義務付けられる「一定の期間」について

　登記申請を義務付けられる「一定の期間」については、相続税の申告期限を参
考に、相続の開始があったことを知った日の翌日から起算して10か月以内とする
案に賛成する意見が複数あったほか、1年以内とする意見もあった。相続の承認
又は放棄をすべき熟慮期間を参考に、自己のために相続の開始があったことを
知った時から3か月以内とする案については、この間に登記申請を行うことを義
務付けることは、熟慮期間の趣旨に反するのではないかとの指摘があった。

⑸　申請をすべき義務がある者がその申請を怠った場合について

　申請を怠った場合の制裁手段については、登記申請の義務を特別な公法上の義

務として位置付けるのであれば、一定の金額以下の過料に処するものとすべきではないかとの意見や、善意の第三者に対抗することができなくなるという実体法上の効果を設けてはどうかとの意見、申請の懈怠により第三者に損害を生じさせた場合には、当該第三者に対する損害賠償責任を負うこととしてはどうかとの意見があった。

2 相続以外の原因による不動産物権変動を登記に反映させる仕組みについて

(1) 相続以外の原因による不動産物権変動における登記の位置付けについて

取得時効による物権変動を登記に忠実に反映させる観点から、現在の判例法理を変更し、登記を取得時効の効力要件とすることや、時効完成前の第三者に対しても、登記をしなければ対抗することができないとすることについて検討がされたが、いずれの案についても、占有者にとって、登記をすることが期待できない場面であるにもかかわらず、未登記であることにより生ずる不利益が大きく、これらの規律を採用することを正当化することは難しいのではないかという指摘があった。また、現在の判例法理によっても、時効取得者は、登記が可能となった時効完成後の第三者に対しては、登記がなければ対抗することができず、当該第三者が先に登記を備えると時効取得が否定されるため、常に登記申請へのインセンティブが働いているといえることから、現在の判例法理とは別に、新たな規律を設ける必要性は乏しいのではないかとの指摘があった。

次に、意思表示による物権変動において、効力要件主義を採用することの是非が検討された。効力要件主義を採用することにより、実体上の権利関係と登記により公示される権利関係との一致が図られるという効果が一定程度見込まれるが、対抗要件主義の下であっても、買主等は登記を備えていることが通常であり、登記申請のインセンティブが働いている上、意思主義・対抗要件主義の下では登記なくして対抗することができるとされる不法占拠者に対して、所有権を対抗することができなくなると考えられること、動産や債権の譲渡の場合や、復帰的物権変動との説明がされる取消しや解除の場合、更には、担保権の消滅の場合における登記の位置付けをどうするのかという問題が生ずることや、これまでの意思主義・対抗要件主義を前提に蓄積された種々の規律や仕組みに影響を与えることとなり相当ではないのではないかとの意見が大勢を占めた。また、所有者不

明土地の主要な原因は、相続登記が未了であることにあるのであれば、物権法の思想を大きく変えてまで、効力要件主義を採用する必要性があるのか疑問であるとの指摘もあった。

　⑵　相続以外の場合における登記申請の義務化について

　相続以外の原因により不動産登記法第3条各号に掲げる権利を取得した者に対し、一定の期間内に権利の取得等の登記の申請をすることを義務付ける案については、相続の場合に登記の申請を義務化するのであれば併せて義務化するのが良いのではないかという意見もある一方で、義務化に慎重な意見が多く、申請義務を負う者は登記権利者と登記義務者の双方ではないか、相続の場合と異なり、権利の内容や割合について争いがあり得るのでその点をどうするか、義務違反の場合の実効的な制裁手段を定められるのか、義務化を権利取得の場合に限るのか又は物権変動全般とするのか、時効取得する不動産の登記名義人が数代前の者である場合や変則的な登記がされている不動産の場合には権利取得の登記を行うこと自体が困難ではないか、国民の手続負担を軽減しないまま義務化することには疑問があるのではないかなどの意見があった。

　また、相続の場合には、権利取得が望まれないことがあり、数次相続により相続人が多数となって登記と実態とが乖離するおそれがあるのに対し、相続以外の場合には権利取得が望まれないということや数次相続が発生することも少ないことから、相続の場合と相続以外の場合とでは問題の性質が異なるとの指摘もあった。

3　不実の登記を信頼した者の保護について

　物権変動を登記に忠実に反映させる観点から、不実の登記を信頼した者を民法第94条第2項の類推適用により保護している判例法理を踏まえ、不実の登記を信頼した者の保護に関する規定を設けることが検討された。

　不実の登記を信頼した者の保護に関する規定を設けることについては、物権変動を登記に忠実に反映させる観点からは、このような規定を設けるのが相当であるし、登記を物権変動の効力要件とすることと比較しても現在の民法の体系や判例との乖離が少なく、弊害が少ないとして、賛成する意見や、民法第94条第2項の類推適用を認める判例法理は、本来同項が適用される場面との乖離が生じてい

ることから、民法第94条第2項とは別に、新たな規定を設けることが相当であるとの意見があった。他方、真実の権利者の犠牲の下に第三者を保護すべき場合を類型化・要件化するには、不実の登記の作出・存続の経緯や第三者の保護の必要性の程度等、具体的な事情に鑑みてその適用の有無を検討している判例や学説等を慎重に分析することが必要ではないかとの指摘があった。そのほか、登記がなければ、所有権の喪失を主張して、義務を免れることができないとしている判例も、規定を検討する上で参考になるとの指摘もあった。

また、上記の規律を設けるとして、その位置付けについて、登記申請を義務化し、その義務懈怠の効果として位置付けることもできるのではないかとの意見や、民法第94条第2項の類推適用を明文化するというアプローチではなく、不動産登記に対する信頼をどのように保護するのかという観点から、規律を考えるべきであり、規定についても不動産登記法に置く方向で検討すべきとの意見もあった。

4 住所について変更があった場合における登記申請の義務化について

住所変更があった場合に、一定の期間内にその変更の登記を義務付ける案については、住民基本台帳法において住所変更の届出は義務とされていることなどを理由に、これに賛成する意見があった一方で、義務化をしたとしても実効性に疑問があり、住民票の除票の保存期間が150年とされれば住所が不明となる問題は解決されるはずであるとする意見があった。

研究会だより⑨

　登記制度・土地所有権の在り方等に関する研究会（座長＝山野目章夫早稲田大学大学院教授）の第9回会議が平成30年8月2日に開催された。

　第9回会議においては、変則型登記（表題部所有者の氏名若しくは名称又は住所が正常に記載されていない登記）の解消をテーマに検討が行われた。

1　新たな制度の創設

　登記官が、職権で、変則型登記がされている土地について、必要に応じて所有者調査委員（仮称）を関与させ、表題部所有者として記録されるべき者を調査・特定し、表題部所有者の登記を改めるとの新たな制度を創設することについては、賛成する意見が複数あり、反対する意見はみられなかった。

2　新たな制度の基本的な仕組み

(1)　対象となる土地

　新たな制度の対象となる土地を「所有権の登記がない土地のうち、不動産登記法第27条第3号に掲げる登記事項に錯誤又は遺漏があるため、登記記録上所有者の全部又は一部を確知することができないもの」とすることについては、賛成する意見が複数あった一方で、「確知」という主観的要件を設けるより、「所有権の登記がない土地のうち、不動産登記法第27条第3号に掲げる登記事項に錯誤又は遺漏がある」という客観的要件のみとする方がよいのではないかとの意見もあった。

(2)　「表題部所有者として記録されるべき者」の意義

　対象土地を「登記事項に錯誤又は遺漏がある」ものと定義することからすれば、その錯誤又は遺漏を治癒して対象土地の表題登記がされた当時の所有者を記録することが基本となるはずであるとの意見や、実質的に所有者不明土地問題を解決するためには、対象土地の現在の所有者を記録すべきであるとの意見もあったが、調査して判明した情報を可能な限り提示するという観点、変則型登記の類

型の中には、当時の所有者を記録すべきと考えられるものや権利能力なき社団のように現在の構成員を記録することが相当であると考えられるものなど性質の異なるものが混在しているという観点又は実務上の簡便性等から、表題部所有者としては、対象土地の現在の所有者又は所有者であった者を記録するものとする案に賛成する意見が多かった。

　(3)　手続の開始等

　ア　職権による手続の開始

　新たな制度における手続は、登記官が対象土地を発見したときに職権で開始することができるとすることについては、特段の反対意見はなく、権利能力なき社団や町内会が所有している変則型登記の土地については変則型登記を発見する度に手続を行っていくよりも、システマティックに対応していく方が適しており、変則型登記の中に存在する様々なパターンに応じた対応を可能としてもよいのではないかとの指摘があった。

　イ　公告

　登記官は、手続を開始したときは、①手続を開始した旨、②対象土地に関し所有権その他の権利を有する者であって、手続の開始に異議があるものは、異議を提出すべき旨、③対象土地に関し所有権その他の権利を有する者であって、対象土地の表題部所有者として記録されるべき者に関する意見があるものは、一定の期間内にその意見を提出すべき旨を公告しなければならないものとする案については、これを支持する意見があったが、異議事由についてはある程度限定しておくのがよいのではないかとの指摘があった。

　ウ　手続の中止

　対象土地に関し所有権その他の権利を有すると主張する者が手続の開始に異議を述べたときは、登記官は当該手続を中止することができるものとする案については、これを支持する意見がある一方で、異議があれば中止するものとすべきではないかとの意見、中止された場合においてどのようなときに再開・続行が可能なのかについても検討すべきであるとの指摘、誰のどのような利益を守るために手続の中止の制度を設けるのかをよく考える必要があるのではないかとの指摘があった。

166　｜　第1章　登記制度・土地所有権の在り方等に関する研究報告書

(4) 所有者調査

①登記官は、手続を開始したときは、表題部所有者として記録されるべき者を特定するために必要な事実の調査を行うものとすること、②登記官の求めに応じて、表題部所有者として記録されるべき者を特定するために必要な調査を行い、登記官に意見を述べる職務を行うために必要な知識及び経験を有する者を、法務局及び地方法務局に所有者調査委員（仮称）として置くものとすること、③登記官は、必要があると認めるときは、所有者調査委員による調査に付すことができるものとすること、④所有者調査委員は、調査を終了したときは、登記官に対し、調査結果及び意見を提出しなければならないものとすること、⑤所有者調査委員は、対象土地や隣接地又はその他の土地の実地調査、関係者から事情聴取をし又は資料の提出を求めること等の調査を行うことができるものとすること、⑥登記官及び所有者調査委員は、必要な限度において他人の土地に立ち入ることができるものとすること、⑦登記官は、関係行政機関等に対し情報提供依頼をすることができるものとすること等を内容とする案について議論がされた。これらの案について賛成する意見が複数あり、その上で、どの程度の調査の精度とすべきかが一つの論点であるところ、所有権確認訴訟における立証の程度まで求める必要はないと思われるとの意見がある一方、新たな制度は権利に関する登記につながるものであるため、調査には厳密さが必要であり、所有者調査委員の調査について、他から疑いを持たれないようにするための手当てが必要ではないかとの意見等があった。

(5) 登記手続

ア　特定された表題部所有者として記録されるべき者を表題部所有者とする登記

i ①表題部所有者として記録されるべき者が特定された場合に、その者又は所有権を有することを疎明する者に異議があるときは異議を述べるべき旨を公告するとともに、特定された表題部所有者として記録されるべき者に対しその旨を通知すること、②異議に理由がないと認めるときは当該異議を却下し、異議に理由があると認めるときはその旨を宣言し、かつ、再度①の公告及び通知をしなければならないとすること、③登記官は、①の異議を述べた者がいないとき又は②により異議を却下したときは、当該表題部所有者として記録されるべき者を表題部

研究会だより⑨ | 167

所有者とする登記をするものとすることを内容とする案と、ⅱ①の公告及び通知の手続を経ることなく、当該表題部所有者として記録されるべき者を表題部所有者とする登記を行い、その登記後にその旨を公告するとともに、記録した表題部所有者に対しその旨を通知するものとする案について議論がされた。これについては、自分が所有者であると思っている者は手続の開始又は最後の段階で異議又は意見を提出するであろうが、自分は所有者ではないと思っている者は手続の開始の段階で異議又は意見を提出することは考え難いこと、手続の開始の段階で公告の方法により異議又は意見提出の機会を与えるとしても、それを見ることがどの程度期待できるかという問題もあることを理由に、ⅰの案を支持する意見があった。また、所有者不明土地問題を解決するためには、所有者不明としたままでその利用を円滑化する方法と、現在の所有者を明らかにしていく方法があるところ、後者の方法をとると、前者の方法をとることができなくなることがあるため、公告の範囲や手続の開始等に対して異議や意見を提出できる者の範囲に、所有者を不明としたままで利用しようとする者も含めるのがよいのではないかとの指摘もあった。

　　イ　対象土地が権利能力のない社団に属するものであった場合の取扱い

　対象土地が権利能力のない社団に属するものであった場合において、①当該社団の代表者を特定することができるときは当該代表者を表題部所有者とする登記をするものとし、②①以外のときは、登記官は、当該社団の構成員のうちの一人を表題部所有者とする登記をすることができるものとし、この場合には当該社団の構成員を記録した所有者目録を作成しなければならないものとするという案について議論がされた。これについては、代表者や構成員に相続が生じた場合にどう処理するかという問題があるという指摘や、登記官等による調査により当該社団の存在が確認されたのであれば、肩書付きの代表者個人名義の登記を認める余地があるのではないかとの意見、所有者目録を信託目録のように登記簿と同じ効力を持つものとするのか、そうではないものとするのか等、その位置付けについてよく検討するべきではないかとの指摘があった。

研究会だより⑩

　登記制度・土地所有権の在り方等に関する研究会（座長＝山野目章夫早稲田大学大学院教授）の第10回会議が平成30年 9 月12日に開催された。

　第10回会議においては、変則型登記の解消に関する論点及び登記手続の簡略化をテーマに検討が行われた。

（変則型登記の解消）

　変則型登記の解消については、前回から引き続いて、登記手続及びその他の論点について議論がされた。

1　登記手続

　対象土地が権利能力のない社団に属するものであった場合の取扱いについて、古くから記名共有地等を所有している集落や組のうち、少なくとも納税義務者として市町村から認められているものについては、登記能力を例外的に認めることができないかとの意見があった。これに対しては、登記官の実質的審査権が及ぶため、表題部所有者については権利能力のない社団名義とすることが可能なようにも思える一方、権利部との関係も考慮しなければならず、権利部については所有権の移転の登記等をするときにおける本人確認の方法等に課題があるため、引き続き丁寧に検討していく必要があるとの指摘があった。

2　その他

　その他の論点として、新たな制度において釈明処分の特則を設けるかどうかの検討に当たっては、筆界特定制度においては弁論主義が問題とならない筆界確定訴訟で争われることになるのに対し、今回検討している新たな制度においては弁論主義が妥当する所有権確認訴訟で争われることになる点について考慮する必要があるとの意見があった。

（登記手続の簡略化）

1 法定相続分による所有権の移転の登記がされた後に遺産分割等が行われた場合における登記手続の簡略化

(1) 遺産分割・相続放棄の場合

まず、①i法定相続分による所有権の移転の登記がされた後に遺産分割が行われた場合における登記について錯誤による更正の登記によることの当否及びii当該更正の登記を登記権利者が単独で申請することを可能とする法制上の措置の当否について議論がされた。また、②法定相続分による所有権の移転の登記がされた後に共同相続人の一部の者による相続放棄が行われた場合に、錯誤による更正の登記を相続放棄者以外の共同相続人が単独で申請することを可能とする法制上の措置の当否について議論がされた。

これらの点について、遺産共有状態は遺産分割までの中間的なものにすぎず、遺産分割による最終的な権利関係の公示が重要であることからすると、そこに至る過程は、最初から遺産分割による登記をする場合と、法定相続分による登記後に遺産分割による登記をする場合とで区別する必要はないこと、信頼に足りる添付情報が提出されるのであれば実体上の紛争が生じる可能性は低いと考えられることに加え、法定相続分による登記後に遺産分割による登記がされたことが付記登記によって登記記録上明らかとなることからすれば、①及び②の案について賛成するとの意見があった。また、保存行為として法定相続分による登記が単独で申請された場合には、他の法定相続人に登記識別情報が提供されないため、その後に遺産分割による登記の申請をするためには他の法定相続人への事前通知等が必要となり、手続が面倒であるが、単独で申請できるようになれば、本人確認の問題が軽減されるとの理由で、①及び②の案について賛成するとの意見があった。

(2) 遺贈の場合

次に、法定相続分による所有権の移転の登記がされた後に受遺者が行う遺贈を原因とする登記について、登記権利者が単独で申請することを可能とする法制上の措置の当否について議論がされた。

この点について、遺贈の場合には、相続人以外の者が受遺者となる場合があり、遺言があるとしても権利を巡る紛争が生じる可能性を無視することができな

いことを理由に、共同申請により行うとの現行の規律を維持すべきとの意見があったほか、単独申請とすることに対する批判としては、遺贈の性質や登記の真正の担保という観点ではなく、第三者への遺贈が行われたことを法定相続人が知る契機がなくなることを強調すべきではないかとの指摘があった。他方で、遺贈の場合についても、共同申請することが負担である印象が強いものの、受遺者がどのようにして遺言書を手に入れるのかといった点も考えると、いずれの結論が相当であるか悩ましいとの意見もあった。

2 既にされている権利の登記の抹消手続の簡略化

(1) 担保権の登記名義人が清算結了の登記がされた法人等である場合における担保権に関する登記の抹消手続の簡略化

担保権の登記名義人が、例えば、①清算結了の登記がされた法人、②法人に関する根拠法の廃止等に伴い解散することとされた法人、③休眠法人として解散したものとみなされた後に一定期間が経過している法人のいずれかに該当する場合において、被担保債権の弁済期から20年が経過し、かつ、その期間が経過した後に当該被担保債権、その利息及び債務不履行により生じた損害の全額に相当する金銭が供託されたときは、登記権利者が単独で当該担保権に関する登記の抹消を申請することを可能とする法制上の措置の当否について、議論がされた。

この点について、上記①から③までの法人は、いずれも債権が時効消滅している可能性が高い上、権利行使の機会を十分与えられており、これらの法人に対する権利保障に重きを置く必要がないと考えられるため、上記案について賛成するとの意見があった。ただし、③の一定期間は、休眠法人となるまでの期間や債権の消滅時効を考慮すると、５年ぐらいでも良いのではないかとの指摘があった。また、実務では手間の掛かる類型の手続であり、実体法上の効力に関わらないのであれば、上記案について基本的に賛成するとの意見があった。他方で、弁済期後20年間経過し、被担保債権等の全額を供託しているのであれば、仮に事業活動をしていても担保権に関する登記を抹消してもよく、上記①から③までの法人であれば、不動産登記法第70条第３項後段の要件を緩めてもよいのではないかとの意見もあった。

その他、上記②の法人の中に旧民法法人で解散することとなっているものも含

めることはできないかとの指摘や、上記③の休眠法人は、事業活動を継続している可能性があるため、通知手続を設けた方がよいのではないかとの指摘があった。

(2) 不動産登記法第70条第3項の規定による登記の抹消手続の対象とならない担保権以外の権利に関する登記の抹消手続の簡略化

ア 買戻しの特約の登記

買戻しの特約の登記について、登記義務者の所在が知れないため登記義務者と共同して権利に関する登記の抹消を申請することができない場合において、買戻権が買戻期間の経過により消滅したときは、登記権利者は登記義務者の所在不明を証する情報を提供することで、登記の抹消を単独で申請することを可能とする法制上の措置の当否について議論がされた。

この点については、買戻しの特約の登記の抹消手続の簡略化については、信義則上買戻期間経過による買戻権の消滅を主張することができない場合について判示した最高裁判決（最判昭和45年4月21日集民99号109頁）があるため、慎重を期してはどうかとの意見がある一方で、買戻しの特約の登記は、金融機関以外が当事者となっている場合が多く、代金完済後に抹消手続に積極的に協力しない可能性があるため、上記最高裁判決があるとしても、抹消手続を簡略化する制度を認めていくべきであるとの意見があった。また、所在不明ではなくとも、登記義務者に通知すれば、抹消手続の簡略化を認めてよいのではないかとの意見があった。

イ 登記記録に記録された存続期間の満了している権利に関する登記

登記義務者の所在が知れないため登記義務者と共同して権利に関する登記の抹消を申請することができない場合において、登記記録に記録された権利（地上権、永小作権、賃借権、採石権）の存続期間の満了後一定期間が経過しているときは、登記義務者の所在不明を証する情報を提供した上、当該権利に関する登記の抹消の申請がされた旨を登記義務者に通知し、かつ、その旨を公告し、異議がなければ登記権利者が単独で当該権利の登記の抹消をすることを可能とする法制上の措置の当否について議論がされた。この点については、勇み足的な抹消がされる心配があるため、所在不明の場合に限った上で、権利が消滅している蓋然性が高い場合に限定してはどうかとの意見があった。

⑶　その他の検討課題

　その他の検討課題として、登記された後長期間が経過している仮差押えや仮処分の登記の抹消手続を見直すべきではないかとの指摘に対する考え方について議論がされた。

　この点については、仮差押え等による時効中断の効力が判例上強力に認められていることから、登記後長期間が経過していることのみをもって登記の抹消手続を簡略化することは難しいとの意見があり、また、余りに長期にわたり放置されている仮差押え等について、民事保全法の枠内で対応策を検討すべきではないかとの意見があった。

3　登記義務者の所在が知れない場合の時効取得を原因とする所有権の移転の登記手続の簡略化

　（Ａ案）登記義務者の所在が知れない場合において、不動産の所有権を時効取得した者が時効取得を原因とする所有権の移転の登記を単独で申請することができる仕組みとして、①時効取得を原因とする所有権の移転の登記の申請の添付情報として、当該登記の申請代理人である資格者代理人が作成した不動産の占有状況や登記義務者が所在不明であることを示した調査報告書を提出する、②登記官は、上記①の添付情報の審査のほか、必要に応じて更なる調査を行う権限を有する、③登記権利者が、登記義務者が所在不明であるとして、単独で時効取得を原因とする所有権の移転の登記の申請をしたときは、登記官は、登記義務者である所有権の登記名義人に対し、その登記記録上の住所及び住民票上の住所に宛てて当該申請がされた旨を通知するとともに、その旨を公告し、異議がないときは当該登記を行うものとする、との法制上の措置を講ずる、（Ｂ案）登記義務者の所在が知れない場合において、公示催告の申立てを行い、取得時効が成立した旨の裁判所の決定があったときは、不動産の所有権を時効取得した者が時効取得を原因とする所有権の移転の登記を単独で申請することができるものとするため、必要な法制上の措置を講ずる、（Ｃ案）新たな法制上の措置は講じない、との３案について議論がされた。

　この点について、実体法上の権利関係の争いがあり得る時効取得の場合において、所在不明であるからとの理由で、単独申請を認めることは難しいとの意見が

研究会だより⑩　｜　173

あった。また、相続登記については、登記申請のインセンティブを高めるための手続の簡略化が必要であると考えられるが、時効取得の場合には対抗要件主義によるインセンティブが元々高いと考えられることから、時効取得の場合のみ共同申請の例外を認める必要性はないのではないかとの意見があったほか、（Ａ案）及び（Ｂ案）については、対象土地の区域を限定するなどの絞り込みが必要であるとの指摘があった。

他方で、（Ａ案）は、権利に関する登記における登記官の形式的審査権となじまないと考えられ、少なくとも裁判所の関与が必要であるが、（Ｂ案）も、手続の内容について更に検討をする必要があるとの意見があった。これに対して、（Ａ案）について、登記官は形式的審査権しか有しないが、提出された調査報告書から占有の継続が客観的に証明されているのであれば、登記官であっても判断することができると考えられる一方、（Ｂ案）については、現在の公示催告手続と同様、使われにくいのではないかとの意見があった。

4　登記名義人の死亡後に所有権の移転が生じた場合における所有権の移転の登記手続の簡略化

まず、清算型遺贈（相続財産を売却した上で、売却代金を相続人又は第三者に与える旨の遺贈）がされた場合に、死亡した所有権の登記名義人から相続人への相続による所有権の移転の登記を経ることなく、登記名義人から直接売却先への所有権の移転の登記を可能とすべきとの指摘に対する考え方について議論がされた。

この点について、清算型遺贈は、その法律構成や遺言としての有効性が不明であり、手続を簡略化することについて否定的な意見があった。

次に、時効起算日前に所有権の登記名義人が死亡し、その相続登記が未了の場合に、死亡した所有権の登記名義人から相続人への相続による所有権の移転の登記を経ることなく、登記名義人から直接時効取得者への所有権の移転の登記を可能とすべきとの指摘に対する考え方について議論がされた。

この点について、実体的な権利変動を登記に反映すべきとも考えられる一方、数次相続が発生している場合に全ての相続登記を行わなければならないとすると、現在の所有者が登記に反映されないという問題が解決しないとの意見や、時

効取得の場合に限らず、数次相続が登記に反映されていない場合に、何らかの形で登記手続の簡略化をする方策を考えられないかとの意見があった。

　もっとも、取得時効には、過去の権利関係が不明確な場合の立証困難の救済という機能があるが、登記名義人が死亡した後にどのような権利移転の経過があったか分からないような場合に、時効取得を反映させるための登記手続があってもよいのではないかとの意見もあった。

　他方で、死亡した所有権の登記名義人から相続人への相続登記を不要とした場合であっても、相続人が登記義務者として申請人となることから、相続人を探す手間は変わらないとの指摘があった。

研究会だより⑪

　登記制度・土地所有権の在り方等に関する研究会（座長＝山野目章夫早稲田大学大学院教授）の第11回会議が平成30年10月 1 日に開催された。

　第11回会議においては、共有の在り方をテーマに検討が行われた。

（通常の共有における共有物の管理権者）

　通常の共有に関し、共有物の管理権者等を設けることについて検討が行われた。

　まず、共有者が管理権者を選任する方法に関し、管理権者の選任は、民法第252条の「共有物の管理に関する事項」に含まれるから、現行法においても持分の過半数で選任することが可能であると考えるべきとの意見や、共有者全員の同意がなければすることができない行為については管理権者もその全員の同意を得ない限りすることができないとするのであれば、共有者全員の同意がなくとも、持分の過半数で管理権者を選任することが可能であると考えるべきとの意見があった。また、第三者の請求により裁判所が管理権者を選任することについては、管理権者の選任は基本的に共有者の判断に委ねるべきであり、裁判所の介入を導入するには相応の理由が必要ではないかとの意見や、適切に要件を設定することにより、裁判所による選任が認められる場面を限定すべきではないかとの意見があった。

　また、共有者全員を被告とすべき訴訟類型において、持分の過半数で選任された管理権者が共有者に代わって応訴することができるものとすることについては、共有者全員ではなく、過半数の持分を有する者らを被告とすれば足りるとするかどうかということと併せて検討すべきとの意見があった。

　加えて、共有物の管理権者を設けることは共有者間にある種の団体法理を導入することに繋がると考えられるが、そのような団体法理を共有一般に導入するのか、それとも一定の範囲に限定して導入すべきなのかについて、共有物の管理権者を設ける共有物の範囲を不動産に限定するかどうかと併せて検討すべきとの意

176 ｜ 第 1 章　登記制度・土地所有権の在り方等に関する研究報告書

見があった。

そのほか、管理権者の権限や義務、報酬の在り方、不動産に関して管理権者を選任したことを不動産登記における登記事項とするのかどうか、管理権者の解任方法の在り方、不明共有者（所在不明の共有者又は氏名等を特定することができない共有者。以下同じ。）がいることにより共有者が共有物を管理することができない場合に裁判所が管理権者の選任以外の必要な処分を命ずることができることとするのかなどがとりあげられた。

（遺産共有における遺産の管理権者）

遺産共有に関し、遺産全体に管理権者を設けることや、遺産に属する個々の財産に管理権者等を設けることについて検討が行われた。

まず、遺産共有においては、相続人らを一定の団体として扱うことが考えられるのであり、そのような団体の代表者として遺産の管理権者を置くことには合理性があるとの意見があった。

他方で、遺産の管理権者を置くことは、遺産共有の状態での管理を安定化させるものであって、遺産分割をしないまま放置する方向でのインセンティブが働くことになりかねないとの懸念も示された。

（通常の共有における共有物の利用）

通常の共有における共有物の利用については、まず、共有者全員が同意しない限りすることができない行為の範囲などを見直すことについて検討がされた。

具体的には、持分の過半数で定められた特約は、共有者全員の同意や特約の変更によって不利益を被る者の同意がなくても、持分の過半数で変更することができることとし、いったん決まった特約が固定され、共有物の円滑な利用が阻害されないようにすべきとの意見があった。また、特約なく共有物を利用（占有）する者がある場合にも、そのような利用者（占有者）を保護する理由はなく、共有者全員の同意やその利用者の同意がなくとも、持分の過半数で共有物を利用する者を変更することができるとすべきとの意見があった。そのほか、現在の理解では共有者全員を被告とすべきであると考えられている訴訟類型において、共有者全員ではなく、過半数の持分を有する共有者を被告とすれば足りるとすることに

ついて検討がされたが、原告は、共有者を探索した上で、当該共有者を被告として訴えを提起することが可能であるから、このように被告とすべき者の範囲を限定し手続を簡易なものとすることについては慎重であるべきとの指摘があった。

　次に、共有者の中に共有の利用等に関心がない者や所在が不明である者などがいる場合における共有物の利用方法の定め方について検討がされたが、無関心な者や所在が不明である者がいることで共有の利用方法を定めることができない事態が生じることは妥当でなく、そのような事態を回避するために一定の制度を置くべきであるとの意見が多く出された。その上で、具体的な制度として、特定の利用方法につき承諾するかどうかについて催告や公告がされたものの、その催告等に確答しなかった共有者がいる場合に、その共有者は当該利用方法につき承諾をしたとみなすべきかどうかが検討されたが、確答をしなかった共有者以外の共有者のみで利用方法を定めることができるとすれば足り、同意擬制という法的構成をとる必要はないとの意見があった。また、一定の制度を置くとしても、その要件については、制度の正当化根拠とともに慎重に検討すべきであり、例えば、所在不明であることを要件とするのであれば、所在不明と認めるための手順について検討すべきとの意見があった。さらに、確答をしない共有者以外の共有者で利用方法を定めることができるとするとしても、確答をしない共有者がその利用方法によって何らかの損害を被ったときには、その損害を補填するようにすべきとの意見があった。

　さらに、持分の過半数で利用方法を定める際に、その定めによって一定の不利益を被る者が生じる場合について検討が行われたが、不利益を被る者の同意を得なくても定めは有効であるものの、不利益が甘受すべき限度を超えている場合には、損害を補填すべきであるとの意見や、被る不利益が著しい場合には公序良俗等の一般条項によってその定めが無効になることがあるのではないかとの意見が出された。

　そのほか、共有者間の特約の在り方に関し、特約をする際の具体的な方法や、特約の承継や公示方法の在り方などがとりあげられた。

（共有持分の移転・共有の解消方法等）

　共有持分の移転・共有の解消方法等については、まず、不明共有者がいる場合

に、①他の共有者が不明共有者のために相当の償金を供託した上で、不明共有者の持分を取得することができるものとすることや、②他の共有者が当該不明共有者以外の共有者全員の同意を得れば、不明共有者の同意がなくても、不明共有者のために相当の償金を供託した上で、当該不明共有者の共有持分権を含めた所有権全部を第三者に移転することができるものとすることについて検討が行われた。所在不明を要件とするとしても、一時的な所在不明は除外するなど、持分の取得等が認められる範囲を適切に限定する方向で慎重に要件を検討すべきとの意見があった。また、制度の対象を不動産に限定すべきとの意見があった一方で、管理費用の支払義務等を怠った共有者の持分の取得を定めた民法第253条は対象を不動産に限定していないのと同様に、不動産に限定する必要はないとの意見も出された。

　次に、10年間又は20年間、平穏に、かつ、公然と共有物又は遺産を占有した場合には、占有する共有者又は相続人は、他の共有者又は相続人の持分を時効により取得するとすることについて検討が行われた。現在の判例が、共有者又は相続人が占有開始時に他の共有者又は相続人がいることを知っていた場合には取得時効が常に認められないとしているのであれば相当でなく、一定の範囲で取得時効を認めるべきであるとの意見が複数出された。その上で、取得時効を認める法的構成について検討が行われた。これについては、共有を原因とする占有についても基本的に自主占有を肯定するという構成、他主占有と整理した上で他主占有から自主占有への転換を認める方法を別途設けるという構成、公物の取得時効の処理を参考に、長年利用しておらず共有関係から離脱していると評価できる場合には他の共有者による取得時効を認めるなど、他の共有者側の事情も考慮する方法を別途設けるという構成などが提案された。また、相続人による取得時効を検討することとの関係で、相続回復請求権の在り方についてもとりあげられた。

　そのほか、共有物分割の在り方、特に全面的価格賠償の要件などについて検討され、全面的価格賠償による分割の請求と他の分割の請求とは訴訟法上別個の性質のものであるという議論があることを踏まえて更に検討していくべきとの意見などがあった。

（遺産共有の解消の在り方等）

　遺産分割を促進し、遺産共有を解消する方策として、遺産分割に期間制限を設けることが検討された。具体的には、遺産分割の協議（合意）及び遺産分割調停又は審判の申立ての期限を、例えば、相続の開始時から10年とすること、相続の開始時からその期限を経過するまでに、遺産分割の協議（合意）及び遺産分割調停又は審判の申立てがない場合は、法定相続分（又は指定相続分）に従って、遺産の分割がされたものとみなすことが検討された。

　一定期間の経過後は法定相続分に沿って遺産分割されたものとみなすのであれば、具体的相続分による分割は一定の期間の範囲内でしか認めず、その後は共有物分割によることになるが、このような期間制限の正当化根拠は、具体的相続分には権利性がないと解されていることや、家庭裁判所による具体的相続分に従った遺産分割の処理は、通常の共有物分割の例外ともいうべき特別な処理であり、そのような特別な処理を受けたいのであれば、期間内に遺産分割を行わなければならないと構成することによって説明が可能ではないかとの意見があった。このように、遺産分割に期間制限を設けるべきであるとする意見が複数あったが、期間制限を設けることについては慎重な意見や、相続を望まない者に相続を強いる結果になるのであれば相当ではないのではないかなどの指摘もあった。

　また、期間の長短については、遺産分割はできるだけ早期に行われるべきであり、仮に期間を10年と長いものとすると、遺産分割をするまでに時間をかけてもよいとの誤ったメッセージを与えることになるし、期間制限を徒過した際の効果からしても、相続人の権利が完全に失われるというものではなく、その期間を短くしても、相続人に大きな不利益は生じないとして、期間を３年、又は長くとも５年とすべきであるとの意見があった。

　さらに、遺産分割の期間期限を設けた場合に、相続の放棄もその期間内に限りすることができるとすべきかなど、相続の承認・放棄との関係についても検討が行われたが、遺産分割の期間を経過し、法定相続分に沿って遺産分割がされたものとみなされた後でも相続放棄をすることができるとしても、相続の放棄をした者に特段の不利益は生じず、他方で、他の相続人も自己の持分が結果的に増えるだけであって、それにより特段の不利益は生じないため、特に支障はなく、遺産分割の期間の経過後も相続の放棄を認めてもよいのではないかとの意見が出され

た。

　そのほか、遺産分割に期間を設けることは、早期に遺産共有状態を解消する観点から重要であるが、そもそも、相続はいずれかの時期に必ず生ずるものであるのであるから、可能な限り、被相続人の生前から、相続人間であらかじめ相続が生じた後のことについてもきちんと協議をしておくべきであり、そのためには、例えば、生前に被相続人の死亡を停止条件とする遺産分割合意をすることができるとすることも検討していくべきではないかとの意見があった。

研究会だより⑫

　登記制度・土地所有権の在り方等に関する研究会（座長＝山野目章夫早稲田大学大学院教授）の第12回会議が平成30年10月22日に開催された。

　第12回会議においては、財産管理制度の在り方及び土地所有権の放棄をテーマに検討が行われた。

（財産管理制度の在り方）

1　不在者の財産の管理

　判明している不在者の財産のうち特定の財産を管理する仕組みについては、特定の財産に着目し、これを管理するための規律を明文化することが必要であるとの意見や、不在者財産管理制度が不在者の財産を保護するための制度であることを踏まえ、どのような場面において、不在者の財産を管理することができることとするのかを具体的に検討することが必要であるとの意見、不在者の全体財産を把握しなければ管理や処分の是非についての判断が困難な場合があることを踏まえ、申立人によって恣意的な利用がされないようにする必要があるとの意見などがあった。また、管理人に付与する権限の内容や管理の対象とする財産の範囲、特に、特定の財産の管理のための費用を不在者の他の財産から支弁することの可否や、特定の財産を管理する過程で不在者の他の財産の管理や処分が必要となった場合についての規律も併せて検討することが必要であるとの意見があった。さらに、裁判所が、管理人を選任せず、「必要な処分」として、不在者の土地の隣地所有者等に不在者の土地の管理行為を行わせることを認める場合には、不在者自身ではなく、隣地所有者自身の利益のための行為になるため、相隣関係の規定において、隣地所有者自身の権利として新たな規律を設けることも検討することが必要であるとの意見があった。

　次に、不在者財産管理制度において供託を活用し、供託を前提に不在者の財産の売却を広く認めることについては、不在者は帰来する可能性がある以上、売却が不在者の財産の管理のために必要であることが要件とされるべきではないかと

182　｜　第1章　登記制度・土地所有権の在り方等に関する研究報告書

の指摘があった一方で、不在者財産管理制度は失踪宣告の前提となる制度であるから、不在者の状態が、失踪宣告が可能な程度の期間にわたって継続している場合には、広く財産の売却を認めることも考えられるとの意見があった。

また、申立権者の範囲の拡大の是非については、不在者の財産の買収希望者に対する申立権の付与につき、その必要があるのはどのような場合かという点を踏まえて検討するべきであるとの意見、隣地所有者に対する申立権の付与につき、相隣関係における規律の在り方との関係を踏まえて検討するべきであるとの意見などがあった。また、市町村長等の公的機関に対する申立権の付与については、仮に申立権の付与が必要な場合があるとしても、一律に市町村長等に申立権を付与するのではなく、必要な場面に限るべきではないかとの指摘があった。

土地の共有者のうち複数の者が不在者である場合に複数の者について一人の財産管理人を選任する仕組みについては、不在者間に利益相反が生じない場合に限り、一人の財産管理人が複数の不在者を代理することができることとするべきであり、一人の財産管理人が不在の共有者複数名を代理して共有物分割や遺産分割をすることは、利益相反の問題があるとの意見などがあった。

2 相続人のあることが明らかでない場合の相続財産の管理・清算

相続財産の清算を前提としない財産管理制度の創設については、制度の創設を検討するべきであるとの意見があった一方で、相続人がいない場合には清算が求められるのであり、相続財産を包括的に管理・清算する制度を維持するべきではないかとの指摘があった。

また、清算に向けた財産管理制度の見直しについては、公告期間の短縮について検討するべきであるとの意見があった。

さらに、相続放棄者の管理義務については、相続人全員が相続放棄をした場合には、相続財産の管理のための制度がなく、検討が必要であるとの意見があった一方で、本来相続放棄者は相続財産に関して何ら責任を負わない立場であり、相続放棄者が第三者に対して管理義務を負ったり、損害賠償責任を負ったりするものではないとの指摘や、相続人が全員相続放棄をした場合に責任を負う者がいない状態は好ましくないものの、限定承認をした場合よりも重い責任を相続放棄者に負わせるべきではないとの意見があった。

3 遺産共有状態における相続財産の保存・管理

相続開始後、遺産分割により権利関係が確定するまでの間の相続財産の保存又は管理を目的とする制度の創設の是非について検討が行われた。

遺産共有状態において、現行法では、熟慮期間中であれば裁判所が相続財産の保存に必要な処分を命ずることができる（民法第918条第2項）のに対し、複数の相続人により単純承認がされた後は、相続財産の管理のための制度が用意されておらず、特に、数次相続が生じて多数の者の遺産共有状態となっている場合などでは、共同相続人間の合意により相続財産を管理する者を定めることが困難であるため、裁判所が相続財産管理人を選任することを可能とする制度を創設することには意義があるとの意見があった。これに対し、本来相続財産の管理等は相続人間の協議によって行うべきであり、裁判所による相続財産管理人の選任等が必要となる具体的な場面や、必要となる相続財産の管理行為を念頭に、制度創設の要否を検討するべきであるとの意見、通常共有における共有物の管理権者の規律の在り方に関する議論を踏まえて検討を進めるべきであるとの意見などがあった。

（土地所有権の放棄）

土地所有権の放棄の要件については、一般に権利の放棄は自由であると考えられることからすると、所有権放棄が認められない要件を列挙するネガティブリスト方式での立法も考えられるものの、土地所有権の放棄の場合は、公序良俗違反や権利濫用により放棄が許されない場合が多いと考えられるため、所有権放棄が認められる要件を列挙するポジティブリスト方式が妥当であるとの意見があった。

また、例えば、自然災害等のやむを得ない事情により、近隣住民等の生命・財産に危険が生ずるおそれがあるなど、土地所有者が負担する土地の管理コストが過大であるときに土地所有権の放棄を認めることについては、公共の危険に対してどのように対応するかという問題であり、本来であれば、所有者に危険防止措置をとるよう求めるべきであるが、本人に資力がない場合に、帰属先となる公的機関にコストを負担させることが相当かという観点から検討する必要があるとの意見や、どのような場合に土地の管理コストが過大であるといえるかが問題とな

るとの指摘があった。

　他方で、帰属先機関が負担する土地の管理コストが小さく流通も容易なときや、土地の引受先を見つけることができないときなどに土地所有権の放棄を認めることについては、公共的な帰属先機関に一定の管理コストを負担させることになるため、所有権の放棄を広く認めることには財政的負担の観点から問題があるといえる一方で、所有権放棄を認める場合を絞れば、管理されずに放置される土地が増加し、土地の有効活用が妨げられかねないことから、そのバランスをどう考えるかが重要であるとの意見があった。また、土地を手放したい者が土地の管理コストを負担するときに所有権の放棄を認めることについては、所有者に負わせるべき負担をどのようにして決めるかが問題となるとの指摘があった。

　次に、土地所有権の放棄の手続については、誰も管理しない土地が一方的に作り出される事態を防止するため、帰属先機関に対して放棄の意思表示がされて初めて放棄の効果が発生するものとすべきとの意見があった。これに関連して、放棄により土地が無主になり、民法第239条第２項により国庫に帰属するという構成を採るのであれば、所有権放棄を相手方のある単独行為とすることができるかを理論的に検討する必要があるとの指摘があった。また、土地を手放したい者が、適当と認められる金員を支払う場合には所有権放棄を認めることとする場合には、金員を支払って初めて放棄の効果が発生するものとする構成のほかに、所有権放棄の効果を発生させた後で金員の支払債務を放棄者に負わせるものとする構成も考えられるとの意見があった。さらに、所有権放棄の効果を発生させるに当たり、帰属先機関の同意を要求する構成も考えられるが、ここでいう「放棄」は、一般的な一方的意思表示による放棄とは異なるため、贈与契約による土地所有権の移転との異同を明らかにする必要があるとの指摘があった。

　放棄の効果については、放棄の意思表示により土地が無主となり、帰属先機関が先占することで所有権が移転するという構成にすることが考えられるが、これによれば、土地が管理不全となる可能性があり望ましくないとの指摘や、土地所有権の放棄は、所有権が帰属先機関に移転する効果が生ずる移転的放棄と考えるべきであるとの意見があった。

　放棄された土地の帰属先機関については、土地を利用したい機関が土地を利活用できるようにするため、複数の機関を帰属先としつつ、その間に優先順位を設

研究会だより⑫　│　185

定しておく制度が望ましいとの意見や、土地の利用価値は、その土地の付近に居住している者にしか分からない場合があるため、地方公共団体のみならず、地縁団体も帰属先に組み込むべきではないかとの意見、利用価値がない土地は、最終的には国が帰属先とならざるを得ないが、できるだけ国に帰属する土地が少なくなるよう、その手前の段階で国以外の機関に土地が帰属する制度をどのように設計するかが問題となるとの意見などがあった。

　そのほか、土地所有権の放棄を民事基本法に盛り込むことは困難であるとの指摘や、農地、森林など、土地の性質により放棄された土地の処理の在り方は異なるとの指摘、手放したい土地をコーディネートし、どのようにして土地を市場に戻していくかを検討する必要があるとの指摘があった。また、土地を手放す仕組みの構築に当たり、所有権放棄にこだわる必要はなく、どのような場合に土地所有権を国等に移転することを可能とすべきかという観点からの検討が必要ではないかとの指摘や、まずは、土地を手放すに当たって大きな問題が生じない合意による所有権移転につき検討し、合意では所有権を移転できない土地につき、所有権放棄を考えるという二段構えでの検討が必要ではないかとの指摘、さらに、「所有権の放棄」として論じられている問題を贈与契約の充実により解決していくことが可能であれば、法制上の措置を講じない方向での検討もあり得るとの指摘もあった。

研究会だより⑬

　登記制度・土地所有権の在り方等に関する研究会（座長＝山野目章夫早稲田大学大学院教授）の第13回会議が平成30年11月14日に開催された。

　第13回会議においては、土地所有権の放棄及び相隣関係の在り方をテーマに検討が行われた。

（土地所有権の放棄）

　前回に引き続き、土地所有権の放棄に関連する民事法上の諸問題が検討された。

　民法第255条は、共有持分の放棄につき規定しており、持分権者から他の持分権者に対する一方的意思表示により、放棄することができるものと解されているが、一定の要件を満たす場合にのみ所有権放棄を認めるという規律を導入する場合には、共有持分の放棄についても、同様に規律すべきかどうかが問題となる。この点については、共有者が持分を放棄しても、他の共有者に持分が帰属し、共有関係がその限りで解消されるに過ぎないから、所有権の放棄とは別の問題と考えられ、現行法の規律を維持すべきであるとの意見があり、この点について異論はなかった。

　用益物権や担保物権等の制限物権が設定されている土地の所有権放棄については、制限物権が設定されている土地につき、土地所有者が一方的意思表示で放棄したからといって、無条件に制限物権が消滅するという結論は採り得ないという意見があった。また、制限物権等が設定されている土地の所有権を放棄した場合の法的構成については、土地の所有権を放棄しても制限物権は消滅しないとするのか、制限物権は消滅するが制限物権者に対して対抗することができないとするのかにつき整理が必要であり、後者の構成を採った場合には、法律関係が複雑になり過ぎる上に、メリットが乏しく、望ましくないとの意見や、制限物権が設定されている土地の所有権を放棄した場合の帰結は、放棄の性質によるものであり、所有権が放棄により当然に帰属先に移転するという構成を採るならば、制限

物権は帰属先に当然に引き継がれることになると考えられるとの意見などがあった。

　所有権が放棄された土地の工作物の設置・保存等に瑕疵があることによって第三者に損害が発生した場合の規律については、土地所有権を放棄した者が損害賠償責任をどの時点で免れることができるのかという観点から、所有権を放棄する前の時点で生じていた責任が放棄により消滅するのはおかしいが、放棄してもずっと責任を免れないというのも妥当ではなく、そのバランスを図る必要があるとの意見などがあった。

　土地と同様に不動産である建物や動産の所有権放棄をどう考えるかについては、建物は、取り壊すことで物理的に滅失させることができるため、物理的に滅失させることができない土地とは異なり、放棄の可否を考える必要はないとの意見や、土地とその上に存在する建物の所有者が同一である場合には、法律関係を複雑化させないよう、建物と土地との一括放棄しかできないものとすべきであるとの意見などがあった。また、民法上、動産の所有権放棄は自由にできると一般的に解されており、この見解は、民法第206条の「処分」に放棄が含まれると解していると考えられるが、同条の「処分」は物を物理的に滅失させることを意味すると解すれば、法律行為である放棄が「処分」に含まれるという帰結にはならず、現行法上、動産の所有権を放棄することができると解することはできないのではないかという指摘があった。これに関連して、動産の所有権放棄が可能であると考えれば、例えば、他人の土地にペットボトルを投棄したような場合に、土地所有者が投棄者に対してペットボトルを引き取るよう、所有権に基づく妨害排除請求ができないことになり不合理であるとの指摘があった一方で、動産を捨てる意思で投棄したにもかかわらず所有権が消滅しないのは不自然であり、この事例においては、ペットボトルの所有権は放棄されたものと解した上で、投棄者の不法行為責任を追及すれば足りるとの指摘があった。

　土地所有者が、一定期間、土地所有権を行使しないときに、土地の所有権を放棄したものとみなす「みなし放棄制度」の導入の是非については、仮に、所有権放棄制度を設けた上で、みなし放棄を認めることにした場合には、土地を放置しておけば、放棄の意思表示なくみなし放棄により土地を放棄することができることになり、妥当でないとの指摘や、みなし放棄は、国が所有者の意思表示なしに

土地所有権を取得する点で土地収用法の規律との関係で問題があり、採用し得ないとの意見があった。また、みなし放棄の構成にするかどうかは別にして、利用権が設定されている土地の所有権を利用権者に移転させるのを容易にする方向での制度創設を検討する必要があり、そのためには、土地の他主占有を自主占有に転換するためにどのような措置を採るべきかを検討する必要があるとの意見や、みなし放棄の導入により狙う効果は、土地の共有者の一部の同意の特則や、時効取得・不在者財産管理制度の規律の変更等の他の措置によっても実現可能であり、並行して検討していく必要があるとの指摘もあった。

　その他、土地を手放したい者は、法的構成を問わず、土地を手放すことができればよいのであり、そのためには、土地所有権を第三者に移転させることで十分であるとも考えられ、一方的意思表示により所有権を喪失させる「放棄」を認める必要があるのかをまず固める必要があるのではないかとの指摘があった。

（相隣関係の在り方）

　所有者不明土地問題は、民事における土地の利用の場面においても支障を生じさせることがある。まず、隣地の使用請求権（民法第209条）については、自己の土地の地下に水道管、下水道管等を設置する工事や、植樹や庭石の移動等、同条において挙げられている目的以外の目的でも隣地を使用することができるとすべきではないかという意見が大勢を占めた。その行使方法については、隣地占有者の承諾が必要かどうか明らかではなく、実務における取扱いも一様ではないため、隣地を使用する際の手順を明らかにするべきではないか、相手方の任意の承諾が得られない場合は、公示による意思表示など判決によらない意思表示の方法もあり得るのではないかとの指摘や、隣地の占有者が不在である場合における隣地使用の円滑化を図るという観点からは、一定の期間内に異議がなければ隣地使用につき同意したものとみなすという催告の仕組みを採用することもあり得るのではないかとの意見があった。

　次に、上記に挙げた場合以外の隣地使用の必要が生ずる場面として、土地の境界標等の調査又は測量のための隣地への立入りがある。これに関しては、境界標等の調査等のための隣地への立入りを認める規律を創設することについては賛成することができるが、隣地所有者の承諾を不要とすることについては、財産権や

プライバシー保護の観点から慎重に検討すべきであり、事前の通知を必要とすることも検討すべきではないかといった指摘や、境界付近の土地を掘り起こしたり、構造物の基礎の一部を壊したりすることを調査に必要な行為として認めることは、財産権保障の観点から問題が大きく、少なくとも、当該必要な行為をするに当たっては、隣地所有者の承諾を求めたり、原状回復や償金支払義務も併せて規定すべきではないかとの意見があった。また、土地の境界の確定作業において、実務上は、隣地の所有者との間で土地の境界を確認し、協議をすることがあるため、これらの土地の境界の確定のための規律を設けることについて検討が行われた。この点については、隣地の所有者との間において確認及び確定する「境界」を、所有権の範囲としてのものとするのか、公法上の概念である「筆界」とするのかを改めて検討する必要があるのではないかといった指摘や、協議に応じなかった場合に、どのような効果が生ずるのか、調停前置とするのかどうかも含め、協議を求めることの法的性質を整理する必要があるのではないか、協議を求めることができるものとする規定は、土地の所有者の行為規範として置くことも有り得、土地の所有者の基本的責務を謳うものとしての意義を認めることができる一方、協議を求めても応じてもらえない場合には、結局、境界確認訴訟や筆界確定訴訟を提起することになると考えられることからすると、新たな規律を置く意義がどれほどあるのかといった指摘があった。

　また、第13回会議において、管理不全となっている所有者不明土地の適切な管理につき、財産管理制度を利用することのほかに、所有者不明土地の隣地所有者による管理もあり得るのではないかとの議論があったことを受けて、所有者不明土地の隣地所有者あるいはその近傍の土地所有者による管理の在り方について検討が行われた。管理不全状態にあることの多い所有者不明土地の隣接地所有者が、自ら当該土地を管理することができるとする意義は大きいとの意見があったほか、管理措置請求権を創設するのであれば、その要件、効果について、不法行為や人格権に基づく差止請求や、事務管理における事務の遂行との関係を整理する必要があるとの指摘、費用負担については民法第266条を参考に折半とすることもあり得るのではないかとの意見、所有者不明土地の所在するコミュニティの環境の維持・保全のためには、近傍の土地所有者にも管理権限を与えるべきとも考えられるが、他人の土地所有権に対する介入となるため、近傍の土地所有者ま

で拡大することについては慎重に検討すべきではないかとの指摘などがあった。

　ライフラインのための導管等の設置のために他人の土地の使用を認めること（導管等設置権）についても検討がされた。各事業者が導管等の設置に必要な他人の土地を使用するに当たっては、土地収用法や各事業法によることが認められているが、これらの既存制度とつなげる形で、民事における導管等設置権を創設することは有益ではないかとの意見や、導管等設置権は、民法第209条において認められている他人の土地の一時使用とは異なり、他人の土地の地下・地上を比較的長期にわたり使用し、他人の土地に与える負担が大きいことを考慮して制度設定するべきではないかとの指摘があった。

研究会だより⑭

　登記制度・土地所有権の在り方等に関する研究会（座長＝山野目章夫早稲田大学大学院教授）の第14回会議が平成30年12月4日に開催された。

　第14回会議においては、相隣関係の在り方、生前の遺産分割、登記の公開の在り方及び変則型登記の解消をテーマに検討が行われた。

（相隣関係の在り方―越境した枝の切除）

　民法第233条は、隣地から越境した枝と根につき、根については自ら切除することができる（同条第2項）とし、枝については竹木の所有者に切除させることができる（同条第1項）として、枝と根とで取扱いを異にしている。所有者不明土地は、竹木の枝が越境したままで放置されるなどして、管理不全となっていることが少なくないが、枝を切除しようとする際に、竹木の所有者である土地の所有者を探索してその切除を求めることに手間がかかるため、根と同じように、隣地占有者が越境した枝を切除することができるような規律とすることについて、検討された。

　竹木の所有者が不明あるいは所在不明である場合には、根と同じように、隣地占有者において枝を切除することができるようにするという方向性について異論はなかったものの、その具体的な規律については、①根と同様の規律とする、②あらかじめ枝を切除する旨を竹木の所有者に対して通知した上で切除することができるものとする、③竹木の所有者に対して相当の期間を定めて切除を請求した上で、その期間内に切除がされなければ、自ら切除することができるものとするなどの意見があった。また、枝の越境によって生じている土地利用に対する妨害排除の必要性と竹木の所有者の財産権保障との調整をどのように図るかや費用負担の在り方につき、引き続き検討が必要であるとの指摘があった。

（被相続人の生前の遺産分割協議）

　遺産分割に関し、相続開始前であっても、推定相続人は、遺産分割の協議（合

意）を予めすることができるものとし、相続が開始したときには、その合意に従って遺産分割の効力が生じるものとすることについて、検討された。

　このような制度については、遺産分割を速やかに行うこと等の観点から検討すべきであるとの意見や、想定される具体的な場面を念頭に置いて検討すべきとの意見が出されたが、他方で、ニーズが具体的にあるのか疑問があるとの指摘や、被相続人が存命中にその親族が分割協議を行うことは適切ではないとの指摘があった。

　また、被相続人の同意を要件とすることなどに関連して、被相続人が存命中にその意思をないがしろにする協議をすることは許されないとの意見や、被相続人の処分行為が制限されることには慎重であるべきであるなどの意見があった。さらに、推定相続人がする合意を公的機関が確認することについては、合意を確認する意義や確認の内容を踏まえて、どのような機関に担当させるかを検討すべきであるとの意見や、遺産の一部のみについて合意をすることができるのか、一部についてした合意が残部の遺産分割にどのような影響を与えるのかや、認識されていなかった遺産が発見された場合や事情変更が生じた場合の合意の効力についても検討すべきとの意見、合意の効力の時的限界についても検討すべきとの意見があった。

　そのほか、遺産共有の状態が発生すること自体を否定的にみるべきではないのであり、飽くまでも遺産分割を速やかに行うべきとの観点から検討すべきとの意見があった。

（登記の公開の在り方）

1　登記所が保有する登記名義人等の特定のための情報の見直し

　不動産登記記録上の登記名義人等の氏名又は名称及び住所とこれらの実態との間に乖離が生じている状態を解消するために戸籍や商業登記等（以下「戸籍等」という。）から最新の情報を取得することを構想するに当たり、不動産登記記録上の登記名義人等を特定し、戸籍等の情報と紐付けるための情報として、登記所が新たに特定の個人又は法人を識別するための情報を保有するものとすることについて、検討された。

　現在の実務上、過去の住所の変遷を追うことが難しい場合もあるため、登記記

録上の情報と最新の情報とを一致させる取組を進めるべきであるなどとして、上記提案の方向性について肯定的な意見が多数を占めた。同時に、この議論の前提として、所有者には自らの所在を探知可能にしておくべき義務があるとするのかどうか、死亡情報や住所情報についても自己情報コントロール権の保障が及ぶのか、及ぶとしても不動産登記については従来の不動産登記制度の趣旨や社会通念に照らして大幅な例外が認められているといえるのかどうかなどについても整理する必要があるのではないかとの指摘があった。また、新たに登記の申請がされることにより当該登記の登記名義人等と戸籍等の情報との紐付けをすることを待たずに、既に登記記録に記録されている登記名義人について戸籍等との紐付けをする作業は、その過程で人為的なミスが起こる可能性もあり得るため、避けた方が良いのではないかとの指摘もあった。

　次に、戸籍等から得た個人又は法人の最新の情報を不動産登記に反映させる方法について、検討された。

　登記名義人等の申請により最新の情報を不動産登記に反映させるという案に対しては、現状と変わらないため、あまり意味がないのではないかとの指摘があった。また、変更された情報を探知した登記所が、登記名義人等に対し、変更の登記をする旨の通知を行い、異議がない場合には職権により変更の登記を行うものとする案に対しては、当該「異議」について、変更後の情報に誤りがあるという趣旨の異議であればよいが、単に変更の登記を望まないという趣旨の異議があるからといって変更を行わないことにはならないのではないかとの指摘があった。さらに、登記所から登記名義人等への通知は行わず、職権により変更の登記を行うものとする案に対しては、変更した旨の通知を事後的に行い、仮に誤りがあればこれを訂正する機会を与えるべきではないかとの指摘があった。このほか、職権により変更の登記をする場合には、申請主義の原則との関係に留意する必要があるとの意見や、登記情報システムの技術的な側面や戸籍等の制度改正に関する議論の帰趨等も見定めつつ、今後検討していく必要があるとの意見があった。

2　登記名義人等に関する登記事項の公開の在り方の見直し

　国民の個人情報に対する意識が高まる中、不動産登記において登記名義人等の住所情報を広く公開していることには批判もあるが、他方で、不動産に関する権

194　｜　第1章　登記制度・土地所有権の在り方等に関する研究報告書

利を公示することにより、国民の権利の保全を図り、もって取引の安全と円滑に資するという不動産登記制度の目的との関係等を考慮する必要があることも踏まえ、登記名義人等の住所情報の公開の在り方について、検討された。

　住所情報を原則として非公開とし、氏名のほかに生年月日等を公開するものとする案に対しては、不動産登記において公開されている住所情報が、詐欺行為等に悪用されているとの指摘もあることなどを理由として、住所情報を原則として非公開とすることに賛成し、利害関係の大小に応じて段階的に開示する範囲を広げるという方法は考えられないかとの意見があった。他方で、公共事業や民間による再開発事業等における所有者探索において、まずは不動産登記の住所情報が端緒となるとの実務上の必要性から、住所情報は従来どおり公開することが望ましいのではないかとの意見や、氏名及び生年月日のみでは登記名義人等を特定するための情報として不十分ではないか、生年月日はセンシティブな情報であり、公開に適さないのではないかといった指摘もあった。

　また、登記名義人等から自己の住所を非公開とする旨の申出があった場合には、住所を公開しないものとし、一定の場合に限って住所を閲覧することができるものとする案に対しては、住所を例外的に公開してよい場合かどうかについて登記官が個別的な判断を適切に行うのは実務上困難ではないかとの指摘があった。このほか、住所の一部のみを公開するという方法や、登記事項証明書の交付請求があった場合に、登記名義人等本人にその旨通知した上で、許可が得られれば交付を行うという方法等は考えられないかとの意見があった。

　さらに、登記名義人等の現住所を公開することが相当でない場合（例えば、登記名義人等がDV被害者であり、その者から公開しない旨の申出がある場合等）には、その現住所を公開しないものとし、DV被害者等の住所に係る特例的な取扱いに関する先例（平成25年12月12日付け民二第809号民事第二課長通知、平成27年3月31日付け民二第196号民事第二課長通知、平成27年3月31日付け民二第198号民事第二課長通知）に法令上の根拠を与えることとする案に対しては、賛成する意見が多数を占め、加えて、例えば、高齢者の犯罪被害等を防止する観点から、成年後見の指定がされたときにも制限の範囲を広げることが考えられないかとの意見等があった。

（変則型登記の解消）

1　表題部所有者不明土地に関する不動産登記法の特例

　表題部所有者不明土地（所有権の登記がない土地のうち、不動産登記法第27条第3号に掲げる登記事項の全部又は一部が記録されていない一筆の土地（国、地方公共団体等が所有していることが登記記録上明らかであるものを除く。））について、登記官が必要があると認めるときは、その所有者及びかつて所有していた者の調査を行い、表題部所有者として記録すべき者の氏名又は名称及び住所等を登記するものとする新たな制度について、検討された。

　表題部所有者の登記について、表題部所有者として記録されている者の法定相続人が多数に上る場合に誰を表題部所有者として記録するか整理が必要ではないかとの指摘があった。また、表題部所有者として記録されている「字」や「組」が権利能力のない社団である地域コミュニティを指している場合や代表者が選任されていない場合には、その名義をあえて変える必要はないのではないかとの指摘等があったが、他方で、権利能力のない社団について、例えば代表者の肩書き付きの登記を認めるためには、不動産登記法の改正が必要ではないかとの指摘があった。

2　特定表題部所有者不明土地等の管理に関する特別の措置

　特定表題部所有者不明土地（表題部所有者不明土地のうち、登記官が調査を行ってもなお所有者及びかつて所有していた者のいずれをも特定することができなかったもの）について、必要があると認めるときは、裁判所は、利害関係人の申立てにより、不明土地等管理者による管理を命ずる処分（不明土地等管理命令）をすることができるとする制度を創設することについて、検討された。

　この特定表題部所有者不明土地等の管理に関する特別の措置は、強力かつ有力な手段であり、これを進めていくことが所有者不明土地問題の解決につながると考えられるとの意見があった。また、不明土地等管理命令の申立人となる「利害関係人」は、狭く捉えず、民間で取得したいという場合も広く含めるようにすべきではないかとの意見があったが、他方で、利害関係人に民間の土地取得希望者を含めるとしても、現実的には、不明土地等管理者の善管注意義務違反を追及する者は現れにくいことに留意すべきであり、裁判所による権限外行為許可が重要

な意味を有することになるとの指摘があった。

　不明土地等管理者が権限外の行為（保存行為又は特定表題部所有者不明土地等の性質を変えない範囲においてその利用若しくは改良を目的とする行為の範囲を超える行為）をするには、裁判所の許可が必要であるとする点については、本制度の軸足を本来の所有者の保護又は土地の利用の促進のいずれに置くかによって、裁判所による権限外行為許可の要件判断や費用負担をどこに求めるかが変わってくるため、整理が必要ではないかとの指摘があった。

　また、不明土地等管理者が善管注意義務及び誠実公平義務を負うものとする点については、これらに加えて分別管理義務を設けた方がよいか、あるいは善管注意義務に含まれるものと考えてよいかは議論が分かれるところであるとの指摘があった。

　さらに、不明土地等管理者は、特定表題部所有者不明土地の管理、処分その他の事由により金銭が生じた場合に、当該金銭を供託することができるものとし、当該供託金還付請求権の除斥期間を20年とする点については、不明土地等管理者の下で金銭が費消されることを防ぐため、「供託することができる」ではなく、「速やかに供託しなければならない」とする方がよいのではないかとの指摘や、本制度は、争いになってから供託する場面ではないため、除斥期間は10年程度でもよいのではないかとの指摘があったが、他方で、供託金還付請求権の除斥期間は私権を奪うことになる性質のものであるので、期間を短くすることについては注意が必要であるとの指摘もあった。

研究会だより⑮

　登記制度・土地所有権の在り方等に関する研究会（座長＝山野目章夫早稲田大学大学院教授）の第15回会議が平成30年12月26日に開催された。

　第15回会議においては、登記申請の義務化をテーマに検討が行われた。

（登記申請義務の具体的内容）

　相続等の発生を登記に反映させるために登記申請を義務化することとした場合に、①対象となる登記原因（相続のみに限るかどうか）、②権利（所有権のみに限るかどうか）、③権利変動（権利の保存及び移転等に加え、変更も対象とするかどうか）、④財産（土地に限るかどうか）、⑤義務を負う主体（登記権利者のみに限るかどうか）、⑥義務を履行すべき期間等について、検討された。

　①から④までについては、登記申請を義務化する理由は所有者の社会的責務に求められると考えられ、所有者になった原因によって差を設ける必要はないことなどを理由に、登記原因は相続に限定せず、権利は所有権に限定し、財産は土地に限定してはどうかとの意見や、相続に限らず登記申請を義務として規定した上で、相続を原因とする場合に限定して、義務違反に対するサンクションを設けることとしてはどうかとの意見があった。他方で、義務の具体的内容については、所有者不明土地問題への対策という政策目的の実現から必要かどうかという観点から絞り込んでいくべきであり、登記原因は相続、権利は所有権に限定し、権利変動は移転及び保存を対象とすることから始めるべきではないかとの意見、自らの権利を守るために登記を備えるという制度の下では、売買等の場合にまで登記申請義務を課すことは広範にすぎるのではないかとの意見等があった。

　また、土地基本法において登記をすることを所有者の責務とする旨の規定が設けられれば、登記申請の義務化の根拠となり得るし、土地基本法の理念の対象には土地上の建物等も含まれ得るため、建物についても義務化の対象とすることは可能ではないかとの意見があった。

　加えて、登記申請のインセンティブがない場面でのみ登記申請を義務化すると

いう考え方があるが、不要な土地を相続した者については登記申請を義務化しながら、通常は登記申請をするインセンティブがあるケースであるにもかかわらず登記をしない者については登記申請を義務化しないとすることには違和感もあることから、インセンティブの有無と義務化の要否とを関連付けて議論することの相当性について留意すべきではないかとの指摘や、対象となる登記原因を相続に限定せず、契約による場合も対象とした場合には、登記の義務化が当事者の契約行動にどのような影響を与えるかについても考慮すべきであるとの指摘等があった。

⑤については、共同申請主義の下で、一方のみが登記申請義務を負うとすることには違和感があり、所有権を失うときには、所有者の最後の責務として登記申請義務を負うとすることも考えられ、双方に義務が課された方が登記の促進につながるのではないかとの意見が複数あった。また、仮に、登記申請義務を私法上の義務として整理するのであれば共同申請主義との関係も意識すべきであるが、公法上の義務として整理するのであれば共同申請主義と切り離して考えることもできるのではないかとの意見、義務を負う主体は、実効性確保の手段をどのように設けるかによっても変わり得ると考えられるとの意見、登記を通じて土地情報の充実を図ることを目的とした義務であると考えた場合には、登記義務者に登記申請義務が課されないとすることには違和感があるとの意見等があった。

⑥については、登記原因ごとに変わり得るものであるため、個別のケースに応じて検討することが必要であるとの意見があった。

（義務化の実効性確保手段）

登記申請を義務化することとした場合における実効性を確保するための手段に関し、① 登記申請のインセンティブの付与による実効性確保（例えば、一定の期間内に義務を履行した者に対し、その負担を軽減する措置を講ずるなど）、② 義務を懈怠した場合に一定の不利益を与えることによる実効性確保（例えば、法令の規定により不動産の所有者に対して通知等が必要な場合であっても、当該不動産の所有権の登記名義人の住所に宛てて通知等を発すれば足りるとすること、義務を懈怠した者は、登記申請がされなかったことにより生じた損害の賠償責任を負うとすることなど）、③過料の制裁による実効性確保等について、検討され

た。

　①については、登記手続の簡略化や登録免許税の減免措置を行うことなどのインセンティブ付与が必要であるとの意見が大勢を占め、期間内に義務を履行したかどうかにかかわらず、これらの措置を行うべきではないかとの意見もあった。

　②については、通知方法に関する不利益措置に賛成する意見があったが、この措置を訴訟の送達にも拡大し、不動産登記簿上の住所に送達すれば足りるとすることについては、送達は訴訟における手続保障の出発点となる重要なものであることなどを理由として、登記申請義務を懈怠した場合の不利益とすることは相当ではないのではないかとの意見があった。また、損害賠償責任に関してはその内容等についてよく検討すべきではないかとの意見があり、このほか、義務を懈怠した場合には、実体と一致しない登記を信じた第三者に対し、法定相続分についてすら対抗することができなくなるとすることも考えられるのではないかとの意見があった。

　③については、義務を課す以上、過料の制裁を設けるべきであり、過料の規定が設けられること自体によって、義務の履行を促す一定の効果があると考えられるとの意見があった。

　以上のほか、登記申請義務を懈怠していることをどのように捕捉するのかが問題ではないかとの指摘、登記されないことが社会問題につながっていることや相続登記をする意義・方法なども含め、啓発活動を行うことも重要であるとの意見、義務化の議論の前提として、どのような土地について登記が促進されることを目指すのかを整理し、登記されない理由を分析する必要があるのではないかとの意見、義務化については、実効性確保手段との組合せや、遺産分割の期間制限や土地を手放す仕組みの在り方などの論点と関連させて検討していく必要があるとの意見等があった。

研究会だより⑯

　登記制度・土地所有権の在り方等に関する研究会（座長＝山野目章夫早稲田大学大学院教授）の第16回会議が平成31年1月15日に開催された。

　第16回会議においては、報告書の取りまとめに向けた検討が行われた。

（報告書序文）

　本研究会の最終報告書の序文においては、おおむね次のとおり検討の視点等を整理することについて、確認が行われた。

　(1)　所有者不明土地が発生させる問題を受け、民事基本法制の見直しを図るに当たっては、①相続等による所有者不明土地の発生を予防するための仕組み及び②所有者不明土地を円滑かつ適正に利用するための仕組みという視点から検討するものとする。

　(2)　①の視点のうち、ⅰ不動産登記情報の更新を図る方策という観点からは、登記申請の義務化、登記手続の簡略化及び不動産登記情報の更新について検討し、ⅱ所有者不明土地の発生を抑制する方策という観点では、土地所有権の放棄及び遺産分割の期間制限について検討するものとする。

　②の視点からは、共有の在り方、財産管理制度の在り方及び相隣関係の在り方について検討するものとする。

　(3)　①及び②とは別の観点から、変則型登記の解消に向けた新たな制度についても検討するものとする。

（登記手続の簡略化）

　登記手続の簡略化をテーマとする各論点（詳しくは、170頁以下を参照）に関する報告書の取りまとめについて検討が行われた。

　清算結了の登記がされた法人、法人に関する根拠法の廃止等に伴い解散することとされた法人、休眠法人として解散したものとみなされた後に一定期間が経過している法人など、法人としての実質を喪失している法人の担保権に関する登記

の抹消手続については、その簡略化を進めていくべきではあるが、これを許容するための要件設定についてはよく検討する必要があるとの意見があった。

登記義務者の所在が知れない場合の時効取得を原因とする所有権の移転の登記の申請を登記権利者が単独で行うことの許容については、例えば売買契約によるケースなど時効取得以外のケースにも波及し得るものであることを考慮すると、これを認めることは相当でないと考えられ、その適否も含めて引き続き検討すべきではないかとの意見があった。他方で、単独申請を認めた上で、時効取得の有無の判断に登記官が関与する案及び裁判所が関与する案について、それぞれ支持する意見があった。また、相続財産管理制度や遺産共有における管理権者等に関する見直しが行われれば、時効取得を原因とする所有権の移転の登記の申請をする場合の登記権利者の負担軽減が一定程度図られ得るため、上記のような登記手続自体の簡略化を図る必要性が変わり得るのではないかとの指摘があった。さらに、上記のような登記手続の簡略化を認めたとしても、例えば、所有権の登記名義人から数次にわたる相続が発生していたが、その相続登記が未了であり、その後に時効取得者が現れたようなケースについて、それまでの間に発生している相続に係る登記を省略することができるものとするかどうかなども含めて、更に整理して検討すべきではないかとの指摘があった。

（不動産登記情報の更新等）

不動産登記情報の更新等をテーマとする各論点（詳しくは、193頁以下を参照）に関する報告書の取りまとめについて検討が行われた。

戸籍等から得た登記名義人に関する情報等に基づいて不動産登記情報を更新するための手続に関して、変更された情報を探知した登記所が当該情報の変更の登記を行うに当たり、当該登記の登記名義人に対して事前又は事後にその旨の通知を行うとする案については、それぞれ支持する意見があり、また、住所変更の登記の申請の義務化の議論と関連性があると考えられるとの指摘があった。

登記名義人等に関する不動産登記情報の公開の在り方の見直しに関し、登記名義人等の現住所を公開することが相当でない場合（例えば、登記名義人等がDV被害者であり、その者から現住所を公開しない旨の申出がある場合等）には、その現住所を公開しないものとすることについては異論がなかったが、そこから更

202 ｜ 第1章　登記制度・土地所有権の在り方等に関する研究報告書

に拡大して、登記名義人等の住所情報を原則として非公開とし、又は登記名義人等から非公開とする旨の申出があった場合に非公開とし、利害関係を有する場合に限って住所情報を閲覧することができるものとするという案を採用するかどうかについては更に検討が必要であるとの意見があった。また、成年後見登記、動産・債権譲渡登記等において登記の公開の多様な在り方がある中で、不動産登記の公開の在り方の合理性を明らかにしておくべきではないかとの意見があった。さらに、この不動産登記情報の公開の在り方の見直しに関する議論は、所有者不明土地問題に対応するために戸籍等から情報を取得して不動産登記情報の更新を図る方策を検討する過程において、このような方策を実施した場合に更新されることとなる対象としてどのような情報が適切かという観点からの議論として位置付けられるのではないかとの指摘があった。

第2章

資料
議事要旨と研究会資料

| 登記制度・土地所有権の在り方等に関する研究会　第 8 ～18回の議題 |

第 8 回（平成30年 6 月28日開催）
(1)　近時の動向について
(2)　相続等の発生を登記に反映させるための仕組みについて

第 9 回（平成30年 8 月 2 日開催）
(1)　変則型登記の解消について

第10回（平成30年 9 月12日開催）
(1)　変則型登記の解消について
(2)　登記手続の簡略化について

第11回（平成30年10月 1 日開催）
(1)　共有の在り方について
(2)　財産管理制度の在り方について

第12回（平成30年10月22日開催）
(1)　財産管理制度の在り方について
(2)　土地所有権の放棄について

第13回（平成30年11月14日開催）
(1)　土地所有権の放棄について
(2)　相隣関係の在り方について
(3)　遺産共有の発生防止・解消の在り方等について

第14回（平成30年12月 4 開催）
(1)　相隣関係の在り方について
(2)　遺産共有の発生防止・解消の在り方等について
(3)　登記の公開の在り方等について
(4)　変則型登記の解消に向けた新たな制度の概要案についての検討

206　｜　第 2 章　資料

第15回（平成30年12月26日開催）

⑴　登記の義務化について

第16回（平成31年1月15日開催）

⑴　報告書序文イメージについて

⑵　登記手続の簡略化について

⑶　不動産登記情報の更新等について

第17回（平成31年2月5日開催）

⑴　最終報告書について

第18回（平成31年2月14日開催）

⑴　最終報告書について

登記制度・土地所有権の在り方等に関する研究会第8回会議　議事要旨

第1　日時　平成30年6月28日（木）18：00～21：00
第2　場所　きんざいセミナーハウス2階第2研修室
第3　出席者（役職名・敬称略）
　　座長　山野目章夫
　　委員　沖野眞已，垣内秀介，加藤政也，金親均，佐久間毅，水津太郎，鈴木泰介，橋本
　　　　　賢二郎，松尾弘
　　関係官庁　最高裁判所，国土交通省，農林水産省，林野庁，財務省，法務省
第4　議事概要
　1　開会
　2　本日の議題
　【相続による不動産物権変動を登記に反映させる仕組み】
　⑴　相続による不動産物権変動における登記の位置付け
　　・　A案は，相続の考え方を大きく変えることになり，影響が大きい反面，相続が
　　　望まれない土地については，登記がされずに権利主体が不明確な状態が続くなど，
　　　所有者不明土地の解消に適切に対応することができないのではないか。
　　・　B案は，相続人の一人が，第三者に対して有効に他の相続人の法定相続分を譲
　　　渡することができることを前提とするが，相続人同士の権利関係の説明が困難で
　　　ある上，A案と同様，相続が望まれない土地については，登記申請へのインセン
　　　ティブが働かないと考えられる。
　　・　C案を採用した上で，登録免許税の減免等により，登記申請へのインセンティ
　　　ブを高めるのが相当ではないか。
　　・　無権利の法理に歯止めをかけて登記申請へのインセンティブを高めるのであれ
　　　ば，相続登記の懈怠により生ずる不実の登記を信頼した者を保護する旨の規定を
　　　置いて私法上の不利益を課すという方法も考えられる。
　⑵　相続放棄により相続放棄前の法定相続分を超えて取得した部分と登記の位置付け
　　・　A案は，相続放棄があったことを他の相続人が直ちに知り得るとは限らないこ
　　　とや，相続人が数名いる場合には，相続放棄が続くことがあり，相続放棄がされ
　　　るたびに登記を強いることになり，相続人への負担が重くなり，相当ではないの
　　　ではないか。
　　・　A案を採用したとしても，相続することが望まれない土地についての登記申請
　　　へのインセンティブが働くとは限らないのではないか。
　　・　B案を採用した上で，他の相続人が相続放棄をし，自己の持分割合が確定して
　　　登記が可能であるにもかかわらず，その旨の登記を懈怠した相続人は，不実の登
　　　記を信頼した第三者に対して不実の登記であることを対抗することができないと
　　　いう規定を置くことにより，相続放棄の場面における登記申請へのインセンティ
　　　ブを高めることができるのではないか。
　⑶　相続が生じた場合における登記申請の義務化について

-1-

- A案に賛成する。もっとも，A案とB案は排他的なものではないと考える。
- 一定の期間内に遺産分割協議が成立すればその結果を登記し，成立しなかった場合には法定相続分による登記をした上，成立後に改めてその結果を登記すべきではないか。
- なぜ義務化をするのかという理由付けが重要である。日本の相続制度は包括承継主義で清算のタイミングがないため，これをカバーする限度で義務化をするのがよいのではないか。
- A案は，所有者不明土地問題を前提として，これに対応するために特別に規定する行政上の義務として位置付けられると考えている。そうすると，税の軽減措置という相続登記のインセンティブ措置を設けることは可能ではないか。
- 相続登記がされない原因の一つに，土地の所有意識の希薄化がある。土地の所有者の義務意識を向上させる施策が重要である。そこで，不動産登記法第3条各号に掲げる権利ではなく，所有権に限定するのがよいのではないか。
- 土地基本法は，「土地に関する権利」と規定しており，所有権に限定しているものではないため，同法における議論も注視していく必要がある。
- B案は，数次相続が発生した場合を想定すると，所有者不明土地問題の解消という観点からは不十分ではないか。
- B案に賛成する。一定期間内に権利の移転の登記をすることを義務付けても，実効性に疑問があり，申請義務があることの周知方法も問題である。法務局に死亡届のようなものを提出する義務を課すのはどうか。この場合には，届け出るのは相続人でなくてもよく，また管轄登記所でなくてもよいとするのはどうか。
- 登記申請の義務化を不動産登記法に規定する場合には，同法1条の目的規定との関係にも留意する必要がある。
- 最終的にはA案とすることが望ましいが，A案とB案は排他的ではないことから，まずB案を採用し，死亡の事実について情報提供を受けることを組み合わせてもよいのではないか。
- 不動産登記簿と戸籍との情報連携ができるのであれば，法務局への届出を待たずに職権でB案を行うことも考えられるのではないか。
(4) 登記申請を義務付けられる「一定の期間」について
- 相続登記を行うインセンティブを与えるために，税の軽減措置を行うことが考えられることからすれば，A2案が親和的ではないか。
- 熟慮期間は，相続人に相続放棄等について選択させるための期間であることから，上記(3)A案を採用した場合に，A1案を採用して熟慮期間内に相続登記をすることを義務付けることは，熟慮期間の趣旨に反するのではないか。一方で，上記(3)B案を採用した場合には，A1案を採用しても熟慮期間の趣旨と矛盾しないと思われる。
- 相続の開始があったことを知った時から「速やかに」又は「遅滞なく」といった定め方はできないか。ただ，そうすると，申請を懈怠した場合に過料等を課す基準が，「速やかに」又は「遅滞なく」といった判断を要するようなものとなってしまうため，困難か。

第8回会議　議事要旨 | 209

- ・　Ａ２案でも短いと思われるので，１年程度がよいのではないか。
(5)　申請をすべき義務がある者がその申請を怠った場合について
- ・　登記申請の義務を特別な公法上の義務として位置付けるのであれば，Ａ案とすべきではないか。
- ・　申請の懈怠により善意の第三者に対抗することができなくなるという実体法上の効果を設けてはどうか。
- ・　申請の懈怠により第三者に損害を生じさせた場合には，当該第三者に対する損害賠償責任を負うこととしてはどうか。

【相続以外の原因による不動産物権変動を登記に反映させる仕組み】
(1)　相続以外の原因による不動産物権変動における登記の位置付け
　　ア　取得時効による不動産物権変動における登記の位置付け
- ・　Ａ案やＢ案は，占有者にとって登記を期待することができない場面であるのに，未登記により生ずる不利益が大きく，これらの規律を採用することを正当化することは難しいのではないか。
- ・　判例法理の下では，時効完成後の第三者との関係は対抗関係とされており，当該第三者が先に登記を備えると時効取得が否定されるため，常に登記申請へのインセンティブが働いているといえ，Ａ案やＢ案のような新たな規律を設ける必要性はないのではないか。
　　イ　意思表示による不動産物権変動における登記の位置付け
- ・　Ａ案は，不法占拠者に対する所有権の主張の可否，動産や債権譲渡の場面や復帰的物権変動と説明される取消しや解除の場面，更には，担保権の消滅の場面における登記の位置付けをどうするのかという問題や意思主義・対抗要件主義の下で蓄積された種々の規律や仕組みに影響を与えかねず，その採用には慎重であるべきではないか。
- ・　Ｂ案を採用している現行法の下でも，買主等は，登記を備えることが通常であり，意思表示による物権変動の場面においては，登記申請へのインセンティブは働いている。
(2)　相続以外の場合における登記申請の義務化について
- ・　相続の場合に義務化するのであれば併せてＡ案とするのがよいのではないか。もっとも，申請義務を負う者は，登記権利者と登記義務者の双方ではないか。また，相続の場合と異なり，権利の内容や割合について争いがあり得るのでその点をどうするかが問題である。
- ・　義務違反の場合の実効的な制裁手段を定められるのか疑問であり，実効的なものがのぞめないのであれば，Ａ案は難しいのではないか。
- ・　登記制度の信頼性を高めるという観点からは，物権変動が生じた場合に直ちにそれを登記に反映させる公法上の義務を課すということはあり得るかもしれないが，そこまでの義務を課すことについては慎重に考えるべきではないか。
- ・　義務化を権利取得の場合に限るのか又は物権変動全般とするのか，その際の効果はどうなるのかなどについて検討する必要がある。
- ・　義務化をしたとしても，時効取得する不動産の登記名義人が数代前の者である

- 3 -

210　｜　第２章　資料

場合や変則的な登記がされている不動産の場合には権利取得の登記を行うこと自体が困難であるという問題がある。
・　国民の手続負担を軽減しないまま義務化することには疑問がある。
・　相続の場合には，権利取得が望まれず，数次相続により相続人が多数となって登記と実態が乖離するおそれがあるのに対し，相続以外の場合には，権利取得が望まれないということや数次相続が発生することも少ないことから，相続の場合と相続以外の場合とでは問題の性質が異なるのではないか。

【不実の登記を信頼した者の保護について】
・　Ａ案は，物権変動を登記に反映させるような効果があると考えられるし，効力要件主義を採用するよりは，現在の民法との乖離が少ない。
・　民法94条2項類推適用を認める判例法理は，本来同項が適用される場面との乖離があるため，同項とは別の新たな規定を設けることが相当ではないか。
・　Ａ案を採用するとしても，総則的に不実の登記を信頼した者を保護する規定を置くのか，相続放棄の場面や取消しや解除のような復帰的物権変動とされている場面について個別の規定を置くのか，不動産登記法に規定を創設するかどうかという点も検討する必要がある。
・　Ａ案を採用する場合には，真の権利者にどの程度の帰責性があれば，第三者保護の反射的効果を及ぼしてよいとするのか，事案が多岐にわたる判例を分析して検討する必要があるのではないか。

【住所について変更があった場合における登記申請の義務化について】
・　Ａ案を採用したとしても，実効性に疑問がある。住民票の除票の保存期間が150年とされれば住所が不明となる問題は解決されるはずである。
・　Ａ案に賛成である。住民基本台帳法において住所変更の届出は義務とされており，これと同様ではないか。

3　閉会

-4-

第8回会議　議事要旨　│　211

研究会資料8

相続等の発生を登記に反映させるための仕組みについて

第1　相続による不動産物権変動を登記に反映させる仕組み
　1　相続による不動産物権変動における登記の位置付け
　　【A案】人の死亡による相続人への不動産の権利の移転は，登記をしなければ，効力
　　　を生じないものとする。
　　【B案】共同相続による不動産物権変動（注）については，登記をしなければ，第三
　　　者に対抗することができないものとする。
　　【C案】新たな規律は設けないものとする。
　　　（注）ここでは，議論の便宜上，相続開始当初の法定相続分に相当する権利の取得
　　　　　（相続放棄された場合の法定相続分の変動を含まない。）を前提としている。

（補足説明）
⑴　共同相続による不動産物権の取得について第三者が登場する場面の例としては，
　①共同相続人A・Bが相続した遺産につき，Bが偽造書類等を用いて単独所有の登
　記を経て，第三者Cに譲渡した場合や，②遺産である土地について共同相続人Bに
　相続させる旨の遺言に基づき，Bが，単独所有の登記を経て，第三者Cに譲渡した
　が，後に，その遺言が無効であることが確認された場合などが考えられる。
　　判例によれば，上記の例におけるAは，自己の法定相続分の取得については，登
　記をしなくても第三者Cに対抗することができるとされている（最高裁昭和38年
　2月22日民集17巻1号235頁）。
　　このような判例法理を前提とすると，共同相続による権利取得につき，各相続人
　は，登記をしなくても，自己の法定相続分を確保することができるから，登記申請
　へのインセンティブが働きにくい面があるとも言える。
⑵　そこで，相続による権利の移転につき，登記申請へのインセンティブを強く働か
　せるため，登記をしなければ，死亡した者が生前有していた不動産について，相続
　人への権利の移転の効力が生じないこととする規律を設ける（相続による不動産の
　物権変動につき，登記を効力要件とする）ことが考えられ，このような考え方を【A
　案】において示している。
　　これに対しては，価値が低いなどのために相続することが望まれない不動産につ
　いては，登記をしない限り所有権が移転しないため，むしろ登記申請をしない方向
　にインセンティブを働かせてしまうのではないか，被相続人が死亡してから所有権
　の移転の登記がされるまでの間の不動産の所有権の帰属をどうするのか，同期間中
　の工作物の設置・保存の瑕疵による損害賠償責任は誰が負うこととなるのかなど，
　様々な課題があるため，上記の規律を設けることは相当でないとの指摘が考えられ
　る。
⑶　また，相続による不動産物権変動については，人の死亡により直ちに相続人に権
　利が移転するという現行法の規律を維持した上で，判例上，登記をしなくても相続

－ 1 －

212　｜　第2章　資料

による権利取得を第三者に対抗することができるとされている法定相続分に相当する権利（持分）の取得について，登記申請へのインセンティブを高めるため，登記をしなければ第三者に対抗することができないこととすることが考えられ，このような考え方を【B案】において示している。

　もっとも，法定相続分に相当する権利の取得について，登記をしなければ第三者に対抗できないとした場合には，次のような指摘が考えられる。

ア　法定相続分は，飽くまでも対内的な割合を定めたにすぎず，対外的には，共同相続人A・Bは，一つの完全な財産権を取得したものとし，第三者Cは，共同相続人の一人Bから，完全な所有権を取得することができると解釈し，AとCとが対抗関係（二重譲渡類似の関係）に立つものと理解する立場もあるが，Bが無断でAの共有持分を有効に譲渡できるとするのは相当ではないのではないか（注）。

　（注）法制審議会民法（相続関係）部会においては，相続人はその法定相続分に相当する権利（持分）を取得するのであるから，その部分については，当該相続人以外の相続人が権利を取得することはなく，対抗関係が生ずる事態は考えられないものとされている。

　　　なお，不実の登記を信用した善意の第三者については，本人の帰責性が認められることを前提に，民法第94条第2項類推適用により保護することも可能と考えられる。

イ　仮に，共同相続人A・BのうちBが，法定相続分に相当する権利（持分）を超える部分について自己所有の登記を備えた場合には，当該部分の登記は無効であるはずにもかかわらず，BがCに持分を譲渡した場合には，Aは登記をしなければCに持分の取得を対抗できないこととすると，登記に実質的な公信力を与えることとなるが，現行法上，登記に公信力が認められていないこととの関係をどのように考えるか。

ウ　相続した土地の権利を保有したいと考えている相続人にとっては，法定相続分に相当する権利の取得に対抗関係を持ち込むことにより，登記へのインセンティブは高まると考えられるが，相続した土地を手放したいと考えている相続人に対して登記申請へのインセンティブは高まらないのではないか。

(4)　相続による物権変動において，登記申請へのインセンティブを働かせる方策として，登記を効力要件とすること（A案）や対抗関係とすること（B案）も考えられるが，上記(2)，(3)のとおり，種々の課題がある。

　そこで，相続による不動産物権変動における登記の実体法上の位置付けを見直すことは相当でなく，実体法上新たな規律を設けないとする考え方もあるところであり，これを【C案】として示している。なお，【C案】を採用するとしても，別途，後記3のとおり，登記申請の義務化など，不動産登記法的観点から相続による不動産物権変動を登記に反映させる仕組みを検討することにより，登記申請へのインセンティブを高めることも考えられる。

2　相続放棄により相続放棄前の法定相続分を超えて取得した部分（注）と登記の位置付け

- 2 -

【Ａ案】他の相続人の相続放棄により相続放棄前の法定相続分を超えて権利を取得した者は，その超える部分の権利取得につき，登記をしなければ，第三者に対抗することができないものとする。

【Ｂ案】新たな規律は設けないものとする。

> （注）例えば，被相続人の相続人である子ＡＢＣがおり，Ａが相続放棄をした場合には，ＢＣの法定相続分は，相続放棄前の各１／３から各１／２に増えることとなるが，その増加分である各１／６を指している。

（補足説明）

(1)ア　相続人がした相続放棄について利害関係を有する第三者が現れる場面の例としては，①共同相続人Ａ・Ｂのうち，Ｂが相続を放棄した後に，Ｂの債権者ＣがＢに代位して法定相続分による登記をし，Ｂの持分を差し押さえたケースや，②Ａ又はＢが一旦法定相続分の登記をした後に，Ｂが相続放棄をしたにもかかわらず，Ｃにその持分を譲渡したケースなどが考えられる。

　イ　遺産分割には遡及効があるが（民法第909条本文），遺産分割によって法定相続分を超える不動産の持分を取得した共同相続人は，法定相続分を超える持分部分については登記をしなければ第三者に対抗できないとするのが判例である（最判昭和46年1月26日民集25巻1号90頁）。現在国会審議中の民法及び家事事件手続法の一部を改正する法律案においても，相続による権利の承継は，遺産の分割によるものかどうかにかかわらず，民法第900条，第901条の規定により算定した相続分を超える部分については，登記，登録等の対抗要件を備えなければ，第三者に対抗することができない（案第899条の2第1項）とされ，遺産分割後の第三者との関係は対抗関係となることが明示されている。

　　　これに対し，相続放棄の遡及効（民法第939条）については，相続放棄の効力は絶対的で，何人に対しても，登記等なくしてその効力を生ずるとされている（最判昭和42年1月20日民集21巻1号16頁）。上記法律案においても，相続放棄により相続放棄前の法定相続分を超えて取得した権利については，「民法第900条，第901条の規定により算定した相続分」に含まれることとなるため，登記をしなくても第三者に対抗することができるから，登記申請へのインセンティブが働きにくい面があるとも言える。

(2)　そこで，相続放棄により相続放棄前の法定相続分を超えて取得した権利については，登記申請へのインセンティブを高めるため，登記をしなければ第三者に対抗することができないとすることが考えられ，このような考え方を【Ａ案】において示している。

　　　これに対しては，次のような指摘が考えられる。

　ア　共同相続人の一人が家庭裁判所に対して相続を放棄する旨を申述し，家庭裁判所が放棄の申述を相当と認めて受理する旨の審判（家事事件手続法第201条）をすると，裁判所書記官は，当事者及び利害関係参加人に対し，その旨を通知することとされている（家事事件手続規則第106条第2項）が，他の共同相続人や次順位の相続人は，必ずしも，この通知を受けるわけではない。このように，相続

放棄がされたかどうかにつき，直ちに認識し得る立場にない相続人が，相続放棄により相続放棄前の相続分を超えて取得した権利について，登記をしなければ第三者に対抗することができないとすることは，酷ではないか（注）。

　　（注）相続放棄者以外の相続人に，相続放棄があったことを知らせる方策として，例えば，相続放棄を相手方のある意思表示と位置付け，相続放棄者は，家庭裁判所に相続放棄の申述をした場合には，その旨を他の相続人に通知しなければならないとすることも考えられるが，相続放棄の効果発生時期を画一的に処理することが困難になるなどの課題がある。

　イ　また，相続放棄前の法定相続分を超えて取得した権利を対抗関係とした場合，当該権利について利害関係を有する第三者として考えられるのは，相続放棄者の債権者であることが一般的である（上記(1)の①のＣ）が，このような債権者は，本来，相続財産について正当な期待を有していないものと考えられており，相続人の犠牲の下でこのようなＣを保護することは相当ではないのではないか（注）。

　　（注）相続放棄があったことを知らず，法定相続分の登記等を信頼した善意の第三者は，本人の帰責性が認められることを前提に，民法第94条第２項の類推適用による保護が考えられる。

　ウ　相続した土地の権利を保有したいと考えている相続人にとっては，相続放棄前の法定相続分を超えて取得した権利について対抗関係を持ち込むことにより登記申請へのインセンティブは高まると考えられるが，相続した土地を手放したいと考えている相続人に対しては，登記申請へのインセンティブは高まらないのではないか。

(3)　【Ａ案】については，上記のような課題があることから，相続放棄により相続放棄前の法定相続分を超えて取得した権利について，登記の実体法上の位置付けを見直すことは相当でなく，実体法上新たな規律を設けないとする考え方もあるところであり，これを【Ｂ案】として示している。

　　なお，【Ｂ案】を採用するとしても，別途，不動産登記法的観点から，実体的権利関係を登記に反映させる仕組みについて検討することが考えられるのは，前記１の【Ｃ案】と同様である。

3　相続が生じた場合における登記申請の義務化について

【Ａ案】相続により不動産登記法第３条各号に掲げる権利（ただし，当該権利が登記されている場合に限る。）（注１）を取得した者は，〔一定の期間内に，〕当該相続による権利の移転の登記等を申請しなければならないものとする。

【Ｂ案】登記名義人の相続人は，〔一定の期間内に，〕登記名義人死亡の登記（注２）を申請しなければならないものとする（注３）。

【Ｃ案】新たな規律は設けないものとする。

　（注１）所有権に限るとする別案も考えられる。

　（注２）相続による権利の移転の登記等がされるまでの間の新たな登記の類型として設けることを前提としている。

　（注３）不動産登記簿と戸籍との情報連携を前提に，登記名義人が死亡した場合に

－ 4 －

研究会資料8　｜　215

おいて，市町村に死亡届が提出されたときは，当該登記名義人が権利を有する不動産について，登記官は，職権で，登記名義人死亡の登記をするものとするとの別案も考えられる。

（補足説明）
⑴　現行法上，権利に関する登記の申請は，国に対する公法上の義務としては強制をされていない。これは，権利に関する登記は，不動産に関する権利変動について第三者に対する対抗要件を備えるためにされるものであること（民法第177条）から，私的自治の原則に従ってその利益を享受しようとする者が必要に応じてその登記を申請すればよいためであるなどと説明されている。

　　　もっとも，相続登記未了土地の増加等を受け（注1），第一読会においては，相続登記の場面では，対抗要件主義による登記申請へのインセンティブが働かないことや，相続登記が行われないと，時の経過とともに権利者がねずみ算式に増加し，登記と実体との不一致が拡大するおそれがあることなどが指摘され，相続による登記について義務化する必要性についての議論がされた。

　　　そこで，以上のような点を踏まえ，相続により不動産登記法第3条各号に掲げる権利を取得した場合に，当該権利を取得した者に対し，当該相続による権利の移転の登記等（注2）の申請を義務付ける考え方を【A案】として示している。

　（注1）国土交通省「平成28年度地籍調査における土地所有等に関する調査」においては，登記簿のみでは登記名義人の所在を把握することができなかった土地は，全体（622,608筆）の20.1％（125,059筆）存在し，そのうち，所有権移転の未登記（相続）によるものはそのうちの66.7％（83,371筆）であった（「平成29年度土地に関する動向」及び「平成30年度土地に関する基本的施策」（以下「土地白書」という。）114頁参照）。

　（注2）権利の移転の登記以外に，権利の更正の登記などが考えられる。
　ア　「相続」の意義について
　　　ここでいう「相続」の意義については，不動産登記法第63条第2項の「相続」と同義に考え，同項に基づく単独申請が認められるものに限り，登記申請義務を課すことが考えられる。この場合には，登記名義人の相続人は，法定相続分による権利の移転の登記を申請すれば，当該登記申請義務を履行したこととなり，その後に遺産分割協議が成立したときであっても登記申請義務は課せられないこととなる。このような考え方に対しては，確定的な権利状態ではない法定相続分による共同名義の登記を増加させ，所有者探索の負担を加重させるだけであるとの指摘が考えられる。

　　　他方，ここでいう「相続」に，法定相続分による権利の移転の登記後に遺産分割協議を行った場合を含むこととする考え方もあり得る。これに対しては，現行法上，このような場合には登記権利者及び登記義務者による共同申請によることとされており，登記義務者の協力が得られないときには登記申請義務を履行することができないという問題が生ずるとの指摘が考えられる。

　　　また，ここでいう「相続」に，遺贈や死因贈与を含むこととする考え方もあり

－ 5 －

得る。これに対しては，遺贈や死因贈与を原因とする登記は，対抗力を得るための登記であるため，現行の対抗要件主義の規律を維持するとしても，対抗要件主義による登記申請へのインセンティブが働くのではないかとの指摘が考えられる。その一方で，登記名義人の死亡によって，実体と登記との不一致が生じている点では，共同相続や遺産分割の場合と同様であり，差異を設ける必要はないのではないかとの指摘も考えられる。

イ　対象となる権利について

　本文では，不動産登記法第３条に掲げる権利を登記申請義務の対象となる権利としている。これは，相続による権利の移転の登記がされないおそれは，所有権に限られず，抵当権や地上権等においても異ならないとの考え方に基づくものである。ただし，借地借家法等の法律によって，登記以外の対抗要件が定められている権利があることから，当該権利が登記されている場合に限ることとしている。

　これに対し，登記申請義務の根拠については不動産の所有者が負うべき責務にあるとの考え方からすると，不動産登記法第３条に掲げる権利全てを登記申請義務の対象とすべきではなく，所有権に限るべきであるとの考え方もあり得る（注）。そこで，本文の（注１）では，このような考え方を記載している。

（注）所有者不明土地等対策の推進に関する基本方針（平成 30 年６月１日所有者不明土地等対策の推進のための関係閣僚会議決定）においては，「土地の公共性を踏まえ，土地の管理や利用に関して所有者が負うべき責務や，その責務の担保方策に関して，必要な措置の具体的な方向性を来年２月を目途にとりまとめる。その後，関係審議会等において法改正に向けた作業を進め，2020 年に予定している民事基本法制の見直しとあわせて土地基本法等の見直しを行う」こととされている。なお，現在の土地基本法第５条は，「その土地に関する権利を有する者」に対し，価値の増加に伴う利益に応じた適切な負担が求められるものと規定している。

(2)　登記名義人が既に死亡し，当該登記名義人には権利が帰属していないにもかかわらず，当該登記名義人のままとなっている状態は，公示の観点から見て問題であると考えられる。

　そこで，登記名義人が死亡している旨の登記（登記名義人死亡の登記）を相続による権利の移転の登記等がされるまでの間の新たな類型の登記として設けることとし（注），登記名義人が死亡した場合には，登記名義人の相続人に対し，少なくとも登記名義人の死亡の登記の申請を義務付ける考え方を【Ｂ案】として示している。

　なお，【Ｂ案】については，不動産登記簿と戸籍との情報連携が整備されることとなれば，登記名義人が死亡した場合において，市町村に死亡届が提出されたときは，当該登記名義人が権利を有する不動産について，登記官が，職権で，登記名義人死亡の登記をすることとするとの考え方もあり得る。そこで，本文の（注３）では，この考え方を記載している。

　【Ｂ案】に対しては，登記名義人が死亡している旨の登記だけでは，登記名義人

- 6 -

研究会資料 8 ｜ 217

の相続人に更に相続が生じているかどうか（数次相続が生じているかどうか）が明らかとならないため，現在問題となっている長期間にわたり相続登記が未了となっている土地の問題解決にはつながらないのではないかとの指摘が考えられる。この指摘に対しては，【B案】を前提としつつ，登記名義人死亡の登記の日から一定の期間内に相続による権利の移転の登記等が申請されないときは，登記官が，登記名義人の相続人その他の登記名義人となり得る者に対し，当該相続による権利の移転の登記等の申請を義務付けることができるものとし，暫定状態である登記名義人死亡の登記の状態を解消する規定を設けることなども考えられる。

（注）所有者不明土地の利用の円滑化等に関する特別措置法第 40 条第 1 項が「所有権の登記名義人の死亡後長期間にわたり相続登記等がされていない土地である旨」等を所有権の登記に付記することができる旨を規定していることが参考になる。

(3) 【A案】及び【B案】に対し，国民に対して新たな義務を課すことに対して慎重であるべきであるとの意見や，義務化した場合であってもその実効性の確保が困難であることなどを理由として，相続が生じた場合における登記申請の義務化について新たな規律は設けないものとする考え方があることから，これを【C案】として示している。

4　前記3において【A案】又は【B案】を採用した場合における「一定の期間内」について，

【A１案】自己のために相続の開始があったことを知った時から３か月以内とする。

【A２案】相続の開始があったことを知った日の翌日から起算して 10 か月以内とする。

【B案】期間制限は設けないものとする。

（補足説明）

(1) 前記3において【A案】又は【B案】を採用した場合には，登記申請に期間制限を設けなければ，いつまでも申請がされない状態を許容することになり，その申請を義務化した趣旨を没却することになり兼ねないとの指摘が考えられる。そこで，一定の期間内に申請しなければならないとする考え方を【A案】において示している。

具体的な期間について，【A１案】は，相続の承認又は放棄をすべき熟慮期間（民法第 915 条第 1 項）を参考に，自己のために相続の開始があったことを知った時から３か月以内とするものである。

これに対し，【A２案】は，相続税の申告期限（相続税法第 27 条第 1 項）を参考に，相続の開始があったことを知った日の翌日から起算して 10 か月以内とするものである。

【A１案】及び【A２案】に対しては，「知った」という主観的な要件を設けるとすると，共同相続の場合には共同相続人ごとに登記申請義務を履行すべき期間の具体的な始期及び終期が区々になってしまうことや，「知った」という主観的な要

－ 7 －

218 ｜ 第 2 章　資料

件を登記官が判断することができるのかといった問題点があることなどを理由に，このような主観的な要件を設けるべきではないとの指摘が考えられる。これに対しては，期間の始期について，主観的な要件を不要とし，客観的な要件とする場合には，登記名義人の死亡の事実や相続すべき不動産の存在を知らないときにまで，相続人に申請義務を負わせることとなるが，それは相続人に酷ではないかとの指摘が考えられる。

他方，前記3で【A案】を採用した場合には，「一定の期間内」の始期について，法定相続分による登記がされた場合であっても，その後に相続放棄がされたときは，その遡及効によって法定相続分が変わることとなるため，相続放棄をすることができる間は，登記申請の義務を課すべきではないとの指摘が考えられる。

(2) 【A案】に対しては，一定の期間内に登記申請をしなければならないとすると，一定の期間が経過した場合には，義務違反の発覚をおそれて，かえって登記申請がされなくなるのではないかといった指摘などが考えられる。

そこで，登記申請義務を履行すべき期間を設けるべきではないとする考え方を【B案】として示している。

5　前記3において【A案】又は【B案】を採用した場合において，申請をすべき義務がある者がその申請を怠ったときは，
　　【A案】一定の金額以下の過料に処するものとする（注）。
　　【B案】登記官が，職権で，登記することができるものとする（注）。
　　【C案】登記官が，必要な登記申請を勧告するものとする（注）。
　　【D案】罰則等の規律を設けないものとする。
　　（注）【A案】から【C案】までは，複数の案を採用することも考えられる。

（補足説明）
(1) 前記3において【A案】又は【B案】を採用した場合において，申請をすべき義務がある者がその申請を怠ったときは，その実効性を確保するために，これに対し何らかの制裁手段を設けることが考えられる。

まず，表示に関する登記については，申請をすべき義務がある者がその申請を怠ったときは，10万円以下の過料に処するものとされていること（不動産登記法第164条参照）から，これを参考に，一定の金額以下の過料に処するものとする考え方を【A案】として示している。これに対しては，過料よりも登記申請に係るコストの方が上回る場合には，登記申請がされないのではないかとの指摘などが考えられる。

次に，登記官が，申請をすべき義務がある者がその申請を怠っているかどうかを調査し，これを怠っていると認められるときは，職権で登記することが考えられ，これを【B案】として示している。これに対しては，職権で登記がされるのであれば，かえって登記申請がされなくなるのではないかといった指摘や，登記官が具体的な権利の承継を把握できずに実体的権利関係と異なった登記を職権でしてしまうことが生じないかといった指摘などが考えられる。

－ 8 －

さらに，所有者不明土地の利用の円滑化等に関する特別措置法第 40 条第 2 項を参考に，登記官が必要な登記申請を勧告することが考えられ，これを【Ｃ案】として示している。これに対しては，法的な強制力を伴わない勧告にとどまるのであれば，その効果が薄いのではないかとの指摘が考えられる。ただし，【Ａ案】と【Ｃ案】を組み合わせて，勧告をした場合において，一定の期間内に，登記申請をしなかったときは，過料に処することとするといった考え方もあり得る。

⑵　【Ａ案】から【Ｃ案】までに対し，罰則等の規律を設けないものとする考え方を【Ｄ案】として示している。【Ｄ案】を採用する場合には，義務化の実効性を確保する措置がないこととなるが，それについてどのように考えるか。

第 2　相続以外の原因による不動産物権変動を登記に反映させる仕組み
1　相続以外の原因による不動産物権変動における登記の位置付け
⑴　取得時効による不動産物権変動における登記の位置付け

【Ａ案】取得時効による物権変動は，登記をしなければ，効力を生じないものとする。

【Ｂ案】取得時効による物権変動は，第三者が利害関係を有するに至った時期が時効完成の前か後かを問わず，登記をしなければ第三者に対抗することができないものとする。

【Ｃ案】新たな規律は設けないものとする。

（補足説明）

ア　取得時効による物権変動において，時効の援用による権利取得後その登記がされるまでの間，実体法上の権利関係と登記とが一致しない場面が生ずる。特に，判例によれば，時効取得者は，占有開始時点における土地所有者や，時効完成前に土地所有権を取得した者（時効完成前の第三者）に対しては，登記をしなくても所有権の取得を対抗することができるとされ（最判昭和 41 年 11 月 22 日民集 20 巻 9 号 1901 頁），これらの場面では，登記申請へのインセンティブが働きにくい面があるとも言える。

イ　取得時効による物権変動を登記に忠実に反映させるため，登記の移転を取得時効の効力（成立）要件とすることが考えられ，このような考え方を【Ａ案】において示している。

　これに対しては，例えば，長期間の土地の占有により時効が完成し，援用の意思表示がされたが，登記をしていない段階で，土地所有者から占有者に対して土地の明渡請求がされた場合には，占有者は結局時効取得ができないとも考えられ，長期間継続した事実状態の尊重という取得時効の制度趣旨と整合しないのではないかという指摘が考えられる。

ウ　対抗要件主義を維持しつつ，取得時効の場面において登記申請へのインセンティブを高めるため，登記をしなければ，時効による権利取得を第三者に対抗することができないとする考え方もあり，このような考え方を【Ｂ案】において示している。

　これに対しては，時効完成前の第三者は，原権利者から登記の移転を受けていることが通常であり，占有者は時効取得を当該第三者に対抗することができず，結果

－ 9 －

的に長期間継続した占有という事実状態が尊重されないことになるのではないかという指摘が考えられる。

エ　判例法理によれば，時効取得者は，時効完成後の第三者との関係では，登記をしなければ対抗できないこととされているから，時効完成後においては，登記申請へのインセンティブが働いているといえる。そして，時効完成前の第三者との関係においても，当該第三者が，時効完成後に不動産を転売した場合には，時効取得者は登記をしなければ権利を対抗できないのであるから，実際には，現行の規律の下でも，時効取得者には常に登記申請へのインセンティブが働いているとも考えられる。

　　　そこで，時効取得による物権変動につき，新たな規律を設けないものとすることが考えられ，このような考え方を【C案】において示している。

　　　なお，【C案】を採用するとしても，別途，後記2のとおり，登記申請の義務化など，不動産登記法的観点から，実体的権利関係を登記に反映させる仕組みについて検討することが考えられる。

(2)　意思表示による不動産物権変動における登記の位置付け
【A案】意思表示による不動産物権変動は，登記をしなければ，効力を生じないものとする。
【B案】新たな規律は設けないものとする。

（補足説明）
ア　売買や贈与などの意思表示による不動産の物権変動については，現行法上，意思表示のみによって効力を生じ，登記は第三者に対する対抗要件と位置付けられているが（意思主義・対抗要件主義），実体的権利関係の変動をより直截に登記に反映させるための仕組みとして，登記を物権変動の効力発生要件とする効力要件主義を採用することが考えられ，この考え方を【A案】として示している。
イ　これに対しては，次のような指摘が考えられる。
　(ア)　民法第177条の登記を要する物権変動について無制限説を採用する判例法理の下では，意思表示によって不動産の物権を取得した者は，自らの権利を守るため，登記をすることが通常であり，登記申請へのインセンティブが有効に働いているのであり，効力要件主義を採用する必要はないのではないか。
　(イ)　現行法上，土地の不法占有者は，民法第177条の「第三者」には当たらないとされているから（最判昭和25年12月19日民集4巻12号660頁），土地の所有権を取得した者は，登記をしなくてもその所有権を対抗することができ，不法な占有を防止する手段としての物権的請求権が確保されている。仮に，効力要件主義を採用することとなれば，土地の所有権を取得した者は，登記をしなければ，物権的請求権に基づいて不法占有者を排除することができなくなり，法秩序を害することになるのではないか。
　(ウ)　意思主義・対抗要件主義については，不動産の物権変動における私的自治を尊重するとともに，前記(イ)のとおり実際にも権利者保護を高める機能を有するものであり，我が国における民事法制の基本原則として高く評価すべきとする

－ 10 －

指摘があるところ，形式主義・効力要件主義を採用することとした場合には，民事法制全体に大きな影響を与えるおそれがあるのに対し，そのような見直しをする十分な立法事実がないのではないか。

(エ) 我が国においては，意思主義・対抗要件主義が広く根付き，これを前提として，様々な取引慣行が発展してきた。例えば，金銭債務を担保するために，債務者から債権者に対して不動産の所有権の移転の登記をする譲渡担保は，抵当権等の典型担保より更に機動的に担保の実行ができる仕組みを実現するため，意思主義・対抗要件主義の特性を活かして発展し，裁判例が積み重ねられて，我が国に定着したものということができる。

効力要件主義を採用した場合には，譲渡担保等の非典型担保の法律上の位置付けが大きく変更されることになるとともに，抵当権等の典型担保についても，登記をしなければ担保権の効力が生じなくなるため（不動産担保権の実行につき，登記事項証明書以外の文書の提出でも開始できるとする民事執行法第181条第1項参照），約定担保権の在り方全般を改めて見直す必要が生じ，実務に与える影響も大きいのではないか。加えて，金融実務上，借入れ等の事実をほかに開示され，信用不安を生じさせることを防止する等のため，抵当権設定の登記をしない取扱い（登記留保）もあり，このような実務上の取扱いにも影響を与えることとなるのではないか。

(オ) また，不動産について登記を効力要件とした場合，同じく対抗要件主義を採用している動産，債権についても対抗要件主義を維持するべきか否かという問題や，民事訴訟における主張立証責任の在り方等，効力要件主義に改めた場合の法制的・社会的影響（注）を丁寧に見定める必要があるのではないか。

(注) 効力要件主義を採用した場合には，現行法の対抗要件主義の下でされた物権変動行為の効力について，どのような経過措置を置くべきかが問題となり得る（取り分け，現行法には規定のない譲渡担保の取扱い等は困難な課題となる。）。また，不動産の買主は，売主やその包括承継人に対しても，所有権に基づく主張ができず，債権的な主張ができるに過ぎないこととなる。さらに，制限行為能力を理由とする取消し，詐欺取消し等の場合においても，移転登記の抹消がされない限り，取消しの効果が生じないとするのかや，破産者（更生会社）の支払停止後の対抗要件具備行為の否認（破産法第164条第1項，会社更生法第88条）についてどのように改めるのかなど，様々な場面に影響を及ぼすことが考えられる。

ウ 意思表示による不動産物権変動において，対抗要件主義を維持する考え方を【B案】として示している。

2 相続以外の場合における登記申請の義務化について

【A案】相続以外の原因により不動産登記法第3条各号に掲げる権利（ただし，当該権利が登記されている場合に限る。）（注）を取得した者は，〔一定の期間内に，〕権利の取得等の登記を申請しなければならないものとする。

【B案】新たな規律は設けないものとする。

－ 11 －

222 ｜ 第2章 資料

（注）所有権に限るとする別案も考えられる。

（補足説明）
⑴　登記と実体を一致させるという観点からは，相続が生じた場合に限らず，不動産の物権変動が生じた場合（特に時効取得の場合（前記１⑴参照））には，これを登記に適時に反映させることが望ましいと考えられる（注）。

そこで，相続以外の原因により不動産登記法第３条各号に掲げる権利（ただし，当該権利が登記されている場合に限る。）を取得した者は，権利の取得等の登記を申請しなければならないものとする考え方を【Ａ案】として示している。

【Ａ案】に対しては，売買や贈与等がされた場合には，これを原因とする登記は，登記権利者及び登記義務者による共同申請によることとされており，登記義務者の協力が得られないときには登記申請義務を履行することができないという問題が生ずるとの指摘が考えられる。

なお，前記第１の３の【Ａ案】と同様に，登記申請の公法上の義務は，不動産の所有者に対してのみ課せられるべきであるとの考え方もあり得ることから，本文の（注）において，所有者に限るとする別案を示している。

相続以外の原因により当該権利を取得した場合には，相続の場面とは異なり，自らが当該権利を取得したことを知っているのが通常であると考えられることから，登記申請義務を履行すべき一定の期間を設けるときであっても，「知った」との主観的な要件は不要であると考えられる。ただし，一定の期間が経過した場合には，義務違反の発覚をおそれて，かえって登記申請がされなくなるのではないかとの指摘が考えられることは，前記第１の４の補足説明と同様である。

（注）前掲「平成 28 年度地籍調査における土地所有等に関する調査」において，登記簿のみでは登記名義人の所在を把握することができなかった土地は，全体（622,608 筆）の 20.1%（125,059 筆）存在したが，所有権移転の未登記（売買・交換等）によるものはそのうちの 1.0%（1,192 筆）であった（土地白書 114頁参照）。

⑵　これに対し，相続以外の場合における登記申請の義務化について，新たな規律は設けないものとするとの考え方を【Ｂ案】として示している。なお，【Ｂ案】を採用する場合でも，登記手続の簡略化を検討することにより，相続以外の原因による不動産物権変動について，これを登記に反映させる仕組みを検討することが考えられる。

第３　不実の登記を信頼した者の保護について
【Ａ案】不実の登記を作出したことについて責任がある者は，その外観を信頼した者に対し，当該登記が不実であることを対抗することができないものとする。
【Ｂ案】新たな規律は設けないものとする。

（補足説明）
１　現行法上，実体的権利関係と一致しない不実の登記がされていても，基本的にはこ

－ 12 －

れを信頼した第三者は保護されないこととされ，結果的に，真実の権利者にとって，登記を実体的権利関係に一致させるインセンティブが働きにくい面があるとも言える。

他方，判例（最判昭和29年8月20日民集8巻8号1505頁等）は，真実の権利者に帰責事由があるときは，民法第94条第2項を類推適用することにより，不実の登記を信頼した第三者を保護しているが，この法理は，真実の権利者に対し，実体的権利関係に一致した登記申請をさせるインセンティブを高める面があるということもできる。

そこで，実体的権利関係と登記により公示されている権利関係が一致していない場合において，第三者がこれを信頼して利害関係に入ったときは，不実の登記の作出（存続）に帰責性のある権利者は，登記により公示されている権利関係が真実ではないことを第三者に対抗することができないとする規律を設けることが考えられ，このような考え方を【A案】として示している（注）。

(注) 法制審議会民法（債権関係）部会第10回，第30回及び第31回会議においても，民法第94条第2項の類推適用の明文化についての審議がされたが，同項の類推適用についての明文の規定を設けるに当たっては，物権変動法制全般との調整が必要であるから，その要件効果を定めるに当たっては相当慎重な検討が必要であることなどが指摘され，債権法改正の中での明文化は行われなかった。

2(1)　これについては，第三者が勝手に名義を書き換えて善意者に転売して移転登記をしてしまい，権利を失うという事態を防止するため，登記名義人は，常時，登記を監視しておかなければならないという負担を課せられることにもなり，相当ではないのではないかとの指摘が考えられる。

(2)　また，判例は，不実の登記が作出・放置されていた場合において，民法第94条第2項の類推適用により，善意の第三者を保護したり，同法第94条第2項及び第110条の法意を根拠に善意無過失の第三者を保護したりするなどしており，前者については，権利者が不実の登記であることを知りながら自ら登記手続をしていた場合（上記最判昭和29年等）や，権利者以外の者により不実の登記が作出されたが，権利者がその登記を事前又は事後に承認していた場合（最判昭和45年4月16日民集24巻4号266頁等）など，不実の登記がされるに至った経緯，第三者の無過失の程度等，具体的な事情に鑑みてその適用の有無を検討している。そこで，このような規律を採用・明確化する場合，どのような事情があれば，不実の登記の作出・放置に帰責性があるとすべきか，適切にその類型化ができるのかという課題がある。また，帰責性の要件の内容によっては，現行上，不動産登記には公信力が認められていないことを実質的に修正し，登記に公信力を与えることと等しいことにもなり得るのではないかという点も検討する必要があると考えられる。

そこで，現在も，判例法理により，不実の登記の作出，放置に帰責性のある権利者は，その登記を信頼した者に対して不実の登記であることを対抗することができないとされており，そのような不利益を回避するためには，権利者には実体関係に合致した登記申請を行うインセンティブが働いていることから，引き続き判例法理に委ねることとすることが考えられ，このような考え方を【B案】として示してい

- 13 -

る。

第4 住所について変更があった場合における登記申請の義務化について

【A案】住所について変更があった場合には，〔一定の期間内に，〕その変更の登記を申請しなければならないものとする。

【B案】新たな規律は設けないものとする。

（補足説明）

1　現在の不動産登記法は，登記名義人等の住所について変更があった場合でも，その変更の登記の申請を義務付けてはいない。

　　もっとも，所有者不明土地の発生原因の一つとしては，住所について変更があったにもかかわらず，その変更の登記がされていないことが挙げられている。

　　そこで，住所について変更があった場合には，一定の期間内に，その変更の登記を申請しなければならないものとする考え方を【A案】として示している。

　　なお，住所の変更の場合は，相続登記の場面とは異なり，自らが登記名義人となっている不動産の存在を知っているのが通常であると考えられる。ただし，一定の期間が経過した場合には，義務違反の発覚をおそれて，かえって登記申請がされなくなるのではないかとの指摘が考えられることは前記2と同様である。

　　ここでいう「一定の期間内」の考え方については，転入届や転居届が転入又は転居をした日から14日以内に市町村長に届け出なければならないとされていること（住民基本台帳法第22条第1項，第23条）が参考になると考えられる。

　　この論点は，登記の公開の在り方等の論点と関連することに留意する必要がある。

　　（注）前掲「平成28年度地籍調査における土地所有等に関する調査」において，登記簿のみで登記名義人の所在を把握することができなかった土地は，全体（622,608筆）の20.1%（125,059筆）存在したが，住所変更の未登記によるものはそのうちの32.4%（40,496筆）であった（土地白書114頁参照）。

2　これに対し，住所について変更があった場合における登記申請の義務化について，新たな規律は設けないこととする考え方を【B案】として示している。

　　【B案】を採用する場合であっても，登記名義人等の住所について変更があった場合に，その所在を容易に把握することができる仕組みを別途検討することも考えられる。

－ 14 －

登記制度・土地所有権の在り方等に関する研究会第９回会議　議事要旨

第１　日時　平成３０年８月２日（木）１８：００〜２１：００
第２　場所　一般社団法人金融財政事情研究会本社ビル２階第１会議室
第３　出席者（役職名・敬称略）
　座長　山野目章夫
　委員　沖野眞已，垣内秀介，加藤政也，金親均，佐久間毅，水津太郎，鈴木泰介，橋本
　　　　賢二郎，松尾弘
　関係官庁　最高裁判所，国土交通省，農林水産省，林野庁，財務省，法務省
第４　議事概要
　１　開会
　２　本日の議題
【変則型登記の解消について】
　⑴　新たな制度の創設
　　・　研究会資料９に記載の新たな制度の創設は必要であり，基本的な枠組みについ
　　　ても賛成である。
　　・　現行では，登記官が変則型登記における表題部所有者を直接的に調査する制度
　　　は存在しないので，これを職権で解消するという前提の下では新たな制度が必要
　　　である。
　　・　今回の制度では，現地調査が中心となり，関係機関等に対しての歴史的な調査
　　　も必要になると思われる。所有者調査委員の協力を得ながら調査を行うことが制
　　　度の骨格となっているところ，筆界特定制度でも筆界調査委員の力を借りながら
　　　調査を行っているので，現地調査や所有者調査委員といった点を含めた今回の新
　　　たな制度の創設には説得力があると考える。
　⑵　新たな制度の基本的な仕組み
　　ア　対象となる土地
　　　・　対象土地を「所有権の登記がない土地のうち，不動産登記法第２７条第３号
　　　　に掲げる登記事項に錯誤又は遺漏があるため，登記記録上所有者の全部又は一
　　　　部を確知することができないもの」とすることについては，これでよいと考え
　　　　る。
　　　・　①記名共有地，②共有惣代地，③字持地，④氏名のみの土地は，変則型登記
　　　　における主な類型であるから，今回の制度の対象はこれで足りると考える。
　　　・　「登記記録上所有者の全部又は一部を確知することができないもの」とする
　　　　と，所有者は分かるが，その所在が分からないという場合が除かれてしまうの
　　　　ではないか。「所有権の登記がない土地のうち，不動産登記法第２７条第３号
　　　　に掲げる登記事項に錯誤又は遺漏がある」という要件だけでもよいのではない
　　　　か。「確知」という主観的要件を設けるより，上記客観的要件のみとする方が，
　　　　手続を安定的に行うことができるのではないか。
　　　・　「所有者の全部又は一部を確知することができないもの」というのは，所有

- 1 -

226　│　第２章　資料

者不明土地の利用の円滑化等に関する特別措置法第2条第1項の表現であり，おそらく「確知することができない」との文言には，所在を把握することができないことも含まれるのではないかと思われる。

・ 現行法上でも，「所有権の登記がない土地のうち，不動産登記法第27条第3号に掲げる登記事項に錯誤又は遺漏がある」場合に職権で登記することは可能ではあるが，今回の解消事業においては，そのうち，「登記記録上所有者の全部又は一部を確知することができないもの」を対象としてはどうかという提案の趣旨である。

イ 「表題部所有者として記録されるべき者」の意義

・ 不動産登記法第32条によれば，表題部所有者の登記後に特定承継が生じたとしても，表題部所有者の変更をすることはできないが，変則型登記は，台帳の一元化当時の不動産登記法の規定ではなく，一元化作業に関する規定に基づいて登記簿に記載したというだけのものであるので，同条の適用場面ではないと考えてもよいのではないか。そうだとすれば，B案・C案も，現行の制度の枠内で対応できるのではないか。

・ 調査によって表題部所有者をどこまで特定することができるかは極めて難しい。決め手となる資料がない場合には，一つの資料から順次追っていくこととなるが，どこまで調査を尽くすことができるかということは調査してみなければ分からない部分がある。

・ 登記所で把握している記名共有地の多くは墓地であり，仮に，対象土地が墓地である場合には，墓石の名前や社寺に保存されている名寄帳，市区町村の歴史的資料等を調査して判断することになる。

・ 今まで登記所がひとつひとつの土地について資料を追って所有者を調査するという作業をしたことはなく，初めての試みである上，60年間放置されている土地で，資料も散逸していると思われるので，調査は難しいであろうが，とにかく対応していかなければならないと考えている。

・ 表題登記がされた当時の所有者は分からないが，現在の所有者が分かる場合としては，一定の集団が管理をしている土地で，当時の構成員は不明であるが，現在の構成員は特定することができるという場合が想定されるとのことだが，特定の人が主体であって，それが承継されていく場合と，団体の構成員が変わっていく場合では少しパターンが異なるのではないか。

・ 「不動産登記法第27条第3号に掲げる登記事項に錯誤又は遺漏がある」ということからすれば，その錯誤又は遺漏を治癒して当時の所有者を記録することが基本になると考えられる（A案・治癒型）。他方，B案・C案のように現在の所有者を記録するとすれば，もともと錯誤又は遺漏があり，現在社会的な問題が生じているという背景の下で，新たに整理して作り直すというような考え方になるのではないか。したがって，何をするのかによって説明の仕方が異なってくるのではないか。

・ 実質的にみて，所有者不明土地問題に対応するために何をしたいかという意味では，現在の所有者を記録するのがよいことになる。もっとも，その場合に

- 2 -

第9回会議 議事要旨 ｜ 227

は，本来は当時の所有者を記録することが基本であるという理屈との関係が問題になる。また，当時の所有者は分かるが現在の所有者は分からないという場合も想定される。そうすると，できるだけ情報を出した方が良いという観点からすれば，A案の（注）やC案の考え方もあり得るのではないか。

・ ①現在分からないと言われているものが分かるのかどうか，②分かった場合にどうするのか，③分からない場合にどうするのかという問題がそれぞれあると考える。分からない場合にどうするのかという点については，その先の実体的な話（時効取得に関する実体的な権利関係の問題等）と組み合せることもあり得るので，今回の制度は所有者不明土地問題への対応の第一歩として考え，今回の制度で全てを解決する必要はないのではないか。

・ 分からなかった場合にどうするかということについては，登記と実体的な所有権の在り方をどう考えるのかという問題が背後に控えている。

・ 分かった場合にどうするかについては，どのような登記をするかということが一つの論点となる。「A外9名」と記録された土地について，外9名が判明し，それを表題部所有者として記録すると，対象土地を購入しようとする者や時効取得を主張しようとする者にとっては，変則型登記のままであったときには，Aの承継人のみを相手として判決等の手続を行えば足りたにもかかわらず，外9名が判明したことにより，外9名の相続をも追っていかなければならなくなる可能性があり，これはよく考えなければならない問題であると考える。

・ 東日本大震災の被災地では，災害復興住宅を作るため高台の用地を取得しようとしたときに，A外○名と記録された墓地が高台にあることがあった。調査すると，A外○名のうちの誰かの家系の者が一人で（仮にBとする。）管理していることが多くある。A外○名からB単独所有となったのが，法律行為によるものなのか，何となくされたものなのかは確認できないので，市町村としては，過去に１０年間Bが占有していることを確認した上で，Bに依頼し，BがAに対し所有権確認訴訟を提起して勝訴判決を得て，B名義の所有権の保存の登記をした後に，売買による所有権の移転の登記で市町村が所有権を取得するということが行われている。今回の制度を設ける問題意識の一つとして，用地取得の現場に，このように判決手続を経なければならないといったような負担をかけず，国の事業としてそもそもの原因である変則型登記を正常なものとすべきではないかというものがある。

・ 「表題部所有者として記録されるべき者」をどのように考えるかという論点は，調査対象の範囲や調査報告書の書き方にも影響を及ぼすことになる重要なものである。

・ B案・C案の場合には，現在又は過去のある時点における所有者と，表題登記がされた当時の所有者とから順に追っていって判明した者とが一致しない場合にどうするかということを考える必要があるのではないか。

・ 変則型登記の中には，性質の違うものが混在しているのではないか。「A外○名」という土地の中でも，元の所有者はABCであり，現在の所有者はその一般承継人であるという場合には，錯誤又は遺漏を是正するという観点から忠

- 3 -

228 ｜ 第２章 資料

実に考えれば，Ａ案になると思われる。他方，権利能力なき社団Ｐが所有者である場合には，当時と現在でその代表者又は構成員が変化しただけで，権利変動があったものではないから，現在の構成員を記録することでよいのではないか。元の所有者がＡＢＣである場合に，どのように記録すべきかについては，政策判断の余地があると思われる。そうしたことも含めて，Ｃ案とするのが運用上もよいのではないか。

- 当時の所有者であれ現在の所有者であれ，そもそもその者を見つけることができるのかが心配であり，一人でも見つかればよいというくらいではないか。そうすると，原則として記録するのは当時の所有者又は現在の所有者いずれかであるが，見つからなかった場合には他方でもよいというＣ案のようなものが実務上はやりやすいと思われる。
- 法制的に，「現在の所有者又は所有者であった者」というように「又は」としてどちらかを記録すればよいとすることは条文にはしにくいという問題がある。「表題部所有者となり得る者を記録する」と表現しておき，法の解釈運用としてはＣ案のように考えるという方法もあるのではないか。
- Ｃ案とし，原則として現在の所有者を記録することでよいのではないか。

(3) 手続の開始等
　ア　職権による手続の開始
- 研究会資料９の「第３　手続の開始等」については全体的に賛成である。
- 権利能力なき社団や町内会が所有している土地の場合には，その半分以上が記名共有地になっているのではないかと思われるので，変則型登記を発見する度にスポラディックに解消をしていくというよりも，システマティックに直していく方が，余計な混乱を予め防止できるのではないか。変則型登記の中には様々なパターンが混在しているので，スポラディックに行うものと，システマティックに行うものと，両方あり得るのではないか。
- 対象土地の発見の契機としては，公共事業主体からの申出のほか，近隣居住者や隣接地所有者からの申出も含めるべきであると考える。
　イ　公告
- 公告及び手続の中止の手続はあった方がよいと考える。ここは自分の土地であると申し出てくるような場合は稀かもしれないが，もしあれば，その方がスムーズに問題の解決につながるかもしれない。
- ただ，異議の中身については，研究会資料９に記載があるように，ある程度確定しておいた方がよいだろう。
　ウ　手続の中止
- 「手続を中止することができる」とすると，登記官に判断が委ねられているように読める。異議の事由を特定できるのであれば，その異議の事由があれば手続を中止するとした方がスムーズではないか。
- 権利の登記の場合には，裁判所の民事手続との類比で概念を決めていくのが自然であるが，本件は，いわば裁量的性格の強い行政処分の世界であり，表示に関する登記の規定の中で，異議の中身を特定するような規定はない。また，

- 4 -

同様に表示に関する登記の特例なので，手続を中止するかどうかも登記官の判断次第というところがある。条文上，あたかも判決手続に近いような形で組み立てることは悩ましいかもしれない。

- 「中止」よりも「停止」の方がよいのではないか。
- 表示に関する登記についての登記官の判断は，報告的な登記であり，審査請求は本来認められていない。ただ，表題部所有者欄については，その登記は審査請求・抗告訴訟の対象となる。したがって，表題部所有者を特定していくに当たっては，これまで以上の手続保障を盛り込んでいく必要があると思われる。その意味で，異議申立て，意見提出の機会が設けられているのは手続保障の観点で重要である。ただ，手続を進める側としては，中止には問題が多いのではないかと考える。今後判決で所有者が特定されることが予定されているという場合でも，確定判決が出るのはかなり先になるため，立件して手続を進めたが終了年度が分からないという形で手続を留保するのは，行政の手続としては望ましくない。
- 公告の場面では手続の開始自体に異議申立てができるのに，手続の中止の場面では手続を中止することが「できる」となっていて，必ずしも異議申立てをできる地位が与えられているわけではないようにも見え，やや中途半端に思われる。
- 所有権その他の権利を有する者が所有者調査の実施を望んでいない場合にまで手続を進行させることは「相当でない」と考えるのであれば，中止することが「できる」とするのは平仄が合わないのではないか。
- 中止された場合においてどのようなときに再開・続行が可能なのかも考える必要がある。
- 手続の中止においては，誰のどのような利益を守るためにするものなのかを考える必要がある。異議についていえば，異議主張者の利益と対応した形で中止の手続が位置付けられる。一方，異議主張者に加え，関係者全体にとって手続を進めることが適切かどうかを考える必要があるのであれば，必ずしも異議と1対1に対応するわけではない部分があるのではないか。
- 手続の開始に異議を述べた者がいたとしても，意見を述べる機会が与えられ，かつ，他の措置（表題部所有者の氏名や住所についての変更の登記，更正の登記，所有権の保存の登記の申請や所有権確認の訴えの提起等）が禁止されているわけでもないのだとすると，手続をすること自体について特定の者に異議申立てを認め，中止しなければならないとする必然性はないのではないか。
- 「異議」「意見」「中止」等の概念については今後整理しなければならない。
- 表題部所有者欄のことなので，権利に関する登記ではなく，表示に関する登記のことを前提に手続を考えていく必要がある。
- 表題部所有者の登記後には権利に関する登記がされることが前提とされているので，権利関係をいずれかの段階でしっかりと確認しておかなければならない。それを登記官による調査のところで制度として固めるのか，それとも所有者調査の過程をよく検討して行うのか，考えていくべきではないか。所有者調

- 5 -

230　第2章　資料

査の在り方を含めて中止についても考えるべきではないか。

(4) 所有者調査
- 研究会資料９に記載の案について異論はない。
- 調査の精度をどこまで求めるのかが一つの問題であるが，所有権確認訴訟における立証の程度まで求める必要はないと思う。登記官の判断，事例の集積に尽きるのではないか。
- 今回の制度は，表示に関する登記の特例であるので，表示に関する登記の一般的運用で登記官が表題部所有者を認定するときの心証と同一レベルに達すればよいと考えることもできる。
- 筆界特定は，申立てに対して対応するというスポラディックなものであるが，今回の制度はそうではないことから，必ず所有者調査委員に所有者調査をさせなければならないとすべきではないか。
- 今回の制度は，権利の登記につながるものなので，調査にはある程度の厳密さが必要である。所有者認定のための明確なエビデンスが少ない中で，判断に及ぶ要素があるのだとすれば，所有者調査委員の調査について，不正を抑制するような，他から疑いを持たれないようにする手当が必要ではないか。
- 今回の制度において，登記官が行う業務は専門的・専属的に行わなければならないものと思われる。変則型登記は小規模な登記所が管轄する地域に多いと思われ，管轄登記所の登記官のみで対応するのは難しいのではないか。筆界特定登記官のような専属的な登記官を置く方が，手続を円滑に進めやすいのではないか。
- 権利関係を調査するプロとしては，公共事業を行う際の起業者における用地事務職員も考えられる。そうしたノウハウの利用については，関係機関に対する情報提供依頼の中で行うことも考えられるし，商業管理士といった人をどう活用するかということも考慮してはどうか。

(5) 登記手続
ア 特定された表題部所有者として記録されるべき者を表題部所有者とする登記
- 所有者不明土地問題を解決するためには，所有者不明としたままでその利用を円滑化する方法と，現在の所有者を明らかにしていく方法がある。後者の方法をとると，前者の方法をとることができなくなることがあるため，公告の範囲や手続の開始に対して異議や意見を提出できる者の範囲に，所有者を不明としたままで利用しようとする者も含めるのがよいのではないか。手続の終わりの段階でも同様に，公告の範囲や異議を述べることができる者の範囲に，上記の者を入れることが考えられるのではないか。もっとも，手続の最初と最後の段階では事情が違うため，最初の時点でのみ認めることも考えられるのではないか。
- 自分が所有者であると思っている者は，手続の開始の段階又は最後の段階で異議又は意見を提出するであろうが，自分は所有者ではないと思っている者は，手続の開始の段階で異議又は意見を提出することは考え難いため，両者では利害が違うと考えられる。また，手続の開始の段階で異議又は意見提出の機会を与えているとしても，それを見ることがどの程度期待できるかという問題もあ

- 6 -

る。そうすると，Ｂ案がよいのではないか。

イ　対象土地が権利能力のない社団に属するものであった場合の取扱い

・　当該社団の代表者又はその構成員のうちの一人を表題部所有者とするという
方法は，その後に相続が生じたときにどう処理するかという問題が出てくるの
ではないか。そうすると，やはりこの受け皿を考える時期にきているのではな
いか。

・　例えば，自治会の場合に，固定資産税等の納税通知書は，認可地縁団体の認
可の有無にかかわらず自治会名義で出されていると思われる。このような税の
実務における取扱いを参考にすることができるのではないか。

・　ある自治会が所有する土地の中に，〇〇組名義のものがあった。〇〇組名義
を代表者名義とし，相続があったときに代表者名義を変えるというのはやはり
違和感があるように思われ，組名義のままでよいのではないかとも考えられる
ため，このような場合をも変則型登記に含めるのかどうかは慎重に考えた方が
よいのではないか。

・　極端にいえば税はそれを納めてくれればよいものであるが，表題部所有者欄
に〇〇組と記録すると，不動産登記法第７４条第１項第１号に基づき所有権の
保存の登記をその名義でしてもらいたい旨の申請がされることが予想され，そ
の後に権利変動が起き，団体の同一性を確認する場面で困難が生じることとな
るため，税の場合と全く同様に考えるわけにはいかず，慎重に検討する必要が
ある。

・　肩書付きの代表者個人名義の登記を許容することができないかを考える時期
になっているのではないか。もともと肩書付きの登記が認められないのは，実
体として当該社団の存在の有無を確認することができないからであることから
すれば，登記官等による調査によりその社団の存在が確認されたのであれば，
肩書付きにするなどして，個人所有のものではないことを示すことも可能なの
ではないか。ただし，保存登記との関係でどうなるかという問題がある。

・　所有者目録の位置付けについて検討する必要がある。所有者目録も信託目録
のように登記簿と同じ効力があると位置付けるのであれば，所有権の保存の登
記のときも所有者目録に記載された者を関与させることになり，その相続を追
うことになれば，手続が重くなる。一方，所有者目録を信託目録のように位置
付けないのであれば，表題部所有者欄に記録された一人の者又はその一般承継
人から申請された所有権の保存の登記を実行することになるが，それには違和
感がある。また，所有者目録の変遷を誰のイニシアティブでフォローアップす
るのか，職権でするのか，申請によるものとして，申請しない場合に罰則を設
けるのかなどの問題が考えられる。

・　自治会が所有する対象土地について，所有者目録に記載する所有者は，世帯
主のみか又は家族全員かという問題もあり，慎重に考えなければならない。

・　自治会の中には様々なものがあるところ，明治以前のような昔から存在して
いて，その存在を誰も疑わない団体（納税している，代表者や総会も存在する
など）もある。そのような自治会については，市町村長の認証があれば登記能

- 7 -

232 ｜ 第２章　資料

力を認めるということも考えられるのではないか。もっともこれはラディカルな提案であり，慎重に考えるべきものである。
- ・ 入会団体では，世帯を構成員としている。このような場合には，表題部所有者欄に個人名を列挙して記載することは難しいかもしれない。
- ・ 次回の研究会は，⑸の検討の続きから行うこととする。

3 閉会

- 8 -

研究会資料9

変則型登記の解消について

第1　新たな制度の創設
　　変則型登記を解消するために，登記官が，職権で，変則型登記がされている土地について，必要に応じて所有者調査委員（仮称）を関与させ，表題部所有者として記録されるべき者を調査・特定し，表題部所有者の登記を改めるための新たな制度を創設することが考えられるが，どうか。
（補足説明）
1　変則型登記は，戸籍等の公的記録のみから所有者を特定することが困難であるものが多く，歴史的な経緯や管理状況等を詳細に調査しなければ所有者を特定することができないため，所有者探索に当たり多大な費用や労力が必要であるとの指摘がある。実際に，変則型登記の存在により，円滑な公共事業の実施や，適切な土地の管理，隣接地との筆界の確認などにおいて支障を来しているとの指摘がある。また，変則型登記のままでは，所有権の保存の登記（不動産登記法第74条第1項）をすることが困難であるため，取引ができない状態になっているといった問題もある。
　　今後，少子高齢化の進展や地域コミュニティの減少により，所有者調査がますます困難になってくることが予想されるところであり，速やかに変則型登記を解消する方策について検討する必要がある。
2　第4回研究会においては，変則型登記を解消するために現行法上採られている方策だけでなく，変則型登記の解消のために，訴訟によらずに，簡易に表題部所有者を確定させる手続を設ける必要があるとの意見や，登記官の職権による表題部所有者の更正の登記を行うための法制的な措置を講ずる必要があるとの意見があった。これを受け，中間取りまとめにおいては，変則型登記を解消していくための方策について，必要な法制的な措置を講ずるため，具体的な仕組みを検討することとしている。
　　このような中，「所有者不明土地等対策の推進に関する基本方針」（平成30年6月1日所有者不明土地等対策の推進のための関係閣僚会議決定）においては，「変則型登記を正常な登記に改めるために必要な法制度の整備に向けた作業を進め，次期通常国会へ提出するとともに，組織・定員を含め必要となる体制を速やかに整備する」こととされ，「経済財政運営と改革の基本方針2018」（平成30年6月15日閣議決定）においても，「変則的な登記の解消を図るため，必要となる法案の次期通常国会への提出を目指すとともに，必要となる体制を速やかに整備する」とされたところである。
3　現在においても，表題部所有者を含む表示に関する登記は，登記官が職権ですることができ（不動産登記法第28条），登記官は必要があると認めるときは，表題部所有者に関する事項を調査することもできる（同条第29条）とされている。しかし，表示に関する登記においても，あくまで当事者の申請によるのが原則であり，職権主義は，例外的・補充的に行使されることが予定されている（不動産登記事務取扱手続準則第63条第1項参照）ところ，変則型登記がされている土地については，何らの

- 1 -

234 │ 第2章　資料

方策も採らなければ，当事者の申請がされることは期待することができない。また，第４回研究会においては，登記官が職権で表題部所有者の更正の登記をしようとしても，所有者を認定することができるまでの心証に至る疎明資料が乏しいとの指摘があった。

　そこで，今回検討すべき新たな仕組みは，所有者不明土地問題に対する対応策の一つとして，不動産登記法に適合しない状態にある変則型登記を正常な登記に改めるために，登記官が，申請を待つことなく，職権で，積極的に所有者を調査・特定することとし，そのために組織的・体系的な制度を準備することが相当であると考えられる。

　具体的には，登記官が，職権で，変則型登記がされている土地について，必要に応じて外部の専門家から任命される所有者調査委員（仮称）を関与させてその知見を活用することができるものとし，表題部所有者として記録されるべき者を調査・特定して，表題部所有者の登記を改めるための新たな制度を設けることが相当であると考えられるが，どうか。

第２　新たな制度の基本的な仕組み
　１　対象となる土地
　　　新たな制度の対象となる土地（以下「対象土地」という。）については，所有権の登記がない土地のうち，不動産登記法第２７条第３号に掲げる登記事項に錯誤又は遺漏があるため，登記記録上所有者の全部又は一部を確知することができないものとすることが考えられるが，どうか。
　　（補足説明）
　　　新たな制度の対象となる変則型登記がされている土地は，①「Ａ外〇名」などと記録され，「Ａ」の住所並びに他の共有者の氏名及び住所が登記記録上記録されていない記名共有地や，②「共有惣代Ａ」，「共有惣代Ａ外〇名」などと記録され，Ａ以外の者や「外〇名」の氏名及び住所が登記記録上記録されていない共有惣代地，③「大字〇〇」，「大字〇〇惣代」等の大字名や集落名などの名義で表題部所有者が記録されている字持地，④表題部所有者に氏名のみが記録されており，その住所が登記記録上記録されていない氏名のみの土地などが存在する。

　　　これらは，いずれも所有権の登記がない土地のうち，不動産登記法第２７条第３号に掲げる登記事項（所有者の氏名又は名称及び住所並びに所有者が二人以上であるときはその所有者ごとの持分）に錯誤又は遺漏があるものであり，そのために登記記録上所有者の全部又は一部を確知することができないものであると考えられる。

　　　そこで，新たな制度においては，このような土地を対象とすることが相当と考えられるが，どうか。

　２　「表題部所有者として記録されるべき者」の意義
　　【Ａ案】対象土地の表題登記がされた当時の所有者をいうものとする（注）。
　　【Ｂ案】対象土地の現在の所有者をいうものとする。
　　【Ｃ案】対象土地の現在の所有者又は所有者であった者をいうものとする。
　　　（注）　【Ａ案】を採用する場合であっても，表題登記がされた当時の所有者の相続

人その他の一般承継人までを調査の対象とし，調査報告書（後記第4の5）に
　　その結果を記録することが考えられる。
（補足説明）
　現在の不動産登記法においては，表題部所有者の記録を改めるための方法として，
①表題部所有者の氏名等の変更の登記若しくは更正の登記（同法第31条）又は②表
題部所有者の更正の登記（同法第33条）をすることができるが，職権によっても，
③表題部所有者の変更の登記（同法第32条）をすることはできないとされている。
③表題部所有者の変更の登記が認められない趣旨は，いったん表題部所有者として記
録された場合において，その後に所有権（持分を含む。）が移転したときは，民法第
177条に規定する「物権の得喪及び変更」に該当するものとして権利に関する登記
（所有権の保存の登記及び所有権の移転の登記）によるべきであり，表題部所有者の
変更の登記によるべきではないとされたことによるものである。
　新たな制度においては，不動産登記法第27条第3号に掲げる登記事項に錯誤又は
遺漏がある変則的な登記を対象として，表題部所有者の記録を改めることを想定して
いる（注）ことから，記録を改めるに当たって表題部所有者として誰を記録するかが
問題となる。
　まず，「表題部所有者として記録されるべき者」について，錯誤又は遺漏があった
当時（登記簿と土地台帳の一元化による表題登記がされた当時）の所有者とする考え
方を【A案】として示している。【A案】に対しては，登記簿と土地台帳の一元化作
業の開始から60年近くが経っており，当時の所有者が死亡している可能性が高いた
め，仮に死亡している所有者を調査して，その者を表題部所有者として登記しても，
所有者が不明の状態が解消されないとの指摘が考えられる。この指摘に対しては，【A
案】を採用しつつ，表題登記がされた当時の所有者の相続人その他の一般承継人まで
を調査の対象とし，調査報告書にその結果を記録すれば，不動産登記法第74条第1
項第1号による所有権の保存の登記の申請を円滑に行うことができるとすることが考
えられ，これを本文の（注）に記載している。
　これに対し，「表題部所有者として記録されるべき者」については，対象土地の現
在の所有者をいうものとする考え方を【B案】として示している。【B案】に対して
は，変則型登記には登記簿上の所有者の記載に事実上の推定が及ばないことから，現
在の所有者を特定するためには，表題登記がされた当時の所有者を特定した上で，そ
の者から承継取得した所有者又は原始取得した所有者を特定しなければならないこと
となるが，例えば，途中の過程で二重譲渡があった場合など，所有権の移転の過程を
全て認定できるかどうか疑問があるとの指摘が考えられる。
　【A案】及び【B案】に対し，「表題部所有者として記録されるべき者」について，
対象土地の現在の所有者を調査の対象としつつも，現在の所有者を特定することがで
きない場合には，特定することができる過去の所有者に遡って，その者を表題部所有
者として登記するとの考え方を【C案】として示している。【C案】に対しては，登
記官が職権で登記した表題部所有者の中に，現在の者と過去の者が混在することとな
り，登記を見た者に現在の所有者との誤解を与えることになるとの指摘が考えられる。
この指摘に対しては，調査報告書に登記された表題部所有者が現在の所有者であるか

- 3 -

236 ｜ 第2章　資料

過去の所有者であるかを記録すれば，これを把握することができるため，指摘は当たらないとの反論が考えられる。

（注）なお，変則型登記における表題部所有者の記録は，不動産登記法第２７条第３号に反し，違法・無効であるとの考え方もあり得るが，最高裁平成９年３月１１日判決・判タ９３７号９２頁は，記名共有地の事案において，登記官が表題部所有者に「外○名」という部分の記載をした行為に違法はなく，無効とはならない旨判断している。

第３　手続の開始等

1　職権による手続の開始

新たな制度における手続は，登記官が，対象土地を発見したときに，職権で開始することができるものとすることが考えられるが，どうか。

（補足説明）

登記官は，登記簿から直ちに登記名義人の死亡の事実を把握することができない相続未登記の土地の場合とは異なり，登記簿上から，変則型登記がされている対象土地を把握することができる。そこで，登記官が，対象土地を発見したときには，不動産登記法第２７条第３号の登記事項に適合しない土地を解消すべく，職権で，新たな制度における手続を開始することができるものとすることが相当であると考えられるが，どうか。

なお，対象土地の発見の契機としては，登記官が登記簿を探索して発見した場合のほか，公共事業主体等からの申出があった場合などが考えられる。

2　公告

登記官は，手続を開始したときは，遅滞なく，次の事項を公告しなければならないものとすることが考えられるが，どうか。

① 手続を開始した旨

② 対象土地に関し所有権その他の権利を有すると主張する者であって，手続の開始に異議があるものは，異議を提出すべき旨

③ 対象土地に関し所有権その他の権利を有する者であって，対象土地の表題部所有者として記録されるべき者に関する意見があるものは，一定の期間内（例えば，３月を下らないものとする。）にその意見を提出すべき旨

（補足説明）

新たな制度においては，職権により手続が開始されるため，外部からその手続の開始を直ちに認識することができない。そこで，登記官は，手続を開始したときは，遅滞なく，その旨を公告することが相当と考えられる。また，後記３の手続の中止の規定を設ける場合には，対象土地に関し所有権その他の権利を有すると主張する者であって，手続の開始に異議があるものは，異議を提出すべき旨を併せて公告することが相当と考えられる。さらに，新たな制度においては，対象土地に関して所有権その他の権利を有する者に対する手続保障を図る必要があることから，これらの者であって，対象土地の表題部所有者として記録されるべき者に関する意見があるものに対し，一

-4-

定の期間内にその意見を提出すべき旨を併せて公告することが相当と考えられるが，どうか。

3　手続の中止
　　対象土地に関し所有権その他の権利を有すると主張する者が手続の開始に異議を述べた場合の手続の進行について，以下のようなものとすることが考えられるが，どうか。
(1)　対象土地に関し所有権その他の権利を有すると主張する者が手続の開始に異議を述べたときは，登記官は，当該手続を中止することができるものとする。
(2)　登記官が(1)により手続を中止した場合には，(1)の異議を述べた者は，一定の期間内に，対象土地について，表題部所有者の氏名若しくは名称又は住所についての変更の登記，表題部所有者の更正の登記又は所有権の保存の登記のために必要な措置（登記の申請のほか，所有権確認の訴えの提起など）をしなければならないものとする。
(3)　(2)の一定の期間内に(2)の措置が執られなかったときは，登記官は，当該手続を再開するものとする。
（補足説明）
　　前記1のとおり，新たな制度においては，登記官が職権で手続を開始することができるものとしている。しかし，本制度の趣旨に照らして，所有権その他の権利を有する者において変則型登記を解消するために必要な措置をする予定があり，かつ，その者が登記官又は所有者調査委員による所有者調査が行われることを望んでいない場合にまで，手続を進行させることは相当でないと考えられる。そこで，対象土地に関し所有権その他の権利を有すると主張する者が手続の開始に異議を述べたときは，登記官は当該手続を中止することができるものとし，その者に変則型登記を解消するために必要な措置を行わせることとすることが考えられるが，どうか。
　　なお，手続の途中で，表題部所有者の氏名若しくは名称又は住所についての変更の登記，表題部所有者の更正の登記又は所有権の保存の登記がされ，対象土地の要件を満たさなくなった場合には，手続は終了することを想定している。

第4　所有者調査
1　登記官による所有者調査
　　登記官は，手続を開始したときは，対象土地の表題部所有者として記録されるべき者を特定するために必要な事実の調査を行うものとすることが考えられるが，どうか。
（補足説明）
　　例えば，変則型登記のうち氏名のみの土地は，税務署における土地台帳において「住所は土地の所在と府縣，郡，市町村，大字，番地を，都（ママ）市を異にするものは郡市町村大字，番地を，区町村を異にするものは区町村，大字，番地を，大字を異にするものは大字を記載し，同大字のものは記載を要せす」（土地台帳法事務取扱方（名古屋財務局発行）土地台帳記載例・備考2）との取扱いがされていたことから，土地が所在する大字と所有者等の住所の大字とが同一の場合には，所有者等の住所の記載

- 5 -

238　｜　第2章　資料

を省略する取扱いがされていたことが一因であるものと考えられる。

そのため，このような氏名のみの土地については，登記官のみの調査により，表題部所有者として記録されるべき者を特定することができる事例があると考えられる。

他方，それ以外の類型の変則型登記であっても，一次的には登記官において必要な事実の調査を行った上で，必要に応じて所有者調査委員による調査に付することが相当な事例もあると考えられる。

そこで，第一次的には，登記官が事実の調査を行うものし，手続を開始したときは，対象土地の表題部所有者として記録されるべき者を特定するために必要な事実の調査を行うことが相当と考えられるが，どうか。

2 所有者調査委員（仮称）による調査
(1) 所有者調査委員の設置等
ア　法務局及び地方法務局に，所有者調査委員を置くものとすることが考えられるが，どうか。

イ　所有者調査委員は，登記官の求めに応じて，対象土地の表題部所有者として記録されるべき者を特定するために必要な事実の調査を行い，登記官に意見を述べるものとすることが考えられるが，どうか。

ウ　所有者調査委員は，イの職務を行うために必要な知識及び経験を有する者のうちから，法務局又は地方法務局の長が任命するものとすることが考えられるが，どうか。

（補足説明）

表題部所有者として記録されるべき者を特定するに当たっては，共有惣代地など，登記官のみで調査・判断することが困難な事案が存在することから，そのような事案については，外部の専門家を関与させて調査を行い，資料の収集や判断に当たって，その知見を活用することが必要であり，また，これにより，調査結果の正確性や信頼性の向上を図ることができると考えられる。そこで，筆界調査委員（不動産登記法第１２７条以下）の例を参考に，法務局及び地方法務局に，所有者調査委員（仮称）を設置することとしているが，どうか。

(2) 所有者調査委員による調査
ア　登記官は，対象土地の表題部所有者として記録されるべき者を特定するために必要があると認めるときは，所有者調査委員による調査に付すことができるものとすることが考えられるが，どうか。

イ　法務局又は地方法務局の長は，アにより調査に付されたときは，対象土地の表題部所有者として記録されるべき者を特定するために必要な事実の調査を行うべき所有者調査委員を指定するものとすることが考えられるが，どうか（注）。

ウ　イによる指定を受けた所有者調査委員が数人あるときは，共同してその職務を行うものとする。ただし，登記官の許可を得て，それぞれ単独にその職務を行い，又は職務を分掌することができるものとすることが考えられるが，どうか。

（注）所有者調査委員として指定することができない事由を設けるものとする。

- 6 -

研究会資料9 ｜ 239

（補足説明）

　前記第4の1の補足説明及び前記(1)の補足説明記載のとおり，全ての対象土地について所有者調査委員による調査に付すものとはせず，登記官が対象土地の表題部所有者として記録されるべき者を特定するために必要があると認めるときに，所有者調査委員による調査に付すものとし，調査に付されたときに具体的な所有者調査委員を指定するものとしている。

　また，1つの対象土地について指定する所有者調査委員の数に限定は付さず，複数の所有者調査委員による調査を前提として，本文ウの規定を設けることとしている。

⑶　所有者調査委員による意見の提出

　所有者調査委員は，対象土地の表題部所有者として記録されるべき者を特定するために必要な事実の調査を終了したときは，登記官に対し，対象土地の表題部所有者として記録されるべき者の特定についての調査結果及び意見を提出しなければならないものとすることが考えられるが，どうか。

（補足説明）

　所有者調査委員による調査に付された場合には，その専門的な知見を活かすため，最終的な登記官の判断は，所有者調査委員による調査結果及び意見を踏まえて行うことが相当と考えられることから，必要な事実の調査を終了したときは，登記官に対し，対象土地の表題部所有者として記録されるべき者の特定についての調査結果及び意見を提出しなければならないものとすることが考えられるが，どうか。

3　調査権限

⑴　所有者調査委員の調査権限

　所有者調査委員は，対象土地若しくはこれに隣接する土地又はその他の土地（以下「対象土地等」という。）の実地調査を行うこと，対象土地の関係者からその知っている事実を聴取し又は資料の提出を求めることその他対象土地の表題部所有者として記録されるべき者を特定するために必要な事実の調査を行うことができるものとすることが考えられるが，どうか。

（補足説明）

　所有者調査委員は，対象土地の表題部所有者として記録されるべき者を特定するために必要な事実の調査をし，その意見を提出することを任務としており，そのために必要な調査権限を所有者調査委員に付与する必要がある。

　例えば，地目が「墓地」である場合において，現地の占有状況等を確認するため，対象土地等の実地調査を行うことや，社寺等の対象土地の関係者からその知っている事実を聴取したり，過去帳等の資料の提出を求めることなども考えられる。

　そこで，このような調査をするために必要な権限を所有者調査委員に与えることが考えられるが，どうか。

⑵　立入調査

ア　登記官は，対象土地等の実地調査を行うことができ，対象土地等の実地調査を
　　行う場合において，必要があると認めるときは，その必要の限度において，他人
　　の土地に立ち入ることができるものとすることが考えられるが，どうか。
　イ　法務局又は地方法務局の長は，所有者調査委員が対象土地等の実地調査を行う
　　場合において，必要があると認めるときは，その必要の限度において，所有者調
　　査委員に，他人の土地に立ち入らせることができるものとすることが考えられる
　　が，どうか。
　（補足説明）
　　表題部所有者として記録されるべき者を特定するに当たって，現地の占有状況等
　を確認する必要があるときは，実地調査の際に，他人の土地に立ち入る必要が生じ
　る場合が生ずる。そこで，登記官及び所有者調査委員が立入調査をすることができ
　るものとすることが考えられるが，どうか。

(3)　関係行政機関等に対する情報提供依頼
　　登記官は，対象土地の表題部所有者として記録されるべき者を特定するために必
　要があると認めるときは，その必要の限度において，関係行政機関の長，関係地方
　公共団体の長又は関係のある公私の団体に対し，表題部所有者として記録されるべ
　き者に関する情報の提供を求めることができるものとすることが考えられるが，ど
　うか。
　（補足説明）
　　変則型登記の解消のための資料として，関係行政機関や地方公共団体が管理する
　各種台帳のほか，土地の経緯が記載された歴史書等を調査する必要が生ずる場合が
　ある。また，対象土地の中には，市町村の所有と考えられるものもあり，関係地方
　公共団体の長に対して所有関係を確認することが必要となる場合もある。そこで，
　登記官が，対象土地の表題部所有者として記録されるべき者を特定するために必要
　があると認めるときは，その必要の限度において，関係行政機関の長，関係地方公
　共団体の長又は関係のある公私の団体に対し，表題部所有者として記録されるべき
　者に関する情報の提供を求めることができるものとすることが考えられるが，どう
　か。

4　意見の提出
　　対象土地に関し所有権その他の権利を有する者であって，対象土地の表題部所有者
　として記録されるべき者の特定について意見のあるものは，登記官に対し，第3の2
　の期間の満了の日までに，その意見を提出することができるものとすることが考えら
　れるが，どうか。
　（補足説明）
　　対象土地に関して所有権その他の権利を有する者に対する手続保障を図る必要があ
　ることから，これらの者であって，対象土地の表題部所有者として記録されるべき者
　に関する意見があるものは，第3の2の期間の満了の日までに，その意見を提出する
　ことができるものとすることが考えられるが，どうか。

- 8 -

研究会資料9　｜　241

5 調査の終了
　登記官は，対象土地の表題部所有者として記録されるべき者を特定するために必要な事実の調査を終了したときは，遅滞なく，調査報告書を作成するものとすることが考えられるが，どうか。
（補足説明）
　対象土地の表題部所有者として記録されるべき者を特定するために必要な事実の調査を終了したときは，その調査・判断過程を明らかにするため，登記官が遅滞なく調査報告書を作成し，登記所において保管することが相当であると考えられるが，どうか。

第5　登記手続
1　特定された表題部所有者として記録されるべき者を表題部所有者とする登記
　【Ａ案】
　⑴　登記官は，対象土地の表題部所有者として記録されるべき者が特定されたときは，その者を表題部所有者とする登記をするものとする。
　⑵　登記官は，⑴の規定により登記をしたときは，その旨を公告すると共に，記録した表題部所有者に対し，その旨を通知するものとする。
　【Ｂ案】
　⑴　登記官は，対象土地の表題部所有者として記録されるべき者が特定された場合は，一定の期間（例えば，１月を下らないものとする。）を定め，その者（その相続人その他の一般承継人を含む。）又は当該対象土地の所有権を有することを疎明する者（以下「関係者」という。）は異議があるときはその期間内に書面で異議を述べるべき旨を公告するとともに，特定された表題部所有者として記録されるべき者に対しその旨を通知するものとする。
　⑵　⑴の異議を述べた者がある場合において，当該異議に理由がないと認めるときは決定で当該異議を却下し，当該異議に理由があると認めるときは決定でその旨を宣言し，かつ，再度⑴の公告及び通知をしなければならないものとする。
　⑶　登記官は，⑴の異議を述べた者がないとき，又は⑵の規定により異議を却下したときは，遅滞なく，当該表題部所有者として記録されるべき者を表題部所有者とする登記をするものとする。
（補足説明）
　登記官は，対象土地の表題部所有者として記録されるべき者が特定されたときは，再度の意見を述べる機会を与えずに，表題部所有者とする登記をする考え方を【Ａ案】として示している。【Ａ案】に対しては，表題部所有者として登記された者や対象土地の所有者であると主張する者は，登記官の処分に対して不服がある場合であっても，登記官の処分に対する審査請求（不動産登記法第156条）や訴訟の提起等の事後的な救済方法を採るほかなく，手続保障として不十分であるとの指摘が考えられる。
　これに対し，表題部所有者として登記される者及び対象土地の所有者として主張する者に対する手続保障を十全にする観点から，対象土地の表題部所有者として記録さ

- 9 -

242 ｜ 第2章　資料

れるべき者が特定された場合は，一定の期間を定めて，異議がないかどうかの公告及び通知をすることとする考え方を【B案】として示している。【B案】に対しては，手続開始の公告において意見提出の機会を与えているにもかかわらず，再度の公告及び通知をする必要はないのではないかとの指摘が考えられる。

2　対象土地が権利能力のない社団に属するものであった場合の取扱い
　調査の結果，対象土地が権利能力のない社団に属するものであった場合において，
⑴　当該社団の代表者を特定することができるときは，当該代表者を表題部所有者とする登記をするものとする。
⑵　⑴以外のときは，登記官は，当該社団の構成員のうちの一人を表題部所有者とする登記をすることができるものとする。この場合には，登記官は，当該社団の構成員を記録した所有者目録を作成しなければならないものとする。
（補足説明）
　変則型登記がされている土地の中には，権利能力のない社団に属するものが多数含まれるものと考えられることから，調査の結果，対象土地が権利能力のない社団に属するものであった場合の取扱いについて検討する必要がある。
　権利能力のない社団に属する不動産について，判例は，権利能力のない社団名義の登記のみならず，社団の代表者である旨の肩書を付した代表者個人名義の登記を許容せず，構成員全員名義，代表者個人名義又は代表者でない一人若しくは複数の構成員名義で登記を経るほかないとしており（最高裁昭和４７年６月２日民集２６巻５号９５７頁，最高裁平成６年５月３１日民集４８巻４号１０６５頁参照），登記実務上も同様の取扱いがされている（昭和２２年２月１８日民事甲第１４１号民事局長回答・先例集上７６８頁，昭和２３年６月２１日民事甲第１８９７号民事局長回答・先例集上８３４頁，昭和２８年１２月２４日民事甲第２５２３号民事局長回答・先例集下２１３２頁，昭和３６年７月２１日民事三発第６２５号民事局第三課長回答・先例集追Ⅲ５８８頁等）。
　上記の取扱いを前提とした場合に，当該社団の代表者を特定することができるときは，当該代表者を表題部所有者とする登記をすることが考えられる（本文⑴）。
　それ以外のときは，当該社団の構成員全員を表題部所有者とする登記をすることも考えられるが，権利能力のない社団の場合には財産は総有的に帰属しているため，所有者ごとの持分を記録することができないという問題がある。また，いったん構成員全員を表題部所有者として登記してしまうと，その後に構成員の変更があった場合の登記手続をどのようにして行うかが問題となる。例えば，構成員が１人追加された場合には，表題部所有者の変更（不動産登記法第３２条）に当たるとして，表題部所有者として登記されている旧構成員全員を登記名義人とする所有権の保存の登記をした上で，旧構成員と新たに加わった構成員との共同申請による持分移転の登記を申請しなければならないとすると，極めて煩雑な手続を取る必要が生じ，かえって登記手続が促進されない事態が生じ得る。そこで，登記官は，当該社団の構成員を記録した所有者目録を作成した上で，当該社団の構成員のうちの一人を表題部所有者とする登記をすることができるものとし，上記のような場合には所有者目録を変更することとす

- 10 -

研究会資料9　│　243

ることが考えられるが，どうか。

　さらに，調査の結果，対象土地が多数の共有者に属するものであった場合や民法第263条による入会地であった場合にも，同様に，所有者目録を作成した上で，多数の共有者又は入会団体の構成員のうちの一人を表題部所有者とする登記をすることができるものとする規律を設けることが考えられるが，どうか。

第6　その他

1　記録の閲覧

　手続記録は，登記所において保管し，何人も，登記官に対し，手数料を納付して，利害関係を有する部分について閲覧を請求することができるものとすることが考えられるが，どうか。

（補足説明）

　新たな制度における手続記録については，不動産登記簿の附属書類（不動産登記法第121条第2項）や筆界特定手続記録（同法第149条第2項）と同様に，何人も，登記官に対し，手数料を納付して，利害関係を有する部分について閲覧を請求することができるものとしているが，どうか。

2　その他

　新たな制度を設けるに当たって，その他検討すべき事項はあるか。

（補足説明）

　例えば，新たな制度において，筆界特定制度の場合（不動産登記法第147条）と同様に釈明処分の特則を設けることなどを検討する必要がないか。

- 11 -

244 ｜ 第2章　資料

登記制度・土地所有権の在り方等に関する研究会第１０回会議　議事要旨

第１　日時　平成３０年９月１２日（水）１８：００～２１：００
第２　場所　一般社団法人金融財政事情研究会本社ビル２階第１会議室
第３　出席者（役職名・敬称略）
　座長　山野目章夫
　委員　沖野眞已，垣内秀介，加藤政也，金親均，佐久間毅，水津太郎，鈴木泰介，橋本
　　　賢二郎，松尾弘，山本隆司
　関係官庁　最高裁判所，国土交通省，農林水産省，林野庁，財務省，法務省
第４　議事概要
　１　開会
　２　本日の議題
　【変則型登記の解消について】
　　⑴　登記手続
　　ア　特定された表題部所有者として記録されるべき者を表題部所有者とする登記
　　　・　価値のない土地を押し付けられる当事者の不利益も考慮すべきであることか
　　　　ら，研究会資料９の第５の１については，【Ｂ案】に賛成する。
　　　・　登記された後の不服申立ての方法に関して，行政訴訟と民事訴訟の関係につ
　　　　いて整理をする必要がある。
　　イ　対象土地が権利能力のない社団に属するものであった場合の取扱い
　　　・　古くから記名共有地を所有している集落や組については，登記能力を認める
　　　　べきではないか。少なくとも納税義務者として市町村から認められているもの
　　　　については，登記能力の例外を認めることができないか。
　　　・　表題部所有者については，実質的審査権が及ぶため，法人格のない社団名義
　　　　とすることも可能なように見えるが，権利部との関係も考慮しなければならな
　　　　い。権利部においては，次の所有権の移転の登記等をするときにおける本人確
　　　　認や意思確認の方法などの課題があるため，引き続き丁寧に検討していく必要
　　　　がある。
　　⑵　その他
　　　・　釈明処分の特則を設けるかどうかの検討に当たっては，筆界特定制度において
　　　　は，公法上の境界が争われ，弁論主義が問題とならない筆界確定訴訟で争われる
　　　　のに対し，今回検討している新たな制度においては，弁論主義が妥当する所有権
　　　　確認訴訟で争われることになる点について考慮する必要がある。
　　　・　探索の結果，所有者を見つけることができなかったときの議論とともに，既存
　　　　の手続についての簡素化についても検討する必要がある。

　【登記手続の簡略化について】
　　⑴　法定相続分による所有権の移転の登記がされた後に遺産分割等が行われた場合に
　　　おける登記手続の簡略化

- 1 -

第10回会議　議事要旨　｜　245

ア　遺産分割・相続放棄の場合

- 　相続による権利移転は，遺産分割が終着点であり，遺産共有状態はそれまでの中間的なものにすぎない。飽くまで最終の権利関係の公示が重要であり，そこに至る過程は，最初から遺産分割による登記をするときと，法定相続分による登記がされた後で遺産分割による登記をするときとで区別する必要はない。また，信頼に足りる添付情報が提出されるのであれば実体上の紛争が生じる可能性は低いと考えられる上，法定相続分による登記がされた後に遺産分割による登記がされたことは付記登記によって登記記録上も明らかとなることからすれば，研究会資料１０の第１の１及び２の提案についてはいずれも賛成する。

- 　第１の論点は，①登録免許税の問題，②持分の移転の登記によるか更正の登記によるかの問題，③単独申請とするか共同申請とするかの問題の３つの論点に分けて検討すべきである。第１の１(1)の補足説明は，①の論点と②の論点を整理しきれていないように思われる。持分の移転の登記によるか更正の登記によるかの論点の理由付けは，飽くまで実体的な権利変動を根拠にすべきであると考える。

- 　法定相続分による所有権の移転の登記がされた後に遺産分割が行われた場合に，単独申請により更正の登記をすることについて問題は生じないと思うが，法改正に当たって，遺産分割による更正の登記という新たな類型を設けてはどうか。

- 　保存行為として法定相続分による所有権の移転の登記が単独で申請された場合には，他の法定相続人に登記識別情報が提供されないため，その後に遺産分割による持分の移転の登記の申請をするためには他の法定相続人への事前通知等が必要となり，手続が面倒である。単独申請をすることができるようになれば，登記識別情報の問題が軽減されるため，第１の１及び２の提案についてはいずれも賛成する。

- 　登録免許税については，法定相続分による所有権の移転の登記がされた後に遺産分割による登記を申請した場合であっても，最初から遺産分割による所有権の移転の登記を申請した場合であっても，同じ負担となるようにすべきである。

イ　遺贈の場合

- 　遺贈の場合には，相続人以外の者が受遺者となる場合があり，遺言があるとしても，権利を巡る紛争が生じる可能性を無視することができないため，研究会資料１０の第１の３については【Ｂ案】に賛成する。

- 　遺贈の場合についても，共同申請することは負担である印象が強いが，受遺者がどうやって遺言書を手に入れるのかといった点も考えると，【Ａ案】とするか【Ｂ案】とするかが悩ましい。

- 　遺贈の場合には，共同申請となる場合を排除することができないため，単独申請によってもすることができるとの提案になるのではないか。

- 　【Ａ案】への反論としては，遺贈の性質や登記の真正の担保という観点よりも，第三者への遺贈が行われたことを法定相続人が知る契機がなくなることを

強調すべきではないか。
(2) 既にされている権利の登記の抹消手続の簡略化
　ア　担保権の登記名義人が清算結了の登記がされた法人等である場合における担保権に関する登記の抹消手続の簡略化
　　・　①清算結了の登記がされた法人、②法人に関する根拠法の廃止等に伴い解散することとされた法人及び③休眠法人として解散したものとみなされた後に一定期間が経過している法人は、いずれも債権が時効消滅している可能性が高い上、権利行使の機会を十分与えられており、これらの法人に対する権利保障に重きを置く必要がないと考えられ、研究会資料１０の第２の１の提案については、賛成である。ただし、③における一定期間の考え方については、休眠法人となるまでの期間や債権の消滅時効を考慮すると、５年ぐらいでも良いのではないか。
　　・　上記②の法人の中に、旧民法法人で解散することとなっているものも含めることはできないか。
　　・　上記③の休眠法人については、まだ事業活動をしている可能性があるため、通知手続を設けた方がよいのではないか。
　　・　弁済期後２０年間経過し、被担保債権等の全額を供託しているのであれば、仮に事業活動をしていても、担保権に関する登記を抹消してもよいのではないか。上記①から③までの法人であれば、不動産登記法第７０条第３項後段の要件を緩めてもよいのではないか。
　　・　実務では面倒な類型の手続であり、実体法上の効力に関わらないのであれば、第２の１の提案には基本的に賛成である。
　イ　不動産登記法第７０条第３項の規定による登記の抹消手続の対象とならない担保権以外の権利に関する登記の抹消手続の簡略化
　　・　買戻しの特約の登記の抹消手続の簡略化については、信義則上存続期間の経過を主張することができないとの最高裁判決（最判昭和４５年４月２１日集民９９号１０９頁）があるため、慎重を期してはどうか。
　　・　買戻しの特約の登記は、金融機関以外が当事者となっている場合が多く、代金完済後に抹消手続に積極的に協力しないことがある。そのため、最高裁判決があるとしても、抹消手続を簡略化する制度を認めていくべきと考える。この場合には、所在不明ではなくとも、登記義務者に通知すれば、抹消手続の簡略化を認めてよいのではないか。
　　・　登記記録に記録された存続期間の満了している権利（地上権、永小作権、賃借権、採石権）に関する登記の抹消手続の簡略化については、勇み足的な抹消がされる心配があるため、所在不明の場合に限った上で、消滅している蓋然性が高い場合に限定してはどうか。
　ウ　その他の検討課題
　　・　登記されてから長期間が経過している仮差押えや仮処分の登記の抹消手続の見直しについては、仮差押え等による時効中断の効力が判例上強力に認められていることから、長期間が経過していることをもって登記の抹消手続を簡略化

- 3 -

第10回会議　議事要旨　｜　247

することは難しいのではないか。

- 余りに長期にわたり放置されている仮差押え等について、民事保全法の枠内で対応策を検討すべきではないか。
- 民事保全法施行前は、事情変更による保全命令の取消しの裁判は、決定ではなく、判決によることとされていたが、決定か判決かで、手続的な負担に大きな違いはないと考える。

(3) 登記義務者の所在が知れない場合の時効取得を原因とする所有権の移転の登記手続の簡略化

- 実体法上の権利関係の争いがあり得る時効取得の場合において、所在不明であるからとの理由で、単独申請を認めることは難しいのではないか。これを認めると、売買後に売主が行方不明となった場合に、単独申請を認めない理由が付かないのではないか。時効取得の場合のみを抜き出して単独申請を認めることは難しいように思われる。
- 研究会資料１０の第３の【A案】及び【B案】における「登記義務者の所在が知れない場合」について、所在不明であることを証する情報を現在の不動産登記法第７０条第１項の場合と同様の運用にするのであれば、手続保障として問題があるのではないか。
- 第３の【A案】については、登記官の形式的審査権と適合しないと考えられ、少なくとも裁判所の関与が必要であると思われる。もっとも、【B案】についても、手続の内容について更に検討をする必要がある。
- 相続登記については、登記申請のインセンティブを高めるための手続の簡略化が必要であると考えられるが、時効取得の場合には対抗要件主義によるインセンティブが元々高いと考えられることから、時効取得の場合のみ共同申請の例外を認める必要性はないのではないか。第３の【A案】及び【B案】については、対象土地の区域を限定するなどの絞り込みが必要ではないか。
- 第３の【A案】について、権利に関する登記においては、登記官は形式的審査権しか有しないが、提出された調査報告書から占有の継続が客観的に証明されているのであれば、登記官であっても判断することができると考えられる。【B案】については、現在の公示催告手続と同様、使われにくいのではないか。

(4) 登記名義人の死亡後に所有権の移転が生じた場合における所有権の移転の登記手続の簡略化

- 清算型遺贈（相続財産を売却した上で、売却代金を相続人又は第三者に与える旨の遺贈）については、事実上されているだけで、遺言として実体法上有効かどうかに疑問がある。無効であるものについて、手続を簡略化する必要はないと考える。
- 清算型遺贈については、相続人の同意ベースで、いったん相続人が相続したものを売却しているとみるほかないのではないか。負担付や条件付遺贈といった法的構成は技巧的であり、難しいように思われる。
- 時効起算日前に所有権の登記名義人が死亡し、その相続登記が未了の場合に、死亡した所有権の登記名義人から相続人への相続による所有権の移転の登記を

248 ｜ 第２章 資料

経ることなく，登記名義人から直接時効取得者への所有権の移転の登記をすることができるようにするかどうかについては，実体的な権利変動を登記に反映すべきとも考えられる一方，数次相続が発生している場合などに全て相続登記を入れなければならないとすると，現在の所有者が登記に反映されないという問題が解決しない。

- 　数次相続が登記に反映していないことの問題については，時効取得の場合に限られないように思われる。何らかの形で簡略化をする方策を考えられないか。
- 　取得時効には，過去の権利関係が不明確な場合に立証困難の救済という機能があるが，登記名義人が死亡した後にどのような権利移転の経過があったか分からないような場合に，登記手続面で時効取得を反映させる手立てがあってもよいのではないか。このような観点から，時効取得に特化して検討する余地がある。
- 　死亡した所有権の登記名義人から相続人への相続登記を不要とした場合であっても，相続人が登記義務者となることから，相続人を探す手間は変わらない。

3　閉会

- 5 -

第10回会議　議事要旨　｜　249

研究会資料１０

登記手続の簡略化について

第１　法定相続分による所有権の移転の登記がされた後に遺産分割等が行われた場合における登記手続の簡略化
　１　遺産分割の場合
　⑴　法定相続分による所有権の移転の登記がされた後に遺産分割が行われた場合における登記は，錯誤による更正の登記により行うものとすることが考えられるが，どうか。
　　（補足説明）
　　ア　現在の登記実務では，法定相続分による所有権の移転の登記がされた後に遺産分割が行われた場合における登記は，一度は法定相続分による相続がされた後に遺産分割が行われたという物権変動の態様・過程をそのまま登記に反映させるとして，持分喪失者から持分取得者への持分の移転の登記により行われている（昭和２８年８月１０日付け民事甲第１３９２号民事局長電報回答）。
　　　　これに対し，所有者不明土地問題の解消のため，法定相続分による所有権の移転の登記を含めた相続登記における相続人の負担を軽減し，これを促進するという観点から（注），この場合における登記は更正の登記により行うことができるものとすることが考えられるのではないかとの指摘がある。
　　　　（注）法定相続分による所有権の移転の登記がされた後に遺産分割が行われた場合における持分の移転の登記の登録免許税は，不動産の価額の１０００分の４であるが（登録免許税法２条別表第１第１号⑵イ），更正の登記の登録免許税は不動産１個につき１０００円である（同条別表第１第１号⑭）。
　　イ　相続人は相続開始の時から遺産分割の結果に基づき相続財産を所有していたこととされること（民法第９０９条本文）に着目すれば，遺産分割前にされた法定相続分による所有権の移転の登記は，登記事項に「錯誤」（不動産登記法第２条第１６号）があったもの，すなわち，登記記録に本来されるべき記録の代わりに誤った記録がされているものとみることもでき，錯誤による更正の登記を付記登記により行うものとすることは，このような実体法の規定に沿うということもできる。
　　　　ただし，相続開始後，遺産分割前に遺産分割の目的物につき抵当権を設定するなどして利害関係を有するに至った第三者が先にその対抗要件を具備したケースにおいては，付記登記による更正の登記をすることは相当ではないことから，更正の登記ではなく持分の移転の登記によることとなるものと考えられる。
　　ウ　なお，下記⑵のとおり単独申請を可能とする登記手続の簡略化を検討するに当たっては，法定相続分による所有権の移転の登記がされた後に協議による遺産分割が行われた場合に限らず，相続させる旨の遺言に基づく登記を行う場合をも含めることが考えられるが，法定相続分による所有権の移転の登記がされた後に相

－１－

250 ｜ 第２章　資料

続させる旨の遺言に基づき行う登記については，現在の登記実務においても，所有権の更正の登記によるものとされている（平成２年１月２０日付け民三第１５６号民事局第三課長回答）。

(2) 上記(1)の登記（注１）を登記権利者が単独で申請することができるものとするため，必要な法制上の措置を講ずることが考えられるが，どうか。
　　　（注１）法定相続分による所有権の移転の登記がされた後に，相続させる旨の遺言に基づき登記を行う場合も含む。
（補足説明）
ア　現在の登記実務においては，法定相続分による所有権の移転の登記をすることなく，遺産分割協議の結果に基づいて相続を原因とする所有権の移転の登記をする場合には，遺産分割協議書及び当該遺産分割協議書に押印された申請人以外の相続人の印鑑証明書を登記原因証明情報として提供し（昭和３０年４月２３日付け民事甲第７４２号民事局長通達），不動産登記法第６３条第２項に基づき単独で申請することができるとされている（昭和１９年１０月１９日付け民事甲第６９２号民事局長通達）。また，法定相続分による所有権の移転の登記をすることなく，相続させる旨の遺言に基づいて相続を原因とする所有権の移転の登記をする場合にも，遺言書（裁判所の検認が必要な場合には検認されたもの（注２））を登記原因証明情報として提供し，同項に基づき単独で申請することができるとされている。
　　　（注２）平成３０年７月６日に成立した「法務局における遺言書の保管等に関する法律」（平成３０年法律第７３号）に基づき遺言書保管所に保管されている遺言書については，遺言書の検認は不要であり（同法第１１条），当該遺言書の画像情報を含む証明書である遺言書情報証明書が登記原因証明情報となる予定である。
イ　しかし，AからB及びCへの法定相続分による土地の所有権の移転の登記がされた場合において，その後にBとCとの間で当該土地をBの単独所有とする遺産分割協議がされたときは，Bは，不動産登記法第６３条第２項に基づき所有権の移転の登記を単独で申請することはできず（昭和２８年８月１０日付け民事甲第１３９２号民事局長電報回答，昭和４２年１０月９日付け民三第７０６号民事局第三課長回答参照），BとCの共同で遺産分割協議の結果に基づく登記の申請をしなければならないものとされている。また，法定相続分による所有権の移転の登記がされた後に，相続させる旨の遺言が発見され，当該遺言に基づく所有権の更正の登記をする場合にも，同様に共同で申請することとなる。
　　　これに対し，例えば，上記の前者のケースについては，遺産分割協議書に押印されたCの印鑑証明書が必要であるのみならず，申請書又は委任状に記名押印した登記義務者（C）の印鑑証明書も提出する必要があり，印鑑証明書を重複して提出する必要がある点などにおいて，法定相続分による所有権の移転の登記をしていない場合に比べて手続が煩瑣であり，早期に相続の発生を登記に反映させたためにかえって不利益を受けるのは合理性を欠くとの指摘等がある。

そこで，相続の発生を円滑かつ迅速に登記に反映させるための方策の一つとして，上記の前者のケースについては遺産分割協議書と当該遺産分割協議書に押印された申請人以外の相続人の印鑑証明書を，後者のケースについては遺言書（裁判所の検認が必要な場合には検認されたもの）を登記原因証明情報として提供するものとした上で，登記権利者が単独で所要の登記を申請することができるものとすることが考えられる。

　なお，不動産登記法第６３条第２項において登記権利者が単独で申請することができるものとされているのは，「相続による権利の移転の登記」であることから，更正の登記を同項に基づいて行うことができると解釈することは困難であり，単独申請を可能とするためには，新たに法制上の措置を講ずることが必要であると考えられる。

2　相続放棄の場合

　法定相続分による所有権の移転の登記（注）がされた後に共同相続人の一部の者による相続放棄が行われた場合において，相続放棄者以外の共同相続人（登記権利者）が行う錯誤による更正の登記は，登記権利者が単独で申請することができるものとするため，必要な法制上の措置を講ずることが考えられるが，どうか。

　　（注）法定相続分による所有権の移転の登記を，相続放棄者以外の共同相続人が保存行為として行ったケースや相続人の債権者が代位して行ったケースなどが想定される。

（補足説明）

　相続放棄者以外の者が相続を原因とする所有権の移転の登記をする場合において，法定相続分による所有権の移転の登記がされていないときは，家庭裁判所の証明に係る相続放棄申述受理証明書を登記原因証明情報として提供することで，不動産登記法第６３条第２項に基づき単独で申請することができる。

　しかし，被相続人Ａが登記名義人である甲土地について，相続人Ｂ及びＣの共同相続登記が経由された後に，Ｃが相続放棄をしたため，Ｂが甲土地について自己の単有名義の登記を行う場合には，錯誤による更正の登記を，Ｂ及びＣの共同申請により行うものとされている（昭和３９年４月１４日付け民事甲第１４９８号民事局長通達参照）。

　これに対しては，既に相続を放棄し，相続手続から離脱した者から共同申請のための協力を得ること（委任状及び印鑑証明書の取得等）が困難な場合も想定され，相続放棄をした者としても既に相続放棄をしたのに余計な負担を負わされるとの指摘等が考えられる。

　そこで，相続の発生を円滑かつ迅速に登記に反映させるための方策の一つとして，家庭裁判所の証明に係る相続放棄申述受理証明書を登記原因証明情報として提供するものとした上で，登記権利者が単独で登記の申請をすることができるものとすることが考えられる。

　なお，不動産登記法第６３条第２項において登記権利者が単独で申請することができるものとされているのは，「相続による権利の移転の登記」であることから，

－ 3 －

252 ｜ 第2章　資料

更正の登記を同項に基づいて行うことができると解釈することは困難であり，単独
申請を可能とするためには，新たに法制上の措置を講ずることが必要であると考え
られる。

3　遺贈の場合
　　法定相続分による所有権の移転の登記（注１）がされた後に受遺者（登記権利者）
　が行う遺贈を原因とする登記（注２）について，どのように考えるか。
　　【Ａ案】登記権利者が単独で申請することができるものとする。
　　【Ｂ案】共同申請により行うという現行の規律を維持する。
　　　　（注１）法定相続分による所有権の移転の登記を，遺贈する旨の遺言の存在を知
　　　　　　　らずに行ったケースなどが想定される。
　　　　（注２）相続人のうちのいずれかの者に対する遺贈の場合には，錯誤による更正
　　　　　　　の登記で行われ，相続人以外の者に対する遺贈の場合には，真正な登記名義
　　　　　　　の回復を原因とする所有権の移転の登記（又は共同相続登記を抹消した上で，
　　　　　　　遺言者から受遺者への所有権の移転の登記）で行われる。
　（補足説明）
⑴　被相続人Ａが登記名義人である甲土地について，相続人Ｂ及びＣの法定相続分に
　よる所有権の移転の登記がされた後に，遺産を全部Ｂに遺贈する旨の遺言書が発見
　されたため，この遺言によりＢが甲土地について自己の単有名義の登記を行う場合
　には，錯誤による更正の登記を，Ｂ及びＣの共同申請により行うものとされている
　（昭和３７年６月２８日付け民事甲第１７１７号民事局長通達）。
　　　また，同様の事案において，遺産を相続人ではないＤに遺贈する旨の遺言書が発
　見されたため，この遺言によりＤが甲土地について自己の単有名義の登記を行う場
　合には，真正な登記名義の回復を原因とする所有権の移転の登記（又は共同相続登
　記を抹消した上で，遺言者Ａから受遺者Ｄへの所有権の移転の登記）を，Ｂ，Ｃ及
　びＤの共同申請により行うこととなる。
⑵　これに対し，法定相続分による所有権の移転の登記をすることなく，遺贈を原因
　とする所有権の移転の登記をする場合には，遺言書を登記原因証明情報として提供
　し，登記権利者である受遺者が登記義務者である遺言執行者又は相続人と共同で申
　請するものとされているが，一方で，相続させる旨の遺言に基づく相続を原因とす
　る所有権の移転の登記をする場合には，遺言書を登記原因証明情報として提供し，
　不動産登記法第６３条第２項に基づき単独で申請することができるものとされてい
　る。
　　　そこで，遺贈も遺言に基づき行われるものであり，本来登記義務者となるべき遺
　言者が死亡して共同申請をすることができないという点においては，相続させる旨
　の遺言と同様であることなどから，遺言書が提出されれば単独申請を認める余地が
　あるのではないかという考え方があり得るため，これを【Ａ案】として示している。
⑶　しかし，実体法上，相続させる旨の遺言の性質は相続であるのに対し，遺贈は遺
　言によって受遺者に財産権を与える遺言者の意思表示にほかならず，意思表示によ
　って物権変動の効果を生ずる点においては贈与と異ならないものであると解されて

－ 4 －

研究会資料10　｜　253

おり（最高裁昭和３９年３月６日第二小法廷判決，東京高裁昭和４４年９月８日決定等参照），むしろ，相続するはずであった相続財産を遺贈により失うという不利益を受ける相続人との共同申請とすることが自然であるとも考えられる。また，遺贈は，相続人以外の者を受遺者とすることができる点でも相続させる旨の遺言と異なっており，広くあらゆる者が申請人となり得ることに鑑みると，実際上，遺言の効力が争われるケースも少なくないことが想定され，単独申請を可能とした場合には，登記の真正の担保について問題が生ずるとの指摘や，共同申請とされていることで，事実上，相続財産が相続人以外の者に遺贈されたことを相続人が知る契機になっており，こうした機能を失わせることは問題であるとの指摘等も考えられる。

そこで，遺贈の場合においては，共同申請により行うという現行の規律を維持することが相当であるという考え方を【Ｂ案】として示している。

第２　既にされている権利の登記の抹消手続の簡略化

1　担保権の登記名義人が，例えば，次の(1)から(3)までの法人のいずれかに該当する場合において，被担保債権の弁済期から２０年を経過し，かつ，その期間を経過した後に当該被担保債権，その利息及び債務不履行により生じた損害の全額に相当する金銭が供託されたときは，登記権利者は単独で当該担保権に関する登記の抹消を申請することができるものとするため，必要な法制上の措置を講ずることが考えられるが，どうか。

(1)　清算結了の登記がされた法人

(2)　法人に関する根拠法の廃止等に伴い解散することとされた法人

(3)　休眠法人として解散したものとみなされた後に一定期間（例えば２０年）が経過している法人

（補足説明）

ア　登記記録上，登記がされてから長い年月を経た担保権の登記が多数残存していることが，不動産の円滑な取引を阻害する要因の一つとなっているとの指摘がある。このような担保権の登記を抹消する方法の一つとして，不動産登記法第７０条第３項後段は，登記義務者の所在が知れないため登記義務者と共同して権利（先取特権，質権又は抵当権）に関する登記の抹消を申請することができない場合において，被担保債権の弁済期から２０年を経過し，かつ，その期間を経過した後に当該被担保債権，その利息及び債務不履行により生じた損害の全額に相当する金銭が供託されたときは，登記権利者は単独で当該担保権に関する登記の抹消を申請することができる旨を定めている。

これは，被担保債権の弁済期から長期間担保権を行使しない担保権者については一般的に担保権行使の意思がないと推認され，その登記における保護の必要性が減少していること，登記記録上の被担保債権等の全額が供託された場合には，実体法上弁済の効力を有する供託である蓋然性が高いことから，担保権が登記手続上は被担保債権の弁済により消滅したと擬制する効果を法律上与えたものであるとされている（担保権が実体的に消滅するものではない。）。

もっとも，登記名義人が法人である場合において，不動産登記法第７０条第１

－ 5 －

項の「登記義務者の所在が知れない」とは，例えば，登記記録に当該法人について記録がなく，かつ，閉鎖した登記記録も保存期間（２０年）が経過して保存されていないため，その存在を確認することができない場合がこれに該当するとされている（昭和６３年７月１日付け民三第３４９９号民事局第三課長依命通知参照）ことから，事実上，同条第３項後段の適用場面は限られたものとなってしまっているとの指摘がある。同項後段の適用がなく，清算人もいない場合には，裁判所に対して清算人の選任を請求し，清算人との共同申請により登記の抹消を申請するか，清算人の協力が得られない場合には清算人を被告として登記抹消請求訴訟を提起し，認容判決を得て，同法第６３条第１項に基づき登記の抹消を申請することとなるが，このような場合であっても，登記の抹消について実質的に争われる事例は少ないものと考えられることや，登記から相当長期間を経たものの中には，被担保債権が数十円，数百円程度の僅少なものも存在するため，同法第７０条第３項後段を適用することができた場合と比較して，清算人費用の予納等が必要となり，登記権利者の負担は大きくなる。

　そこで，不動産登記法第７０条第３項後段の適用範囲を拡大する観点から，担保権の登記名義人が次のような法人である場合等について，登記手続を簡略化することが考えられないか。

イ　担保権の登記名義人が次の（ア）から（ウ）までのような法人である場合には，清算人が死亡するなどしてその協力を得ることが困難になっていることがあると想定されることなどから，被担保債権の弁済期から２０年が経過したことに加え，被担保債権等の全額の供託がされている場合には，登記権利者が単独で登記の抹消の申請をすることができるものとすることが考えられる。

　これに対しては，例えば，たとえ清算結了の登記がされているとしても，清算未了の財産が残存している可能性はあることや，担保権の設定登記後長期間を経過している被担保債権は，時効により消滅している可能性もあるものの，承認や一部弁済等により時効が完成していない可能性もあり，登記が残っている以上，権利が存在すると推定すべきであることなどから，抹消手続の簡略化には慎重であるべきではないかといった指摘や，清算人がいる場合には当該清算人が手続を行うことが原則であって，清算人の所在が不明であることを要件とすべきではないかとの指摘等も考えられる。

　また，次の（ア）から（ウ）までのような法人である場合に限らず，より幅広く簡略化をする場合を検討すべきではないかとの指摘も考えられる。

（ア）　清算結了の登記がされた法人

　　解散した法人は，債権の取立てや債務の弁済，残余財産の分配等の清算手続を行い，清算が結了したときは清算結了の登記をしなければならない（会社法第９２９条，一般社団法人及び一般財団法人に関する法律第３１１条）ことから，清算結了の登記がされている場合には，残存している担保権の登記に係る被担保債権は既に取立て等がされている可能性があると考えることができる。

　　なお，清算結了の登記がされていても，何らかの理由により当該被担保債

－ 6 －

研究会資料10　255

権が清算されないままであり，これについて時効完成の障害事由が生じている可能性があり得ることに照らし，解散や清算結了の登記の後一定期間が経過していることを要求することも考えられる。

（イ）　法人に関する根拠法の廃止等に伴い解散することとされた法人

　　　ここでは，農業協同組合法の制定に伴う農業団体の整理等に関する法律（昭和２２年法律第１３３号）の規定により解散することとされた農業会や農業団体法（昭和１８年法律第４６号）第８８条に基づき行政官庁から解散を命じられた産業組合のように，当該法人に関する根拠法の廃止等に伴い解散することとされた法人を想定している。

　　　なお，時効完成の障害事由が生じている可能性があり得ることに照らし，法律の規定による解散後に一定期間が経過していることを要求することも考えられる。

（ウ）　休眠法人として解散したものとみなされた後に一定期間が経過している法人

　　　休眠会社（最後の登記から１２年を経過している株式会社。会社法第４７２条）又は休眠一般法人（最後の登記から５年を経過している一般社団法人又は一般財団法人。一般社団法人及び一般財団法人に関する法律第１４９条，第２０３条）等として解散したものとみなされ，かつ，解散とみなされた後に一定期間が経過しているものの場合には，事業が休止している蓋然性が高いと考えることができる。

　　　もっとも，休眠法人が実際上引き続き事業活動を続けている可能性も否定することができないから，上記（ア）や（イ）の場合と同様に考えることはできないのではないかとの指摘も考えられる。

２　不動産登記法第７０条第３項の規定による登記の抹消手続の対象とならない担保権以外の権利に関する登記の抹消手続の簡略化

⑴　買戻しの特約の登記について

　　買戻しの特約の登記について，登記義務者の所在が知れないため登記義務者と共同して権利に関する登記の抹消を申請することができない場合において，買戻権が買戻期間の経過により消滅したときは，登記権利者は登記義務者が所在不明であることを証する情報を提供することで，単独で登記の抹消を申請することができるものとするため，必要な法制上の措置を講ずることが考えられるが，どうか。

（補足説明）

ア　買戻しの特約の登記の抹消は，買戻権者である登記義務者と共同して申請する必要がある。登記義務者の所在の把握が困難である場合には，①当該登記義務者の不在者財産管理人や相続財産管理人を選任し，その者に対して抹消登記手続請求訴訟を提起して（なお，登記義務者が不在者であるときは，不在者財産管理人の選任の申立てをせず，不在者を被告として訴訟を提起し，公示送達を申し立てる方法もある。以下同じ。），その勝訴の確定判決に基づき単独申請により登記の抹消をする方法（不動産登記法第６３条第１項）があるが，一定の時間とコ

－ 7 －

256 ｜ 第２章　資料

ストを要するものであり，また，②公示催告の申立てを行い，除権決定を得て単独申請により登記の抹消をする方法（同法第７０条第１項，第２項）は必ずしも利用されていない。

　このような事情から，買戻期間の満了した買戻権の登記が残存しており，特に登記義務者の所在が知れない場合には容易に当該登記を抹消することができないことが，不動産の円滑な取引を阻害する要因の一つとなっているとの指摘もある。

　そこで，このような場合の手続負担を軽減し，登記手続を簡略化することが考えられないか。

イ　実体法上，買戻しの期間は１０年を超えることができないとされ，買戻しについて期間を定めたときは，その後にこれを伸長することができないとされていることから（民法第５８０条），買戻期間がこれらの期間を超えて延長されることはない。したがって，登記された買戻期間を経過しているときは，既に買戻権が消滅しているということができる。

　そこで，これを前提に，登記された買戻期間が経過していることが登記記録上明らかである場合において，登記義務者の所在が知れないため登記義務者と共同して権利に関する登記の抹消を申請することができないときは，登記権利者が登記義務者が所在不明であることを証する情報を提供した上で，単独で登記の抹消を申請することができるものとすることが考えられるが，どうか。

　なお，買戻権の消滅が明らかであるとすれば，単独で登記の抹消を申請することができる場合を，登記義務者の所在が知れない場合に限定せず，より広くするべきではないかとの指摘も考えられるが，共同申請が原則である以上，登記義務者が不存在であるのと同視することができるような状況に限るべきであるとの指摘もあり得るところである。

(2)　登記記録に記録された存続期間の満了している権利（地上権，永小作権，賃借権，採石権）に関する登記について

　【Ａ案】登記義務者の所在が知れないため登記義務者と共同して権利に関する登記の抹消を申請することができない場合において，登記記録に記録された権利（地上権，永小作権，賃借権，採石権）の存続期間の満了後一定期間が経過しているときは，登記義務者が所在不明であることを証する情報を提供した上，当該権利に関する登記の抹消の申請がされた旨を登記義務者の登記記録上の住所及び住民票上の住所にあてて通知し，かつ，その旨を公告し，異議がなければ登記権利者が単独で当該権利の登記の抹消をすることができるものとするため，必要な法制上の措置を講ずる。

　【Ｂ案】新たな法制上の措置は講じないものとする。

（補足説明）

ア　既存の登記の抹消原因が実体上発生していたとしても，登記義務者の所在の把握が困難である場合には，共同申請により当該登記を抹消することができない。

　この場合には，①当該登記義務者の不在者財産管理人や相続財産管理人を選任

－ 8 －

研究会資料10 ｜ 257

し，その者に対して抹消登記手続請求訴訟を提起して，その勝訴の確定判決に基づき単独申請により登記の抹消をする方法（不動産登記法第６３条第１項）があるが，一定の時間とコストを要するものであり，また，②公示催告の申立てを行い，除権決定を得て単独申請により登記の抹消をする方法（同法第７０条第１項，第２項）は必ずしも利用されていない。

このような事情から，実体上は既に存続期間の満了等により消滅している用益権（地上権，永小作権，賃借権，採石権）に関する登記が抹消されないまま残存しており，特に登記義務者の所在が知れない場合には，容易に当該登記を抹消することができず，不動産の円滑な取引を阻害する要因の一つとなっているとの指摘がある。

そこで，このような場合の手続負担を軽減し，登記手続を簡略化することが考えられないか。

イ　地上権，永小作権，賃借権については，それぞれ，存続期間の定めがあるときはその定めが登記事項とされており（不動産登記法第７８条第３号，第７９条第２号，第８１条第２号），採石権については，存続期間が必要的登記事項とされている（同法第８２条第１号）。そこで，登記記録に記録された権利の存続期間が満了し，かつ，そこからさらに一定期間が経過している場合には，当該権利が既に消滅している可能性が高いことから，通知及び公告により登記義務者の手続保障を図った上で，異議がないときは，登記権利者が単独で当該権利の抹消をすることができるものとすることが考えられ，このような考え方を【Ａ案】において示している。

ウ　もっとも，これに対しては，登記記録上の存続期間が満了しているとしても，上記各権利については，いずれも存続期間の更新があり得るものであり，かつ，その更新の結果を登記に反映しなくとも土地所有者に変更がない限りは土地所有者と用益権を有する者との間では問題を生じないことから，存続期間の更新により依然として存在している権利について，その登記を抹消してしまうことになりかねず，慎重な検討が必要であるとの指摘もあり得る。

また，登記義務者の手続保障を通知及び公告で足りるものとすることにも，登記の真正を担保する手段としては必ずしも十分ではないといった指摘が考えられることから，【Ｂ案】において新たな法制上の措置を講じない考え方を示している。

エ　なお，定期借地権及び定期建物賃貸借の場合には，契約の更新がない旨の特約がされており（借地借家法第２２条，第３８条等），それが登記事項とされている（不動産登記法第７８条第３号，第８１条第８号）ことから，登記された存続期間が満了しているときは，上記(1)の買戻しの特約の登記と同様に，単独で抹消することができるものとする考え方もあり得るところである（ただし，定期借地権又は定期建物賃貸借であっても，当事者の合意によりその存続期間の延長をすることができるとする考え方もある。）。

オ　なお，仮に上記各権利の存続期間の更新に関する登記を義務化した場合には，義務とされている存続期間の更新の登記をしていない以上は，登記記録に記録さ

－ 9 －

れた存続期間が満了していれば，簡略化された手続の下で当該権利に関する登記を抹消することができるとの説明はより容易になると考えられるため，登記の義務化の論点と関連するとも考えられる。

3　その他の検討課題

登記されてから長期間が経過している仮差押え又は仮処分の登記の抹消手続を見直すべきではないかとの指摘があるが，これについてどのように考えるか。

（補足説明）

(1)　仮差押え又は仮処分の登記を抹消するためには，債権者が保全命令の申立てを取り下げない限り，裁判所による保全命令の取消しがされることが必要である（注）。

　　そのため，現状において，仮差押え又は仮処分の登記がされてから長期間が経過している場面においては，債務者又はその承継人が当該登記の抹消を求めるために保全命令の取消しの申立てをしたいと考えても，当該申立ての相手方とすべき債権者又はその相続人の調査等に困難が生じ得るため，当該申立てを容易にすることができないことがあるとの指摘がある。また，保全命令の取消しは「債務者の申立てにより」行うものとされているため（民事保全法第３７条第３項，第３８条第１項，第３９条第１項），例えば，国や公共団体等が公共事業において土地の買受けを希望し，仮差押え又は仮処分の登記の抹消を求めたいと考えていても，債務者又はその承継人の積極的な助力が得られない限り，当該国等において独自に仮差押え又は仮処分の登記の抹消を求めることが困難であるとの指摘もあり得る。

　　このように，現状の規律においては，土地の所有者又は買受希望者が仮差押え又は仮処分の登記を容易に抹消することができない場面が生じ得るところであり，このことが不動産の円滑な取引を阻害する要因の一つとなっていると考えられるとして，こうした場合における抹消手続を見直すことを検討すべきであるとの指摘がある。

　　　（注）民事保全法施行（平成３年１月１日）前にした仮差押え又は仮処分の命令の申請に係る仮差押え又は仮処分の事件については，なお従前の例による（同法附則第４条）とされ，事情変更による保全命令の取消しの裁判は判決手続による（同法施行前の民事訴訟法第７４７条，第７５６条）こととされている。

(2)　もっとも，これに対しては，保全命令は，債権者による保全命令の申立ての取下げ又は裁判所による保全命令の取消しがされるまでその効力を有するものであることから，当該登記の根拠となる保全命令の効力自体を失わせるための手続を経ることなく，簡易な手続をもって当該登記の抹消をすることができるものとすることは，本来公示すべき権利関係に反する登記をすることとなるため，登記制度の趣旨に反するのではないかとの指摘等が考えられる。

　　そのため，当該登記の抹消手続の見直しを検討するに当たっては，仮差押え又は仮処分の登記がされたまま長期間を経過している事案の実態やその原因が問

－ 10 －

研究会資料10 ｜ 259

題となるほか，長期間の経過した保全命令の取消しの在り方等をも含めた議論が行われる必要があるとの指摘が考えられる。

以上を踏まえ，どのように考えるか。

第3　登記義務者の所在が知れない場合の時効取得を原因とする所有権の移転の登記手続の簡略化

【A案】登記義務者の所在が知れない場合において，不動産の所有権を時効取得した者が時効取得を原因とする所有権の移転の登記を単独で申請することができる仕組みとして，次のような法制上の措置を講ずる。

　(1)　時効取得を原因とする所有権の移転の登記の申請の添付情報として，当該登記の申請を代理した資格者代理人が作成した不動産の占有状況や登記義務者が所在不明であることを示した調査報告書を提出するものとする。

　(2)　登記官は，上記(1)の添付情報の審査のほか，必要に応じて更なる調査を行う権限を有するものとする。

　(3)　登記権利者が，登記義務者が所在不明であるとして，単独で時効取得を原因とする所有権の移転の登記の申請をしたときは，登記官は，登記義務者である所有権の登記名義人に対し，その登記記録上の住所及び住民票上の住所にあてて当該申請がされた旨を通知するとともに，その旨を公告し，異議がないときは当該登記を行うものとする。

【B案】登記義務者の所在が知れない場合において，公示催告の申立てを行い，取得時効が成立した旨の裁判所の決定があったときは，不動産の所有権を時効取得した者が時効取得を原因とする所有権の移転の登記を単独で申請することができるものとするため，必要な法制上の措置を講ずる。

【C案】新たな法制上の措置は講じないものとする。

（補足説明）

1　時効取得を原因とする所有権の移転の登記は，共同申請により行うものとされているところ，登記義務者の所在が知れない場合には，当該登記義務者の不在者財産管理人や相続財産管理人を選任し，その者に対して所有権移転登記手続請求訴訟を提起して，その勝訴の確定判決に基づき単独で申請することとなる（不動産登記法第63条第1項）。このように，登記義務者の所在が知れない場合には，登記を行うための手続に時間やコストを要することから，時効取得による所有権の移転の登記がされないまま放置され，所有者不明土地が解消されない要因となり得る。そこで，このような負担を軽減し，所有者不明土地の発生を抑制する観点から，登記手続を簡略化することが考えられないか。

2　まず，裁判所における手続を介在させず，登記所における手続のみで完結する簡略化の方法が考えられ，これを【A案】として示している。

時効取得したことを主張する申請人が所有権の移転の登記の申請をするに際しては，登記義務者が所在不明であることについての調査報告書のほか，申請人が時効取得したことを証する情報として，資格者代理人が作成した不動産の占有状況に関する調査報告書の提供を求めることが考えられる。

－ 11 －

260　｜　第2章　資料

そして，このような添付情報の審査に加え，時効取得の成否を判断するための資料が不十分であると判断した場合には，登記官が自ら必要に応じて調査することができるという調査権限を付与することが考えられる。もっとも，権利に関する登記については，形式的審査主義がとられ，申請に当たって提出された情報と既存の登記記録だけを資料とする審査方法が原則とされているところ，こうした登記官の積極的な調査は，形式的審査主義とは相容れないのではないかとの指摘が考えられ，上記(1)で提供された添付情報の審査のみで判断を行うべきではないかとの考え方もあり得る。

　さらに，登記義務者の手続保障を図るため，登記官は，登記義務者の登記記録上の住所及び住民票上の住所にあてて，時効取得を原因とする所有権の移転の登記の申請がされた旨を通知するとともに，その旨を公告し，登記義務者の異議がないときに限って当該登記を行うものとすることが考えられる。

　もっとも，【A案】に対しては，登記申請者や資格者代理人は登記義務者が所在不明であることや取得時効が成立したことの具体的な立証をどのように行うのか，また，それらに関する登記官の判断の適正さをどのように担保するのかという指摘や，登記官は添付情報として提供された情報が不十分なものであってもその調査権限を行使して取得時効の存否を判断せざるを得ず，その負担が重いものとなるおそれもあるとの指摘が考えられる。このほか，共同申請主義の原則に対する例外的な位置付けである単独申請を可能とするに当たっては，【A案】のような登記義務者の所在が知れない場合であり，かつ，時効取得を原因とする所有権の移転の登記をする場合という要件のみでは広範にすぎるため，これらの要件に加え，さらに所有者不明土地問題を解消すべき必要性が高い場合に限定するための要件等を設けるべきではないかとの指摘も考えられる。

3　次に，裁判所における手続を介在させる簡略化の方法が考えられ，これを【B案】として示している。取得時効による所有権の取得は原始取得であり，時効取得を原因とする所有権の移転の登記は，従来の所有権の登記の抹消と新たな所有権の保存の登記の実質を備えているものと考えることもできることから，公示催告及び除権決定による登記の抹消手続について規定する不動産登記法第70条第1項及び第2項を参考として，公示催告の申立てを行い，取得時効が成立した旨の裁判所の決定があったときは，申立人は単独で時効取得を原因とする所有権の移転の登記ができるとすることが考えられる。

　これに対して，さらに所有者不明土地問題を解消すべき必要性が高い場合に限定するための要件等を設けるべきではないかとの指摘が考えられることは，【A案】の場合と同様である。

　また，除権決定は，公示催告の申立てに係る権利につき失権の効力を生ずる旨の裁判（非訟事件手続法第106条第1項）であるとされているところ，【B案】のような裁判に基づき時効取得を原因とする所有権の移転の登記ができるものとすることは，私法上の権利義務関係を変動させないものと整理できるか疑義がある上，従来の除権決定の制度を大きく超えるものであり，困難であるとの指摘等が考えられる。

－ 12 －

研究会資料10 ｜ 261

4　上記２及び３のとおり，【Ａ案】及び【Ｂ案】については，それぞれ問題点や慎重に検討すべき点が多いことから，新たな法制上の措置を講じないものとする考え方を【Ｃ案】において示している。

　　なお，仮に時効取得した土地の範囲が，一筆の土地のうちの一部であった場合には，分筆の登記を行うことが前提となるが，分筆の登記は，表題部所有者又は所有権の登記名義人以外の者は申請することができないとされている（不動産登記法第３９条第１項）ことから，このような場合には，更なる特例を設けることが必要になるものと考えられる。

5　なお，第６回研究会において議論された共同相続人の一部の者による時効取得を原因とする所有権の移転の登記手続の簡略化については，実体法上の共有持分の取得時効の在り方等に関する議論（第１１回研究会において取り扱う予定）に密接に関連するものであり，同議論を踏まえて検討を行う予定である。

第４　登記名義人の死亡後に所有権の移転が生じた場合における所有権の移転の登記手続の簡略化

1　**清算型遺贈（相続財産を売却した上で，売却代金を相続人又は第三者に与える旨の遺贈）がされた場合に，死亡した所有権の登記名義人から相続人への相続による所有権の移転の登記を経ることなく，登記名義人から直接売却先への所有権の移転の登記をすることができるようにすべきではないかとの指摘があるが，これについてどのように考えるか。**

（補足説明）

　　遺言者が所有する不動産を売却し，その売却代金を相続人又は第三者に遺贈する旨のいわゆる清算型遺贈がされた場合に，遺言執行者が遺言者名義の不動産を売却して買主名義の所有権の移転の登記をするときは，その前提として遺言者から相続人への相続による所有権の移転の登記を経由する必要があるものとされている（昭和４５年１０月５日付け民甲第４１６０号民事局長回答）。

　　このような清算型遺贈においては，相続人が海外在住の場合には海外の住所についての宣誓供述書が必要になるケースや，相続人が所在不明で住民票が取得できない場合には，不在者財産管理人を選定して上申書の提出等が必要になるケース等があり，時間とコストを要することなどから，これらの負担を軽減するため，遺言者から相続人への相続による所有権の移転の登記を経ることなく，登記名義人である遺言者から直接売却先への所有権の移転の登記をすることができるようにできないかとの指摘がある。

　　もっとも，清算型遺贈の場合には，遺言者が死亡してから不動産を売却することとなるので，実体法上，相続の開始と同時にいったん相続人が不動産の所有権を取得し，遺言者の死亡の日から売却の日までの間はその所有権は相続人に帰属しているものといわざるを得ない。権利に関する登記は登記原因を明示してすることになっており（不動産登記法第５９条第３号，不動産登記令第３条第６号），不動産登記法は登記に物権変動の過程又は態様をそのまま反映することを要求していることに照らし，登記実務上，判決に基づく場合を除き，実体関係の変動の過程を省略し

－ 13 －

262　│　第２章　資料

てされる中間省略登記は認められないものとされているところ，相続人への相続による所有権の移転の登記を省略することは，中間省略登記に該当し，相当ではなく，この場合のみ別に取り扱う理由に乏しいとの指摘が考えられる。また，清算型遺贈の場合には，遺言執行者が選任されて処分を行うことが多いものと想定されるところ，遺言執行者の行為は，あくまで相続人に対してその効力を生ずることとされており（民法第１０１５条），このような遺言執行者の法的地位に照らし，相続人の所有に属する旨の登記をしないままに遺言執行者が被相続人から直接売却先への所有権の移転の登記をすることができると解することは困難ではないかとの指摘もあり得る。

　以上を踏まえ，どのように考えるか。

2　時効起算日前に所有権の登記名義人が死亡し，その相続登記が未了の場合に，死亡した所有権の登記名義人から相続人への相続による所有権の移転の登記を経ることなく，登記名義人から直接時効取得者への所有権の移転の登記をすることができるようにすべきではないかとの指摘があるが，これについてどのように考えるか。

　（補足説明）

　　時効起算日前に所有権の登記名義人が死亡し，その相続登記が未了の場合には，時効取得を原因とする所有権の移転の登記の前提として，相続人への相続による所有権の移転の登記を要するものとされている（登記研究４５５号８９頁質疑応答６６３９参照）。

　　時効取得による所有権の取得が原始取得であることを重視すれば，相続による所有権の移転の登記を経るのは迂遠であり，相続による所有権の移転の登記を経ることなく，登記名義人から直接時効取得者への所有権の移転の登記をすることができるようにできないかとの指摘がある。

　　もっとも，この場合には，所有権の登記名義人の相続の開始と同時に，相続人が不動産の所有権を取得し，所有権の登記名義人の死亡の日から時効起算日までの間，その所有権は相続人に帰属しているものといわざるを得ず，取得時効による原始取得である点で，承継取得の場合を典型例として想定する中間省略登記とは異なるものの，相続人への相続による所有権の移転の登記を省略することは，中間省略的な登記に該当するものであって相当ではなく，この場合のみ別に取り扱う理由に乏しいとの指摘が考えられる。

　　なお，第３で検討した簡略化の方策を採用することとした場合には，この第４の２での簡略化の方策の必要性は小さくなることから，第３と第４の２の議論は一部関連するものである。

　　以上を踏まえ，どのように考えるか。

－ 14 －

研究会資料10　｜　263

登記制度・土地所有権の在り方等に関する研究会第１１回会議　議事要旨

第１　日時　平成３０年１０月１日（月）１８：００〜２１：００
第２　場所　一般社団法人金融財政事情研究会本社ビル２階第１会議室
第３　出席者（役職名・敬称略）
　座長　山野目章夫
　委員　沖野眞已，垣内秀介，加藤政也，金親均，佐久間毅，水津太郎，鈴木泰介，橋本
　　　賢二郎，松尾弘
　関係官庁　最高裁判所，国土交通省，農林水産省，林野庁，財務省，法務省
第４　議事概要
　１　開会
　２　本日の議題
　【共有の在り方】
　⑴　通常の共有における共有物の管理権者について
　　ア　管理権者の選任方法
　　　・　共有者の管理権者の選任は，民法第252条の「共有物の管理に関する事項」
　　　　に含まれるから，現行法においても持分の過半数で選任することが可能である
　　　　と考えるべきである。
　　　・　共有者全員の同意がなければすることができない行為については管理権者も
　　　　その全員の同意を得ない限りすることができないとするのであれば，共有者全
　　　　員の同意がなくとも，持分の過半数で管理権者を選任することが可能であると
　　　　考えるべきである。
　　　・　管理権者の選任は基本的に共有者の判断に委ねるべきであり，第三者の請求
　　　　により裁判所が管理権者を選任するなど裁判所の介入を導入するには相応の理
　　　　由が必要ではないか。
　　　・　第三者の請求により裁判所が管理権者を選任することについては，適切に要
　　　　件を設定することにより，その場面を限定すべきではないか。
　　イ　管理権者の権限
　　　・　共有者全員を被告とすべき訴訟類型において，持分の過半数で選任された管
　　　　理権者が共有者に代わって応訴することができるものとすることについては，
　　　　共有者全員ではなく，過半数の持分を有する者らを被告とすれば足りるとする
　　　　かどうかということと併せて検討すべきである。
　　ウ　管理権を置く共有物の対象等
　　　・　共有物の管理権者を設けることは共有者間にある種の団体法理を導入するこ
　　　　とに繋がると考えられるが，そのような団体法理を共有一般に導入するのか，
　　　　それとも一定の範囲に限定して導入すべきなのかについて，共有物の管理権者
　　　　を設ける共有物の範囲を不動産に限定するかどうかと併せて検討すべきであ
　　　　る。
　⑵　遺産共有における遺産の管理権者について

- 1 -

264 ｜ 第２章　資料

- 遺産共有においては，相続人らを一定の団体として扱うことが考えられるのであり，そのような団体の代表者として遺産の管理権者を置くことには合理性がある。
- 遺産の管理権者を置くことは，遺産共有の状態での管理を安定化させるものであって，遺産分割をしないまま放置する方向でのインセンティブが働くことになりかねないとの懸念がある。

(3) 共有持分の移転・共有の解消方法等について

ア 共有者全員が同意しない限りすることができない行為の範囲等

- 持分の過半数で定められた特約は，共有者全員の同意や特約の変更によって不利益を被る者の同意がなくても，持分の過半数で変更することができることとし，いったん決まった特約が固定され，共有物の円滑な利用が阻害されないようにすべきである。
- 特約なく共有物を利用（占有）する者を保護する理由はなく，共有者全員の同意やその利用者の同意がなくとも，持分の過半数で共有物を利用する者を変更することができるとすべきである。
- 現在の理解では共有者全員を被告とすべきであると考えられている訴訟類型において，共有者全員ではなく，過半数の持分を有する共有者を被告とすれば足りるとすることについては，現行法でも，原告は，共有者を探索した上で，当該共有者を被告として訴えを提起することが可能であるから，慎重な検討が必要である。

イ 共有の利用等に無関心な者や所在不明者などがいる場合の対応等

- 共有者の中に共有の利用等に関心がない者や所在が不明である者がいることで共有の利用方法を定めることができない事態が生じることは妥当でなく，これを回避するために一定の制度を置くべきである。
- 特定の利用方法につき承諾するかどうかについて催告や公告がされたものの，その催告等に確答しなかった共有者がいる場合に，その共有者は当該利用方法につき承諾をしたとみなす必要はなく，確答をしなかった共有者以外の共有者のみで利用方法を定めることができるとすれば足りる。
- 共有者の中に共有の利用等に関心がない者や所在が不明である者がいる場合に備えて一定の制度を置くとしても，その要件については，制度の正当化根拠とともに慎重に検討すべきであり，例えば，所在不明であることを要件とするのであれば，所在不明と認めるための手順について検討すべきである。
- 確答をしない共有者以外の共有者で利用方法を定めることができるとするとしても，確答をしない共有者がその利用方法によって何らかの損害を被ったときには，その損害を補填するようにすべきである。

ウ 共有者間の特約の在り方

- 持分の過半数で利用方法を定める際に，その定めによって一定の不利益を被る者が生じる場合については，不利益を被る者の同意を得なくても定めは有効であるが，不利益が甘受すべき限度を超えている場合には，損害を補填すべきであるし，被る不利益が著しい場合には公序良俗等の一般条項によってその定

めが無効になることがあるのではないか。

(4) 共有持分の移転・共有の解消方法等について

ア 共有持分の有償取得

- 不明共有者がいる場合に，他の共有者が不明共有者のために相当の償金を供託した上で，不明共有者の持分を取得することができるものとすることなどについては，所在不明を要件とするとしても，一時的な所在不明は除外するなど，持分の取得等が認められる範囲を適切に限定する方向で慎重に要件を検討すべきである。

- 他の共有者が不明共有者のために相当の償金を供託した上でその持分を取得することができるものとすることなどについては，その対象を不動産に限定すべきである。

- 他の共有者が不明共有者のために相当の償金を供託した上でその持分を取得することができるものとすることなどについては，管理費用の支払義務等を怠った共有者の持分の取得を定めた民法第253条は対象を不動産に限定していないのと同様に，不動産に限定する必要はない。

イ 共有・相続と取得時効

- 現在の判例が，共有者又は相続人が占有開始時に他の共有者又は相続人がいることを知っていた場合には，占有する共有者又は相続人が他の共有者又は相続人の持分を時効により取得するとすることを常に認められないとしているのであれば相当でなく，一定の範囲で取得時効を認めるべきである。

- 取得時効を認める法的構成としては，共有を原因とする占有についても基本的に自主占有を肯定するという構成が考えられる。

- 取得時効を認める法的構成としては，共有を原因とする占有は他主占有と整理した上で他主占有から自主占有への転換を認める方法を別途設けるべきである。

- 取得時効を認める法的構成については，公物の取得時効の処理を参考に，長年利用しておらず共有関係から離脱していると評価できる場合には他の共有者による取得時効を認めるなど，他の共有者側の事情も考慮する方法を別途設けるという構成が考えられる。

(5) 共有持分の移転・共有の解消方法等について

- 遺産分割に期限を設けて，一定期間の経過後は法定相続分に沿って遺産分割されたものとみなすのであれば，具体的相続分による分割は一定の期間の範囲内でしか認めず，その後は共有物分割によることになるが，このような制度の正当化根拠は，具体的相続分には権利性がないと解されていることや，家庭裁判所による具体的相続分に従った遺産分割の処理は，通常の共有物分割の例外ともいうべき特別な処理であり，そのような特別な処理を受けたいのであれば，期間内に遺産分割を行わなければならないと構成することによって説明することは可能ではないか。

- 遺産分割を促進し，遺産共有を解消する方策として，遺産分割に期間制限を設けるべきである。

- 3 -

266 ｜ 第2章 資料

- ・ 遺産分割に期限を設けることが，相続を望まない者に相続を強いる結果になるのであれば相当ではないのではないか。
- ・ 遺産分割に期限を設けるのであれば，その期間を仮に 10 年と長いものとすると，遺産分割をするまでに時間をかけてもよいとの誤ったメッセージを与えることになるし，期間制限を徒過した際の効果からしても，相続人の権利が完全に失われるというものではなく，その期間を短くしても，相続人に大きな不利益は生じないから，その期間は３年，又は長くとも５年とすべきである。
- ・ 遺産分割の期間期限を設けた場合に，遺産分割の期間を経過し，法定相続分に沿って遺産分割がされたものとみなされた後でも相続放棄をすることができるとしても，相続の放棄をした者に特段の不利益は生じず，他方で，他の相続人も自己の持分が結果的に増えるだけであって，それにより特段の不利益は生じないため，特に支障はなく，遺産分割の期間の経過後も相続の放棄を認めてもよいのではないか。
- ・ 遺産分割に期間を設けることは，早期に遺産共有状態を解消する観点から重要であるが，そもそも，相続はいずれかの時期に必ず生ずるものであるのであるから，可能な限り，被相続人の生前から，相続人間であらかじめ相続が生じた後のことについてもきちんと協議をしておくべきであり，そのためには，例えば，生前に被相続人の死亡を停止条件とする遺産分割合意をすることができるとすることも検討していくべきではないか。

【財産管理制度の在り方について】

　具体的な検討は，次回会議で行われることとされた。

3　閉会

- 4 -

第11回会議　議事要旨 ｜ 267

研究会資料１１－１

共有の在り方について

第１ 通常の共有における共有物の管理権者等.. 1
　１ 選任.. 1
　　（1）共有者による選任.. 1
　　（2）裁判所による管理権者の選任.. 2
　　（3）その他.. 4
　２ 管理権者の権限.. 4
　３ 管理権者の義務等.. 6
　４ 報酬.. 7
　５ その他.. 7
第２ 遺産共有における遺産の管理権者等.. 7
第３ 通常の共有における共有物の利用.. 8
　１ 共有者全員が同意しない限りすることができない行為.............................. 8
　　（1）範囲.. 8
　　（2）同意の取得方法.. 10
　２ 持分の過半数で定めることができるものと単独ですることができるもの.......... 12
　　（1）範囲.. 12
　　（2）特定の共有者を特別に不利益に扱う特約.................................... 12
　　（3）共有者からの同意取得の方法.. 12
第４ 共有持分の移転・共有の解消方法等.. 13
　１ 持分の有償移転.. 13
　　（1）他の共有者への移転.. 13
　　（2）第三者への移転.. 15
　２ 持分の取得時効等.. 16
　　（1）通常の共有と取得時効.. 16
　　（2）遺産共有と取得時効.. 17
　　（3）その他.. 19
　３ 共有物分割等.. 19
　　（1）共有物分割における全面的価格賠償.. 19
　　（2）その他.. 20
第５ 遺産共有の解消の在り方等.. 21

268 ｜ 第２章 資料

研究会資料１１－１

共有の在り方について

第１　通常の共有における共有物の管理権者等
　　例えば，通常の共有における共有物の管理権者等に関し，次のような規律を設けるものとすることについて，どのように考えるか。
　１　選任
　(1)　共有者による選任
　　　共有物の管理権者は，共有者の持分の価格の過半数で，選任することができるものとする。
　　（注）選任の同意を得る際に，第３の２(3)（第３の１(2)参照）と同様の方法をとることについても検討する。

（補足説明）
　(1)　共有物の管理権者
　　　現在の民法では，共有物の管理に関する事項は，基本的には各共有者の持分の価格の過半数で決定することができるとされている。もっとも，管理に関する事項の決定・実施を提案する共有者は，その提案をする度に，少なくとも持分の過半数に達するまで，他の共有者の承諾を得なければならない。そのため，共有者が多数にわたったり，共有者間の関係が希薄であったり，持分の過半数を有する共有者が共有物の管理について無関心であったりして，承諾を得ることが容易でない場合には，適切な管理を迅速に行うことができなくなるおそれがある。
　　　また，第三者が，共有物の管理に関する事項について共有者と契約等をする場合にも，持分の過半数の同意が得られるまで，複数の共有者と別々に交渉しなければならないことがあり得る。このような場合には，第三者は，各共有者の所在等を探索する必要がある上，共有者が多数にわたるなどの場合には，承諾を得ることが容易でないなど，手続上の負担を負うことになる。
　　　そこで，共有者の便宜及び第三者の負担の軽減を図る観点から，一定の多数決により，共有物についての一定の権限を有する管理権者を置くことを可能とすることについて検討することを提案している。
　　　なお，共有者のうち複数の者が不在者である場合に，複数の不在者について一人の財産管理人を選任することについては，研究会資料１１－２の第１の４（同資料７頁）で取り上げている（共有者のうち一人又は複数の者の所在が不明である場合に，その共有物につき，共有者全員のために管理権者を選任することについては，（注）の不明者の同意擬制又は下記(2)の裁判所による管理権者の選任で取り上げている問題である。）。
　(2)　共有者による管理権者の選任
　　　現行法においても，共有物の管理に関する事項を委ねるため，管理権者を選任することができると解されているが，そのためには共有者全員の同意を得なければならな

- 1 -

研究会資料11－1　｜　269

いと考える見解が有力である。しかし，この見解に従うと，一部の共有者が所在不明
である場合などには，管理権者を選任することができなくなる。また，管理権者の権
限を原則として共有者の持分の過半数で決することができる事項に限るのであれば，
共有者の持分の過半数で管理権者を選任することができるとしても，特段不都合はな
いと考えることもできる。そこで，本文のとおり検討することを提案している

　　なお，（注）では，選任の同意を得る方法についても，第3の2(3)（内容について
は，第3の1(2)も参照）と同様に検討することを提案している。

　　これに対しては，少数の持分を有する共有者が管理権者の選任に反対する場合の管
理権者の事務をどのようにして円滑化するかという指摘や，持分の価格の過半数で決
することができない行為とは何かをより明確化する必要があるのではないかという指
摘が考えられる。

　　以上を踏まえ，共有者による管理権者の選任制度の創設について，どのように考え
るか。

（参考）

○　商法（商法及び国際海上物品運送法の一部を改正する法律（平成30年法律第29号）
による改正後のもの）

（共有に係る船舶の利用）

第692条　船舶共有者の間においては、船舶の利用に関する事項は、各船舶共有者の持分
の価格に従い、その過半数で決する。

（船舶管理人）

第697条　船舶共有者は、船舶管理人を選任しなければならない。

2　船舶共有者でない者を船舶管理人とするには、船舶共有者の全員の同意がなければなら
ない。

3　船舶共有者が船舶管理人を選任したときは、その登記をしなければならない。船舶管理
人の代理権の消滅についても、同様とする。

4　第九条の規定は、前項の規定による登記について準用する。

（船舶管理人の代理権）

第698条　船舶管理人は、次に掲げる行為を除き、船舶共有者に代わって船舶の利用に関
する一切の裁判上又は裁判外の行為をする権限を有する。

　一　船舶を賃貸し、又はこれについて抵当権を設定すること。

　二　船舶を保険に付すること。

　三　新たな航海（船舶共有者の間で予定されていなかったものに限る。）をすること。

　四　船舶の大修繕をすること。

　五　借財をすること。

2　船舶管理人の代理権に加えた制限は、善意の第三者に対抗することができない。

　(2)　裁判所による管理権者の選任

　　　共有物の管理権者がないときは，一定の要件の下で，利害関係を有する第三者は，
　　共有物の管理権者の選任を裁判所に請求することができるものとする。

　　（注1）選任の要件については，例えば，共有者の全部又は一部に対して共有物の

管理権者を選任することを催告したが，催告後一定の期間内に管理権者が選任
されないときとすることなどが考えられる。
（注2）共有者も裁判所に管理権者の選任を請求することができるものとすること
についても，検討する。

（補足説明）
(1) 裁判所による管理権者の選任（本文）

例えば，共有物に関し一定の行為（共有物が不動産の場合に，測量のためにその不
動産に立ち入ることなど）をする際に共有者から有効な同意を得たいが，共有者の一
部が不明であり，共有者の持分の過半数の同意を得ることができない事態が生じた場
合には，現在の民法を前提とすると，第三者としては，不明共有者に不在者財産管理
人を選任し，その不在者財産管理人から同意を得る方法をとることが考えられる。

もっとも，この方法では，不明共有者が複数の場合にはそれぞれの不明者に不在者
財産管理人を選任しなければならなくなるほか，第三者としても，交渉の相手方が，
判明している共有者と不在者財産管理人等という複数の者に分かれてしまうなどの不
便が生ずる。

また，そもそも，共有物については，共有者において，代表して交渉等を行う者を
選任すべきであって，第三者の側に，各共有者と別々に交渉したり，共有者の氏名や
所在を探索したりする負担を負わせることは相当でないとも考えられる。

そこで，裁判所による管理権者の選任制度につき，本文のとおり検討することを提
案している。

なお，これについては，共有者に管理権者の選任義務を負わせるか，共有者の中に
意見対立がある場合の選任の在り方，管理権者の権限外行為の許可制度の要否なども
考慮する必要があるとも考えられる。また，現在見直しを検討中の他の制度（財産管
理制度や相隣関係など）との関係を踏まえて検討する必要がある。
(2) 裁判所による管理権者の選任の要件（注1）

裁判所による選任の要件としては，共有物の管理権者がないことのほか，例えば，
共有者の全部又は一部に対して共有物の管理権者を選任することを催告すること，催
告後一定の期間内に共有物の管理権者を選任しないこと等が考えられる。

もっとも，共有者への催告を要件とすると，結局，第三者が複数の者の所在を探索
するなどの手続上の負担を負うことになる。そのため，催告を要件とするとしても，
催告の対象となる共有者は，第三者において知れているものや，登記簿上記録されて
いるものに限る（仮に，相続があっても，相続登記がなければ催告の対象としない）
とすることも考えられる。
(3) 共有者からの請求（注2）

管理権者を選任できない場合に，共有者も裁判所に管理権者の選任を請求すること
ができるとすることについても，検討することとしている。

想定される場面としては，例えば，①　氏名及び所在が判明している者の持分が過
半数を超えておらず，管理権者を選任することができないケース，②　所在等が判明
している者の持分が過半数を超えているが，内部で意見が分かれ，管理権者の選任を

- 3 -

研究会資料11- 1　｜　271

可とする共有者の持分が過半数に達しないため，選任することができないケースなどが考えられる。

　①のケースについては，所在等が不明である場合にも選任の同意を得ることができるかどうかという問題（上記(1)の（注）を参照）と併せて検討する必要がある。また，②のケースについては，共有者内部で管理権者の選任の要否や管理権者として誰がふさわしいのかについて意見対立がある場合に，裁判所がどちらの意見が適切であるのかを判断するのは困難であり，適当ではないとも考えられる。

(3)　その他

　そのほか，管理権者の選任について検討すべき点はあるか。例えば，①管理権者の資格を共有者に限るのかや，②任期については，どう考えるか。

2　管理権者の権限

①　管理権者は，総共有者のために，共有物に関する一切の裁判上又は裁判外の行為をすることができるものとする。ただし，共有者が他の共有者全員の同意を得なければすることができないものについては，共有者全員の同意を得なければ，することができないものとする。

②　共有者の持分の価格の過半数の決定（裁判所が選任した管理権者については，裁判所の決定）で，管理権者の権限を制限することができるものとする。

（注１）同意取得の方法として，第３の１(2)と同様の方法をとることについても検討する。

（注２）不明共有者がいることにより共有者全員の同意を得ることができない場合について，（注１）のほか，裁判所の許可によりすることができるものとするのかについては，更に検討する。

（注３）管理権者の制限に関し，善意の第三者保護の規定を置くことについては，更に検討する。

（注４）管理権者が選任された場合には，使用についての権限は，管理権者に一元化し，共有者は行使できないとすることも考えられる。

（注５）第三者が原告として訴えを提起する場合に，共有者全員を被告としなければならなければならない類型の訴訟（共有物の境界確定訴訟など）においても，管理権者を被告（又は共有者全員の法定代理人）とすることができるものとすることについては，更に検討する。

（補足説明）

(1)　管理権者の権限（本文）

　ア　共有物の円滑な利用や管理の観点から，管理権者は，共有物に関する一切の裁判上又は裁判外の行為をすることができるが，管理権者が共有者の持分の価格の過半数で選任されることを前提に，共有者が他の共有者全員の同意を得なければすることができない行為については，共有者全員の同意を得る必要があるとすること（結果として，管理権者が共有者全員の同意を得ずにすることができるのは，基本的に

- 4 -

272　│　第２章　資料

は，持分の過半数で定めることができるものと単独ですることができるものとなる。ただし，応訴については，下記(4)参照）について検討することを提案している。

イ　共有物の管理方法をどのようにするのかは，本来は，共有者の持分の価格の過半数で決定することができるものである。そのため，共有者には，その持分の価格の過半数で共有物の管理方法を定めた上で，その管理方法の範囲内でのみ，共有物の管理権者に権限を与えることとする選択肢を認めるのが相当であると思われる。

また，裁判所による管理権者の選任を認めるとしても，管理権者の権限が広いと，業務が多くなり，責任も重いものとなるし，それに要する費用や管理権者の報酬も多額となることもあり，他方で，実際の事案においては，管理権者には，一定の範囲の業務を委ねることで足りるケースもある。

そこで，共有者の持分の価格の過半数の決定又は裁判所の決定で，管理権者の権限を制限することができるとすることについて検討することを提案している。

なお，管理権者の法的性格に関しては，引き続き検討する必要がある。管理権者による行為の法的効果は共有者の個々に帰属することを想定しているが，管理権者は，個々の共有者の意向に沿って行動するものではなく，その意味では，本人の意向に沿って行動する法定代理人とは異なる点があるほか，顕名として個々の共有者の氏名を明らかにすることを要求することは煩雑であること等を考慮する必要がある。

(3)　同意取得の方法（注1）と裁判所の許可（注2）

共有者が他の共有者全員の同意を得なければすることができないものについて，他の共有者から同意を取得する方法は，第3の1(2)と同様の方法をとるものとすることについて検討することを提案している。

また，第3の1(2)と同様の方法では催告等に時間を要することもあるので，ある行為について，不明共有者がいることにより共有者全員の同意を得ることができない場合に，裁判所の許可により当該行為をすることができることとするのかについても，更に検討することを提案している。なお，この制度を検討するに当たっては，管理権者を選任する根拠として，上記1(1)の補足説明(2)のとおり，管理権者の権限を共有者の持分の過半数で決することができる事項に限定すれば特段の問題がないという点を挙げつつ，管理権者が共有者全員の同意を得なければすることができない行為を可能とすることは説明困難であり，どのような根拠によりこれを正当化することができるのかが明らかではないとの指摘が考えられる。また，仮に正当化することができるとして，いかなる要件の下で裁判所が許可するのかなどについて整理が必要であると考えられる。

(3)　管理権の制限と善意の第三者保護（注3）

管理権者の権限を制限することによって生ずるリスクは，管理権者の活動によって利益を受ける者が基本的に負うべきであり，管理権者の権限の制限を知らない第三者を保護する観点から，善意の第三者保護の規定を置く方向で，更に検討することを提案している。

(4)　管理権者の権限と共有者の権限の関係（注4）

管理権者が選任された場合に，管理権者のみが権限を行使し，共有者は権限を行使

- 5 -

することができないのかが問題となる。管理権者と共有者との間で異なる判断がされると共有物の利用等に支障が生じることも考えられるので，管理権者が選任された場合には，使用についての権限は，管理権者に一元化し，共有者は行使できないとすることも考えられる（このようにした場合には，管理権者は，共有者の意見を聞いた上で，誰が使用するのかなどを決定することになる）ので，引き続き検討することを提案している。

(5) 応訴（注5）

　第三者が原告として共有者全員を被告としなければならない類型の訴訟（共有物の境界確定訴訟など）を提起する場合には，第三者は，共有者全員の氏名や住所を調査することとなり，一定の負担を負うこととなる。また，共有者の中に所在不明の者がいる場合には，第三者は不明者の所在調査等をした上で，公示送達の手続をすることとで，手続を進めることができるが，共有者の中に住所だけでなく，氏名も不明であり，特定することができない者がいる場合には，被告を特定することができず訴訟を提起することができないので，そもそも訴訟を提起することも困難である。

　以上のような場合において，管理権者が選任されているときには，この管理権者を被告（訴訟担当）として訴えを提起することができることとすると，原告の負担は，大きく軽減されるし，訴訟を提起することができないといった事態も回避し得る。また，共有者の手続保障は，管理権者の活動によって図ることができる（なお，民事訴訟でも，訴訟行為をするためには特別の授権が必要とされている法定代理人が被告となる場合には，特別の授権が不要とされている（民訴法第32条）ほか，不在者財産管理人及び相続財産管理人も，応訴するには，権限外許可を受けることは不要であると解されている。）。

　そこで，上記の類型の訴訟においても，管理権者は被告となることができ，それによって，有効に訴訟が成立する（判決の効力は，共有者全員に及ぶ）ことについても，更に検討することとしている。なお，この制度に対しては，管理権者の応訴によっても共有者の手続保障が図られない場合があるのではないか，特に，管理権者の選任に反対している共有者や管理権者の選任に関与していない共有者については，管理権者の応訴によっても手続保障が図られるとはいえず，妥当ではないのではないかとの指摘が考えられる。また，共有関係訴訟の在り方は，共有に関する実体法上の規律の在り方が大きく影響を与えることから，実体法上の規律を踏まえて整理する必要があると考えられる。

　また，上記の類型の訴訟においても，管理権者は被告となることができることを認めた上で，1(2)のとおり，裁判所による管理権者の選任を認めると，管理権者が選任されていない場合に，第三者が，管理権者を被告とするために，独立の事件として裁判所に管理権者の選任を請求することができることとなるが，これを更に進めて，受訴裁判所に当該訴訟限りの代理人の選任を求めることができるとすることも考えられる。なお，このような制度を検討するに当たっては，特別代理人（民訴法第35条）制度との関係を整理する必要があると考えられる。

3　管理権者の義務等

管理権者は，善良な管理者の注意をもって，事務を処理する義務を負うものとする。
　（注）委任に関する新民法第644条の2〜第647条，第649条及び第650条と同じルールを置くことについても，検討する。

（補足説明）
　⑴　善管注意義務（本文）について
　　委任契約における受任者は，善管注意義務を負うこと（民法第644条，第671条）を踏まえ，管理権者も，いわゆる善管注意義務を負うことについて検討することを提案している。
　⑵　その他のルール（注）について
　　委任契約における受任者を参考に，同様のルールを置くことについても検討することとしている。

　4　報酬
　　①　共有者に選任された共有物の管理権者は，特約があれば，共有者に対して報酬を請求することができるものとする。
　　②　裁判所に選任された共有物の管理権者については，裁判所は，共有者に対し，管理権者に対する相当な報酬の支払を命ずることができるものとする。
（補足説明）
　　共有者に選任された共有物の管理権者の報酬については，共有者と管理権者の判断に委ねる趣旨で，特約（ここでいう特約は，共有者の持分の価格の過半数で決定することができることを想定している。）があれば，共有者（全員）に対して報酬を請求することができるとすることについて検討することを提案している。
　　また，裁判所に選任された管理権者については，管理権者は，一定の負担を強いられることになるし，善管注意義務等の責任も負うため，共有者（全員）に対して，管理権者に対する相当な報酬の支払を命ずることができるとすることについて検討することを提案している。

　5　その他
　　そのほか検討すべき点はあるか。例えば，①対象となる共有物を不動産に限定するのか，②不動産に関して管理権者を選任したことを不動産登記における登記事項とするのか，③管理権者の解任方法の在り方，④裁判所が，不明共有者がいることにより共有者が共有物を管理することができない場合について，管理権者の選任以外の必要な処分（例えば，共有地への立入りを許可することなど。財産管理制度の在り方に関する研究会資料11−2の第1の1⑴参照）を命ずることができることとするのかについては，どのように考えるか。

第2　遺産共有における遺産の管理権者等
　　例えば，遺産共有における遺産の管理権者等に関し，次のような規律を置くものとすることについて，どのように考えるか。

- 7 -

研究会資料11−1　｜　275

① 遺産全体の管理権者を置くことができるものとする。選任の方法や，個々の財産の処分権限等は，第1と同じ制度とする。

② 遺産に属する個々の財産に，第1と同様の管理権者を置くことができるものとする。

（注）他の相続財産管理の制度の検討状況や遺産分割における保全処分制度を踏まえ，別途特別の手当が必要な事項がないのかについて，引き続き検討する。

（補足説明）

　通常の共有において共有物の管理権者制度の創設を検討することに伴い，遺産共有における遺産の管理権者等についても検討する必要があるが，ここでは，基本的には第1と同じ制度を置く方向で検討することについて提案している。

　もっとも，遺産共有においては，①遺産全体について管理権者を置くことと，②遺産に属する個々の財産それ自体について管理権者を置くことの両方を区別して検討する必要がある。

　また，相続財産の管理については，他に種々の制度が置かれており，財産管理制度の在り方において別途検討がされているほか，遺産分割の申立てがされた後には，保全処分の制度もあるので，これらを踏まえ，遺産の管理権者制度の創設の観点から別途特別の手当が必要な事項がないのかについて引き続き検討することを（注）において提案している。

　なお，この提案は，研究会資料11-2第3の遺産共有状態における相続財産の保存又は管理のための制度に関する提案と実質的に共通している。この資料では，通常の共有との比較の視点からの検討を提案しているのに対し，研究会資料11-2では，他の相続財産の管理制度との比較の視点からの検討を提案している。

第3　通常の共有における共有物の利用

1　共有者全員が同意しない限りすることができない行為

(1)　範囲

　現行民法上，共有者全員が同意しない限りすることができないとされる共有物の変更・処分の範囲について，解釈の明確化や見直しを図るべき点はあるか。例えば，次の各事項について，どのように考えるか。

ア　共有者間の特約を変更することについて，特約の変更によって特別に不利益を受ける者の同意を別途得ることを前提に，各共有者の持分の価額に従い，その過半数で決することができるようにすること。

イ　特約なく共有物を利用（占有）する者がある場合に，共有物を利用（占有）する者を変更することについて，各共有者の持分の価額に従い，その過半数で決することができるようにすること。

ウ　共有物につき，賃貸借等の利用権を設定することについて，一定の場合には，各共有者の持分の価額に従い，その過半数で決することができるようにすること。

（補足説明）

前記第1のとおり，通常の共有における管理権者制度の創設を検討するに当たっても，共有者全員が同意しない限りすることができないとされる共有物の変更・処分の範囲について，解釈の明確化や見直しを図る必要があるとも考えられる。

　そこで，本文では，検討すべき行為として，3つの例を取り上げている。

ア　共有者間の特約の変更

　共有者間で特約をすることについては，各共有者の持分の価額に従い，その過半数で決することができるが，一旦締結された特約を変更することについては，全ての共有者の同意を得なければすることができないと解されている。

　これは，特約によって利益を受けている者の同意なくその利益を奪うことは相当でないためと説明されているが，そのような理由からすると，特約によって利益を受けている者の同意があれば，他の全ての共有者の同意まで要求する必要はなく，持分の価額に従いその過半数で特約を変更することができるとすることが考えられる。

イ　占有の変更

　特約なく共有物を利用（占有）している者がある場合に，共有物を利用（占有）する者を変更することができるのかについては，利用（占有）する者の同意なくその利益を奪うことは相当でないことを理由に，全ての共有者の同意を得なければすることができないとする見解がある。

　他方で，上記のとおり，共有者間で特約をすることについては，各共有者の持分の価額に従い，その過半数で決することができることや，特約がないにもかかわらず事実上利用（占有）する者を保護する必要性は高くないことからすれば，各共有者の持分の価額に従い，その過半数で共有物を利用（占有）する者を変更することができるとすることが考えられる。

　なお，この問題を検討する際には，共有物の持分の価格が過半数をこえる者は，共有物を単独で占有する他の共有者に対し，当然には，その占有する共有物の明渡しを請求することができないとする判例（最判昭和41年5月19日民集20巻5号947頁。なお，最判昭和63年5月20日集民154号71頁参照）についても留意する必要があると考えられる。

ウ　利用権の設定

　共有物について利用権を設定することについては，基本的には持分の価額の過半数で決することができるものの，短期賃貸借の期間を超えるものや，借地借家法の適用があるものについては，全ての共有者の同意を得なければならないと解する見解が有力であるが，明確な判例はない。

　そこで，共有物の利用権の設定を円滑にする観点から，例えば，短期賃貸借の期間を超えず，かつ，借地借家法の適用がないものについては，持分の過半数で決することができることを明確にすることが考えられる。

エ　その他（第三者を原告とする訴訟の応訴など）

　現在の判例では，第三者が原告として訴えを提起する場合に，共有に関する一定の訴訟（共有物の境界確定訴訟など）については，共有者全員を被告としなければならないとされている。

　この問題については，まずは共有者がどのような実体法上の権限を有するのかを検

- 9 -

討する必要があり，その上で，①判決の効力を共有者全員に及ぼす必要があるのか，②判決の効力を及ぼすとして，その手続保障は共有者全員を当事者とすることで図る必要があるのか，③共有者の手続保障を図るとして，その前提として共有者の氏名及び住所を第三者である原告が探索すべきであるのかを考慮して検討する必要がある。

なお，本資料では，上記第1の2で管理権者の応訴権について取り上げているが，ここでの提案は，上記①については判決の効力を共有者全員に及ぼすことを維持した上で，②については，基本は共有者全員を当事者として手続保障を図る必要があるが，他方で，管理権者によって共有者の手続保障を図ることもできることとするとともに，③の問題については，管理権者が応訴することで，第三者が負う負担を軽減する方向で検討する（最終的にどこまで軽減できるのかは管理権者の選任の要件等をどのように組むのかによって変わり得る）というものである。

(2) 同意の取得方法

例えば，共有者全員が同意しない限りすることができない行為についての同意の取得方法に関し，次のような規律を設けるものとすることについて，どのように考えるか。

ア　賛否を明らかにしない共有者の同意擬制

共有者は，他の共有者に対し，相当の期間を定めて，その期間内に共有物の利用について承諾するかどうかを確答すべき旨の催告をすることができる。この場合において，他の共有者が，その期間内に催告をした共有者に対して確答をしないときは，当該共有物の利用について承諾したものとみなす。

イ　不明共有者の同意擬制

① 共有者は，他の共有者の所在が不明であることその他の事由により他の共有者に催告をすることができないときは，一定の期間を定めて，その期間内に共有物の利用について承諾するかどうかを確答すべき旨の公告をすることができる。

② 公告に係る共有者が一定の期間内に拒絶の意思を表示しないときは，その期間満了の時に，当該共有物の利用について承諾をしたものとみなす。

（注1）上記ア又はイに関し，催告又は公告及び拒絶の届出について，公的機関を関与させることについては，更に検討する。

（注2）積極的な賛成（同意）が一定数あること（例えば，共有持分の価格の過半数）を要件とするのかについては，更に検討する。

（注3）同意をしたとみなされた者に対して，利用料相当額又は利用に伴う損害賠償金の支払義務を生ずることとするのかについても，更に検討する。その際には，上記アとイの場合を区別することも検討する。

（補足説明）

(1) 同意取得の方法（本文）

現在の民法には，共有者全員が同意しない限りすることができない共有物の変更・処分について，同意を取得する方法についての定めがない。そのため，共有物の管理

- 10 -

278 ｜ 第2章　資料

について無関心な共有者や所在不明の共有者が賛否を明らかにしない場合には，同意がなかったものと扱われ，その結果，共有物の変更・処分をすることができないこととなる。

しかし，共有者全員が同意しない限りすることができない行為をする必要性が非常に高い場合であっても，一人でも無関心な共有者や所在不明の共有者がいれば当該行為をすることができないとすると，共有物の利活用に重大な支障を生じかねない。他方で，賛否を明らかにする機会が与えられるのであれば，共有者の手続保障の観点からも問題がないとも考えられる。

そこで，本文のとおり同意擬制の制度の導入について検討することを提案している。

(2) 公的機関の関与（注1）

同意擬制の制度を導入した場合であっても，適切に催告がされたか，期限内に確答をしなかったのかなどを確認することができないと，結局は，同意擬制がされたことを前提とした行為をすることができないことがあると考えられる。

例えば，同意擬制がされたことを前提に共有者の1人が利用権の設定をしようとしたとしても，同意擬制の要件が充たされているのか相手方が確認できず，利用権の設定を受けないことが考えられる。また，適切に催告等がされていないにもかかわらず，同意擬制があったとして利用権の設定等がされ，利用権の設定に反対する共有者の利益が侵害されるおそれもある。

そこで，催告又は公告及び拒絶の届出につき，公的機関を関与させることについて引き続き検討することを提案している。

(3) 積極的な賛成（同意）が一定数あること（注2）

共有者全員の同意がない限りすることができない利用方法の可否は，共有者にとって重要であるため，同意擬制の制度をとるとしても，積極的な賛成（同意）が一定数に満たない場合には，これをすることができないとすることが考えられる。

そこで，積極的な賛成（同意）が一定数あること（例えば，共有持分の価格の過半数）を要件とするのかについて，更に検討することを提案している。

(4) 利用料相当額又は利用に伴う損害賠償金（注3）

例えば，甲，乙，丙が土地を共有している場合において，甲と乙が第三者に当該共有物を賃貸し，その賃料を甲と乙のみが受け取り，丙には一切賃料相当額を支払わない旨の特約をし，丙に対して賛否を明らかにするよう適法に催告又は公告がされたが，丙が期限内に確答せず，その特約に同意したとみなされた場合については，丙の同意が擬制される以上，財産上の補填をする必要はないとも考えられる。

もっとも，他方で，同意をしたとみなされた者が共有物を利用できないことはやむを得ないとしても，同意擬制の対象は共有物の利用方法に限られ，利用料相当額又は損害賠償の支払は確保されるべきとも考えられる。また，同意擬制であっても，現実に催告を受けた本文アのケースと，公告を受けたに過ぎない本文イのケースでは，違いを設けることも考えられる。

そこで，同意をしたとみなされた者に対して，利用料相当額又は利用に伴う損害賠償金の支払義務を生ずることとするのかについても，更に検討するとともに，検討の際には，本文アとイの場合を区別することについても検討することを提案している。

- 11 -

2　持分の過半数で定めることができるものと単独ですることができるもの
(1)　範囲
　　　現行民法においては，共有物の管理に関する事項は，各共有者の持分の価額に従
　　い，その過半数で決するが，保存行為は，各共有者がすることができるとされてい
　　るが，管理に関する事項又は保存行為の範囲について，見直すべき点はあるか。

(補足説明)
　　共有物の管理に関する事項又は保存行為の範囲について，見直すべき点はあるのかに
ついて検討することを提案している。
　　なお，持分の過半数で定める際に，必ず共有者全員で協議をする機会を設けなければ
ならないのかについて議論があるが，我が国の現状に照らしてどのように考えるべきか
（「複数の者が所有する私道の工事において必要な所有者の同意に関する研究報告書」
は，これを否定する見解を前提としている。）。

(2)　特定の共有者を特別に不利益に扱う特約
　　　特定の共有者を特別に不利益に扱う特約に関し，その要件や効果について，どの
　　ように考えるべきか。
　　　例えば，特定の共有者を特別に不利益に扱う特約であっても，持分の価額に従い，
　　その過半数で決することができるが，当該共有者には，特約に同意を得ない限り，
　　損失を補償しなければならないとすることについて，どのように考えるか。

(補足説明)
　　特定の共有者を特別に不利益に扱う特約（例えば，甲，乙，丙が土地を共有している
場合に，甲と乙のみが当該共有物を利用でき，丙は利用できないとの特約）については，
不利益を被る者（丙）の同意なく，過半数で決することはできないとする見解がある。
　　もっとも，共有物の利用方法を定める際には，全ての共有者を平等に扱うことができ
ない場合も多いと考えられるが，上記の見解によると，結局，共有者全員の同意がない
限り共有物の利用方法を定めることができないことになりかねず，共有物の円滑な利用
が阻害されるおそれがある。学説上も，共有物の利用方法を定めるに当たっては，不利
益を被る共有者の同意がなくても，持分の価格に従い過半数で決することができるとし
た上で，不利益を被る者に対して金銭的な補填を与える必要があるとする見解がある。
　　そこで，このような特約の取扱いについては，整理をする必要があると考えられるた
め，検討することを提案している。

(3)　共有者からの同意取得の方法
　　　例えば，共有物の利用についての共有者の同意擬制に関し，上記1(2)のような
　　規律を設けるものとすることについて，どのように考えるか。
　　　（注）上記1(2)の注1～3のほか，同意擬制を用いる際には，共有者全員に賛否の
　　　機会を付与することを前提に，積極的な賛成（同意）が積極的な反対を上回って

- 12 -

280　｜　第2章　資料

いることを要件とすることについて，更に検討する。
（補足説明）
(1) 同意擬制の制度の導入（本文）
　　上記1(2)と同様に，同意擬制の制度の導入について検討することを提案している。
(2) 積極的な同意と積極的な反対（注）
　　例えば，共有者が１０名いる場合に，２人がＡ案に賛成し，３人がＢ案に賛成し，残りの５人が催告等を受けてもいずれの案にも賛否を述べない場合には，Ａ案についてもＢ案についても同意擬制が成立することになりかねず，その処理に困難が生ずることがあると考えられる。
　　そこで，同意擬制を用いる際には，共有者全員に賛否の機会を付与することを前提に，積極的な賛成（同意）が積極的な反対を上回っていることを要件とすることについて，更に検討することを提案している。

3　共有者間の特約
　　特約をする際の具体的な方法や，特約の承継や公示方法の在り方など，共有者間の特約に関する規律について，見直すべき点はあるか。

（補足説明）
　　共有者間の特約について検討することを提案している。
　　例えば，共有者の特約は，書面を作成していない限り効力を生じないとしたり，公示（例えば，不動産の場合は，登記）をしていない限り，善意の特定承継者に承継されないとすることなどが考えられる。
　　なお，共有者間の特約については，特定の共有者を特別に不利益に扱うものは制限をすべきであるとの見解も考えられるが，このような制限については，上記2(2)で取り上げている。

第4　共有持分の移転・共有の解消方法等
1　持分の有償移転
(1)　他の共有者への移転
　　共有者の一部が不明である場合（所在不明である場合と共有者の一部を特定することができない場合の両方を含む。以下同じ。）には，他の共有者は，不明共有者のために相当の償金を供託し，不明共有者の持分を取得することができるものとすることについて，どのように考えるか。
　　（注１）公告の手続を踏むことの要否など，持分取得の要件については，引き続き検討する。
　　（注２）法的構成としては，償金として時価相当額を供託した上で持分取得の請求をすることにより，共有者と不明共有者の間で売買契約が成立し，共有者は不明共有者の持分を取得し，他方で，不明共有者は供託金還付請求権を取得するとすることも考えられる。
　　（注３）対象を不動産に限定するかどうかについては，引き続き検討する。

- 13 -

研究会資料11−1　｜　281

（注４）持分権の移転の登記の在り方については，登記手続の簡略化の観点を踏ま
え，更に検討する。

（補足説明）
(1) 他の共有者への移転（本文）
　　共有者は，他の共有者との関係で共有物の利用等について制約を受けるときは，共
有物分割請求の方法により共有関係を解消することが考えられるが，不明共有者との
間では協議することができないため，裁判による共有物分割の方法をとることになる。
　　もっとも，裁判による共有物分割の方法をとる際には，一定の時間を要するし，具
体的な分割方法は裁判所の裁量的な判断に委ねられているため，予測が困難な面もあ
るほか，共有者の一部が誰であるのかが特定できない場合には，手続を行うことができ
きない。
　　そこで，共有者の一部が不明である場合に，裁判による共有物分割以外の方法によ
り，不明共有者以外の共有者が当該不明共有者の共有持分を取得する方法を設けるこ
とについて，検討することを提案している。
(2) 要件（注１）
　　持分取得の要件をどのようなものとするのかについては，引き続き検討することを
提案している。
　　例えば，①共有者の一部が不明であること，②相当の償金を供託すること，③持分
の移転請求権を行使することが考えられるほか，不明共有者の手続保障をするために，
④公告をすることを要件とすることが考えられる。
　　上記①は，所在不明である場合と共有者の一部を特定することができない場合の両
方を含むが，抽象的に，この二つの場合であることを要件とするのか，具体的な調査
方法を定めた上でその定めに従っても不明であることとするのかを検討する必要があ
る。
　　上記②については，供託すべき金額をどのように定め，償金として相当であること
をどのようにして確保するのかについても検討する必要がある。
　　なお，供託を持分取得の実体法上の要件とするとしても，不明共有者がその還付を
求めてこないケースにおける供託金の取扱いについて，検討する必要があるとも考え
られる。これに関連する最高裁判決として，弁済供託における供託者の供託物取戻請
求権の消滅時効の起算点は，供託の基礎となった債務について消滅時効が完成し，免
責の効果を受ける必要が消滅した時であるとする最判平成13年11月27日民集55巻
6号1334頁等がある。また，受領不能など，供託の基礎となった事実関係をめぐる紛
争が存在しない場合における供託物還付請求権の消滅時効は，実務上は原則として供
託時から進行すると解されている（昭和４５年９月２５日付け民事甲第４１１２号民
事局長通達，昭和６０年１０月１１日付け民四第６４２８号民事局第四課長回答）。
(3) 法的構成（注２）
　　上記(2)の③に関して，不明共有者の持分の移転の法的構成としては，例えば，償金
を供託した共有者からの持分取得の請求により，その共有者と不明共有者との間で売
買契約が成立し，共有者は不明共有者の持分を取得し，他方で，不明共有者は代金債

権に代わるものとして供託金還付請求権を取得するとすることが考えられる（建物の区分所有法に関する法律第 63 条第 4 項の売渡請求制度を参照）。

(4)　不動産への限定（注 3）

　　所有者不明土地問題の解決という観点からは，対象となる共有物を不動産とすれば足りるが，他方で，他の共有者との関係で共有物の利用等について制約を受けることを解消するということは他の共有物でも問題となり得るとも考えられるため，対象となる共有物を不動産に限定するかどうかについては引き続き検討することを提案している。

(5)　登記手続（注 4）

　　不動産登記法の原則からすると，不明共有者の持分を裁判によらずに取得した共有者であっても，持分権の移転の登記の場面においては，結局，不明共有者を被告として，訴訟を提起し，共有持分の移転登記を命ずる判決を得なければならないこととなる（不動産登記法第 60 条，第 63 条第 2 項）が，機動性に欠ける部分がある。

　　他方で，例えば，共有者が不明であることについて公的機関が確認し，公告手続まで行うのであれば，実体的な権利変動の要件の仕組み方によっては，公告手続がされたこと，償金の額が相当であること，供託が適式にされたこと等に関する客観的な資料の提出を受けることにより，登記官は，判決がなくても，持分権が移転した事実を確認することが可能になるとも考えられる。

　　そこで，登記手続の簡略化の観点を踏まえながら，不明共有者の持分権の移転の登記手続の在り方につき，更に検討することを提案している。

(2)　第三者への移転

　　上記(1)の制度に加えて，共有者の一部が不明である場合に，共有者は，当該不明共有者以外の共有者全員の同意を得れば，当該不明共有者の同意がなくても，当該不明共有者のために相当の償金を供託した上で，当該不明共有者の共有持分権を含めた所有権全部の第三者への移転をすることができるものとすることについて，どのように考えるか。

（補足説明）

　　一般的に，共有者の 1 人が自己の共有持分のみを売却して得る代金よりも，共有物全体を売却し，その持分割合に応じて受け取る代金の方が高額になる。

　　しかし，共有者の一部が不明である場合には，不明共有者の同意が得られないため，所在の判明している共有者全員が共有物全体を売却することを希望しても，裁判による分割で不明共有者の持分を他の共有者が取得するか，財産管理人を選任してその同意を得なければ，共有物全体を売却することができず，不都合であるとの指摘がある。

　　そこで，このような場合に，裁判手続を経ずに当該共有物を売却することができるようにすることが考えられる（制度の具体的内容は，基本的に上記(1)と同様と考えられる。）。

　　これに対しては，上記(1)の制度を置けば，この制度を利用して，共有者の 1 人が不明共有者の持分を取得した上で，当該共有物を売却することも可能となるため，この制度

- 15 -

とは別に制度を置く必要はないとも思われる。

　以上を踏まえ，不明共有者の共有持分権を含めた所有権全部の第三者への移転制度の創設について，どのように考えるか。

2　持分の取得時効等

(1)　通常の共有と取得時効

　　共有者は，10 年間又は 20 年間，平穏に，かつ，公然と共有物を占有した場合には，他の共有者の共有持分の存在を前提とする行為をしていたときを除き，当該共有物の所有権を取得することができるものとすることについて，どのように考えるか。

　　（注）取得時効の期間については，占有している共有者が善意・無過失であれば 10 年とし，それ以外であれば 20 年とする（民法第 162 条参照）ことが考えられるが，更に検討する。

（補足説明）

⑴　共有と時効取得の関係（本文）

　判例（最判昭和 47 年 9 月 8 日民集 26 巻 7 号 1348 頁，最判昭和 54 年 4 月 17 日集民 126 号 541 頁）によれば，共有者の 1 人が単独で共有物全部を占有していても，その者に単独の所有権があると信ぜられるべき合理的な事由がなければ，その占有は自主占有とは認められず，一定の期間が経過しても，取得時効は完成しない。

　しかし，これでは，他人の土地を他人の土地と知った上で占有を開始した者については取得時効が成立し得るが，共有物を共有物と知った上で占有を開始した共有者については取得時効が成立しないこととなり，バランスを欠く結果になるようにも思われる。また，上記の判例を前提とすると，占有する共有者が他の共有者があることについて善意・無過失かどうかによって，時効が成立するかの結論が分かれることになるが，善意・有過失の占有者であっても取得時効が成立し得ることとの整合性に疑問がある。

　そこで，他人の物を占有する者と同様に，共有者の 1 人が共有物全部を占有している場合についても，原則として自主占有を認め，取得時効が成立することとすることについて検討することを提案している。仮に，これを認める場合には，自主占有や他主占有の解釈に委ねるのではなく，その旨の明文の規定を置くことを検討する必要がある。

　他方で，共有者間に特約があり，その特約に基づいて共有物全部を占有しているケースや，共有物を占有している共有者が他の共有者に対して利用料相当額を支払っているケースのように，占有する共有者が他の共有者の共有持分の存在を前提とする行為をしていた場合には，他主占有事情があることによって取得時効が成立しない場合と同様に，取得時効を認めないことについて検討することも提案している。

　なお，共有者には原則として自主占有が認められないとする現行法の解釈を前提に，共有者が共有物を時効取得するためには，他主占有から自主占有に転換するべく，自己に占有をさせた者に対して所有の意思があることを表示する方法をとることが考

- 16 -

えられる（民法第185条）。そして，他の共有者が不明であるときには，他の共有者に対して現実に意思表示をすることができない（転換の意思表示は黙示にすることもできるが，不明共有者に対して黙示に意思表示をしていたと認定することは難しいと思われる。）ので，公示送達による意思表示（同法第98条の2）の方法をとることが考えられる。このような転換の意思表示をすれば，現行法を前提としても取得時効が認められるが，飽くまでも時効期間はその転換がされた時点から起算することになるので，例えば，共有者が共有物を占有し，占有を開始してから50年を経過した段階で転換の意思表示をしても，取得時効が完成するにはそれから10年又は20年を経過することが必要となり，取得時効の完成が大きく遅れることとなる。

　　以上を踏まえ，共有における所有の意思の在り方と取得時効の成否について，どのように考えるか。

(2)　取得時効の期間（注）

　　取得時効の期間については，占有している共有者が善意・無過失であれば10年とし，それ以外であれば20年とする（民法第162条参照）ことが考えられるが，引き続き検討することを提案している。

　　なお，他の考え方としては，各共有者は共有物の全部についてその持分に応じた使用をすることができる（民法第249条）ので，共有者の1人が事実上当該共有物を占有している場合は，他人の土地を無断で占有している場合と違って，全くの無権限で当該共有物を占有しているものではなく，悪意であっても直ちに非難すべき理由もなく，また，共有関係を早期に解消すべきであると考えるとすれば，善意・悪意の区別なく，その時効期間を10年とすることなどが考えられる。

(2)　**遺産共有と取得時効**

　　相続人は，10年間又は20年間，平穏に，かつ，公然と遺産に属する財産を占有した場合には，他の相続人の相続持分の存在を前提とする行為をしていたときを除き，当該財産の所有権を取得することができるものとすることについて，どのように考えるか。

　　（注1）取得時効の期間については，上記(1)の（注）と同じ。

　　（注2）相続回復請求権に関する規定である民法第884条との関係についても，検討する。

（補足説明）

(1)　遺産共有と取得時効（本文）

　　遺産共有と取得時効についても，通常の共有の場合と同様に検討することを提案している。

　　例えば，遺産に属する不動産（被相続人が所有していた不動産）を相続人の1人が占有している場合に，その相続人の1人が他の相続人の持分を時効により取得することができるものとすることが考えられる。

　　なお，これとは別に，被相続人が他主占有していた不動産を被相続人の死亡後に相続人が占有している場合に，相続人が独自の占有を主張して当該不動産を時効取得す

- 17 -

研究会資料11-1　│　285

ることができるのか，できるとしてその要件をどのように考えるのかという問題がある。この問題については，今回の検討では，直接の検討の対象とするものではないが，遺産共有と取得時効に関する検討への影響について，留意する必要があるようにも思われる。

(2) 取得時効の期間（注１）

取得時効の期間の在り方については，上記(1)の（注）と同様に検討することを提案している。

(3) 相続回復請求権（注２）

ア 共同相続人の１人が遺産に属する財産の占有を継続した場合に時効取得を認める制度を検討するに当たっては，他の共同相続人が相続権の侵害を原因として取得する相続回復請求権の消滅時効（民法第884条）との関係が問題となる。

イ 民法第884条は，「相続回復の請求権は，相続人又はその法定代理人が相続権を侵害された事実を知った時から５年間行使しないときは，時効によって消滅する。相続開始の時から20年を経過したときも，同様とする。」と定めているが，大判昭和７年２月９日民集11巻92頁は，相続回復し得る間は，僭称相続人が相続財産たる不動産を占有しても，時効取得することはない旨判示している。

また，最大判昭和53年12月20日民集32巻１号98頁は，共同相続人甲が，共同相続人乙の相続持分の部分につき相続権を侵害しているため，乙が侵害の排除を求める場合には，民法第884条の適用はあるが，甲においてその部分が乙の持分に属することを知っているとき，又はその部分につき甲に相続による持分があると信ぜられるべき合理的な事由（以下「合理的事由」という。）がないときには，同条の適用は排除されると判示している。これは，善意であり，かつ，合理的事由のある共同相続人は，民法第884条により５年又は20年の経過を理由として，他の相続人からの請求を拒めるが，悪意又は善意につき合理的事由のない共同相続人は，他の相続人からの請求を拒めないとするものである。

これらの判例法理を敷衍すると，善意であり，かつ，合理的事由のある共同相続人の１人が，遺産に属する財産を所有の意思をもって10年間占有を継続し，取得時効の要件を形式的に満たしていても，相続権侵害をされた共同相続人等がその事実を知った時から５年間を経過するか，相続開始の時から20年間を経過しない限り，時効取得ができないということになる。

しかし，これでは，善意無過失の占有者が10年で対象物の所有権を取得することとのバランスを欠く結果になるとも考えられる。また，この法理を維持したまま，共同相続人の１人が遺産に属する財産を時効取得する制度を創設すると，悪意又は合理的事由のない共同相続人が占有を継続した場合には取得時効が成立するが，善意であり，かつ，合理的のある共同相続人が占有を継続した場合には，相続回復請求権が行使することができる間は取得時効が成立しないことになるが，そのような結果が妥当であるのか検討する必要があるとも思われる。

ウ また，民法第884条は，相続関係の帰属及びこれに伴う法律関係を早期にかつ終局的に確定させる趣旨と理解されているが（前掲昭和53年判決），独自の存在意義を失っているとの指摘もある。他方で，後記第５のように，遺産共有の解消の在

- 18 -

り方について新たな仕組みを設けた上で，通常の共有における共有者による時効取得の成立範囲を拡大する場合には，遺産共有状態が継続している間の相続回復請求権の意義を再考する必要があるとも考えられる（第5の補足説明(3)参照）。
エ　以上を踏まえ，共同相続人の1人が遺産に属する財産を長期間占有している場合の権利関係の早期確定の在り方につき，どのように考えるべきか。

（参考）現在の判例法理の整理

	取得時効の可否	相続回復請求権の消滅時効適用の可否	備考
善意かつ合理的事由あり	○	○	占有開始から10年経過しても，侵害事実を他の相続人が知って5年経過又は相続開始から20年経過しない限り，取得時効完成せず。
悪意又は合理的事由なし	×	×	自主占有ではないので，取得時効が認められない（前記2(1)で掲げた最判昭和47年9月8日民集26巻7号1348頁，最判昭和54年4月17日集民126号541頁）。

(3)　その他
そのほか検討すべき点はあるか。
例えば，所有権の放棄（研究会資料4−2参照）との関係で，共有者の一部が不明であるとき，又は管理をしないときは，当該共有者は持分を放棄したものとみなし，その持分を他の共有者に無償で帰属させることについて，どのように考えるか。

（補足説明）
所有権の放棄（研究会資料4−2参照）との関係で，共有者の一部が不明であるとき，又は管理をしないときは，当該共有者は持分を放棄したものとみなし，その持分を他の共有者に無償で帰属させることも考えられる。もっとも，共有者の1人に時効取得を認めるのであれば，それとは別に，このような制度を置く必要があるのかなどが問題となるように思われる。また，所在が判明しているが管理に関与しない共有者と不明共有者との差異を設けるかも問題となるほか，所有権の消滅時効が認められていないこととの関係等が課題となる。
そのほか，管理費用等の支払を怠っているケースについては，民法第253条に規定があり，相当の償金を支払って，共有者は，他の共有者の持分を取得することができるとされていることとのバランスも検討する必要があると解される。

3　共有物分割等
(1)　共有物分割における全面的価格賠償
裁判による共有物分割として，全面的価格賠償の方法（共有物を共有者のうちの

- 19 -

研究会資料11−1　｜　287

１人の単独所有又は数人の共有とし，これらの者から他の共有者に対して持分の価格を賠償させる方法）をとることができるとした判例法理について，要件などにつき見直すべき点はあるか。

（補足説明）
　判例は，裁判による共有物分割として，全面的価格賠償の方法による分割をとることを認めている（最判平成 8 年 10 月 31 日民集 50 巻 9 号 2563 頁）。判例によれば，①当該共有物を共有者のうちの特定の者に取得させるのが相当であると認められること，②共有物の価格が適正に評価され，当該共有物を取得する者に支払能力があって，他の共有者にはその持分の価格を取得させることとしても共有者間の実質的衡平を害しないことが要件として挙げられている。
　全面的価格賠償は，共有状態を解消するものであり，そのルールを明確にすることは重要であると考えられるが，そのルールを明確にするにあたって，要件などにつき，見直すべき点がないかについて検討することを提案している。
（参考）
○　家事事件手続法
　（債務を負担させる方法による遺産の分割）
第 195 条　家庭裁判所は、遺産の分割の審判をする場合において、特別の事情があると認めるときは、遺産の分割の方法として、共同相続人の一人又は数人に他の共同相続人に対する債務を負担させて、現物の分割に代えることができる。

(2)　その他
　全面的価格賠償のほかに，裁判による共有物分割に関する規律の明確化や見直しの要否について，どのように考えるか。

（補足説明）
　判例は，全面的価格賠償のほか，次の分割方法も認めているが，規律の明確化や見直しの要否について，どのように考えるか検討することを提案している。
　①　甲土地・乙土地がいずれもＡとＢの共有である場合に，一括して分割の対象とし，甲土地をＡに，乙土地をＢに帰属させる分割方法
　②　共有者の一部の者にだけ現物分割をして共有関係から離脱させ，他の共有者の共有関係は残す分割方法
　③　共有者の一部の者に持分権の価格を上回る現物を取得させるが，その者に，持分権の価格を下回る現物しか取得しない他の共有者に対する超過分の対価の支払を命じる分割方法（いわゆる一部分割賠償）
　なお，上記⑴の全面的価格賠償と，この②と③の方法は，いずれも共有者の一部の者に債務を負担させることで，その者に持分を上回る現物を取得させるものであるので，上記⑴の全面的価格賠償を見直す点がある場合には，この②と③の方法についても併せて見直すべきか検討する必要がある。また，これらの方法は，有償で共有者の１人が他の共有者の持分を取得する点で，上記１で検討しているものと共通する点が

- 20 -

あるが，この共有物分割の方法は，他の共有者の所在等が判明していても利用できる点などが異なる。

第5　遺産共有の解消の在り方等

遺産共有の状態につき，遺産分割を促進し，遺産共有を解消する方策として，次のような規律を置くことについて，どのように考えるか。

① 　遺産分割の協議（合意）及び遺産分割の申立ての期限は，相続の開始時から【10年】とする。

② 　相続の開始時から【10年】を経過するまでに，遺産分割の協議（合意）及び遺産分割の申立てがない場合は，法定相続分（又は指定相続分）に従って，遺産の分割がされたものとみなす。

（注1）相続の承認・放棄の期間制限についても，併せて検討する。

（注2）5年又は20年の期間制限がある相続回復請求権についても，その取扱いについて検討する。

（補足説明）

(1)　遺産分割の期間制限（本文）

遺産分割を促進し，遺産共有を解消する方策として，本文のとおり検討することを提案している。

なお，この方策の対象については，これを不動産のみに限定することも考えられる。もっとも，第7回研究会では，不動産以外の遺産の分割で具体的相続分に沿った財産を分配することが困難なことも多く，その対象を不動産に限定すること等には慎重であるべきであるとの指摘があった。

ア　遺産分割手続と期間制限の関係

遺産分割の申立てがされており，手続が進行中であるにもかかわらず，遺産の分割がされたものとするのは相当ではないため，期限の前に遺産分割の申立てがあれば足りるとしている。

イ　期間

遺産分割の期間については，債権の消滅時効や土地の取得時効の期間などを踏まえて，さしあたり10年としている。

ウ　起算点

法律関係を安定させる観点から，客観的な基準点である「相続の開始時」を起算点とすることを提案している。

他方で，相続放棄の熟慮期間の起算点と整合を図るため，主観的な基準点である「自己のために相続の開始があったことを知った時」（民法第915条）を起算点とすることも考えられる。

これに対しては，例えば，遺産に属する土地を購入しようとする場面などでは，取引の相手方にとって，遺産の分割がされたものとみなされているかどうかが判然とせず，取引をすることができない事態が生ずるおそれがあるため，法律関係の安定の観点から課題があるとも考えられる。

- 21 -

研究会資料11-1　| 289

エ　遺産分割の協議（合意）又は遺産分割の申立て以外の手続との関係

遺産分割をする前提として，相続人や遺産の範囲に争いがある場合に，その範囲を確定する訴訟が提起されることがあるが，このような遺産分割の協議（合意）又は遺産分割の申立て以外の手続がとられていても，10年が経過すれば，遺産分割の協議（合意）又は遺産分割の申立てがない限り，遺産の分割がされたものとみなすことについても検討する必要がある。

この問題については，他の手続がとられている限り【10年】間の期間が進行しないとすることも考えられるが，他方で，これを認めると，結局，取引の相手方等の第三者にとって，遺産の分割がされたものとみなされているかどうかが判然とせず，法律関係が安定しないため，結局，期間制限を設けた目的がほとんど果たされないことになるとも考えられる。

そこで，このような期間の進行を止めるとの制度を採用する方向ではなく，そういった他の手続をとることがあり得ることも踏まえて，期間をどの程度長く設定すべきであるのかを検討することが考えられる。

オ　持分割合

遺産の分割がされたものとみなされる持分割合については，基本的に法定相続分とするが，相続分の指定があるときには，指定相続分とすることを提案している。

なお，相続分の指定があるときに指定相続分に従って遺産の分割がされたものとみなされたとしても，本年に成立した民法及び家事事件手続法の一部を改正する法律（平成30年法律第72号）により，対抗要件を具備しなければ，法定相続分を超える部分については，第三者に対抗することができないとされた（民法第899条の2）ので，特段取引の安全を害することはないのではないかと解される。

(2)　相続の承認・放棄の期間制限（注2）

現在の民法においては，相続の承認・放棄は，原則として自己のために相続の開始があったことを知った時から3箇月以内にしなければならないとされている（民法第915条）。そのため，相続人が相続の開始があったことを知らない場合には，相続開始の時から10年を超えていたとしても，相続の承認・放棄をすることができることがある。

もっとも，本文のとおり遺産分割に期間制限を設け，期間の経過後には，法定相続分に従って遺産の分割がされたものとみなすとの制度を導入した場合に，その期間の経過後に相続の放棄をすることができるとすると，相続の放棄によって相続を受ける者が変動するので，一度生じた法律関係が事後的に変更される事態が生ずることになり，法律関係の安定を害するおそれがある。

そこで，遺産分割に期間制限を設ける場合には，それと併せて相続の承認・放棄の期間制限についても検討することが考えられる。

なお，仮に，相続の承認・放棄に期間制限を設ける場合には，債務の存在を知らなかった相続人が債務を相続により引き継ぐこととなり，不利益を被ることにならないのかを検討する必要がある。この問題については，例えば，期間制限を10年とするのであれば，通常の債権は10年で消滅時効が完成するので，相続人は債務を相続した上で10年の消滅時効を援用すれば足りるようにも思われるが，10年を超える期間が時

- 22 -

効期間である債務（例えば，不法行為に基づく損害賠償債務）について別途検討する必要がある。また，相続の放棄については期間制限を設けるが，限定承認については期間制限を設けないことも考えられる（限定承認であれば，相続人は遺産以上の負担を強いられることはないし，積極財産について相続したことは覆されない。）。

(3)　相続回復請求権（注2）

　相続回復請求権は，相続人又はその法定代理人が相続権を侵害された事実を知った時から5年間，又は相続開始の時から20年を経過したときは，消滅する（民法第884条）が，遺産分割に期限を設けた場合に，相続回復請求権の消滅時効に関して見直すべき点があるかを検討することを提案している。

研究会資料１１－２

財産管理制度の在り方について

第1 不在者の財産の管理... 2
 1 判明している不在者の財産のうち，特定の財産を管理する仕組み.............. 2
  (1) 不在者の特定の財産を管理するための仕組み............................ 2
  (2) 財産管理人の権限.. 3
 2 不在者財産管理制度における供託の活用.................................. 3
 3 申立権者.. 6
  (1) 不在者の特定の財産の買収を希望する者................................ 6
  (2) 隣地所有者.. 7
  (3) 公的機関.. 7
 4 土地の共有者のうち複数の者が不在者である場合に，複数の不在者について一人の
 財産管理人を選任する仕組み.. 8
第2 相続人のあることが明らかでない場合の相続財産の管理・清算................. 10
 1 死亡当時から相続人のあることが明らかでない場合の規律の在り方............. 10
  (1) 相続財産の清算を前提としない財産管理制度の創設について............... 10
   ア 相続財産の清算を前提としない財産管理制度.......................... 10
   イ 清算を前提としない相続財産管理制度の具体的な仕組み................. 11
  (2) 清算に向けた相続財産管理制度...................................... 12
   ア 公告.. 12
   （ア）公告の方法... 12
   （イ）相続人の権利主張期間（相続人捜索の公告期間）................... 12
   イ 相続財産の処分.. 14
   ウ 申立権者.. 15
   （ア）相続財産の買収を希望する者................................... 15
   （イ）隣地所有者... 15
   （ウ）公的機関... 15
 2 相続人の相続放棄により相続人のあることが明らかでなくなった場合の規律の在り
 方... 15
  (1) 相続放棄をした者の管理義務.. 15
  (2) 清算義務の存否.. 17
第3 遺産共有状態における相続財産の保存又は管理のための制度の創設の是非...... 18

-1-

292 ｜ 第2章 資料

研究会資料１１－２

財産管理制度の在り方について

第１　不在者の財産の管理
　１　判明している不在者の財産のうち，特定の財産を管理する仕組み
　（1）不在者の特定の財産を管理するための仕組み
　　　　不在者の特定の財産につき，管理の必要があるときは，裁判所は，当該財産の管理について，財産管理人の選任を含む必要な処分を命ずることができるものとすることについて，どのように考えるか。

（補足説明）
　ア　不在者財産管理制度は，実務上，裁判所が財産管理人を選任し，財産管理人が不在者の財産全般を管理するものとして運用されている。
　　　これに対し，例えば，不在者の所有する土地が放置され，雑草が繁茂して害虫が発生し，第三者に対して害悪を及ぼしている場合など，不在者の特定の財産についてのみ管理する必要がある場合であっても，不在者の財産全般を管理する管理人しか選任できないとすると，事務の処理に時間と費用を要し，手続が煩雑で負担が大きいとの指摘がある。
　イ　民法は，裁判所が不在者の「財産の管理について必要な処分」を命ずることができる旨規定しているが（民法第２５条第１項），「必要な処分」として財産管理人を選任する場合に，法定代理人とされる財産管理人の代理権の範囲が，特定の財産の管理に限られると構成して，特定の財産のみを管理する財産管理人を選任することも考えられる（後記(2)）。このように，管理の対象とする財産を限定すれば，管理人の業務が軽減され，手続に必要となる時間・費用も軽減されるものと考えられる。
　　　また，「必要な処分」には，財産管理人の選任のみならず，財産に封印を施したり，損敗しやすい物を売却したりすることなども包含されると解されており，財産管理人を選任することなく，裁判所が，不在者の特定の財産について，特定の管理行為を命ずることも想定されていると考えられる。そして，所有者不明土地問題との関連で，不在者の特定の財産の管理における必要な処分の命令として考えられるものとしては，例えば，不在者の土地上の雑草が繁茂して害虫が発生している場合に，申立人が雑草や害虫を除去することや，不在者の土地上の木の枝が隣地に侵入している場合に，申立人が木の枝を伐採することを，裁判所が許可することなどがあり得る。このような方法によれば，財産管理人の選任費用が不要になり，コストを削減することが可能になる。
　ウ　他方，不在者財産管理制度は，実務上，本人の財産全般を管理する性質のものと理解されており，財産管理人が，本人の財産を処分するなどの重要な決定をする際には，本人の財産の状況や，財産管理人が収集した様々な情報を基に，裁判所が許否を判断している。不在者財産管理人が本人の財産の一部のみを管理する仕組みや，財産管理人を選任せずに本人の財産の一部についての管理行為を命ずる仕組みにおいて，裁判所が，どのような判断基準のもとで，どのような資料に

- 2 -

研究会資料11－2　｜　293

研究会資料１１－２

基づいて許否の判断をするかという課題が考えられる。

　エ　以上を踏まえ，不在者の特定の財産について管理の必要があるときには，裁判所は，当該財産の管理について，財産管理人の選任を含む必要な処分を命ずることができることを明確化することについて，どのように考えるか。

(2) 財産管理人の権限

　不在者の特定の財産について管理を行う財産管理人は，管理の対象とされた特定の財産について，民法第１０３条に定める行為（保存行為・目的物又は権利の性質を変えない範囲内での利用・改良行為）を行う権限を有することとし，これを超える行為を必要とするときは，裁判所の許可を得て，その行為をすることができるものとすることについて，どのように考えるか。

　（補足説明）

　　現行民法上，不在者財産管理人は，選任後，不在者の財産を調査して管理すべき財産の目録を作成し（民法第２７条），目録に記載された不在者の財産全般について，民法第１０３条に定める行為（保存行為・目的物又は権利の性質を変えない範囲内での利用・改良行為）を行う権限を有することとされ，これを超える行為を必要とするときは，裁判所の許可を得て，その行為をすることができることとされている（民法第２８条）。

　　不在者の特定の財産についての財産管理人を選任した場合にも，当該財産管理人は，選任時に管理の対象とされた特定の財産について，財産の目録を作成し，保存行為・目的物又は権利の性質を変えない範囲内での利用・改良行為を行う権限を有することとし，これを超える行為を必要とするときは，裁判所の許可を得て，その行為をすることができることとすることが考えられる。

　　これに対しては，例えば，不在者の所有する宅地についての財産管理人が選任されたケースにおいて，宅地の購入希望者が現れたものの，調査の結果，宅地に隣接する共有私道につき，不在者が持分を有していたことが判明した場合に，当該私道持分の売却はできるのかが問題となり得るが，裁判所において，当該財産管理人の代理権の範囲を拡張し，私道持分の管理・処分を許可することで対応が可能とも考えられる。

　　以上を踏まえ，不在者の特定の財産を管理する財産管理人の権限の在り方について，どのように考えるか。

２　不在者財産管理制度における供託の活用

　(1) **不在者財産管理制度において，管理すべき財産の対象が金銭や金銭債権（預貯金など）のみとなった場合には，管理人に金銭を供託させることにより，手続を終了することができる旨の規定を設けることについて，どのように考えるか。**

　　（注１）仮に供託により手続を終了することができることとした場合には，不在者に供託金還付請求権の行使の機会を与えるために，供託時に公告を行うことにつき，更に検討する。

- 3 -

294 ｜ 第２章　資料

（注２）仮に不在者財産管理制度において，供託により手続を終了することができることとする場合には，清算を前提としない相続財産の管理に関する諸制度（後記第２の１(1)，第３）においても同様の規律を定めることにつき，更に検討する。

（補足説明）

　不在者財産管理事件においては，財産の管理の必要性や財産の価値に比して管理の費用が不相当に高額となった場合など，財産の管理を継続することが相当でなくなったときには，財産管理人選任処分の取消しの審判をしなければならないこととされている（家事事件手続法第１４７条）。

　しかし，管理対象財産として，現金や預金債権のみが残存している場合には，「財産の管理を継続することが相当でなくなったとき」に該当するといえるか判然とせず，実務上，金銭が存在する限り管理を継続している例があるとの指摘がある。

　そこで，本人の利益を保護しながら，管理事務の適正化を図るため，管理人が，管理している現金等を供託することができることとすることにより，手続を終了させることが考えられる。この場合の供託については，例えば，管理人は管理中に受領した金銭その他の物やその収受した果実を不在者に引き渡す義務を負う（家事事件手続法第１４６条，民法第６４６条）が，不在者が受領不能であるとも捉えられることから，弁済供託に類似するものと位置付けることが考えられる。

　これに対しては，不在者の財産を供託すると，不在者が把握しない間に還付請求権が時効により消滅することとなるため，不在者の財産を保護するという点から妥当でないとの指摘があり得る。

　そこで，不在者に供託の事実や還付請求権の存在を把握する機会を与えるため，供託時に公告を行う仕組みを設けることについて，更に検討することを（注１）で提案している。

　また，不在者財産管理制度について，金銭を供託して手続を終了する仕組みを設けた場合には，清算を前提としない相続財産の管理に関する諸制度において，同様に管理人が金銭を供託することにより手続を終了することができるかも併せて問題となることから，（注２）において，相続財産の管理に関する諸制度でも同様の規律を置くことにつき，更に検討することを提案している。

(2)　(1)の規定を設ける場合には，当該供託金の還付請求権が【供託時又は公告時】から【１０年間】行使されないときは，供託金が国庫に帰属するものとする規律を設けることについて，どのように考えるか。

（補足説明）

　受領不能を理由として供託がされた場合には，その還付請求権は，被供託者が権利を行使することができる時から１０年間行使しないときは，時効によって消滅する（現行民法第１６６条第１項及び第１６７条第１項）。

　そして，一般には，供託時から１０年間権利を行使しないことで還付請求権の消滅時効が完成するものと解されている（昭和６０年１０月１１日民四第６４２８号民事局第四課長回答）。

- 4 -

研究会資料１１－２

　　不在者が供託後１０年間還付請求権を行使しない場合には，還付請求権が時効消滅している可能性が高いものと考えられるし，財産管理人は，その職務上の義務に基づいて供託を行う以上，自らのために供託金を取り戻すことは想定されていないといえることから，供託金の還付請求権が【供託時又は供託の際の公告時】から【１０年間】行使されないときには，供託金が国庫に帰属することとすることを提案している。

　　これに対しては，供託の際に公告を行ったとしても，不在者は供託の事実を知ることが実際上困難な場合もあり，１０年が経過すれば無条件に供託金が国庫に帰属するのは不在者にとって酷ではないかとの指摘や，弁済供託における供託金の取戻請求権の消滅時効に関し，判例上，供託の基礎となった債務についてその不存在が確定し又は消滅時効が完成するなど，供託者が免責の効果を受ける必要が消滅した時から進行すると解されている（最大判昭和４５年７月１５日民集２４巻７号７７１頁，最判平成１３年１１月２７日民集５５巻６号１３３４頁）こととの関係についても整理する必要があるとの指摘が考えられる。

（参考先例）
○　昭和６０年１０月１１日民四第６４２８号民事局第四課長回答
「債権者の所在不明による受領不能を原因とする弁済供託については，供託当事者は，供託後，いつでも払渡請求権を行使できるのであるから，供託時を当該払渡請求権の消滅時効の起算点と解するのが相当である。」

(3) 供託により，不在者が帰来した場合にはその対価が確実に返還される仕組みを設けることを前提として，裁判所は，提示された売却価格が相当であるときは，不在者の財産の売却を原則として許可することができるものとすることについて，どのように考えるか。

　　（補足説明）
　ア　現行法において，管理人は，裁判所による権限外許可が得られた場合にのみ不在者の財産の売却を行うことができるとされているが，どのような場合に許可がされるかについては，個別の事案に応じて裁判所により判断されている。
　イ　実務上，一般的には，管理行為に一定の費用が生じる場合や債務の弁済等のために換価することが必要な場合など，不在者の財産の維持・管理という観点から見て売却の必要性があるケースでは，売却価格の適正を確保した上で，概ね売却の許可がされているものと考えられる。他方で，不在者財産管理は，不在者の財産を確実に保全することが本来の目的であり，管理上便宜であるというだけでは，不動産の売却の必要性は認められないと解されている。
　ウ　これに対し，特に利用されていない不在者の土地については，適正価格で売却し，金銭という形に変えて同価値の財産を維持・保全し，不在者の利益を保護することができるとの指摘もある。
　　　そこで，供託によって，不在者が帰来した際には金銭として返還する手段を充実させた上で，売却価格が相当である場合には，不在者の土地の売却を許可することができるものとすることについて，どのように考えるか。
　　　これについては，不在者の財産を保全するという不在者財産管理制度の趣旨との整

－ 5 －

296　｜　第２章　資料

合性が問題となるが，売却価格の相当性以外に売却を許可するために考慮しなければ
ならない事項があるとして，どのようなものが考えられるか。例えば，不在者の財産
が第三者に害悪を及ぼす程度，維持管理費用の多寡，不在者が帰来して当該財産を利
用する可能性の程度等についてはどうか。

3 申立権者

(1) 不在者の特定の財産の買収を希望する者

不在者の特定の財産の買収を希望する者が，不在者財産管理の申立てを行うことが
できるものとすることについて，どのように考えるか。

（補足説明）

ア 第6回研究会においては，財産管理人選任申立てを行うことができる者の範囲に
ついて，現行法上申立てが可能な「利害関係人」の意義を探究した上で，財産を
管理する目的を踏まえ，その範囲の拡大の是非について引き続き検討することが
必要であるとの意見があった。

「利害関係人」とは，不在者の財産の管理保存について法律上の利害関係を有す
る者をいうものと解される。実務上は，一般に，不在者の所有地を公共事業のた
めに買収しようとする国や地方公共団体などがこれに当たるとされている一方
で，国や地方公共団体以外で当該土地の購入を希望する者は，一般に利害関係人
に当たらないと考えられている。

これは，公共事業のための用地取得の場合には，土地収用手続等により，いず
れ強制的に不動産を取得されることになるから，国や地方公共団体には法律上の
利害関係を認めることができるのに対し，私人による土地購入の場合には，収用
手続が存在しないため，法律上の利害関係が認められないからであると説明され
る。

イ しかし，国や地方公共団体が公共事業のために用地取得をする場合においても，
地権者が買収に応ずるときは，事業認定などの土地収用手続がとられないことも
あり，法律上は単なる売買契約が締結されるだけというケースも少なくない。そ
して，当初の事業計画では買収対象であった土地が，後に何らかの事情によって
計画が見直され，結局当該土地が対象から外されることもあり得ることからする
と，いずれ強制的に不動産を取得されることになるという関係は必ずしも成り立
たず，国や地方公共団体による用地取得と私人による用地取得との差異は大きな
ものではないとも考えられる。

また，第6回研究会においては，他人による利用や取得を目的として不在者の
財産の一部を管理する仕組みを設けることについては，不在者の利益保護の観点
から慎重な検討が必要であるという指摘があったが，不在者の特定の財産の買収
を希望する者が財産管理の申立てをすることができるとしても，裁判所は，不在
者の利益保護の観点から財産の管理について必要な処分を命じ，財産管理人の活
動を監督するのであり，財産管理制度が他人による取得を目的として運用される
わけでは必ずしもないとも考えられる。

そこで，広く民間事業者などの私人も，不在者の土地の買収を希望する者が財

産管理人の選任申立てを行うことを可能とすることについて，どのように考えるか。

　　これに対しては，私人による土地取得の条件や土地の利用目的を問わず，財産管理の申立てを許容すると，結局，いかなる者でも不在者の財産管理人選任申立てを行うことができることとなりかねないため，買収の具体性の確認方法や，買収の希望があること以外の考慮要素の設定等が課題となるなどの指摘が考えられる。

(2)　隣地所有者

不在者の土地の隣地を所有する者に財産管理制度の申立権を付与することについて，どのように考えるか。

　　（注）土地に限らず，不在者の不動産に隣接する不動産を所有する者に財産管理制度の申立権を付与することや，相続財産に属する土地（不動産）の隣地（隣接する不動産）を所有する者に財産管理制度の申立権を付与することなどについても，相隣関係に関する規律の在り方の検討状況を踏まえ，あわせて検討する。

（補足説明）

ア　不在者の土地の隣地所有者は，単に不在者の土地の隣地所有者であるというだけでは「利害関係人」には該当しないと解されており，隣地所有者が不在者財産管理制度を利用するためには，具体的な法律上の利害関係が必要とされている。

　　しかし，隣接し合う土地の所有権の調整については，民法上も特に相隣関係に関する諸規定が置かれているところであり，不在者の土地の隣地所有者は，不在者の財産の管理について類型的に大きな利害関係を有しているとも考えられる。

　　また，利用されていない不在者の土地の利活用を希望する者は，当該土地の隣地所有者であることが多いと考えられ，この点でも，隣地所有者は類型的に大きな利害関係を有しているとも言える。

　　そこで，不在者の土地の隣地を所有する者に財産管理制度の申立権を付与することについて，どのように考えるか。

イ　相隣関係においては，隣接し合う土地の所有権の調整が図られるが，不在者の財産管理においては，建物を含めて，隣接不動産の所有者にも類型的な利害関係を認めることも考えられる。また，不在者財産管理制度のみならず，財産管理に関する諸制度についても，同様の問題があり得るため，これらを総合的に検討していくことを（注）において提案している。

(3)　公的機関

市町村長などの公的機関に財産管理制度の申立権を付与することについて，どのように考えるか。

（補足説明）

ア　不在者財産管理制度の申立権者は，利害関係人のほか，公益の代表者である検察官とされている。

　　所有者不明土地の利用の円滑化等に関する特別措置法第３８条においては，所有

- 7 -

者不明土地の適切な管理のため特に必要があると認めるときに、国の行政機関の長又は地方公共団体の長が不在者財産管理又は相続財産管理の申立てを行うことができることとされた。

　第6回研究会においては、これを更に進め、民法上も、市町村長に対して財産管理人の選任申立権を付与することを検討するべきではないかとの意見があった。

　そこで、民法においても、市町村長などの公的機関に財産管理の申立権を付与することについて、どのように考えるか。その場合には、各種財産管理制度における財産管理の申立権者との関係を考慮する必要がある。

イ　これに対しては、民事における公益の一般的な代表者として位置付けられている検察官とは異なる観点で、公的機関に財産管理の申立権を付与する場合には、事案の類型に応じて関与すべき機関が異なるため、一律に市町村長その他の公的機関に申立権を付与することは相当でないという指摘や、上記(1)及び(2)のとおり、私人の申立権を拡大することを検討するのであれば、公的機関の申立権を拡大する必要性は低いという指摘、民法上の各種財産管理制度において、検察官以外の公的機関が申立権を有することとされているものはないこととの整合性をどのように考えるかという指摘が考えられる。

ウ　以上を踏まえ、市町村長などの公的機関に財産管理制度の申立権を付与することについて、どのように考えるか。

（注）所有者不明土地の利用の円滑化等に関する特別措置法（平成３０年法律第４９号）
　　第３８条　国の行政機関の長又は地方公共団体の長（次条第五項において「国の行政機関の長等」という。）は、所有者不明土地につき、その適切な管理のため特に必要があると認めるときは、裁判所に対し、民法（明治二十九年法律第八十九号）第二十五条第一項の規定による命令又は同法第九百五十二条第一項の規定による相続財産の管理人の選任の請求をすることができる。

4　土地の共有者のうち複数の者が不在者である場合に、複数の不在者について一人の財産管理人を選任する仕組み
　土地の共有者のうち複数の者が不在者である場合に、複数の不在者について一人の財産管理人を選任することに関し、例えば次のような考え方をとることについて、どのように考えるか。
【Ａ案】管理人は、土地の一切の管理行為（注１）を複数の不在者を代理して行うことができるものとして、不在者の全員について一人の管理人を選任することができるものとする。
【Ｂ案】管理人は、次の土地管理行為については、利益相反が問題にならないものとして、複数の不在者を代理して行うことができるものとし、不在者の全員について一人の管理人を選任することができるものとする。
　　①　雑草の除去などの土地の維持・管理行為
　　②　不在者の財産の第三者に対する売却

-8-

研究会資料１１－２

③　共有物分割や遺産分割
【Ｃ案】複数の不在者について一人の管理人を選任することができるか否かについて
は，個別の事案に応じた裁判所の判断に委ねられるものとする（現行法の規律
を維持する）。
（注１）裁判所による権限外許可がされた場合の処分行為も含む。
（注２）通常の共有における管理権者制度との関係についても，引き続き検討する。

（補足説明）
ア　土地が共有状態にある場合において，当該土地を管理するために不在者財産管理
制度を利用するときには，共有者ごとに財産管理人が選任されることとなるため，
煩雑であり申立人の費用の負担が大きいとの指摘がある。
　　所有者不明土地の利用の円滑化等に関する特別措置法の附帯決議（衆議院及び参
議院）においても，「財産管理制度の円滑な利用を図るため，複数の土地共有者が
不在者であるときは，不在者財産管理人は，複数の土地共有者を代理することがで
きる仕組みを検討すること」とされている。
　　これらを踏まえ，土地の共有者のうち複数の者が不在者である場合に，複数の不
在者について一人の財産管理人を選任することができるものとし，財産管理人は土
地の一切の管理行為を行うことができるものとするとの考え方があり得る。そこで，
このような考え方を【Ａ案】として記載している。
イ　もっとも，民法上，自己契約や双方代理は無権代理行為とみなされ，これら以外
の利益相反行為についても，本人があらかじめ許諾したものを除き，無権代理行為
とみなされる（平成２９年法律第４４号による改正後の民法第１０８条）ことから
すると，複数の共有者に同一の管理人を選任し，一切の管理行為をさせることは，
利益相反の観点から望ましくないとも考えられる。
　　すなわち，財産管理人は，不在者の財産の管理に関して善管注意義務を負ってい
るが（家事事件手続法第１４６条第６項，民法第６４４条），複数の不在者につい
て一人の財産管理人を選任した場合において，財産管理人が，不在者同士の利益が
相反する管理行為を行うときには，一部の不在者の利益が害されるおそれがあるほ
か，財産管理人としても，各不在者に対する善管注意義務を果たすことが困難にな
ると考えられる。
　　そこで，管理人は，利益相反が生じないものと考えられる一定の土地管理行為に
ついては，複数の不在者を代理して行うことができることとし，不在者の全員につ
いて一人の財産管理人を選任することができることとすることが考えられる。これ
を【Ｂ案】として示している。
ウ　【Ｂ案】を採用した場合には，共有者間の利益相反が生じない行為とは具体的に
何かが問題となる。
　　利益相反行為に該当するか否かは，代理人の意図や動機，行為の結果等の具体的
な事情とは関係なく，代理行為自体を外形的・客観的に考察して，その行為が代理
人にとっては利益となり，本人にとっては不利益となるものであるかによって判断
されるものと解されている（最高裁判所昭和４２年４月１８日判決・民集２１巻３

－9－

300　│　第2章　資料

号671頁）。

　　まず，①雑草の除去等の土地の維持・管理行為は，外形的・客観的に考察して，共有者に共通する利益行為と考えることができるとも考えられる。

　　次に，②第三者に対する売却といった処分行為であっても，その売却代金が各共有者の持分に従って各共有者に帰属することとなる限り，外形的・客観的にみて，共有者のいずれか一方の利益になる行為とはいえないとも考えられる。

　　さらに，③共有物分割や遺産分割を行うことができることとする考え方もあり得る。これに対しては，親権者が共同相続人である数人の子を代理して遺産分割の協議をすることは，仮に親権者において数人の子のいずれに対しても公平を欠く意図がなく，親権者の代理行為の結果数人の子の間に利害の対立が現実化されていなかったとしても，民法第826条所定の利益相反する行為に当たると解されていることからすれば（最高裁昭和48年4月24日判決裁判集民事109号183頁参照），共有物分割や遺産分割については，共有者の一方の利益を図れば，他方に不利益となるとの指摘も考えられる。

　エ　土地の共有者のうち複数の者が不在者である場合に，複数の不在者について一人の財産管理人を選任することができるか否かについては，個別の事案に応じて状況が異なるものであるから，裁判所の判断に委ねられるものとする見解もあり得ることから，この見解を【C案】として示している。

　オ　以上を踏まえ，土地の共有者のうち複数の者が不在者である場合に，複数の不在者について一人の財産管理人を選任する仕組みについて，どのように考えるか。

第2　相続人のあることが明らかでない場合の相続財産の管理・清算

　（注）　相続人のあることが明らかでない場合には，典型的に，①死亡当時から相続人があることが不明であるケース（戸籍上相続人が存在しないなど）と，②死亡当時は相続人があったが，相続人全員が相続放棄したために相続人があることが不明になったケースがあるため，これらを分けて検討する。

1　死亡当時から相続人のあることが明らかでない場合の規律の在り方

(1)　相続財産の清算を前提としない財産管理制度の創設について

　ア　相続財産の清算を前提としない財産管理制度

　　相続人があることが明らかでない場合について，現行法の相続財産の清算に向けた相続財産管理制度（民法第952条以下）に加え，相続財産の清算を前提としない財産管理制度を新たに設け，裁判所が，相続財産の管理について，財産管理人の選任を含む必要な処分を命ずることができるものとすることについて，どのように考えるか。

　　　（注1）　「必要な処分」としては，主として財産管理人を選任することが考えられるが，その他どのような処分が考えられるかについても更に検討する（前記第1(1)補足説明参照）。

　　　（注2）　「必要な処分」として，財産管理人を選任する場合には，相続財産の一部を管理する管理人を選任することができるかについても更に検討する（前記第1(1)参照）。

- 10 -

研究会資料11－2　│　301

研究会資料１１－２

（補足説明）
（ア）　相続人があることが明らかでない相続財産は法人とされ（民法第９５１条），利害関係人又は検察官の請求により，相続財産の管理・清算を行う相続財産管理人を裁判所が選任し（民法第９５２条），相続人の捜索をするとともに，相続債権者及び受遺者に弁済を行い（民法第９５７条第２項），さらに，相続人が出現しないときは特別縁故者への財産分与を行い（民法第９５８条の３），最終的に残余財産を国庫に帰属させることとされている（民法第９５９条）。

　　　　このように，相続人があることが明らかでない相続財産の管理制度は，清算を目的とするものとして仕組まれており，相続財産に属する財産について，第三者が管理行為を求める場合でも，この清算に向けた相続財産管理制度を利用することが予定されている。

　　　　もっとも，清算に至るまでには相応のコストがかかるため，例えば，相続財産に属する土地について生じている害悪を除去しようとする場合など，相続財産の管理が必要であるに過ぎないケースでは，負担が大きすぎて制度が利用できず，結局，相続財産の管理ができないことがあるとの指摘がある。

（イ）　相続人があることが明らかでない場合の典型例として，死亡者の戸籍上相続人が存在しないケースがあるが，このようなケースでは，抽象的に観念される相続人が不在者となっているとも考えられ，相続財産の管理について，不在者財産管理制度と同様の規律を適用することが相当と考えることもできる。

　　　　そこで，相続人のあることが明らかでない場合に，裁判所が，相続財産の管理のために，財産管理人の選任を含む必要な処分を命ずることができることとする制度を創設することについて，どのように考えるか。

　　　　また，このような制度を創設した場合に，清算を前提としない相続財産管理制度と，現行の清算に向けた相続財産管理制度とを選択的に利用することができるとすることについて，どのように考えるか。

（ウ）　清算を前提としない相続財産管理制度については，本来は相続財産全体の清算手続を行って残余財産を国庫に帰属させるべきであるのに，一部の財産のみ管理されることにより，全体の清算手続が行われなくなるおそれがあるとの指摘が考えられる。

　　　　これに対しては，清算を前提としない財産管理制度においても，供託を活用し，管理の対象となる土地が売却された場合には，その代金を供託して，供託金還付請求権を相続財産法人に帰属させることで，将来の清算手続に備えることができるものとすることも考えられる（前記第１の２参照）が，どのように考えるか。

イ　清算を前提としない相続財産管理制度の具体的な仕組み
　　清算を前提としない相続財産管理制度の①申立権者，②管理人の権限，③供託を活用した相続財産の売却について，不在者財産管理制度と同様の規律によることについて，どのように考えるか。

－ 11 －

302　｜　第２章　資料

（補足説明）

　前記アの補足説明のとおり，相続財産の清算を前提としない制度においては，抽象的に観念される相続人が不在者となっているとも考えられ，相続財産の管理について，不在者財産管理制度と同様の規律によることが考えられる。①申立権者，②管理人の権限，③供託を活用した相続財産の売却については，不在者財産管理制度と同様の規律によるものとすることについて，どのように考えるか（第１の１(2)，２，３参照）。

　これに対しては，清算を前提としない相続財管理制度は，飽くまでも相続人の不存在が確定していない段階において一時的に相続財産を保存するための制度であるから，相続財産を現状のまま保存する要請が強く，③の権限外許可による相続財産の売却が認められる場合は制限されるのではないかとの指摘も考えられる。

(2) 清算に向けた相続財産管理制度

ア　公告

　清算に向けた相続財産管理制度における公告の方法を整理し，権利主張期間を短縮化することについて，どのように考えるか。

（ア）公告の方法

【Ａ案】①相続財産管理人の選任の公告，②相続債権者及び受遺者に対する請求申出を求める公告，③相続人捜索の公告を同時に行うものとする。

【Ｂ案】①選任の公告，③相続人捜索の公告を同時に行い，その後，相続人の不存在が確認されたときには，②請求申出を求める公告を行うものとする。

【Ｃ案】①選任の公告，②請求申出を求める公告，③相続人捜索の公告を個別に順に行う現行法の規律を維持する。

（イ）相続人の権利主張期間（相続人捜索の公告期間）

【Ａ案】相続人が権利主張することができる期間について，公告から３箇月を下ることができないものとする。

【Ｂ案】相続人が権利主張することができる期間について，公告から６箇月を下ることができないものとする現行法の規律を維持する。

（補足説明）

　現行民法においては，相続人のあることが明らかでないために相続財産管理人を選任した場合には，①　裁判所が遅滞なく相続財産管理人の選任の公告を行い（民法第９５２条第２項），②　この公告後２か月以内に相続人のあることが明らかにならなかったときは，相続財産管理人が，相続債権者及び受遺者に対して２か月以上の期間を定めて請求申出を求める公告を行い（民法第９５７条第１項），③　②の期間の終了後，なお相続人のあることが明らかでないときは，相続財産管理人等の請求に基づき，裁判所が６か月以上の期間を定めて相続人捜索の公告を行うこととされている（民法第９５８条）。

　これに対しては，公告手続を何度も行わなければならない上，権利関係の確定に合計１０か月以上要することとなるため，管理人の業務の負担が大きく，管理

- 12 -

研究会資料11－2　｜　303

研究会資料１１－２

人の報酬等の手続費用も高額となるとの指摘がある。
　そこで，公告の方法やその期間について，検討することを提案している。
（ア）公告の方法
　　　a　まず，①相続財産管理人選任の公告，②相続債権者等に対する請求を求
　　　　める公告，③相続人捜索の公告を同時に行うこととする案を，【Ａ案】と
　　　　して提案している。
　　　b　①の選任の公告は，相続財産法人の代表者を広く一般に知らせるととも
　　　　に，相続人の出現を促す趣旨も兼ねていると解されている。③の相続人捜
　　　　索の公告は，相続人等の失権（民法第９５８条の２）の前提として，相続
　　　　人に権利主張の機会を与えるために要求されており，①の相続人選任時の
　　　　公告と趣旨が重なる面があるし，いずれも，相続人不存在を確定するため
　　　　の前提となる公告と考えることができる。
　　　　　これに対し，②の請求を求める公告は，清算を行うことを目的として行
　　　　われるものであり，相続財産の清算は，本来相続人の不存在が確定された
　　　　後に行うべきものであるとも考え得ることから，①及び③の公告により相
　　　　続人の不存在が確定した後に②の公告を行うべきであるとも考えられる。
　　　　　そこで，まずは，相続人の存否を確認するために，①選任の公告と，③
　　　　相続人の捜索の公告を同時に行い，相続人の不存在が確定した後に②相続
　　　　債権者等に対する請求を求める公告を行い，清算手続を行う案を，【Ｂ案】
　　　　として提案している。
　　　c　【Ａ案】及び【Ｂ案】に対しては，現行法の規律を維持するべきである
　　　　との考え方もあり得ることから，【Ｃ案】として提案している。
（イ）　相続人の権利主張期間（相続人の捜索の公告期間）
　　　　現行法上，相続人の捜索の公告は，相続債権者及び受遺者への公告及び弁
　　　済の後に行われることとされている（民法第９５７条）。このような相続債
　　　権者等への弁済等の清算が終了した段階においては手続を急ぐ必要がない
　　　ことから，できるだけ相続人を探すべきであるとの趣旨で，民法制定時には
　　　１年間以上の相続人への公告期間が定められていたが，通信，交通手段の発
　　　達によって，長い期間を設ける必要がないとして，管理人の相続財産の管理
　　　の煩さを軽減するために昭和３７年の民法改正によって公告期間が６か月
　　　と定められた。
　　　　現代においては，昭和３７年当時よりもさらに通信，交通手段が発達し
　　　ていることや，失踪宣告の手続における不在者による生存の届出期間，不在
　　　者の生死を知る者による届出期間について，普通失踪の場合は３か月以上，
　　　危難失踪の場合には１か月以上とされていることなどを考慮して，相続人の
　　　捜索の公告期間を３か月とすることを【Ａ案】として提案している。なお，
　　　【Ａ案】を採用し，（ア）の【Ａ案】を採用した場合には，相続人や債権者
　　　等の捜索のための手続は３か月で終了することとなり（民法第９５８条の
　　　２），（ア）の【Ｂ案】を採用した場合には５か月で，（ア）の【Ｃ案】を
　　　採用した場合には，７か月で終了することとなる。

- 13 -

304 ｜ 第２章　資料

これに対しては,可能な限り相続人の権利主張の機会を与えるべきである
との考え方もあり得ることから,【B案】を示している。なお,【B案】を
採用し,（ア）の【A案】を採用した場合には,相続人や債権者等の捜索の
ための手続は6か月で終了することとなり（民法第958条の2）,（ア）
の【B案】を採用した場合には8か月で,（ア）の【C案】を採用した場合
には,10か月で終了することとなる。
（参考）
・失踪宣告の手続における不在者による生存の届出の期間,不在者の生死を知る
者による届出の期間（民法第30条,家事事件手続法第148条第3項第2号,
第4号）
　普通失踪の場合（民法第30条第1項）：3か月以上
　危難失踪の場合（民法第30条第2項）：1か月以上
・破産手続における破産債権の届出期間（破産法第31条第1項,破産規則第2
0条第1項第1号）
　特別の事情がある場合を除き,2週間以上4か月以下（知れている破産債権者
で日本国内に住所,居所,営業所または事務所がないものがある場合には,4週
間以上4か月以下）

イ　相続財産の処分
　　**売却価格が相当である場合に,相続財産の売却を許可することができるものと
することについて,どのように考えるか。**
　（補足説明）
　　相続人のあることが明らかでない場合には,相続財産を金銭という形に変え
て同価値の財産を維持し,相続財産の管理・清算を行うことができるとも考え
られる。
　　また,相続人不存在の場合の相続財産は,本来清算した上で国庫に帰属され
るべきものであるが,実務上,国庫に帰属させるための手続を行う際には,不
動産については,裁判所の権限外許可を得た上で任意売却するなどして金銭化
した上で国庫に帰属させることが望ましいともいわれている。このような考え
方を前提とすると,相続人の不存在が確定した場合には,相続人の不存在が確
定する前の段階に相続財産の保存・管理を目的とする制度や,不在者財産管理
制度等財産の保存・管理を目的とする制度と比較して,価格が適正である場合
には広く不動産を含む相続財産の売却を認めることができるとも考えられる。
　　また,相続人不存在が確定した段階においては,いずれ残余の相続財産が国
庫に帰属されるべきものであることとなるため,不在者財産管理制度の場合と
異なり,不在者の所有者の権利保障の必要性を考慮する必要がないとの考え方
もあり得る。
　　他方で,相続人不存在の場合には,残余財産は国庫に帰属されるべきもので
あるが,現状のまま帰属させるべきであるという考え方もあり得る。
　　そこで,売却価格が相当である場合に,相続財産の売却を許可することがで
きるものとすることについて,どのように考えるか。

- 14 -

ウ　申立権者
（ア）相続財産の買収を希望する者
相続財産の買収を希望する者が，相続財産の清算の申立てを行うことができるものとすることについて，どのように考えるか。
（イ）隣地所有者
土地の所有者が死亡し，その相続人のあることが明らかでない土地の隣地所有者に対し清算のための相続財産管理人の選任申立権を付与することについて，どのように考えるか。
（ウ）公的機関
市町村長などの公的機関に清算のための相続財産管理人の選任申立権を付与することについて，どのように考えるか。
（補足説明）
不在者財産管理人の選任申立権者の補足説明（第1の3）参照。
相続人不存在の場合には，不在者財産管理制度の場合と異なり，不在者の所有者の権利保障の必要性を考慮する必要がなく，また，いかなる契機であっても，国庫に帰属させるための手続が開始されることが望ましいため，不在者財産管理制度と比較して財産管理人の選任申立権者の範囲を拡大することが望ましいとの考え方もあり得るが，どのように考えるか。

2　相続人の相続放棄により相続人のあることが明らかでなくなった場合の規律の在り方

相続の放棄をした者は，その放棄によって相続人となった者が相続財産の管理を始めることができるまで，自己の財産におけるのと同一の注意をもって，その管理を継続しなければならないこととされている（民法第940条第1項）。相続人が全員相続の放棄をすることにより，相続人のあることが明らかでなくなった場合に，相続放棄者が相続財産の清算の手続を行わず，1（1）の相続財産の清算を前提としない制度を利用することによって相続放棄者が管理義務を免れることができることとすると，民法第940条で財産の管理継続義務が定められた趣旨に反するのではないかとの指摘が考えられる。そこで，相続人が全員相続の放棄をしたことにより相続人のあることが明らかでなくなった場合について，相続放棄者の①管理義務の内容，②清算のための相続財産管理制度の申立義務の存否について検討する。

（1）　相続放棄をした者の管理義務
法定相続人全員が相続放棄をした場合における相続放棄者の管理義務（注1）について，相続放棄者は，相続財産管理人が選任されるまでの間（注2），自己の財産におけるのと同一の注意をもって，相続財産の管理を継続しなければならないものとすることについて，どのように考えるか。
（注1）相続放棄者の管理義務に関しては，①相続放棄者は，第三者に対する関係において相続財産の管理継続義務を負うのか，②法定相続人全員が相続放棄をした場合において，相続財産の管理義務を怠った結果，第三者に損害が生じた場合に，当該第三者に対して損害賠償責任を負うものと考えられるかに

- 15 -

306　｜　第2章　資料

ついても，あわせて検討する。
（注２）相続人全員が相続放棄した場合には，清算に向けた相続財産管理人の選任
まで要するのか（民法第９５２条），清算を前提としない相続財産管理制度
に基づき相続財産管理人を選任することで足りるのかについても，更に検討
する（後記(2)参照）。

（補足説明）
　相続の放棄をした者は，その放棄によって相続人となった者が相続財産の管理
を始めることができるまで，自己におけるのと同一の注意をもって，その管理を
継続しなければならないこととされている（民法第９４０条第１項）。
　この管理継続義務は，次順位の相続人が相続財産の管理を始めることができる
までの管理についてのものであるから，相続人が全員相続放棄し，他に次順位の
相続人が存在しない場合にも同規定が適用されるか疑義があるとの指摘がある。
　相続人は，相続開始により相続財産の管理義務を負うが（民法第９１８条第１
項），相続放棄者が相続財産の管理を放棄した場合に，他の共同相続人や次順位
の相続人が直ちに相続財産の管理を開始することができるとは限らず，そのよう
な場合に相続放棄者による管理が放棄されると相続財産が放置されることとなり
かねないため，民法第９４０条第１項は，次順位相続人を保護するためのみなら
ず，国家の経済上においても財産の毀損や損耗を防ぐために設けられていると解
される。
　そして，相続人が全員相続放棄した場合においては，現行法の解釈上，次順位
相続人が存在しないため，相続放棄者には管理継続義務が課されないと解するこ
とができるものの，管理が放置されれば，管理者の存在しない不動産が放置され
ることとなりかねず，社会経済上損失が生じるおそれがある。
　そこで，相続人全員が相続放棄した場合においても，相続放棄者は引き続き管
理継続義務を負うものとすることについて，どのように考えるか。
　また，仮に相続放棄者が相続財産の管理継続義務を負うとしても，相続放棄者
の義務（民法第９４０条第１項）は，相続財産の価値の維持保全に向けられたも
ので，第三者の権利利益に向けられたものではないとの指摘もある。そこで，①
相続放棄者は，第三者に対する関係において相続財産の管理継続義務を負うのか，
あるいは，相続債権者や，将来的に財産を引き継ぐこととなる国庫に対する関係
において相続財産を管理継続する義務を負うのか（民法第９５９条）という点や，
②相続財産管理人が選任されるまでの間に，相続財産である土地上の木が倒れて
第三者に損害が発生した場合など，相続財産によって第三者に損害が発生した場
合に，相続財産の管理義務を負う相続放棄者が第三者に対する損害賠償責任を負
うのかという点などにつき，どのように考えるかも問題となる（民法第７１７条
第１項，民法第７０９条）。
　これについては，相続人が順次相続放棄することにより，相続人のあることが
明らかでなくなった場合に，先順位の相続人は，後順位の相続人が相続放棄をし
たか否かを自動的に知り得る立場にはなく，相続放棄者が，相続財産管理人が選

研究会資料１１－２

任されない限り，相続財産の管理継続義務を負うとすることは負担が大きいとの指摘があり得る。

(2) 清算義務の存否

法定相続人全員が相続放棄をした場合において，清算に向けた相続財産管理制度の利用を促進する方策につき，どのように考えるか。

【Ａ案】相続放棄者は，清算に向けた相続財産管理制度の申立義務を負うものとする（注）。

【Ｂ案】新たな規律を設けず，相続放棄者は，清算に向けた相続財産管理制度の申立義務を負わないものとする。

（注） 相続放棄者が，清算に向けた相続財産管理制度の申立費用を，相続財産に関する費用（民法第８８５条）として負担することについてもあわせて検討する。

（補足説明）

法定相続人が相続放棄をした場合には，その放棄によって相続人となった者が相続財産の管理を始めることができるまで，自己の財産におけるのと同一の注意をもって，その財産の管理を継続しなければならないこととされている（民法第９４０条第１項）が，相続人全員が相続放棄をした場合に，相続放棄者が前記１(1)の清算を前提としない相続財産管理制度を利用することができることとすると，管理継続義務の趣旨に反するのではないかとの指摘が考えられる。

法定相続人が全員相続放棄し，相続人が存在しなくなった場合には，本来，相続財産は，清算の上，国庫に帰属することとなるべきものであるから，相続放棄をした者は，単に相続財産を管理するにとどまらず（民法第９４０条第１項），相続人が存在するか否かを確定させ，相続財産を清算するための手続を行うべきであるとの考え方を【Ａ案】として示している。なお，相続財産の清算の申立費用は相続財産から支弁することができるが（民法第８８５条），相続財産が土地のみで流動資産がないなどの事情により相続財産から支弁することができない場合には，相続放棄者が全員でその費用を連帯して支弁する義務を負うと考えることができるかについてもあわせて検討することを（注）において検討している。

これに対しては，相続人は，相続するかしないかの選択権を付与されており，相続放棄により被相続人からの権利義務の一切の承継を行わないこととすることができるにもかかわらず（民法第９３８条，第９３９条），相続財産を清算する義務まで負わせることとすることは，相続放棄が認められた趣旨に反するとの指摘が考えられる。また，民法第９４０条第１項は，相続放棄者が相続財産の管理を放棄した場合に，相続放棄者による管理が放棄されると相続財産が放置されることとなりかねないため，次順位相続人を保護するためのみならず，国家の経済上においても財産の毀損や損耗を防ぐため，相続放棄者に管理継続義務を課したものであり，相続放棄者が前記１(1)の相続財産の清算を前提としない相続財産の保存・管理のための制度を利用することにより相続財産を保存・管理することも

- 17 -

308 ｜ 第２章 資料

研究会資料１１－２

妨げられないのではないかとの考え方もあり得る。そこで，この考え方を【Ｂ案】として示している。

第３　遺産共有状態における相続財産の保存又は管理のための制度の創設の是非

　　　相続開始後，遺産分割により権利関係が確定するまでの間，相続財産の保存又は管理を目的とする制度を新たに設け，裁判所が，相続財産管理人の選任を含め，相続財産の保存について必要な処分を命ずることができることとすることについて，どのように考えるか。

（注１）他の相続財産の保存・管理のための制度（民法第９１８条第２項，民法第９４０条第２項，家事事件手続法第２００条第１項）との関係については，引き続き検討する。

（注２）通常の共有における管理権者制度との関係についても，引き続き検討する。

（補足説明）

ア　①相続を開始した後相続人が承認又は放棄をするまでの期間（民法第９１８条第２項）と，②相続放棄がされた場合に相続放棄によって相続人となった者が相続財産の管理を始めることができるまでの間（民法第９４０条第２項，第９１８条第２項）には，利害関係人又は検察官の請求により，裁判所が相続財産管理人の選任を含む「相続財産の保存に必要な処分」を命ずることができることとされている。これらは，①及び②の期間には，相続人が自己の財産と同一の注意をもって相続財産を管理する義務を負うが，相続財産が遠隔地にあるなどの理由で，相続財産の管理を行うことが困難な場合もあることから，利害関係人又は検察官の申立てにより，裁判所が相続財産の管理人の選任等を行う制度が設けられたものである。

　　複数の相続人の単純承認により遺産共有状態となった後，遺産分割により権利関係が確定するまでの間においても，同様に，相続人自身による適切な管理が行われない場合が存在するものと考えられるが，このような遺産共有状態においては，遺産分割の審判事件を本案とする保全処分として，裁判所が財産の管理者を選任し，又は事件の関係者に対し，財産の管理に関する事項について指示することができる制度（家事事件手続法第２００条第１項）が設けられているにとどまり，遺産分割が申し立てられない場合の遺産共有状態には相続財産の保存・管理のための制度に関する規定がない。

　　そこで，裁判所が相続財産管理人の選任等の相続財産の保存又は管理について必要な処分を命ずることができることとする規律を設けることが考えられるが，どのように考えるか。

　　民法第９１８条第２項，民法第９４０条第２項に規定する相続財産の保存・管理のための制度においては，申立権者や管理人の権限について，基本的に不在者財産管理制度に関する制度と同様の規律が設けられていることから，仮に，遺産共有状態の場合の相続財産管理制度を設けた場合には，①申立権者，②管理人の権限，③供託を活用した財産の売却などについて，不在者財産管理制度と同様の規律によることが考えられるが，どのように考えるか（第１の１(2)及び２，３の補足説明を参照）。

- 18 -

研究会資料１１－２

イ これに対しては，遺産共有状態にある場合には，遺産分割に向けて，相続財産の
管理に関して共同相続人間の利益が相反している場合もあり得る上，共同相続人の
一部の所在が判明している場合もあるが，このような場合に財産管理人を選任した
場合に，管理人がどのような利益を目的として管理行為を行うべきかが問題となる
との指摘が考えられる。

- 19 -

310 │ 第２章 資料

登記制度・土地所有権の在り方等に関する研究会第12回会議　議事要旨

第1　日時　平成30年10月22日（月）18：00〜21：00
第2　場所　一般社団法人金融財政事情研究会本社ビル2階第1会議室
第3　出席者（役職名・敬称略）
　座長　山野目章夫
　委員　沖野眞巳，垣内秀介，加藤政也，金親均，佐久間毅，水津太郎，鈴木泰介，橋本
　　　　賢二郎，松尾弘，山本隆司
　関係官庁　最高裁判所，国土交通省，農林水産省，林野庁，財務省，法務省
第4　議事概要
　1　開会
　2　本日の議題
　【財産管理制度の在り方】
　(1)　不在者の財産の管理
　　ア　不在者の特定の財産を管理する仕組みについて
　　・　不在者財産管理制度が不在者の財産を保護するための制度であることを踏ま
　　　え，どのような場面において，不在者の財産を管理することができることとする
　　　のかを具体的に検討することが必要である。
　　・　土地が適切に管理されておらず，第三者に対して損害を与えるおそれのある場
　　　合にこれを防止するために管理をする場合には，不在者本人の利益に資するが，
　　　土地の有効利用を目的として特定の財産を管理する仕組みを設けることについ
　　　ては慎重な検討が必要である。
　　・　不在者の全体財産を把握しなければ財産の管理や処分の是非についての判断が
　　　困難な場合があることを踏まえ，申立人によって恣意的な利用がされないように
　　　する必要がある。
　　・　管理人に付与する権限の内容や管理の対象とする財産の範囲，特に，特定の財
　　　産の管理のための費用を不在者の他の財産から支弁することの可否や，特定の財
　　　産を管理する過程で不在者の他の財産の管理や処分が必要となった場合につい
　　　ての規律も併せて検討することが必要である。
　　・　裁判所が，管理人を選任せず，「必要な処分」として，不在者の土地の隣地所
　　　有者等に不在者の土地の管理行為を行わせることを認める場合には，不在者自身
　　　ではなく，隣地所有者自身の利益のための行為になるため，相隣関係の規定にお
　　　いて，隣地所有者自身の権利として新たな規律を設けることも検討することが必
　　　要である。
　　・　不在者の特定の財産を管理する仕組みに関しては，①不在者財産管理制度に関
　　　して，特定の物に着目した管理をすることができる規律を設けるのか，②土地に
　　　関して社会的に適切に管理されていない場合などに財産を管理することができ
　　　る仕組みを新たに設けるのか，引き続き検討を進める必要があるのではないか。
　　イ　不在者財産管理制度における供託の活用

- 1 -

第12回会議　議事要旨　｜　311

- 不在者財産管理制度において供託を活用し，供託を前提に不在者の財産の売却を広く認めることについては，不在者は帰来する可能性がある以上，売却が不在者の財産の管理のために必要であることが要件とされるべきではないか。
- 不在者財産管理制度は失踪宣告の前提となる制度であるから，不在者の状態が，失踪宣告が可能な程度の期間にわたって継続している場合には，広く財産の売却を認めることも考えられる。

ウ　申立権者の範囲の拡大の是非

- 不在者の特定の財産の買収を希望するという事実のみをもって管理人の選任申立てをすることができることとすることについては，慎重な検討が必要であり，不在者の財産の買収希望者に対する申立権の付与につき，その必要があるのはどのような場合かという点を踏まえて検討するべきである。
- 土地の公共性に着目して土地に関しては公共的な事業に利用する場合やその他長期間所有者が不在の場合などの事情が存在する場合に私人であっても管理人の選任申立てができると解することも考えられ得る。
- 隣地所有者に対する申立権の付与については，相隣関係における規律の在り方との関係を踏まえて検討するべきである。
- 市町村長などの公的機関に対する申立権の付与については，仮に申立権の付与が必要な場合があるとしても，一律に市町村長等に申立権を付与するのではなく，必要な場面に限るべきではないか。

エ　土地の共有者のうち複数の者が不在者である場合に，複数の不在者について一人の財産管理人を選任する仕組み

- 利益相反が生じる場合には，管理人が管理行為を行うことが困難であるから，あらゆる場合に一人の財産管理人を選任することができることとすることは相当ではない。
- 不在者間に利益相反が生じない場合に限り，一人の財産管理人が複数の不在者を代理することができることとするべきであるが，一人の財産管理人が不在の共有者を代理して共有物分割や遺産分割をすることは，利益相反の問題がある。

(2)　相続人のあることが明らかでない場合の相続財産の管理・清算）

ア　相続財産の清算を前提としない相続財産管理制度

- 相続財産の清算を前提としない財産管理制度の創設については，制度の創設を検討するべきである。
- 相続人がいない場合には清算が求められるのであり，相続財産を包括的に管理・清算する制度を維持するべきではないか。

イ　清算に向けた相続財産管理制度

- 清算に向けた財産管理制度の見直しについては，公告期間の短縮について検討するべきである。
- 相続放棄者の管理義務については，相続人全員が相続放棄をした場合には，相続財産の管理のための制度がなく，検討が必要である。
- 本来相続放棄者は相続財産に関して何ら責任を負わない立場であり，相続放棄者が第三者に対して管理義務を負ったり，損害賠償責任を負ったりするものでは

ない。

- 相続人が全員相続放棄をした場合に責任を負う者がいない状態は好ましくないものの，限定承認をした場合よりも重い責任を相続放棄者に負わせるべきではない。

（遺産共有状態における相続財産の保存・管理）

　相続開始後，遺産分割により権利関係が確定するまでの間の相続財産の保存又は管理を目的とする制度の創設の是非について検討が行われた。

　遺産共有状態において，現行法では，熟慮期間中であれば裁判所が相続財産の保存に必要な処分を命ずることができる（民法第９１８条第２項）のに対し，複数の相続人の単純承認がされた後は，相続財産の管理のための制度が用意されておらず，特に，数次相続が生じて多数の者の遺産共有状態となっている場合などでは，共同相続人間の合意により相続財産を管理する者を定めることが困難であるため，裁判所が相続財産管理人を選任することを可能とする制度を創設することには意義があるとの意見があった。これに対し，本来相続財産の管理等は相続人間の協議によって行うべきであり，裁判所による相続財産管理人の選任等が必要となる具体的な場面や，必要となる相続財産の管理行為を念頭に，制度創設の要否を検討するべきであるとの意見，通常共有における規律の在り方に関する議論を踏まえて検討を進めるべきであるとの意見などがあった。

【土地所有権の放棄について】

(1)　土地所有権の放棄の要件について

- 一般に権利の放棄は自由であると考えられることからすると，所有権放棄が認められない要件を列挙するネガティブリスト方式での立法も考えられるものの，土地所有権の放棄の場合は，公序良俗違反や権利濫用により放棄が許されない場合が多いと考えられるため，所有権放棄が認められる要件を列挙するポジティブリスト方式が妥当ではないか。

- 例えば，自然災害等のやむを得ない事情により，近隣住民等の生命・財産に危険が生ずるおそれがあるなど，土地所有者が負担する土地の管理コストが過大であるときに土地所有権の放棄を認めることについては，公共の危険に対してどのように対応するかという問題であり，本来であれば，所有者に危険防止措置をとるよう求めるべきであるが，本人に資力がない場合に，帰属先となる公的機関にコストを負担させることが相当かという観点から検討する必要があるのではないか。

- どのような場合に土地の管理コストが過大であるといえるかが問題となると考えられる。

- 土地の引受先を見つけることができないときや，帰属先機関が負担する土地の管理コストが小さく流通も容易なときであっても，土地所有権の放棄を広く認めることについては，公共的な帰属先機関に一定の管理コストを負担させることになるため，財政的負担の観点から問題があるといえる一方で，所有権放棄を認める場合を絞れば，管理されずに放置される土地が増加し，土地の有効活用が妨げられかねないことから，そのバランスをどう考えるかが重要ではないか。

- 3 -

第12回会議　議事要旨 | 313

・　土地を手放したい者が土地の管理コストを負担するときに所有権の放棄を認めることについては、所有者に負わせるべき負担をどのようにして決めるかが問題となると考えられる。

(2) 手続について
・　誰も管理しない土地が一方的に作り出される事態を防止するため、帰属先機関に対して放棄の意思表示がされて初めて放棄の効果が発生するものとすべきではないか。
・　放棄により土地が無主になり、民法第239条第2項により国庫に帰属するという構成を採るのであれば、所有権放棄を相手方のある単独行為とすることができるかを理論的に検討する必要があるのではないか。
・　土地を手放したい者が、適当と認められる金員を支払う場合には所有権放棄を認めることとする場合には、金員を支払って初めて放棄の効果が発生するものとする構成のほかに、所有権放棄の効果を発生させた後で金員の支払債務を放棄者に負わせるものとする構成も考えられるのではないか。
・　所有権放棄の効果を発生させるに当たり、帰属先機関の同意を要求する構成も考えられるが、ここでいう「放棄」は、一般的な一方的意思表示による放棄とは異なるため、贈与契約による土地所有権の移転との異同を明らかにする必要があると考えられる。

(3) 所有権放棄の効果について
・　所有権放棄の意思表示により土地が無主となり、帰属先機関が先占することで所有権が移転するという構成にすることが考えられるが、これによれば、土地が管理不全となる可能性があり望ましくないと考えられる。
・　土地所有権の放棄は、所有権が帰属先機関に移転する効果が生ずる「移転的放棄」と考えるべきではないか。

(4) 放棄された土地の帰属先について
・　放棄された土地の帰属先機関については、土地を利用したい機関が土地を利活用できるようにするため、複数の機関を帰属先としつつ、その間に優先順位を設定しておく制度が望ましいと考えられる。
・　土地の利用価値は、その土地の付近に居住している者にしか分からない場合があるため、地方公共団体のみならず、地縁団体も帰属先に組み込むべきではないか。
・　利用価値がない土地は、最終的には国が帰属先とならざるを得ないが、できるだけ国に帰属する土地が少なくなるよう、その手前の段階で国以外の機関に土地が帰属する制度をどのように設計するかが問題となるのではないか。

(5) その他
・　土地所有権の放棄を民事基本法に盛り込むことは困難ではないか。
・　農地、森林など、土地の性質により放棄された土地の処理の在り方は異なるのではないか。
・　手放したい土地をコーディネートし、どのようにして土地を市場に戻していくかを検討する必要があるのではないか。

- ・　土地を手放す仕組みの構築に当たり，所有権放棄にこだわる必要はなく，どのような場合に土地所有権を国等に移転することを可能とすべきかという観点からの検討が必要ではないか。
- ・　まずは，土地を手放すに当たって大きな問題が生じない合意による所有権移転につき検討し，合意では所有権を移転できない土地につき，所有権放棄を考えるという二段構えでの検討が必要ではないか。
- ・　さらに，「所有権の放棄」として論じられている問題を贈与契約の充実により解決していくことが可能であれば，法制上の措置を講じない方向での検討もあり得るのではないか。
3　閉会

- 5 -

第12回会議　議事要旨　｜　315

研究会資料１２

土地所有権の放棄について

第１　土地所有権の放棄の要件
　１　一定の要件を満たす場合に，土地所有権の放棄を認めるものとすることについて，どのように考えるか。
　　　例えば，次のような事情がある場合には土地所有権の放棄を認めるものとすることは，どうか。
　　①　土地を手放したい者が土地の管理コストを負担するとき（例えば，適当と認められる金員を支払ったとき）
　　②　土地を手放したい者が負担する土地の管理コストが過大であるとき（例えば，自然災害等のやむを得ない事由により土地に崩壊等の危険が発生し，土地所有者や近隣住民の生命・財産に危害が生ずるおそれがあるとき）
　　③　帰属先機関が負担する管理コストが小さく，流通も容易なとき（例えば，土地上に建物が存在せず，土地の権利の帰属に争いがなく，隣接地との筆界が特定されているとき）
　　④　土地の引受先を見つけることができないとき（例えば，土地を手放したい者が，競売等の公的な手続により売却を試みても買い受ける者がないとき）
　　　　　　　（注）上記の案は，土地所有権を放棄することができる場合を列挙するポジティブリスト方式をとることを念頭に置いているが，土地所有権は原則として自由に放棄することができるものとし，放棄することができない場合を列挙するネガティブリスト方式をとることについて，どのように考えるか。
（補足説明）
　１　土地所有権の放棄と民事基本法制
　　　我が国においては，人口減少により土地の需要が縮小しつつあり，都市部の一部を除いて地価は下落傾向にある。このような状況下において，土地への関心が失われ，適切に管理されない土地が増加し，所有者不明土地の予備軍となっていると指摘されている。
　　　そこで，所有者不明土地の発生を抑止するため，土地を手放すことができる仕組みの検討が求められており，民事法の観点からは，土地所有権の放棄を認める制度の導入の是非を検討することとしている。
　　　なお，土地所有権の放棄を認める制度は，所有者が土地を適切に管理する責務を免れる仕組みという側面を有しており，土地所有の基本制度（土地基本法）の見直しに関する検討状況を見定めながら議論を進める必要がある。
　　　また，土地は，建物や動産とは異なり，所有権が放棄されても物理的に消滅させることができず，放棄された土地が周囲に悪影響を及ぼすのを防止するためには，適切な管理の継続が必要となるという性質を有する。したがって，土地所有権の放

1

316 ｜ 第２章　資料

棄については，地域にとって必要な土地の管理の在り方や財政負担等の民事基本法制の枠を超えた様々な政策的観点からの検討を要する。

　　そこで，土地所有権の放棄を認める制度を導入する場合でも，法制上は，民法において抽象的に土地所有権の放棄が可能である旨を規定するにとどめ，具体的な要件や手続については，他の法律において定めることが考えられる（遺失物の拾得による所有権の取得についての民法第２４０条参照）が，まずは，当研究会において，民事基本法制の観点を中心に，制度の方向性を議論することとしている。

２　要件の在り方

　(1)　基本的な考え方

　　　民法においては，物権であると債権であるとを問わず，権利者は，その単独行為により，原則として自由に権利を放棄することができるものとされている（第２６８条第１項,第２８７条,第５１９条等)。自己が所有する土地への無関心が，所有者不明土地発生の要因の一つとの指摘があることに鑑みると，所有者不明土地の発生防止の観点からは，土地の所有を望まない者が土地を手放すことを許すため，民法における権利放棄自由の原則を踏まえ，所有権を放棄することを広く認めることが有用であるとも考えられる。

　　　他方で，所有権以外の物権の放棄や債務の免除とは異なり，土地の所有権を放棄することができるとした場合には，所有者を失った土地の管理を図るため，その帰属先を設定せざるを得ないことから，土地の所有に伴って生ずる土地の管理に係る経済的負担等が放棄所有者から帰属先機関に付け替えられることになるとともに，放棄後の土地の流通・利活用の促進も，帰属先機関に依拠することになるという構造を念頭に置いて，土地所有権の放棄の是非等を検討する必要がある。

　　　また，いざとなれば土地所有権を放棄すればよいと考えて土地の管理を適切に行わなくなるようなモラルハザードを許すべきでないという指摘にも留意する必要がある。

　　　以上を踏まえ，土地所有権の放棄については，無条件に認めるのではなく，一定の要件を満たす場合に認めるものとすることにつき，どのように考えるか。

　　　なお，民事法においては，権利放棄自由の原則があるのであるから，基本的に土地所有権は自由に放棄することができるものとしつつ，特定の要件が満たされる場合には放棄を許さないものとするネガティブリスト方式も考えられることから，これを本文の（注）において提案している。

　(2)　各提案の説明

　　ア　一定の要件を満たす場合に土地所有権の放棄を認めるものとする場合には，具体的に，どのような放棄の要件を設定するかが問題となる。

　　　①は，土地所有権の放棄により，管理コストの負担が放棄者から帰属先機関に付け替えられることになることが課題であることを踏まえ，帰属先機関が負担することになる経済的コストを所有者に負担させることにより，帰属先機関の負担増を防止するとともに，モラルハザードを回避しようとするものである。

　　　これについては，廃棄物の処理及び清掃に関する法律における廃棄された動産の処理に関する制度が参考となる。この制度では，動産を廃棄する者に，その

2

処理コストの一部を負担させるため，地方公共団体が廃棄物の処理を有料化することが許容されている。

①に対しては，その性質上，土地の態様は千差万別であり，地価等で判断される土地の価値と管理コストが連動する関係にはないことから，所有権放棄に当たり，土地所有者が支払わなければならない金額の相当性や，どのような機関が，いかなる手続で，その金額の相当性や支払の事実を確認するのか課題となるものと考えられる。また，①を採用した場合には，一定の支出をする財力がなければ土地の所有権放棄ができないことになるため，経済的事情から土地を手放したいと考えている者が所有権を放棄することが困難になるとの指摘が考えられる。

イ　②は，土地所有者の資力の有無に関係なく，土地所有者に土地の管理コストを負担させるのが酷であり，土地所有権の放棄を認める必要性が大きい場合，例えば，所有者に責任がない事由によって土地に莫大な管理コストが生じた場合には，権利放棄自由の原則を踏まえ，土地所有権の放棄を許すというものである。

②に対しては，放棄が認められる場合が過度に限定されるとの指摘が考えられる。また，土地の修繕や安全管理の責任を帰属先機関に引き受けさせることが適切かどうかについては，地域住民の安全確保や国土の保全という公共的な目的にも資するものであることから，このような防災上の観点から官民や国，地方の役割分担が如何にあるべきかを踏まえて検討する必要がある。その他，どのような機関がどのような手続で要件の該当性を判断するのかも課題となると考えられる。

ウ　③は，土地所有権の放棄が認められる土地が増大すると，第2の2で後述する帰属先機関が負担する土地の管理コストが過大となり，制度の維持が困難となるおそれが考えられることから，帰属先機関が負担する管理コストを一定限度に抑制するとともに，売却が比較的容易な土地に対象を限定することにより，帰属先機関の負担を軽減しながら，土地の所有権の放棄の要請に応えようとするものである。

③において例示している要件では，相続税の物納の要件（相続税法第41条第2項，相続税法施行令第18条）のうち，主なものを挙げている。

建物は，老朽化すると倒壊等により周囲に悪影響を及ぼす危険性があり，維持するための管理コストが大きくなる可能性が高い。また，土地上に建物が存在する場合には，その土地の利用方法が制限され，利活用が妨げられる上に，建物を除去しようとすれば，別途工事費用等のコストが必要になることから，土地上に建物が存在しないことを要件とすることが考えられる（後記第3の4参照）。

また，土地所有権の帰属に争いがある場合や，隣接地との筆界が特定されていない場合にまで土地所有権の放棄を認めれば，帰属先機関がこれらの困難な問題への対処を余儀なくされ，管理コストが増大することとなる。さらに，帰属先機関の負担においてこれらの問題を解決しない限りは，土地を第三者に利活用させることが事実上不可能となり，土地の有効利用の観点からも問題となり得る。そこで，③では，土地所有権の帰属に争いがないことや，隣接地との筆界

3

が特定していることを要件とすることが考えられる。

　以上のとおり，相続税の物納の要件は，土地所有権の放棄の要件を検討するに当たっても参考になるものと考えられるが，他方で，所有権の放棄の場合には，どのような機関が，いかなる手続で，これらの要件の該当性を判断するかが問題であるとの指摘や，相続税の物納の場合と要件を異ならせるべき点があるかを検討する必要があるとの指摘（注）が考えられる。

　　　（注）　例えば，土壌汚染対策法に規定する特定有害物質その他これに類する有害物質により汚染されている不動産や，廃棄物の処理及び清掃に関する法律に規定する廃棄物その他の物で除去しなければ通常の使用ができないものが地下にある不動産などが，管理処分不適格財産として物納を認められないものとされている（相続税法第４１条第２項，相続税法施行令第１８条第１号ヌ，相続税法施行規則第２１条第７項）。

　　　　仮に，このような土地を土地所有権の放棄の対象から外した場合には，土地所有者に多大な管理コストを負担させることとなるケースでも所有権放棄が認められないこととなり，所有権放棄を認める制度を導入する意義が大きく減殺されかねないとの指摘が考えられる（②参照）。

エ　第４回研究会においては，土地の利用の観点から，土地の簡易な競売システムを設け，買受人が現れた場合には，そのまま買受人が土地を利用できるようにし，買受人が現れない場合には，利用されない土地であると認定して，その認定を所有権放棄の要件としてはどうかという指摘があった。

　そこで，④については，土地所有者や帰属先機関が負担する土地の管理コストに着目した①ないし③とは異なり，土地の利活用を促進する観点から提案するものである。すなわち，いったん土地所有権の放棄が認められると，土地の流通や利活用が帰属先機関に依拠することになるという観点を踏まえて，上記指摘を敷衍し，まずは公的な競売の仕組みにより利用・管理意欲のある者に所有権を取得する機会を与え，帰属先機関に帰属させる前に土地の流通や利活用を促進する仕組みを導入した上で，なお買受人が現れない場合には，土地所有権の放棄を許すというものである。競売の利用には手数料を要すると考えられるから，この案を採用した場合には，一定のスクリーニング効果も期待できる。

　これに対しては，いかなる機関が公的な売却手続を主宰するか等を含め，その具体的な制度設計が課題となるとの指摘が考えられる。すなわち，民事法制における公的な売却手続の仕組みとして，現行法上考えられるものとしては，裁判所における競売（形式競売。民事執行法第１９５条）があるが，形式競売の方法をとる場合には，裁判所が競売の可否を判断する手続や要件をどのようなものとするか等を検討する必要があるほか，競売においては現況調査や評価人による評価が行われるところ，これらの手続に必要な費用として相当額を予納する必要があり，所有者にとって負担が大きいとの指摘があり得る。

　また，現在，市町村が運用する「空き家・空き地バンク」（国土交通省が構築

4

研究会資料12　｜　319

を支援した「全国版空き家・空き地バンク」も存在）が整備されつつあることから，一定期間にわたり，同バンクに手放したい土地を登録し，買い手が現れなかったことを土地所有権の放棄を認める要件にすることも考えられる。

これに対しては，同バンクへの登録は無料であり，無制限に所有権放棄を許すことにならないかとの指摘や，同バンクは法律の明文の規定に基づくものではないため，所有権放棄の要件として直接用いるのは困難ではないかとの指摘が考えられる。

オ　上記の４案は，相互に排除し合うものではなく，これらを複数組み合わせることが可能とも考えられる。

以上を踏まえ，土地所有権の放棄の要件について，どのように考えるか。

第２　手続
１　放棄の意思表示

土地所有権の放棄は，相手方がある単独行為として，後述する土地の帰属先機関が了知することができる方法による意思表示により，効果が生ずるものとすることについて，どのように考えるか。放棄の意思表示の効果が発生するためには，帰属先機関の同意を要するとすることについては，どうか。

（注）　放棄の要件該当性をどのような機関が認定するかについても，あわせて検討する。

（補足説明）

⑴　現行民法上，所有権の放棄についての規定はないが，権利の放棄の概念は，共有持分の放棄（第２５５条），地上権の放棄（第２６８条第１項），永小作権の放棄（第２７５条），承役地所有者の所有権放棄（第２８７条），抵当権の処分（第３７６条），抵当権の目的である地上権等の処分（第３９８条），抵当権の順位の放棄（第３９８条の１５），債務の免除（第５１９条），手付の放棄（第５５７条）等の条文において用いられており，権利の放棄は単独行為と解されていることは，前記のとおりである。

そして，これらの規定における放棄の意思表示は，一般的に，権利放棄により利益を受ける者に対してされる相手方がある単独行為と解されており，その趣旨は，放棄の意思表示を権利放棄により利益を受ける相手方が明確に認識できるようにする必要があるためであると考えられる。

その一方で，現行法において所有権の放棄を一般に認める見解は，その放棄の意思表示を，相手方の受領を要しない単独行為であり，方式が決まっていないものと解するものが多い（判例も，共有持分の放棄が相手方を必要としない単独行為であると解している。最判昭和４２年６月２２日民集２１巻６号１４７９頁）。しかし，特に土地所有権の放棄にあっては，帰属先機関は利益を受けると同時に管理の負担も引き受ける必要があるのであり，放棄がされた事実を明確に認識する要請が強いものと考えられる。

そこで，土地所有権の放棄を認める場合には，放棄の意思表示を帰属先機関が明確に認識できるようにするため，帰属先機関が了知することができる方法での意思

5

表示が必要とすることについて，どのように考えるか。

　　なお，前記第1のように，土地所有権の放棄について，何らかの実体的要件を設定する場合には，その要件の該当性を審査する機関が必要となると考えられるため，あわせて検討することを（注）において提案している。

(2)　また，土地所有権の放棄を認めるに当たっては，放棄の効力の発生につき，帰属先機関の同意があることを要件としてはどうかとの指摘がある。

　　これは，放棄所有者から帰属先機関への負担の付替えが生ずるという構造的な問題を解決するため，帰属先機関に耐えられる限度で負担を負わせるというものであり，一定の合理性があるものと考えられる。

　　これに対しては，結局，放棄所有者と帰属先機関との合意で所有権を移転するものであり，土地の贈与契約（寄附）を行えば現行法でも一定程度は対応可能であることとの関係をどのように整理すべきかなどの指摘が考えられる。

　　以上を踏まえ，帰属先機関の同意を要件とすることについて，どのように考えるか。

2　放棄された土地の帰属先機関

　【A案】　　国

　【B案】　　地方公共団体

　【C案】　　新たに創設される専門機関（いわゆるランドバンク）

　【D案】　　上記各機関のうち，複数の機関に優先順位を付けて帰属先を決定する

（補足説明）

(1)　放棄された土地の帰属先機関は，土地を適切に管理する必要があり，これに伴って生ずる財政的・人的コストを負担するとともに，土地の流通や利活用を図る必要があるため公的機関を帰属先機関にする必要があると考えられる。そして，いずれの公的機関が放棄された土地の帰属先として適切かについては，各機関の財政的・人的負担能力や土地の管理の在り方等の観点から幅広く検討する必要があるが，ここでは，民事基本法制の観点を中心に，帰属先機関について検討することとしている。

(2)　民法上，所有者のない不動産は国庫に帰属するとされるとともに，相続財産管理の手続を経て相続人のないことが確定した相続財産（土地を含む。）は，財産の管理状態にかかわらず，国庫に帰属するとされている（第239条第2項，第959条）。これらの規定の趣旨は，国家の基礎である不動産はなるべく国有とすることが望ましいためであるなどと説明されている。

　　A案は，現行民法におけるこれらの諸制度に親和性があると言える。また，国は，国有地を普通財産として管理及び処分をするノウハウを有しており，必要な体制が構築されている限り，放棄された土地を管理する能力の面では大きな問題はないと考えられる。

　　A案に対しては，例えば，貸付け又は売払いを行う場合の対価は時価によることが求められるなど，財政法や国有財産法をはじめとする法令の規制の下で管理及び処分の手続きを行う必要があることから，臨機応変に，土地を必要とする地

6

研究会資料12 ｜ 321

方公共団体や民間事業者等に土地を譲渡し，利活用させる方策が課題となるとの指摘が考えられる。また，管理及び処分に労力を要する崖地などの財産があることや，帰属先が国になった場合の維持・管理コストについては国民負担となることに留意が必要との指摘が考えられる。さらに，後述する第3の2にも関連するが，相続税物納制度において，担保権の設定がされている財産や権利の帰属に争いのある財産等を管理処分不適格財産としていることとの整合性にも配慮する必要があるとの指摘も考えられる。加えて，未利用国有地は，国として保有する必要のないものについては原則として速やかに売却し，財政収入の確保を図るという従来の方針と，基本的に国としても保有する必要がないと考えられる放棄された土地を引き受けることとの政策的整合性についても，別途検討が必要になるものと考えられる

(3) B案は，土地の適切な管理と有効な利活用の促進という観点から，地域における土地の利活用のニーズを把握しやすい立場にある地方公共団体を放棄された土地の管理主体とするものである。なお，地方公共団体は，基礎自治体である市町村と広域自治体である都道府県のいずれが土地の帰属先として適切かは別途検討を要する。

B案に対しては，近年の厳しい財政事情の下においては，引き受ける土地が多く，多額の管理費用を要することになれば，地方公共団体は，放棄された土地を管理・処分していくために必要な財政的・人的負担に耐えられないとの指摘が考えられる。この指摘に関しては，個々の地方公共団体が所在する地域により，放棄されうる土地（所有者不明土地の予備軍）の発生割合や域内の地目構成（宅地，農地，林地等）が大きく異なり，団体ごとの財政力等の大小とも相まって，引き受けることとなる管理コスト・負担感に差異を生ずることにも留意する必要がある。また，B案については，そもそも地方公共団体として保有する必要がないと考えられる放棄された土地を地方公共団体が引き受ける合理的な理由があるのかとの指摘が考えられるとともに，放棄された土地が地方公共団体の公有財産となった場合には，国有財産と同様に，臨機応変に処分する方策が課題となる。

(4) C案は，放棄された土地の管理や流通を目的とするいわゆるランドバンクを設立し，これを放棄された土地の帰属先とする考え方である。ランドバンク制度を導入するアメリカの一部の州では，空き家・空き地，放棄地，税滞納差押物件等を利用物件に転換することに特化した政府機関としてランドバンクが設立され，主に人口減少が著しい都市部の土地を取り扱い，都市計画を推進する機関として機能していると言われている。

我が国においても，放棄された土地の管理・利活用のために，ランドバンク制度を導入することが考えられる。

C案に対しては，現在，我が国で所有権が放棄される土地として想定されているのは，資産価値の低い地方の宅地や山林等が主であるが，ランドバンクがこれらを引き受けたとして，その利活用の促進に資するか，そもそもランドバンクの経営が成り立つかなどの指摘が考えられる。また，ランドバンクを全国的な組織として設立し，それを放棄された土地の帰属先とするのであれば，土地の管理・

処分を円滑に進めるために，全国各地に支所を設置して職員を配置する必要があるが，費用対効果の面で問題があるとの指摘が考えられ，他方で，ランドバンクを市町村等のより小さな単位で設立するのであれば，土地の管理・処分に要する人的・財政的負担に耐えられないのではないかとの指摘が考えられる。

(5) D案は，土地の利活用を促進する観点から，複数の機関に優先順位をつけ，先順位の機関が土地の帰属を拒否する場合に，後順位の機関に土地が帰属する仕組みとし，土地を必要とする機関に土地が帰属するようにするものである。

D案と類似する制度が採用されている例としては，フランス民法典がある。フランス民法典第７１３条は，無主の土地は，市町村に帰属し，市町村がこれを拒絶した場合には，環境保護に特化した公的な法人等の請求により，これらの法人等に帰属し，これらの法人等の請求がなければ，国庫に帰属する旨規定しており，無主の土地の帰属先を一律にはせず，優先順位を付けて段階的に土地の帰属先を決定している。このような仕組みを採用することにより，土地の利活用の促進が期待される。

D案に対しては，放棄される土地の情報をどのような手続で各機関が共有し，地域における土地のニーズをどのようにして把握して引受けの要否を判断するかが課題であるとの指摘や，各機関ごとに，放棄された土地を引き受けるための要件を別途検討する必要があるのではないかとの指摘が考えられる。

また，D案を採用する場合には，相続人がないことが確定した場合の相続財産の帰属の規律が一律に国庫帰属とされていることとのバランスにも配慮する必要がある。

(6) なお，帰属先機関への所有権の帰属については，所有者が土地所有権を放棄すると，帰属先機関が直ちに土地所有権を取得するものとすることを想定している。

これに対しては，所有権が放棄された土地には民法第２３９条第２項を適用せず，全くの無主の状態としておいて，その後，無主の土地を帰属先機関が先占したときには，帰属先機関に土地が帰属するものとすることが理論上は考えられるが，所有権放棄により無主となった土地が管理不全の状態になることを防止することが困難になり，所有者不明土地対策としては相当でないと考えられる。

第3　関連する民事法上の諸課題
1　共有持分の放棄

一定の条件を満たす場合にのみ，土地所有権の放棄を認めるものとした場合でも，共有持分の放棄については現行法の規律を維持するものとすることにつき，どのように考えるか。

（補足説明）

民法第２５５条は，共有持分の放棄につき規定しているが，この放棄は，持分権者から他の持分権者に対する一方的意思表示により，自由にできるものと解されている。共有は，所有権が複数の担い手がいるために制限された状態を意味することから，その性質は所有権とは異ならないと一般的に解されており，前記のとおり，一定の要件を充たす場合にのみ土地所有権の放棄を認めるものとする場合には，共

有持分の放棄についてもこの規律が及ぶものとするのか，それとも，共有持分については，単独所有の土地所有権とは別扱いとし，民法第２５５条の規律を維持すべきかが問題となる。

この点については，持分権の放棄も，持分を引き受ける他の共有者への負担を増加させる側面があることからすれば，土地所有権の放棄についての規律を持分権の放棄にも及ぼすものとすることも考えられる。

これに対しては，土地の共有者は本来土地の管理の責任を負っているのであり，他の共有者が持分を放棄したかどうかは必ずしも重視されるべき事柄とはいえないとの指摘や，多数の共有者による共同所有関係が維持されることによって共有物の円滑な利活用が阻害される面は否定できず，共有関係を簡便に解消する機能を有する持分の放棄は広く認めるべきとの指摘が考えられる。

以上を踏まえ，持分の放棄については現行法の規律を維持するものとすることについて，どのように考えるか。

2 用益物権・担保物権等が設定されている土地の所有権放棄

例えば，用益物権や担保物権等の制限物権が設定されている土地につき，所有者が所有権を放棄しても，これをもって制限物権者に対抗することができないものとすることについて，どのように考えるか。

（注）賃借権等が設定されている土地についても，あわせて検討する。

（補足説明）

民法第３９８条は，「地上権又は永小作権を抵当権の目的とした地上権又は永小作権者が，その権利を放棄しても，これをもって抵当権者に対抗することができない。」と規定している。

これは，地上権等の権利が第三者の権利の客体となっている場合には，地上権等の権利の放棄が同時に第三者の権利の客体の滅失となり，第三者の権利までも消滅させるに至り，不測の損害を第三者に及ぼすことになるため，これらの権利の放棄を第三者に対抗できないものとする趣旨と解されている（抵当権者の優先弁済請求権の行使が困難となるような状態があるときは，抵当権者は，抵当不動産の所有者に対し，その状態を是正し抵当権を適切に維持または保存するように求める請求権を有するとする最判平成１１年１１月２４日民集５３巻８号１８９９頁，債権が質権の目的とされた場合において，質権設定者は，質権者に対し，当該債権の担保価値を維持すべき義務を負い，債権の放棄，免除，相殺，更改等当該債権を消滅，変更させる一切の行為その他当該債権の担保価値を害するような行為を行うことは，同義務に違反するものとして許されないとする最判平成１８年１２月２１日民集６０巻１０号３９６４頁も参照）。

そして，土地所有権の放棄を認める場合にも，当該所有権を権利の客体とする制限物権を滅失させることになると考えられるから，不測の損害を回避するため，所有権の放棄をもって，制限物権者に対抗することはできないものとすることが考えられる。

これに対しては，前記のとおり，土地の場合には，所有権の放棄を認めたとして

9

も，帰属先機関が直ちに所有権を取得するという構造にならざるを得ないから，結局のところ譲渡と同様に扱えばよく，制限物権の負担も帰属先機関に引き受けさせることとすれば，制限物権者にも特段の不利益はないのではないかとの指摘が考えられる。

　以上を踏まえ，用益物権や担保物権等の制限物権が設定されている土地につき，所有者が所有権を放棄しても，これをもって制限物権者に対抗することができないものとすることについて，どのように考えるか。また，賃借権等の債権的な利用権が設定されている土地についてはどうか。

3　損害賠償責任

　所有権放棄された土地の工作物の設置・保存又は竹木の栽植・支持に瑕疵があることによって第三者に損害が発生した場合における放棄者の損害賠償責任について，どのように考えるか。土地の工作物等ではなく，土地そのものに瑕疵があるときはどうか。

（補足説明）

　現行民法においても，土地所有者の管理責任に関する規律が設けられている。すなわち，土地の工作物の設置・保存や竹木の栽植・支持に瑕疵があることによって他人に生じた損害については，第一次的には工作物等の占有者が賠償責任を負うが，占有者が損害の発生を防止するのに必要な注意をしたときは，所有者が賠償責任（土地工作物責任）を負うとされる（第717条）。所有者の土地工作物責任は，免責が許されない点で無過失責任ともいわれており，工作物等がある土地の所有者には特別の責任が課せられている。

　仮に土地所有権の放棄を可能とした場合に，放棄された土地の工作物等に瑕疵があることによって第三者に損害が発生したときは，上記の土地工作物責任を負うのは帰属先機関であることになるため，例えば，土地所有権が放棄される以前から瑕疵が生じていた場合でも，放棄者に民法第709条の不法行為が成立しない限り，放棄者が損害賠償責任を負ったり，帰属先機関からの求償権行使（第717条第3項）を受けたりすることはない。

　このような帰結は，土地の管理責任から所有者を解放するという考え方からすれば当然ともいえるし，そのような考え方を採らなくても，放棄の要件につき，前記第1の②をとる場合にはやむを得ないとも考えられる一方で，①，③及び④のように比較的広く放棄を認め，放棄の手続（前記第2）についても帰属先機関の関与を認めないこととした場合には，放棄者が責任を帰属先機関に転嫁することを許すことになるとも考えられる。

　また，放棄される土地には，全く人為的な加工をしていない崖地なども含まれ得るが，このような土地から第三者に損害が生じた場合には，土地の工作物等に瑕疵があるとはいえないとも考えられるため，所有者の土地工作物責任が成立するかどうか必ずしも明らかでないという指摘も考えられる。

　以上を踏まえ，放棄者の土地工作物責任について，どのように考えるか。

10

研究会資料12　｜　325

4 建物・動産の所有権放棄
　建物の所有権放棄について，どのように考えるか。動産の所有権放棄については，
　どうか。
（補足説明）
⑴　建物の所有権放棄
　　民法上，建物は土地から独立した別個の不動産とされているため，所有権放棄を
　認める制度を導入するに当たり，土地のみを対象とした上で，建物がある土地の放
　棄も認めることとすると，土地と建物とが別の所有者に帰属し，土地の利活用が阻
　害されるおそれがある。そこで，建物の所有権放棄も認めることとすることが考え
　られるが，建物のみの所有権放棄を許すこととしたときは，同様の問題が生ずるた
　め，建物の所有権を放棄する場合には，その建物がある土地も同時に所有権を放棄
　しなければならないものとする必要があるとも考えられる。
　　これに対しては，物理的に滅失することがあり得ない土地と，滅失させることが
　可能な建物とを同視する必要はなく，建物が存在しない土地だけを所有権放棄の対
　象とすれば足りるという考え方もあり得る。
　　以上を踏まえ，建物の所有権の放棄を認めることについて，どのように考えるか。
⑵　動産の所有権放棄
　　土地や建物の所有権の放棄についての規律を設けるとした場合には，動産の所有
　権の放棄についての規律を設けることについてもあわせて検討する必要があると
　考えられる。
　　動産は，ごみとして日常的に廃棄されており，現行法においても，所有権の放棄
　は可能であると考えるのが社会通念となっていると考えられるが，規律の明確化の
　要否を含め，どのように考えるべきか。

5　みなし放棄
　土地所有者が，一定期間，土地所有権を行使しないときは，土地の所有権を放棄し
たものとみなすものとすることについて，どのように考えるか。
（補足説明）
⑴　土地所有権の放棄を認める制度は，主に所有者不明土地の発生の予防措置として
　導入を求める指摘があるが，これをさらに進めて，既に所有者不明になっている土
　地を利用し，又は事後的に解消するため，一定の要件の下で，土地所有権を放棄し
　たものとみなす「みなし放棄制度」を導入すべきとの指摘がある。
⑵　一般に，意思表示は黙示ですることも可能であるとされ，黙示の意思表示があっ
　たかどうかは具体的事案における様々な事情を勘案して判断されるが，長期間にわ
　たって権利が行使されず，将来にわたって権利が行使される見込みがないときには，
　黙示の意思表示により権利が放棄されたと認められる場合がある。
　　そこで，類型的に黙示の放棄がされたものと考えられる場合として，所有権以外
　の物権の消滅時効制度を参考に，例えば，２０年を超える相当の長期間にわたり，
　土地所有者が所有権を行使しないときは，土地所有権を放棄したものとみなすもの
　とすることが考えられる。

(3) これに対しては，土地所有権の典型的な行使方法は土地の使用・管理であるが，複数の土地を所有する者が，所有する全ての土地を使用・管理することは現実的に困難である場合があり，長期間土地を使用・管理していないからといって，土地所有権を放棄したものとみなすことができるかという指摘が考えられる。これに関連して，土地を長期間使用・管理していないことを，どのような機関が，どのようにして認定するかについても検討する必要がある。

また，みなし放棄制度は，所有権の消滅時効制度と実質において共通するものと考えられるが，近代法において所有権の消滅時効が認められていないこととの関係が問題となり得る。すなわち，所有権は，物の利用が実際にされているか否かを問わず，永続的で安定した権利として位置付けられることによって，商品取引をはじめとする社会経済活動の基盤となっていると考えられ，土地取引においても，所有権の安定性を前提として土地の価値が定められるものと考えられるが，みなし放棄制度の導入に当たっては，こうした所有権の機能を害さないようにする必要があるとの指摘が考えられる。

さらに，前記第1の補足説明のとおり，土地所有権の放棄の法制化には，帰属先機関の設定が不可避であり，帰属先機関は公的色彩の強いものにならざるを得ないと考えられるが，特に国や地方公共団体を帰属先とする場合に，みなし放棄制度を認めることとすると，土地収用制度の厳格な手続を経ずに，これらの機関が土地所有権を取得することができることとなるため，憲法の財産権の保障（憲法第29条第1項）に抵触するおそれがあるとの指摘が考えられる（この点は，第4回研究会でも指摘があったところである。）。

他方で，所有者不明土地の多くは，土地共有者の一部が不明である場合であるが，第11回研究会で取り上げられた，共有者全員が同意しない限りすることができない行為についての同意擬制や，持分の取得時効の提案は，所有権のみなし放棄制度と共通する部分がある。さしあたって共有の場面で更に検討を進めつつ，土地所有者の責務に関する議論と並行して，所有権のみなし放棄の在り方について議論を深めることも考えられる。

(4) 以上を踏まえ，土地所有権のみなし放棄制度について，どのように考えるか。

登記制度・土地所有権の在り方等に関する研究会第１３回会議　議事要旨

第１　日時　平成３０年１１月１４日（水）１８：００〜２１：００
第２　場所　一般社団法人金融財政事情研究会本社ビル２階第１会議室
第３　出席者（役職名・敬称略）
　　座長　山野目章夫
　　委員　沖野眞已，垣内秀介，加藤政也，金親均，佐久間毅，水津太郎，鈴木泰介，橋本
　　　　賢二郎，松尾弘，山本隆司
　　関係官庁　最高裁判所，国土交通省，農林水産省，林野庁，財務省，法務省
第４　議事概要
　１　開会
　２　本日の議題
　　【所有権放棄】
　　⑴　関連する民事法上の諸問題
　　・　共有持分の放棄については，持分を放棄しても，他の共有者に持分が帰属するこ
　　　とから，所有権自体が消滅又は他者に移転する所有権の放棄とは別の問題と考えら
　　　れ，現行法の規律を維持すべきではないか。
　　・　制限物権が設定されている土地につき，土地所有者が一方的意思表示で放棄した
　　　からといって，無条件に制限物権が消滅するという結論を採り得ないという点で
　　　は，コンセンサスが得られるのではないか。あとは，制限物権が消滅しないという
　　　構成にするのか，制限物権は消滅するが制限物権者に対して対抗できないという構
　　　成にするのかにつき整理が必要である。後者の構成を採った場合には，法律関係が
　　　複雑になり過ぎる上に，メリットが乏しく，望ましくないのではないか。
　　・　制限物権が設定されている土地の所有権を放棄した場合の帰結は，放棄の性質を
　　　どういうものにするかによるのではないか。所有権が帰属先に移転するという構成
　　　を採れば，制限物権は当然に引き継がれることになると考えられる。
　　・　所有権放棄された土地の工作物の設置・保存等に瑕疵があることによって第三者
　　　に損害が発生した場合についての規律については，土地所有権を放棄した者が損害
　　　賠償責任をどの段階で免れるかという観点から，例えば，土壌汚染があった場合を
　　　念頭に置いて検討されるべきではないか。所有権を放棄する前の時点で生じていた
　　　責任が放棄により消滅するのはおかしいが，放棄してもずっと責任を免れないとい
　　　うのも妥当ではなく，そのバランスを図る必要があるのではないか。
　　・　建物は，取り壊すことで物理的に滅失させることができるため，物理的に滅失さ
　　　せることができない土地と同様に，放棄の可否を考える必要はないのではないか。
　　・　土地とその上に存在する建物の所有者が同一である場合に，一方だけ放棄するこ
　　　とを認めて法律関係を複雑にする必要はなく，建物の放棄を認める場合であって
　　　も，土地と一括でしか放棄できないものとすべきではないか。
　　・　動産の所有権放棄は自由にできると一般的に解されているが，この解釈は妥当な
　　　のか。動産の所有権放棄を認める見解は，民法第２０６条の「処分」に放棄が含ま

れると解していると思われるが，同条の「処分」は物を物理的に滅失させることを意味すると解すれば，法律行為である放棄が「処分」に含まれるという帰結にはならないと考えられ，動産の所有権を放棄できると解することはできないのではないか。

・　所有権には責任が伴うことから，動産であっても所有権の放棄はできず，例えば，ペットボトルを他人の土地に放置したような場合には，ペットボトルの所有権は放置者にあり，土地所有者からペットボトルの所有者に対して，妨害排除請求ができると考えるべきではないか。

(2)　みなし放棄

・　仮に，所有権放棄はできないという方向で考えながら，みなし放棄を認めることにすれば，所有権を放棄できない土地を放置しておけばみなし放棄により土地を放棄できることになり，妥当でないと考えられる。

・　みなし放棄は，国が大々的に不動産侵奪を推し進めるようなものであり，採用し得ないのではないか。管理されずに放置された土地については，みなし放棄ではなく，合理的ルールを策定して，個別のケースごとに検討していくのではないのではないか。

・　みなし放棄の構成にするかどうかは別にして，利用権が設定されている土地の所有権を利用権者に移転させるのを容易にする方向で，制度創設を検討する必要があると考えられる。この制度を検討するに当たっては，土地の他主占有を自主占有に転換するためにどのような措置を採るべきかを検討する必要があるのではないか。

・　みなし放棄を導入することで狙っている効果については，みなし放棄ではなく，土地の共有者の一部の同意の特則や，時効取得・不在者財産管理制度の規律の変更等の他の措置によって実現可能であり，並行して検討していく必要があるのではないか。

(3)　その他

・　一方的意思表示により所有権を失わせる「放棄」を導入する必要があるのかをまず固める必要があるのではないか。土地を手放したい者は，必ずしも土地所有権を「放棄」したいわけではなく，土地を手放すことができればよいのであり，土地が第三者に移転する構成の規律で十分なのではないか。

・　今回検討した関連する民事法上の諸問題とみなし放棄については，議論が放棄の法的構成に左右されることから，放棄の法的構成が固まった段階で，再度詳細に議論する必要があるのではないか。

【相隣関係の在り方】

(1)　隣地の使用請求の目的及び隣地の使用請求権の行使方法

・　自己の土地の地下に導管を設置するための工事や，植樹や庭石等の移動等においても，隣地を使用する必要があり，民法第209条において挙げられている建物・障壁の築造・修繕の場合に限らずに隣地を使用することができるとすべきではないか。

・　隣地を使用するために，隣地所有者の承諾又は承諾に代わる判決が必要かどうか実務での取扱いも一定ではないため，隣地を使用する際の手順を明らかにすべきで

- 2 -

第13回会議　議事要旨 ｜ 329

はないか。
- 　所有者が不明あるいは不在となっている隣地を使用する場面を想定した場合には，隣地を使用する旨の意思表示（公示による意思表示）をすれば足りるとする，あるいは，土地の使用に異議がある場合には，一定の期間内に申出をすることを求め，当該期間内に異議がなければ同意したものとみなすというような催告の仕組みを採用することもあり得るのではないか。

(2)　土地の境界標等の調査又は土地の測量のための隣地への立入り
- 　境界標等の調査等のための隣地の立入りを認める規律を創設することについては賛成することができるが，調査等のための立入りが短時間であるからといって，隣地所有者の承諾を不要とすることについては，財産権やプライバシーの観点から慎重に検討すべきであり，事前の通知を必要とすることもあり得るのではないか。
- 　境界付近の土地を掘り起こしたり，構造物の基礎の一部を壊したりすることを調査に必要な行為として認めることは，財産権保障の観点から問題が大きく，少なくとも，調査に必要な行為をするに当たっては，隣地所有者の承諾を求めたり，原状回復や償金支払義務も併せて規定すべきではないか。

(3)　土地の境界の確認及び確定のための協議
- 　隣地の所有者との間において確認及び確定する「境界」を，所有権の範囲としての境界とするのか，公法上の概念である筆界とするのかを改めて検討する必要があるのではないか。
- 　土地の境界の確認・確定の協議に応じなかった場合に，どのような効果が生ずるのか，場合によっては，調停前置とするのかどうかも含め，協議を求めることの法的性質を整理する必要がある。
- 　協議を求めることができるものとする規定は，土地の所有者の行為規範を示すものとすることが考えられ，土地の所有者の基本的責務を謳うものとしての意義を認めることもできる一方，相手方が協議に応じない場合には，結局，境界確認訴訟や筆界確定訴訟を提起することになると考えられることからすると，新たな規律を置く意義がどれほどあるのか疑問である。

(4)　隣接地等の管理措置請求
- 　管理不全状態であることが多い所有者不明土地の隣地所有者が，自ら管理不全となっている土地の管理をすることができるとする意義は大きい。
- 　管理措置請求権を創設する場合には，所有権に基づく妨害排除請求，不法行為や人格権に基づく差止請求や，事務管理による事務の遂行との関係を整理する必要があるのではないか。
- 　どの程度の管理不全をもって，管理不全状態の土地の隣地の所有者に管理措置請求権が生ずるものとするのか，その要件設定は相当に難しいのではないか。
- 　場合によっては，民法第226条等の法意を参考に，管理に要する費用を当事者が等しい割合で負担するものとすることも考えられるのではないか。
- 　所有者不明土地の所在するコミュニティの環境の維持・保全のためには，隣地所有者に限られず，近傍の土地所有者に対しても，管理措置請求を認めることが有益と考えられるものの，他人の土地所有権に対する介入を不相当に広げることにもな

- 3 -

330 ｜ 第2章　資料

りかねず，また，管理措置請求が認められる近傍の土地所有者の範囲を画すること
は相当に難しく，慎重に検討すべきではないか。
(5) ライフラインのための導管等の設置に係る他人の土地使用
・　各事業者が所有する本管は，道路法に基づく占有使用に基づいて公道に設置され
ているが，これとのつなぎで，私人が所有又は管理するライフラインの導管等につ
いて，導管設置権を認め，他人の土地を利用することができるようにすべきではな
いか。
・　導管等設置権は，民法第209条において認められている他人の土地の一時使用と
は異なり，他人の土地の地下や地上を比較的長期にわたり使用することになるた
め，他人の土地に与える負担が大きいことを考慮して制度設計するべきではない
か。
3　閉会

- 4 -

第13回会議　議事要旨　│　331

研究会資料１３－１

相隣関係の在り方について

第１　隣地の使用請求
1　隣地使用の目的
　　　土地の所有者は，境界又はその付近において障壁又は建物を築造し又は修繕するためのほかに，自己の土地に給水管・排水溝などの導管の設置等をする目的でも隣地の使用（立入り）を請求することができるものとすることについて，どのように考えるか。

　（補足説明）
　　　民法第２０９条は，境界又はその付近において障壁又は建物を築造し又は修繕するために他人の土地（隣地）を使用することができると定めている。自己の所有する土地上に建物や障壁を築造し，また，その修繕を行う際に，隣地に立ち入ることができないとすると，その建築工事等が自己の土地の中で済むよう，できる限り境界との距離をとって建築する建物や障壁を設計しなければならなくなるなど，土地の利用が制限されることになりかねないこととなるため，こうした事態を避け，土地の所有権の効用を充分に図るため，隣地の使用権を認めたものと解されている。
　　　もっとも，障壁・建物の築造・修繕の目的以外にも，他人の土地（隣地）を一時的に使用する必要が生ずることも考えられる。例えば，自己の土地に給水管・排水溝・ガス管などの導管を設置するための工事や，樹木・庭石などの設置，移動，修繕等のためにも，隣地を使用する必要が生ずることもある。
　　　しかし，民法第２０９条に掲げられた隣地使用の目的については，限定列挙であると解する考え方もあり，挙示された目的以外の場合であっても隣地を使用することができるかどうかは必ずしも明らかでない。
　　　そこで，障壁・建物の築造・修繕目的以外の一定の目的で，隣地を使用することができる旨の規律を設けることが考えられる（土地の境界標等の調査，土地の測量を目的とする場合の他人の土地への立入りについては，後記第２を参照）。
　　　以上を踏まえ，給水管・排水溝などの導管の設置等を目的とする場合でも隣地の使用を請求することができるものとすることについて，どのように考えるか。

2　隣地使用権の行使方法
　　　土地の所有者は，隣地使用の必要がある場合には，隣地所有者に対して事前に通知をすれば，判決を取得しなくても，隣地を使用することができるものとすることについて，どのように考えるか。

　（補足説明）
　　　民法第２０９条第１項の隣地使用権については，学説上，隣地の使用を許可すべきことを請求する権利と解し，土地所有者は，隣地所有者が使用を許諾しない場合

－ 1 －

332 ｜ 第２章　資料

には，使用の許諾を命ずる判決を得なければならないとする考え方が多数説であり，実務もこの考え方に基づいて運用されているようである（東京地裁平成１５年７月３１日判決判タ１１５０号２０７頁参照）。

　もっとも，隣地所有者が所在不明である場合には，土地所有者は，隣地所有者との間で立入りのための交渉ができないため，裁判所に隣地所有者の許諾に代わる判決を求める必要があり，相応の時間や労力がかかることになる。

　そこで，隣地所有者が所在不明である場合においても，障壁・建物の築造・修繕等をより迅速に行うことができるようにするため，土地所有者は，判決を得なくても，必要な限度で隣地を使用することができるものとすることが考えられる。この場合には，隣地所有者の手続保障を図るため，あらかじめ隣地を使用する旨を通知する必要があるものと考えられるが，通知方法としては，例えば，公示による意思表示（民法第９８条第１項）や，隣地所有者の見やすい場所での掲示（区分所有法第３５条第４項参照）によることなどが考えられる。

　これに対しては，例えば，隣地所有者が隣地を現に占有し，立入りを明確に拒絶している場合でも，通知しさえすれば，土地所有者は隣地に容易に立ち入ることができるようになり，隣地所有者の所有権やプライバシーの保護の観点から相当ではない場合があり得るのではないかとの指摘が考えられる。

　他方で，隣地所有者が隣地を現に占有し，立入りを明確に拒絶している場合には，通知をしても引き続き立入りが拒絶されるため，土地所有者は妨害の差止めを求める訴え等を提起する必要が生ずることになるから，隣地所有者の受ける不利益は現行法と大きく異なるものではないとも考えられる。

　以上を踏まえ，土地の所有者は，隣地使用の必要がある場合には，隣地所有者に対して事前に通知をすれば，判決を取得しなくても，隣地を使用することができるものとすることについて，どのように考えるか。

第２　土地の境界標等の調査又は土地の測量のための隣地への立入り
　　土地の境界標等の調査又は土地の測量に関して，次の規律を設けることについて，どのように考えるか。
　１　土地の境界標等の調査又は土地の測量のために必要があるときは，土地の所有者は，隣地に立ち入ることができるものとする。
　２　土地の所有者は，土地の境界標等の調査又は測量に当たって，必要な行為をすることができるものとする。この場合において，隣地の所有者が損害を被った場合には，隣地の所有者はその償金を請求することができるものとする。

（補足説明）
　　土地の売却，住宅や各種施設の建築を行う場合などにおいては，当該土地の境界や面積を明らかにするため，境界線上に設けた境界標，囲障，障壁，溝等（以下「境界標等」という。）を調査し，この調査結果を基に当該土地を測量することが必要な場合がある。
　　境界標等は，境界線上あるいは境界線に接して設置されているため，土地の境界標

－ 2 －

研究会資料13－1　｜　333

等の調査及び当該調査結果を基にした測量を行うに当たって，ほとんどの場合，自己の所有する土地における作業では足りず，隣地に立ち入る必要がある。現状において，境界標等の調査及び測量のために隣地に立ち入るに当たっては，隣地の所有者に対して，趣旨を説明し，当該隣地の所有者の承諾を得ているが，何らかの理由により承諾が得られない場合でも立ち入ることができるのかどうか，また，立入りの根拠については，必ずしも明らかではないとの指摘がある。

　そこで，土地の所有者は隣地との境界標等の調査又は測量を行う場合には，隣地に立ち入ることができるとする旨の規律を置くことが考えられ，これを1において示している。なお，土地の境界標等の調査又は土地の測量のための隣地への立入りに要する時間は，通常，数分から長くても数時間程度であり，隣地所有者の権利利益に対する影響は比較的小さいと考えられることから，第1の1の規律とは異なり，隣地所有者に対して使用の請求をすることができるものとはせず，立ち入ることができるものとすることが考えられる。

　また，境界標や溝は，囲障や障壁等の構造物の設置・改良工事等により，当該構造物の基礎の下又は地中に埋没していることがあり，このような場合には，当該境界標や溝の確認に当たって，境界線付近の隣地も含めた土地を掘り起こしたり，当該構造物の基礎の部分を壊したりする必要があることもある。

　そこで，土地の所有者は，土地の境界標等の調査又は測量のために必要があるときには，隣地に立ち入ることができるとする旨のほか，調査のために必要な行為をすることができる旨を規定し，さらに，民法第209条第2項のように，これにより隣地の所有者は損害を被った場合にはその償金を請求することができるようにする旨を明らかにすることが考えられ，これを2において示している。もっとも，上記のような他人の財物の損壊等の行為を償金を支払うとはいえ，隣地所有者の同意を得ずに行うことが正当化され得るか，その行為の外延をどの範囲で画するかなどの課題が考えられる。

　このほか，隣地の所有者から占有権原を与えられている者がいる場合にも，上記1及び2の規律の適用を認めるべきかについても検討を要すると考えられる。

第3　土地の境界の確認及び確定のための協議

　　土地の境界（所有権の境界）が明らかでない場合には，土地の所有者は，隣地の所有者に対して，土地の境界の確認及び確定のための協議を求めることができるものとすることについて，どのように考えるか。

（補足説明）

　土地の取引に当たっては，土地の売主が，買主から，売買の対象となる土地が境界紛争がない土地であることの証として，隣地との境界について，隣地の所有者に対して現地での立会いを求めた上で確認を行い，その結果を書面（当該確認をした者の記名押印をしたものが一般的）にしたものを求める場合があり，このような書面の取り交わしによって，当該取引後の境界に関する紛争の発生を防止している。また，民法上，境界線付近の建築制限（第234条及び第235条），境界線付近の掘削の制限

－ 3 －

334　│　第2章　資料

や注意義務（第２３７条及び第２３８条）が課せられており，これらの制限や義務を履行するに当たり，このような制限や義務の及ぶ範囲を把握することが必要である。建物や動産は物理的に独立しているため，その所有権の及ぶ範囲について不明であることは通常考えられないが，物理的に連続している土地については，自己の有する土地の所有権の範囲を特定し，土地の境界を明確にしておく必要が高いといえる。

国有財産の管理に関しては，境界が明らかでない場合における隣地所有者との間の境界確定のための協議等について，規律が設けられている。すなわち，各省各庁の長は，その所管に属する国有財産の境界が明らかでないため，その管理に支障がある場合には，隣接地の所有者に対し，立会場所，期日その他必要な事項を通知して，境界を確定するための協議（境界確定協議）を求めることができるとされている（国有財産法第３１条の３第１項）。

これを参考に，民有地間の境界であっても，当該境界が明らかでない場合には，国有財産の管理の例のように，土地の所有者は，隣地の所有者に対して，土地の境界の確認を求めるとともに，境界の確定のための協議を求めることができる旨の規定を置くことが考えられる。

もっとも，このような規定を置くことについては，民事的な法律関係において，なぜこの場面においてのみ境界に関する合意を形成することを目的として協議をするように隣地所有者に求めることができるのか，義務違反の効果は何かといった疑問があるほか，むしろ，公法上の概念である筆界の確定に関する規律として構成した上で，所要の規定を他の法令に設けるべきではないかといった指摘があり得る。

また，いずれにしても，境界の確認等の義務を認めるとした場合には，償金に関する規定を設ける必要があると思われるが，こういった規定を設けることでかえって紛争を惹起しないかといった指摘があり得る。

このほかにも，隣接する土地の全部又は一部が共有となっている場合に，共有者の一部のみが境界の確認等に応じる場合の取扱いをどのように考えるかなどの点を検討する必要があると考えられるが，以上を踏まえ，どのように考えるか。

第４　隣接地等の管理措置請求

所有者が土地を管理せず，土地が管理不全状態となっているときは，その土地の隣接地の所有者は，当該管理不全土地の所有者に対し，管理不全状態を除去する措置をとることを請求することができるものとすることについて，どのように考えるか。

隣接地の所有者に限らず，近傍の土地の所有者等にも同様の権利を付与することについては，どうか。

（補足説明）

1　所有者不明土地は管理不全状態になっているものも多く，雑草等が繁茂して害虫等が繁殖したり，不法投棄がされたりすることもある。そのような土地の隣接地は，利用に不都合が生ずるだけでなく，周辺地域の生活環境の悪化を招き，土地の価値が下がるおそれがあるなど，問題が多い。

しかし，現行法では，工場等からの悪臭など，隣接地の所有者間の土地利用に関

－ 4 －

研究会資料13－1 ｜ 335

して生ずる生活妨害紛争につき，個別事案において受忍限度を超えると認められるときは，不法行為に基づく損害賠償や差止めが認められることはあるものの，差止請求権の法的性質については争いがあるのみならず，生活環境の悪化の原因となっている行為の差止めだけでなく，土地の管理不全状態の除去を求めることが可能かどうかも必ずしも明らかでない。

第12回研究会においては，隣接地所有者を財産管理の申立権者とすることに関し，管理不全の土地について関心を有しているのはその土地の近隣住民であることから，管理不全の土地を近隣の土地所有者等が管理することができる新たな相隣関係上の権利を創設してはどうかとの意見や，財産管理においては，本人の財産の保全を目的として土地の管理が行われるものである以上，土地の管理に要した費用は，本人の財産から支弁されることとなるはずであるが，管理不全の土地の管理は，相隣接地の生活環境の維持・保全という点で，隣接地の所有者の利益にも資する点があるため，隣接地の所有者にも一定の費用負担を認めてもよいのではないかとの意見があった。

そこで，管理不全について最も迷惑を被るのは隣接地所有者であることに着目し，土地の所有者が土地を管理せず，土地が管理不全状態となっている場合に，隣接地所有者に管理不全状態の除去を求める権利（以下「管理措置請求権」という。）を与えることについて検討することを，本文前段において提案している。

2 これに対しては，土地の管理不全状態とは具体的にどのようなものを指すこととするか（不法行為法における受忍限度との関係をどのように考えるか），管理不全状態を生じさせたのは当該土地の所有者であるが，要件の設定の仕方によっては，隣接地所有者は，自己の便益のために，他人の土地所有権の行使に相当程度介入することになるという構造の中で，管理に要する費用をいずれが負担することとするか（折半とすることも考えられるのか）など，権利の具体的な内容が検討課題になるとの指摘が考えられる。また，国土審議会における土地所有者の責務の在り方の検討を踏まえて，民事基本法制における手当ての在り方を検討する必要があるとの指摘も考えられる。

3 土地が管理不全状態になった場合には，その土地の隣接地の所有者だけでなく，近傍の土地所有者にとっても不都合が生ずる。また，相隣関係は，隣接し合う土地の所有権の関係についてのみならず，隣接していない土地に関する法律関係についても規律するものであり（民法第210条，第215条，第216条等），近傍の土地所有者にも相隣関係の権利を付与することも不可能ではないと考えられる。

そこで，土地の管理措置請求権を，当該土地の隣接地所有者のみならず，近傍の土地所有者に与えることにつき，本文後段で提案している。

これに対しては，管理不全状態の土地の隣接地の所有者と異なり，一定の広がりのある近傍の土地の所有者については，他人の土地所有権の行使への介入を認める必要性やその相当性を踏まえ，その外延をどのようにして画するかが課題となるとの指摘が考えられる。

4 以上を踏まえ，隣接地等の管理措置請求権の付与について，どのように考えるか。
なお，隣接地等の管理措置請求権の制度を導入した場合には，この請求権を付与

- 5 -

336 ｜ 第2章 資料

された者は，隣接地等所有者が不在者等に当たるときは，利害関係人として財産管理制度の申立てを行うことができるものとも考えられるが，どのように考えるか。

第5 ライフラインのための導管等の設置に係る他人の土地使用
1 導管等設置権及び導管等利用権の創設
他人の土地を経由しなければライフラインの導管・導線を引き込むことができない土地の所有者は，導管等を引き込むために必要であり，かつ，他人の土地のために損害の最も少ない場所・方法で，他人の土地に導管等を設置することができるものとすること（導管等設置権）について，どのように考えるか。

他人が設置した導管等に，新たに設置する導管等を接続することができるものとすること（導管等利用権）についてはどうか。

（注1）分割によって他人の土地を経由しなければライフラインの導管等を引き込むことができない土地が生じた場合につき，民法第213条と同様の規律を置くことの当否について，更に検討する。

（注2）導管等設置権等を有する者は，導管等を設置する他の土地の損害に対して償金を支払わなければならないものとすることについて，更に検討する。

（補足説明）
 (1) 導管等設置権の創設
  現代生活において，水道，下水道，ガス，電気，電話等のライフラインは必要不可欠であるが，他人の土地を経由しなければ，ライフラインを引き込むための導管等を設置することができない土地がある（いわゆる導管袋地）。

  民法は，ライフラインの技術が未発達の時代に制定されたため，ライフラインのための土地の使用に関しては，公の水流又は下水道に至る排水のための低地の通水（第220条）や，通水用工作物の使用（第221条）を除き，規定を置いていない。

  公道に至るための他の土地の通行権（いわゆる囲繞地通行権）は，袋地の効用を全うさせるため，社会経済的見地から，囲繞地に対して法律上当然に生ずる通行権であるとされている。そして，現代社会においては，導管袋地についても，同地の効用を全うさせるために，他人の土地を経由することが必要な場合があり，社会経済的見地から導管等設置権を認める余地はあるとも考えられる。

  実務においても，民法第209条，第210条，第220条，第221条，下水道法第11条等を類推適用することにより，ライフラインの導管等の設置のために他人の土地の使用を認めた裁判例が多数ある（なお，他人の設置した給排水設備の使用を認めた最高裁判例として，最高裁平成14年10月15日第三小法廷判決民集56巻8号1791頁がある。）。

  そこで，民法において，導管袋地の所有者に，他人の土地での導管等設置権を付与することが考えられ，この点を本文前段で示している。

  なお，導管等設置権も他人の土地所有権を制約するものである以上，設置する場所及び方法は，導管等を設置する必要であり，かつ，他人の土地のために損害

－ 6 －

研究会資料13－1 ｜ 337

が最も少ないものを選ばなければならないとすることが相当と考えられる（民法第211条第1項参照）。

(2) 導管等を設置する場所

導管等を設置する際には，接続先の導管等との位置関係や地下・地上の利用の状況などを考慮する必要があること，また，人の通行のための土地の利用とは異なり，地下や上空に導管等を設置するものであることから，導管等設置権が認められる場所は，囲繞地通行権が認められる場所とは必ずしも一致しないものと考えられる。

これに関連して，囲繞地通行権では，土地の分割により袋地が生じた場合には，分割者の所有地のみを通行することができるとされている（民法第213条第1項）が，土地の分割により導管袋地が生じた場合には，接続先の導管等との位置関係などにより，分割により生じた他の土地に導管等を設置しなければならないとすると不都合が生じる場合があるとも考えられることから，囲繞地通行権とは異なる規律とすることが考えられ，（注1）において，この点を更に検討することを提案している。

(3) 償金

民法第212条と同様に，導管等設置権者は，導管等の設置を受忍する土地所有者に対して，土地の損害に対する償金を支払わなければならないものとすることが考えられ，この点を（注2）において示している。もっとも，一般に，導管等は地下・空中に設置され，他人の土地に生ずる損害が僅少であることも多いため，更に検討することを提案している。

(4) 導管等利用権の創設

導管等の設置のために，他人の土地を使用するだけでなく，他人が設置した導管等を利用する必要が生ずる場合もあり，この場合の導管等利用権についても併せて創設することについて，本文後段で提案している（前掲最高裁平成14年判決参照）。導管等利用権についても，導管等設置権に関する上記の課題と同様の課題を検討する必要があると考えられる。

(5) 以上を踏まえ，ライフラインの供給を受けるために，他人の土地又は他人が設置した導管等を使用することができるとする規定を設けることについて，どのように考えるか。

2 導管等設置権の対象となるライフライン

次の導管等を1の導管等設置権の対象とすることにつき，どのように考えるか。

① 水道管
② 下水道管
③ ガス管
④ 電力線
⑤ 電気通信線

（補足説明）

(1) 問題の所在

　既に設置された各種の導管等の所有関係は，導管の種類ごとに異なっており，公法上の規律も別異に定められているため，相隣関係において規律を置くことを検討する際には，現行法上の法律関係との整合性を勘案する必要があると考えられる（現行法上の法律関係については，「所有者不明私道への対応ガイドライン」５３～１０３頁参照）。

(2) 導管等の所有関係

　一般に，導管等は，公道に設置された公的事業者所有の導管等（以下「本管」という。）に，各戸に引き込む導管等（以下「支管」という。）を接続してその機能を果たしている。

　そして，支管は，導管の種類ごとに基本的な所有・管理関係が異なっており，⑦各戸の不動産所有者等が所有・管理するもの（①水道管，②下水管），⑦主に各戸の不動産所有者等が所有し，事業者が管理するもの（③ガス管），⑦各戸の土地内の一定の場所まで事業者が所有・管理するもの（④電力線，⑤電気通信線）がある。

　相隣関係における導管等設置権は，基本的に，支管を本管に接続させるために他人の土地を使用する権利であると考えられる。そして，支管の所有関係を踏まえると，支管が導管袋地の所有者等の所有・管理に係るものである場合（⑦）には，導管設置権者が自ら導管等を設置することになり，支管が事業者の管理に係るものである場合（⑦，⑦）には，導管設置権者の承諾のもとに，事業者が導管等を設置するという構造になると考えられる。

　もっとも，このような構造になるとしても，通常は，実際の施工・管理作業はいずれにしても導管設置権者ではない者が行うことになるのであり，導管等設置権の内容を導管等の種類や導管の所有ごとに分けて考える必要はないとも考えられる。

(3) 公法上の法律関係等と導管等設置権

　水道，ガス，電力等では，個別法において，事業者の供給義務が定められているものの（水道法第１５条第１項，ガス事業法第４７条，電気事業法第１７条第１項等），他人の土地に導管等を設置することに関する民事的な規定はない。

　他方で，下水道については，公共下水道の供用が開始された場合においては，原則として，当該公共下水道の排水区域内の土地の所有者等は，遅滞なく，その土地の下水を公共下水道に流入させるために必要な排水管，排水渠その他の排水施設（以下「排水設備」という。）を設置しなければならないとされ（下水道法第１０条第１項），この義務を負う者は，他人の土地又は排水設備を使用しなければ下水を公共下水道に流入させることが困難であるときは，他人の土地に排水設備を設置し，又は他人の設置した排水設備を使用することができるなどとされている（同法第１１条第１項）。

　また，他の導管等と異なり，ガスの供給については，導管を要する都市ガスを用いなくても，ＬＰガスによることが可能であることをどのように評価するかという課題がある（都市ガスのガス管については，熱源の供給が都市ガスにかぎら

－ 8 －

れないとして，下水道法第１１条，民法第２１０条の類推適用を否定した裁判例
として，東京地判平成８年９月２５日判タ９２０号１９７頁があり，最近の住宅
事情，都市近代化の趨勢に鑑みプロパンガスを都市ガスに切り換える必要性を認
めたものとして，東京地判昭和５７年４月２８日判時１０５７号７７頁がある。）。
　　このように，各種の導管等で公法上の法律関係や代替手段の有無が異なるもの
の，民事基本法制において一般的な導管等設置権を規定することについて，どの
ように考えるか。
　　また，今後も，技術の発達により，新たなライフラインの開発・普及や既存の
ライフラインを活用した新規のライフラインの普及が進められる可能性がある
が，このようなライフラインをも包摂する形で導管等設置権を規定することの要
否について，どのように考えるか。

３　導管等設置権の行使方法
　　導管等設置権の行使方法について，どのように考えるか。
　【Ａ案】　導管等設置権者は，判決を取得しなくても，隣接地等に導管等を設置する
　　　　　ことができるものとする。
　【Ｂ案】　導管等設置権者は，判決を取得しなくても，隣接地等に導管等を設置する
　　　　　ことができるが，当該土地の所有者に対して事前の通知をすることを要する
　　　　　ものとする。
　【Ｃ案】　導管等設置権者は，隣接地等に導管等を設置するために，当該土地の所有
　　　　　者に対して，当該土地に導管等を設置することを請求することができ，当該
　　　　　所有者の承諾が得られない場合には，判決を取得して，導管等を設置するこ
　　　　　とができるものとする。

（補足説明）
⑴　ライフラインは生活上不可欠なものであり，これを引き込む緊急性が高いこと，
　ライフラインの導管等は地中や空中に設置され，土地利用に与える制約は通常限
　定されること，現行法においても，導管等の設置に関して囲繞地通行権（民法第
　２１０条）の規定を類推適用する裁判例が多数あることに鑑み，導管等設置権を
　囲繞地通行権に類するものとして位置づけ，導管等設置権者は，判決を取得しな
　くても，隣接地等の所有者の承諾を得ずに当該土地に導管等を設置することがで
　きるものとすることが考えられる（【Ａ案】）。
⑵　もっとも，導管等を設置するには，その設置工事が必要となる上，導管等が設
　置されると，その後，補修・取替工事等で隣接地等の使用が一定程度妨げられる
　ことになる。
　　そこで，【Ａ案】と同様に，判決を取得しなくても隣接地等に導管等を設置す
　ることができるとしつつ，当該土地の所有者に対して，あらかじめ，その旨を通
　知することにより，隣接地の所有者の手続保障を図ることが考えられる（【Ｂ
　案】）。
⑶　これに対して，ライフラインの導管等の設置のために土地を使用する場合は，

－ 9 －

340 ｜ 第２章　資料

ある程度長い期間（場合によっては数十年間）にわたる土地の使用を受忍させることとなり，隣接地等の所有者の所有権に対する制約の度合いは小さくないとも考えられる。

そこで，導管等設置請求権者は，隣接地等の所有者に対し，当該土地に導管等を設置することを請求することができるものとし，所有者の承諾が得られない場合には，判決を得て導管等を設置することができるものとすることが考えられる（【C案】）。

(4)　以上を踏まえ，導管等設置権の行使方法について，どのように考えるか。

第6　越境した枝の切除

土地の所有者は，隣接地の竹木の枝が境界線を越えるときは，竹木の所有者に対して事前に通知をすれば，判決を取得しなくても，自ら枝を切り取ることができるものとすることについて，どのように考えるか。

（補足説明）

民法第233条は，隣接地の竹木の枝が境界線を越えるときは，根が境界線を越える場合とは異なり，枝の伐採を自力執行で行うことを認めていない（同条第1項）。

枝と根とで異なる取扱いをしているのは，①竹木の所有者にその根を切除させるためには，自己の土地に立ち入らせなければならないが，枝は往々にして，隣接地から伐採することが可能であること，②枝は成熟した果実が付いていることもあり価値が高いが，根は価値が低いことによると説明されている。

これに対して，①については，越境された土地の所有者においても，少なくとも境界線を越えている部分については，自ら枝を伐採することが可能なのであり，必ずしも竹木の所有者に切除を請求する必要はないとも考えられる。また，②については，根を切除すれば竹木そのものが枯死する可能性もあるのであり，枝自体の価値と根自体の価値とを比較することは合理的ではないとも考えられる。

第5回研究会において指摘があったとおり，管理不全の土地から伸びた竹木の枝の処理に困る事例は多く，枝の切除の自力執行を可能とすることについてのニーズは高いと考えられる。

そこで，本文では，さしあたり，判決を取得しなくても，越境した枝を自力で切り取ることを可能としつつ，竹木の所有者の手続保障を図るため，事前通知を必要とすることを提案しているが，どのように考えるか。

－ 10 －

研究会資料１３－２

遺産共有の発生防止・解消の在り方等について

○ 遺産の生前処分（遺産分割）について
相続開始前（被相続人の生前）であっても，推定相続人は，遺産分割の協議（合意）を予めすることができるものとすることについて，どのように考えるか。

（補足説明）
　現在の民法では，遺産分割の協議（合意）は，相続開始後（被相続人の死後）に行わなければならないとされている。そのため，相続開始前（被相続人の生前）に遺産について推定相続人間で話し合いがされていることがあっても，相続開始後に改めて遺産分割の協議をすることになるが，相続開始と遺産分割の成立との間には，一定の時間が空くこととなる。

　相続が開始しても土地について遺産分割がされず，相続登記もされないことが，所有者不明土地問題の原因の一つであると考えられるが，今後このような問題の発生を防止するためには，遺産分割が速やかに行われ，それに沿って迅速に登記がされるようにすることが重要であると考えられる。

　そこで，相続開始前であっても，推定相続人は，遺産分割の協議（合意）を予めすることができることとし，相続が開始したときには，生前にした合意に従った遺産分割の効力が生じ，それに沿った登記もすることができることとすることが考えられる（相続開始後の遺産分割を促進する方策については，研究会資料１１－５の第５参照）。

　なお，この問題を考える際には，様々な点を検討する必要がある。具体的には，①被相続人の遺言や処分等の権限との関係をどう考えるか，②遺留分の処理をどうするか，③遺産分割の際に利用されている相続分の譲渡（又は相続分の放棄）が相続開始前には認められていないこととの関係をどのように考えるか，④事情変更（遺産である不動産が処分される，相続人に変動が生じる）が生じた場合にどのようにするのかなどについて検討することが考えられる。また，このような遺産分割の合意を認める際には，それに併せて登記をどうするのかについても検討する必要がある。

　例えば，上記①については，被相続人の同意を要件とすることが考えられる。上記②と③については，合意が真意に基づいているのかを公的機関が確認することとした上で，遺留分の放棄又は相続分の譲渡（相続分の放棄）を認めることが考えられる。上記④については，合意の中で事情変更が生じた場合の効力を定めることなどが考えられる。

　そのほか，協議（合意）をする推定相続人の範囲を検討する際には，相続開始前に相続の放棄が認められないことにも留意する必要がある。

342 ｜ 第２章 資料

登記制度・土地所有権の在り方等に関する研究会第14回会議　議事要旨

第1　日時　平成30年12月4日（火）18：00〜21：00
第2　場所　一般社団法人金融財政事情研究会セミナーハウス2階第2研修室
第3　出席者（役職名・敬称略）
　　座長　山野目章夫
　　委員　沖野眞已，垣内秀介，加藤政也，金親均，佐久間毅，水津太郎，鈴木泰介，橋本
　　　　　賢二郎，松尾弘
　　関係官庁　最高裁判所，国土交通省，農林水産省，林野庁，財務省，法務省
第4　議事概要
　1　開会
　2　本日の議題
　【相隣関係】
　・　越境した竹木の根については，越境されている土地の所有者において切除するこ
　　とができるが，枝については竹木の所有者に対して切除を請求することとされてい
　　るところ，竹木の所有者が不明あるいは所在不明である場合には，根と同じように，
　　事前の通知等なしで隣地占有者において枝を切除することができるようにすべき
　　である。
　・　越境した枝を速やかに切除することができるよう，根と同様の規律とすべきであ
　　る。
　・　現行の民法が枝と根とで取扱いを異にしている趣旨は維持すべきであり，枝と同
　　様の規律とするのは相当ではなく，あらかじめ枝を切除する旨を竹木の所有者に対
　　して通知した上で切除することができるとしたり，竹木の所有者に対して相当の期
　　間を定めて切除を請求した上で，その期間内に切除がされなければ，自ら切除する
　　ことができるとするのはどうか。
　・　切除に要する費用負担や切除した枝の所有権の帰属等の付随的事項についても，
　　考え方を整理しておく必要がある。
　【生前の遺産処分】
　・　遺産分割を速やかに行うこと等の観点からは，提案されているような制度につい
　　て検討すべきである。
　・　想定される具体的な場面を念頭に置いて検討すべきである。
　・　提案のような制度については，ニーズが具体的にあるのか疑問がある。
　・　被相続人が存命中にその親族が分割協議を行うことは適切ではない。
　・　被相続人が存命中にその意思をないがしろにする協議をすることは許されない。
　・　被相続人の処分行為が制限されることには慎重であるべきである。
　・　推定相続人がする合意を公的機関が確認することについては，合意を確認する意
　　義や確認の内容を踏まえて，どのような機関に担当させるかを検討すべきである。
　・　遺産の一部のみについて合意をすることができるのか，一部についてした合意が
　　残部の遺産分割にどのような影響を与えるのかや，認識されていなかった遺産が発

- 1 -

第14回会議　議事要旨　｜　343

見された場合や事情変更が生じた場合の合意の効力についても検討すべきである。
- 合意の効力の時的限界についても検討すべきである。
- 遺産共有の状態が発生すること自体を否定的にみるべきではないのであり，遺産共有の状態が発生すること事態を抑制するという観点ではなく，飽くまでも遺産分割を速やかに行うべきとの観点から検討すべきである。

【登記の公開の在り方】

(1) 登記所が保有する登記名義人等の特定のための情報の見直し
- 現状として，住所の変更の登記をしようとしても過去の住所の変遷を追うことが難しい場合があるため，登記記録上の情報と最新の情報を一致させるための情報連携は進めていくべきであると考える。
- 新たに登記の申請がされることを待たずに，既に登記記録に記録されている登記名義人について戸籍等との紐付けをする作業が，その過程で人為的なミスが起こらないとも限らず，避けた方が良いのではないか。
- この議論の前提として，所有者には自らの所在を探知可能にしておくべき義務があるとするのかどうか，あるとしてこれを不動産に限るのか，その他の登記・登録制度があるものについても同様とするのかなどについても整理をすべきではないか。
- 死亡情報や住所情報についても自己情報コントロール権の保障が及ぶのか，保障が及ぶとしても不動産登記については従来の不動産登記制度の趣旨や社会通念に照らして大幅な例外を認められているという整理ができるのかどうか，確認する必要があるのではないか。
- 研究会資料１４－１の第１の２のＡ案では，住所の変更の登記を当事者に委ねている現状と変わらない。Ｂ案の「異議」について，情報に誤りがあるという趣旨の異議であればよいが，単に変更を望まないという趣旨の異議があるからといって変更を行わないということにはならないのではないか。
- Ｃ案をとった上で，変更した旨の通知を事後的に行い，仮に誤りがあればこれを訂正する機会を与えるべきではないか。
- 申請主義という原則との関係で，職権で住所情報等の変更をすることができることの根拠（例えば，一旦対抗要件を備えるために登記をした以上は，住所等について最新の情報に更新していくべき義務があるなど）を説明する必要がある。
- 不動産登記制度のシステム（技術的な側面）をどうしていくかという点や戸籍制度に関する議論の帰趨なども見定めつつ，今後検討していく必要がある。

(2) 登記名義人等に関する登記事項の公開の在り方の見直し
- 公共事業を実施しようとする際や民間取引の際に，所有者の所在等を探索し，アクセスを図ろうとするときには，不動産登記に記録された住所情報は最も基本的な情報であり，住所は従来どおり公開することが望ましいと考える。
- 不動産登記において公開されている住所が，詐欺行為等に悪用されているとの指摘もあることから，住所は原則として非公開とし，利害関係の大小に応じて段階的に開示する範囲を広げるという方法は考えられないか。
- 登記事項をどのようにするかということと，登記事項証明書にどこまでの情報

を載せるかということは，切り分けて考えることができるのではないか。
- 研究会資料１４－１の第２の１については，登記名義人を特定する情報として，氏名及び生年月日のみで十分かどうかという問題や，生年月日はセンシティブな情報であり，公開に適さないのではないかという問題がある。
- 住所の一部のみを公開するという方法や，登記事項証明書の交付請求があった場合に，登記名義人本人にその旨通知した上で，許可が得られれば交付を行うという方法などは考えられないか。
- 住所を原則として非公開とすると，住所を例外的に公開してよい場合かどうかを登記官が個別に判断することになるが，これを適切に行うのは実務上困難ではないか。
- 第２の３について，例えば，高齢者の犯罪被害等を防止する観点から，成年後見の指定がされたときにも制限の範囲を広げることが考えられないか。
- 第２の３に賛成する。土地を所有していることの責任の一つの現れとして，住所の公開については現状が維持されるべきではないか。
- 第２の３を前提としつつも，訴訟や競売等の場面において，当事者の特定，送達，判決・競売後の登記の申請・嘱託がスムーズにできるような仕組を構築する必要がある。

【変則型登記の解消に向けた新たな制度】
(1) 表題部所有者不明土地に関する不動産登記法の特例
- 表題部所有者の登記について，表題部所有者として記録されている者の法定相続人が多数に上る場合に誰を表題部所有者として記録するか整理が必要ではないか。
- 表題部所有者として記録されている「字」や「組」が権利能力のない社団である地域コミュニティを指している場合には，その名義をあえて変える必要はないのではないか。また，代表者が選任されていない場合にも，あえて書き換えない方がよいのではないか。
- 権利能力のない社団について，例えば代表者の肩書付きの登記を認めるためには，不動産登記法の改正が必要であり，それは２０２０年の不動産登記法改正に向けた課題としてとらえるべきではないか。

(2) 特定表題部所有者不明土地等の管理に関する特別の措置
- 研究会資料１４－２の第２の特定表題部所有者不明土地等の管理に関する特別の措置は，強力かつ有力な手段であり，これを進めていくことが所有者不明土地問題の解決につながると考えており，賛成である。
- 不明土地等管理命令の申立人となる「利害関係人」（第２の２）は，狭く捉えず，民間で取得したいという場合も広く含めるようにすべきではないか。
- 利害関係人に民間の土地取得希望者を含めるとしても，現実的には，不明土地等管理者の善管注意義務違反を追及する者は現れにくいことに留意すべきであり，裁判所による権限外行為許可が重要な意味を有することになる。
- 不明土地等管理者の権限（第２の３）については，本来の所有者の保護又は土地の利用の促進のいずれに制度の軸足を置くかによって，裁判所による権限外行

為許可の要件判断や費用負担をどこに求めるかが変わってくるため，整理が必要ではないか。

- 時効取得を主張する者が不明土地等管理者を被告として所有権の確認の訴えを提起し，勝訴判決を得るような事案を始め，管理財産から報酬や管理費用を捻出できない場合がある。申立人に報酬や管理費用を予納させる必要があるのではないか。
- 管理者が誰のために行為をするかという点は，本来の所有者のためであり，管理命令の発令は塩漬けとなっている土地を利活用するためにされるものとして整理されるのではないか。
- 不明土地等管理者の義務（第2の5）について，分別管理義務を設けた方がよいか，これは善管注意義務に含まれると考えてよいかどうかは議論が分かれるところである。
- 不明土地等管理者による金銭の供託（第2の7(1)）について，管理者の下で金銭が費消されないよう，「金銭を供託することができる」ではなく，「速やかに供託しなければならない」とする方がよいのではないか。
- 供託金還付請求権（第2の7(3)）について，本制度は，争いになってから供託する場面ではなく，そもそも出てこない所有者のために供託するものであるため，除斥期間は10年程度でもよいのではないか。
- 供託金還付請求権の除斥期間は私権を奪うことになる性質のものであるので，期間を短くすることについては注意が必要である。

3 閉会

-4-

346 ｜ 第2章 資料

研究会資料１４－１

登記の公開の在り方等について

第１　登記所が保有する登記名義人等の特定のための情報の見直し
　１　不動産登記記録上の登記名義人等の氏名又は名称及び住所とこれらの実態との間に
　　乖離が生じている状態を解消するために戸籍や商業登記等から最新の情報を取得する
　　ことを構想するに当たり，不動産登記記録上の登記名義人等を特定し，戸籍や商業登
　　記等の情報と紐付けるための情報として，登記所が，新たに特定の個人を識別するた
　　めの情報を保有するものとすることが考えられるが，どうか。

（補足説明）
　⑴　現在の不動産登記制度においては，相続等により所有権の移転が生じた場合や，
　　登記名義人等の氏名又は名称及び住所に変更があった場合にも，これを直ちに登記
　　に反映させる義務があるわけではないことから，その都度その変更の登記の申請を
　　するかどうかは当事者に委ねられている。そのため，登記記録上の情報と実際の最
　　新の情報に不一致が生じていることが少なくない。
　　　このような現状を踏まえ，所有者不明土地問題を解消するための方策として，例
　　えば，所有権の登記名義人が死亡した場合には，その死亡の事実を登記記録に記録
　　するなどして，相続登記を行う端緒とすること，登記名義人等の氏名及び住所を最
　　新の情報に保つことなどをすることが有効ではないかとの指摘がある。また，所有
　　者不明土地問題に限らず，不動産登記の公示機能を高め，また，不動産取引の円滑
　　化を図るといった多様な観点からも，土地の基本情報である不動産登記の情報がで
　　きるだけ最新のものとなり，正確である必要性が高いとの指摘がある。
　　　このような中で，登記記録上の情報と実際の最新の情報とを一致させるため，登
　　記所が自ら相続や氏名等の変更について最新の情報を取得することが考えられ，例
　　えば，戸籍，商業登記等（以下「戸籍等」という。）の情報を取得し，これを適時
　　に不動産登記に反映させるとの構想が考えられる。
　　　こうした方策を実施するに当たって，不動産登記において，氏名又は名称や住
　　所のほか，本籍，生年月日等の情報を保有し，これを検索キーとして特定の登記名
　　義人等と，戸籍等の特定の個人又は法人とを紐付け，戸籍等における異動情報を不
　　動産登記に反映させることも考えられる。もっとも，利便性の観点からは，特定の
　　個人又は法人を識別するための符号その他の情報（以下「符号等」という。）が付
　　されているのであれば，これを登記所において保有することが合理的であると考え
　　られる。
　　　特定の個人又は法人に付されている既存の符号等としては，例えば，マイナンバ
　　ー（行政手続における特定の個人を識別するための番号の利用等に関する法律（平
　　成２５年法律第２７号）第２条第５項），会社法人等番号（商業登記法（昭和３８
　　年法律第１２５号）第７条）等があることから，これらの符号等を保有してデータ
　　のマッチングのためのキーとして用いることが考えられる。もっとも，例えば，マ

－ 1 －

研究会資料14－1　│　347

イナンバーはその取扱いには高いセキュリティレベルが求められるものであるなど，上記のような紐付けのキーとすることが適切であるかどうかを慎重に検討する必要がある。

なお，外国人等戸籍に記載されていない者については，情報の取得先を含め，戸籍に記載されている者とは異なる独自の論点についても検討が必要となる。

他方で，法人については，会社法人等番号が基本的に各種法人に振られていることから，これを保有しておき，紐付けに利用することが考えられ，第7回研究会においても，この点について特段の異論はなかった。

(2)　また，このような特定の個人を識別するための情報を各不動産登記にどのように付与するかも課題となる。新たに登記申請がされた不動産に関しては，その申請時に当該情報の提供も求めることとし，これを保有しておくことが考えられる。もっとも，そのためには，この情報を申請人自身が把握しているものであることが必要となる。

さらに，新たに登記が申請されることを待つと，各不動産について特定の個人を識別するための情報を付与するのに相当の年数を要することが懸念されることから，申請を待たずに当該情報を付与する旨の作業を実施することも想定されないではない。しかし，登記所に現在ある情報が基本的に過去の一定時点における氏名又は名称及び住所であることに照らすと，その情報を基に戸籍等との紐付けを行うことには多くの困難を伴うものと考えられる。例えば，戸籍から個人の死亡や氏名の変更等の情報を取得する場合には，登記記録上の氏名及び住所と，当該登記がされていた時点の戸籍上の氏名及び本籍でデータのマッチングを試み，本籍と住所が一致すれば紐付けをすることが一応可能であると考えられるが（ただし，戸籍や登記記録の文字情報には外字が多く含まれており，マッチングを行うためにはこれを統一する必要がある。），本籍と住所が一致しない場合には，データのみで紐付けをすることは困難であると考えられる。この場合には，登記申請時の添付情報を確認して本籍の記載を調査したり，本籍の記載のある住民票（除票も含む。）の公用請求を行ったりすることなどが考えられるものの，その労力，コストは多大なものとなるため，その実現可能性は慎重に検討する必要がある。

(3)　なお，第7回研究会では，上記(1)のような情報連携を行うという観点のほかに，登記名義人等の特定をより正確に行うという観点から，性別，生年月日及び本籍の情報を保有することの要否についても議論されたが，上記観点から氏名及び住所（同一の登記記録上の同名異人があるときは，生年月日）に加えて更に特定するための情報を追加すべきであるとの積極的な意見はなかった。

このほか，所有者不明土地問題の解消の観点からは，第一義的には，所有権の登記名義人及び表題部所有者の氏名又は名称及び住所を情報連携の対象とすることが考えられるが，不動産登記の公示機能を高めるといった観点も考慮すれば，登記名義人（所有権の登記名義人に限らない。）や担保権の登記における債務者並びに信託の登記における委託者，受託者及び受益者等も対象とすることが考えられる。もっとも，担保権の登記における債務者の氏名又は名称及び住所等についてまで最新の状態に保つ必要性は高くなく，費用対効果を検討すべきであるとの指摘もあり得

るところである。

2　戸籍等から得た最新の情報を不動産登記に反映させる方法
　　戸籍等から得た個人又は法人の最新の情報を不動産登記に反映させる方法として，以下のようなものが考えられるが，どのように考えるか。
【Ａ案】登記名義人等の申請によるものとする。
【Ｂ案】当該変更された情報を探知した登記所が，登記名義人等に対し，不動産登記記録上の当該情報を変更する旨の通知を行い，異議がない場合には職権により当該情報の変更の登記を行うものとする。
【Ｃ案】当該変更された情報を探知した登記所から登記名義人等への通知は行わず，職権により当該情報の変更の登記を行うものとする。

（補足説明）
　　死亡情報や住所・本店所在地等が変更された場合の当該変更された情報を不動産登記に反映する方法としては，まず，登記名義人等の申請によるものとする方法が考えられ，これを【Ａ案】として示している。これに対しては，確かに登記所において最新の情報を把握することができるという点では現在の制度と異なるものの，登記名義人等の申請に委ねるのでは，不動産登記記録上の情報が必ずしも最新の状態に保たれないという現在の問題状況が改善されないのではないかとの指摘や，仮に登記名義人に申請を促す取組を実施するとしてもその労力は多大なものとなるとの指摘があり得る。
　　次に，登記名義人等の申請によるのではなく，職権で行うものとする方法が考えられ，当該情報の変更を探知した登記所が，登記名義人等に対し，当該情報を変更する旨の通知を行い，異議がない場合には変更の登記を行うものとする方法を【Ｂ案】として，登記名義人等への通知は行わず，職権により変更の登記を行うものとする方法を【Ｃ案】（注）として示している。【Ｂ案】については，登記名義人等の個人情報に該当する氏名及び住所の情報を変更するに当たり，当該登記名義人等本人の意思を確認することは望ましいと考えられる一方で，住所等の変更の都度，登記名義人等に対する通知を行い，その意思を確認してから登記記録に反映させるのでは，事務が煩雑になるとの指摘があり得る。【Ｃ案】については，登記名義人等は，戸籍等において一度氏名等の変更の手続を行えば，不動産登記における変更の手続を行わなくて済むという利点があり，不動産登記記録の円滑な情報更新が実現される一方で，その変更に問題がないかといった点や，個人情報のコントロールは当該個人に委ねられるべきであるという観点からは疑問があるとの指摘等が考えられる。このほか，戸籍等に変更があれば直ちに登記の変更をすることとするか，あるいは，一定の猶予期間をおくこととするかなどの課題があり得る。
　　（注）　なお，国土調査法による不動産登記に関する政令（昭和３２年政令第１３０号）第１条第１項第３号においては，登記官が，地籍調査における地籍簿の送付を受けた場合において，所有権の登記名義人の氏名若しくは名称又は住所が地籍簿の記載と一致しないときは，地籍簿に基づいて，職権で，変更

－ 3 －

又は更正の登記をするものとされている。

第2 登記名義人等に関する登記事項の公開の在り方の見直し

1 **登記名義人等の住所情報を非公開とし，氏名のほかに当該登記名義人等を特定するための新たな情報（例えば，生年月日）を公開するものとすることについて，どのように考えるか。**

（補足説明）
⑴ 国民の個人情報に対する意識が高まる中，不動産登記において登記名義人等の住所情報を広く公開していることには批判もある。他方で，不動産に関する権利を公示することにより，国民の権利の保全を図り，もって取引の安全と円滑に資するという不動産登記制度の目的との関係等も考慮する必要がある。
⑵ 住所情報については，例えば，相続登記を行うなどした後に，不動産業者からのダイレクトメールが届くようになることがあるとの指摘等があり，住所情報の公開を制限すべきではないかとの要望が存在する。
　　もっとも，住所情報を単に非公開とした場合には，登記名義人等を特定する情報は氏名のみとなり，第三者からみたときの登記名義人等の特定方法としては不十分であることから，新たな情報を登記事項として追加し，それを公開することにより，住所を非公開としたことによる上記のデメリットを補完することが考えられ，具体的には，例えば，生年月日等が考えられる。
　　第三者が，不動産取引等を行うに当たって，不動産の登記名義人等を特定し，確認する必要があるケースとしては，①当該不動産を買い受けようとするケース，②当該不動産の買受けを検討しているケース，③当該登記名義人等の信用調査を行うケース等が考えられる。①のケースについては，第三者は既に不動産の登記名義人を把握しており，当該登記名義人が売主となろうとしているのであるから，その者から登記事項証明書を取得することで（登記名義人本人による住所情報の記録された登記事項証明書の請求はいずれにしても許容されると考えられる。），本人の特定は可能である。また，③のケースについても，当事者間の取引関係の程度等によっては，本人の特定は可能であると考えられる。しかし，②のケースについては，登記名義人等の氏名及び生年月日だけでは当該登記名義人等の住所を調査することは困難であると考えられ，登記名義人等の所在を把握することは困難であり，不動産の流通を阻害しかねず，問題があるとの指摘が考えられる。

2 **登記名義人等から自己の住所情報を非公開とする旨の申出があった場合には，住所の全部又は一部を公開しないものとし，一定の場合に限って当該住所情報を閲覧することができるものとすることについて，どのように考えるか。**

（補足説明）
　個人情報の公開の可否について，本人の同意があることが基本とされるべきであるという観点からは，登記名義人等本人の住所の公開の可否に関する意思を，公開の基

- 4 -

350 ｜ 第2章　資料

準とすることが考えられる。具体的には，住所を登記事項としては残しつつ，登記名義人からの申出があった場合には，住所情報の閲覧を制限することが考えられる。そして，①本人の許諾があるとき，②利害関係があるとき，③特定の資格を有する者が職務上の理由を開示したとき，④行政機関からの法令等に基づく求めがあるときなどに限って，例外的に第三者が当該住所情報を閲覧することができるものとすることが考えられる。

　確かに，個人情報保護との関係では，本人の意思は重要な考慮要素であるものの，このような制度とした場合には，ほとんど全ての者が住所情報の非公開を希望するという事態も想定され，上記1と同様に，不動産の流通を阻害しかねないという問題が生じ得る。また，この場合には，例外的に閲覧を可能とする「利害関係」の内容をどのようなものとするかの概念整理に困難が生じるおそれもある（例えば，「不動産の買受けを検討している」という程度でも利害関係があるとすると，原則として住所情報を公開するものとすることと変わりがないことにもなりかねない。）。さらに，登記官による利害関係の有無の判断も困難なものとなり，迅速な公開が妨げられるほか，登記官の負担も過大となるとの指摘等があり得る。

3　登記名義人等の現住所を公開することが相当でない場合（例えば，登記名義人等がDV被害者であり，その者から公開しない旨の申出がある場合等）には，その現住所を公開しないものとすることが考えられるが，どうか。

（補足説明）
⑴　DV被害者等の住所に係る特例的な取扱いに関する先例（第7回研究会の参考資料27）
　ア　平成25年12月12日付け民二第809号民事第二課長通知（以下「平成25年通知」という。）
　　　平成25年通知では，所有権の移転の登記の申請における登記義務者が，①配偶者からの暴力の防止及び被害者の保護に関する法律（平成13年法律第31号。以下「DV防止法」という。）第1条第2項に規定する被害者として住民基本台帳事務処理要領（昭和42年10月4日付け法務省民事甲第2671号法務省民事局長，保発第39号厚生省保険局長，庁保発第22号社会保険庁年金保険部長，42食糧業第2668号（需給）食糧庁長官及び自治振第150号自治省行政局長通知）第6の10の措置（以下「支援措置」という。）を受けている者，②ストーカー行為等の規制等に関する法律（平成12年法律第81号）第7条に規定するストーカー行為等の相手方として支援措置を受けている者，③児童虐待の防止に関する法律（平成12年法律第82号）第2条に規定する児童虐待を受けた児童等として支援措置を受けている者（以下，上記①から③までを併せて「被支援措置者」という。）であり，当該被支援措置者から申出がある場合においては，当該登記義務者が登記記録上の住所から転居しているときであっても，住所に変更があったことを証する市町村長その他の公務員が職務上作成した情報等及び支援措置を受けていることを証する情報を提供すれば，当該所有権の移転の

- 5 -

登記の前提として，当該登記義務者である登記名義人の住所についての変更の登記をすることを要しないものとしている。

イ　平成27年3月31日付け民二第196号民事第二課長通知（以下「196号通知」という。）

196号通知では，被支援措置者が所有権の移転の登記の申請における登記権利者であり，①住民票上の住所地を秘匿する必要があり，当該登記権利者の印鑑証明書を添付して「住民票に現住所として記載されている住所地は，配偶者等からの暴力を避けるために設けた臨時的な緊急避難地であり，飽くまで申請情報として提供した住所が生活の本拠である」旨等を内容とする上申書が申請情報とともに提供され，②上記①の申請情報の内容として提供された当該登記権利者の住所が，添付情報として提供された登記名義人となる者の住所を証する市町村長その他の公務員が職務上作成した情報等において前住所又は前々住所等として表示され，③申請情報及び添付情報等から上記①の上申書の記載内容に疑念を抱かしめる事情がないと認められ，④支援措置を受けていることを証する情報等を提供した場合には，申請情報の内容として提供された住所を当該登記権利者の住所として取り扱うことを認めている。

ウ　平成27年3月31日付け民二第198号民事第二課長通知（以下「198号通知」という。）

198号通知では，被支援措置者が登記義務者又は登記権利者であるかどうかにかかわらず，登記申請書等に被支援措置者の住所が記載されている場合において，支援措置を受けていることを証する情報等を提供したときは，当該被支援措置者又はその代理人の申出に基づき，当該住所が記載されている部分の閲覧制限を行うことができるものとしている。この場合，被支援措置者又はその代理人以外の者からの閲覧請求があった場合には，住所を塗抹した登記申請書等の写しを閲覧に供することとし，閲覧請求人が，当該登記申請書の附属書類である被支援措置者の印鑑証明書の印影について不動産登記法（平成16年法律第123号）第121条第2項ただし書に規定する利害関係を有する場合には，当該印影以外に係る部分を覆った上で，当該印影に係る部分に限り閲覧に供して差し支えないものとしている。

(2)　平成25年通知，196号通知及び198号通知における住所に係る特例的な取扱いは，実務上支障なく遂行されており，個人情報保護の観点やDV防止法等の各法律の趣旨に照らしても相当な取扱いであると考えられる。もっとも，これらは飽くまで不動産登記法上の原則に対する例外的な取扱いであることからすれば，これに法令上の根拠を与えることが考えられる。なお，法制化を行うに当たっては，上記各通知における被支援措置者（DV防止法における被害者，ストーカー行為等の相手方，児童虐待を受けた児童等）のほか，その対象範囲を拡大することも考えられる。

また，いったん被支援措置者となり，その住所情報を非公開とする必要が生じたとしても，その必要性は一定期間の経過により消滅することが想定され，その段階に至っても引き続き住所情報が非公開とされたままになることは，不動産登記の公

- 6 -

示機能等の観点から適切でないことから，上記のような特例的な取扱いについては，これを求める申出がされてから一定期間（例えば，１年）を有効期間とし，その後は延長が可能なものとする制度とすることが考えられる。

さらに，現住所を非公開とする方法については，例えば，①平成２５年通知及び１９６号通知における取扱いと同様とし，登記義務者又は登記権利者の住所について，現住所ではなく前住所を記録しておくものとする方法や，②登記所は，現住所の情報の提供を受けて，同情報を保有し，登記情報として保持するものの，登記事項証明書には，住所は非公開である旨の表示をする又は最小行政区画（市町村）までの表示にとどめる方法（非公開とする必要がなくなった後は登記事項証明書に現住所を表示することとする。このほか，本人が登記事項証明書の発行を申請する場合には，これを表示することも考えられる。）等が考えられる。

(3) 上記のような特例的な取扱いの更なる例外として，非公開とされた被支援措置者の住所情報が記載された登記事項証明書の交付の申請を第三者がすることができるとする余地があるかどうかも，検討する必要がある。もっとも，上記のような特例的な取扱いは，被支援措置者の生命身体を保護することなどを目的とした特別な措置であることに照らすと，このように極めて重要な目的と比較してもなお現住所を閲覧する必要があり，それが許容されるケースというものは，直ちには想定し難いと考えられる。

研究会資料14—2

変則型登記の解消に向けた新たな制度の概要案についての検討

第1 表題部所有者不明土地に関する不動産登記法の特例
 1 表題部所有者不明土地
   この制度において「表題部所有者不明土地」とは，所有権の登記がない土地のうち，不動産登記法第27条第3号に掲げる登記事項の全部又は一部が記録されていない一筆の土地（国，地方公共団体等が所有していることが登記記録上明らかであるものを除く。）をいうものとする。
   （補足説明）
   研究会資料9第2の1（対象となる土地）から表現の修正を行っているものの，新たな制度の対象となる土地の範囲について実質的に変更する趣旨ではない。

 2 登記官による調査
  (1) 調査の開始
    登記官は，表題部所有者不明土地について，必要があると認めるときは，その所有者及びかつて所有していた者（注）（以下「所有者等」という。）の調査を行うものとする。
    （注）当該表題部所有者不明土地が数人の共有に属するものである場合にあっては，共有持分を有する者及びかつてその共有持分を有していた者
   （補足説明）
    研究会資料9第3の1（職権による手続の開始）及び第4の1（登記官による所有者調査）を一つの事項にまとめ，表現の修正を行っているものの，調査を開始するための要件について実質的に変更する趣旨ではない。
    ただし，調査の対象となる所有者の時的範囲については，研究会資料9第2の2（「表題部所有者として記録されるべき者」の意義）に関する議論を踏まえ，現在の所有者及びかつての所有者を調査することとしている。

  (2) 利害関係人による意見の提出
    利害関係人は，登記官に対し，意見又は資料を提出することができるものとする。
   （補足説明）
    研究会資料9第4の4（意見の提出）から表現の修正を行っているものの，その趣旨について実質的に変更するものではない。

  (3) 実地調査等
    登記官は，当該表題部所有者不明土地その他の土地の実地調査をすること，関係者からその知っている事実を聴取し又は資料の提出を求めることその他表題部所有者不明土地の所有者等の探索のために必要な調査をすることができるものとする。

-1-

354 │ 第2章　資料

（補足説明）

　研究会資料９第４の３(2)イ（立入調査）から，実地調査を独立の項目とした以外は，その趣旨について実質的に変更するものではない。

(4) 立入調査

　法務局又は地方法務局の長は，登記官が表題部所有者不明土地その他の土地の実地調査を行う場合において，必要があると認めるときは，その必要の限度において，登記官に，他人の土地に立ち入らせることができるものとするなど所要の規定を設けるものとする。

（補足説明）

　研究会資料９第４の３(2)イ（立入調査）から表現の修正を行うものであり，不動産登記法第１３７条に準じた規定を設けることを想定している。その趣旨について実質的に変更するものではない。

(5) 関係地方公共団体等に対する情報提供の求め

　登記官は，表題部所有者不明土地の所有者等の調査のために必要な限度で，関係地方公共団体の長その他の者に対し，表題部所有者不明土地の所有者等に関する情報の提供を求めることができるものとする。

（補足説明）

　研究会資料９第４の３(3)（関係行政機関等に対する情報提供依頼）から表現の修正を行っているものの，その趣旨について実質的に変更するものではない。

3　所有者調査委員（仮称）による調査

(1) 所有者調査委員制度の創設

　表題部所有者不明土地の所有者等の探索のために必要な調査を行い，登記官に意見を提出させるために，必要な知識及び経験を有する者から任命される所有者調査委員制度を創設するものとする。

（補足説明）

　研究会資料９第４の２(1)（所有者調査委員の設置等）から表現の修正を行っているものの，その趣旨について実質的に変更するものではない。

(2) 所有者調査委員による調査の実施

　登記官は，表題部所有者不明土地の所有者等の探索のために必要があると認めるときは，所有者調査委員に必要な調査をさせることができるものとする。

（補足説明）

　研究会資料９第４の２(2)（所有者調査委員による調査）から表現の修正を行っているものの，その趣旨について実質的に変更するものではない。

(3) 所有者調査委員の調査権限等

　所有者調査委員は，表題部所有者不明土地の所有者等の探索のために，登記官が

－ 2 －

研究会資料14－2　｜　355

有する２(2)から(4)までと同様の調査権限等を有するものとする。
　（補足説明）
　　研究会資料９第４の３(1)（所有者調査委員の調査権限）及び(2)イ（立入調査）
　から表現の修正を行っているものの，その趣旨について実質的に変更するものでは
　ない。ただし，所有者調査委員が関与している場合には，利害関係人は，所有者調
　査委員に対しても，意見又は資料を提出することができるものとすることが相当で
　あることから，利害関係人による意見等の提出（２(2)）を所有者調査委員に対し
　てすることができるものとしている。

(4) 所有者調査委員による意見の提出

　　所有者調査委員は，表題部所有者不明土地の所有者等の探索のために必要な調査
　を終了したときは，遅滞なく，登記官に対し，表題部所有者不明土地の所有者等に
　ついての意見を提出しなければならないものとする。
　（補足説明）
　　研究会資料９第４の２(3)（所有者調査委員による意見の提出）から表現の修正
　を行っているものの，その趣旨について実質的に変更するものではない。

4　所有者等の特定

　　登記官は，必要な調査を終了したときは，表題部所有者不明土地の所有者等及び表
　題部所有者として記録すべき者（当該所有者等のうち，表題部所有者として記録する
　ことが適当である者をいう。）の特定について判断するものとする。
　（補足説明）
　　研究会資料９第４の５（調査の終了）においては，調査報告書を作成することを提
　案するにとどまり，その内容についてまで検討の対象とはしていなかった。
　　登記官が表題部所有者不明土地の所有者等の調査を行った結果，表題登記をした当
　時の所有者から，現在の所有者まで全て特定することができた場合には，特定する
　ことができた所有者等のうちから，表題部所有者として記録することが適当である者を
　特定する必要がある（基本的には，現在の所有者を記録するのが適当である場合が多
　いと考えられるが，数次相続が発生し，多数の相続人が存在する場合を含め，現在の
　所有者を特定することができない場合には，過去の一時点における所有者を表題部所
　有者として記録することもあり得ると考えられる。）。他方で，所有者等を特定する
　ことができたものの，所有者等が権利能力のない社団である場合など，そのままでは
　表題部所有者として記録することができない場合も存する。そこで，登記官は，所有
　者等の特定と合わせて「表題部所有者として記録すべき者」（当該所有者等のうち，
　表題部所有者として記録することが適当である者をいう。）の特定も判断するものと
　している。
　　なお，上記判断については，その調査結果及び判断過程を明らかにするため，書面
　又は電磁的記録を作成して，登記所において保管することを想定している。

5　表題部所有者の登記等

- 3 -

356 ｜ 第２章　資料

登記官は，４の判断をしたときは，当該表題部所有者不明土地につき，職権で，遅滞なく，表題部所有者の登記を抹消し，その表題部に次に掲げる事項を登記するものとする。
　①　所有者等の調査をした旨
　②　表題部所有者として記録すべき者の氏名又は名称及び住所並びに当該表題部所有者として記録すべき者が共有持分を有する者であるときはその共有持分
　③　表題部所有者として記録すべき者がないとき（注）は，その旨及び事由
　（注）当該表題部所有者不明土地が数人の共有に属する場合において，その共有持分を有する者について表題部所有者として記録すべき者がないときを含む。
（補足説明）
　研究会資料９第５の１（特定された表題部所有者として記録されるべき者を表題部所有者とする登記）においては，具体的な登記事項についてまで検討の対象とはしていなかった。
　登記官は，４の判断をしたときは，当該表題部所有者不明土地につき，職権で，遅滞なく，表題部所有者の登記を抹消し，表題部所有者の登記をするものとしている(注)が，４の判断結果を登記に反映させるためには，表題部所有者に関する登記事項（不動産登記法第２７条第３号）の特例を設ける必要がある。
①　まず，この制度に基づく所有者等の調査をした結果に基づき登記をしていることを公示する必要があるため，所有者等の調査をした旨を登記事項としている。
②　次に，表題部所有者として記録すべき者の氏名又は名称及び住所並びに当該表題部所有者として記録すべき者が共有持分を有する者であるときはその共有持分を登記事項としている。
③　もっとも，表題部所有者不明土地について，登記官による調査を行っても，所有者等を特定することができない場合（共有持分の一部については特定ができたが，残部を特定できない場合を含む。）や，所有者等が権利能力のない社団であることは判明したものの，代表者を特定することが困難な場合など，表題部所有者として記録すべき者がない場合が生じ得る。そこで，このような場合には，当該表題部所有者不明土地の登記記録の表題部に，その旨及び事由を登記するものとしている。
　　例えば，特定された所有者等が権利能力のない社団であり，その代表者が選任されていない場合には，当該表題部所有者不明土地の登記記録の表題部に「代表者が選任されていない権利能力のない社団に帰属しているため，表題部所有者として記録すべき者がない」などと記録することが考えられる。
（注）この登記に不服がある場合
　　この登記がされた場合には，表題部所有者として記録されていた者の登記が抹消されるとともに，表題部所有者として記録すべき者が所有者として記録され，所有権の保存の登記を申請することができる地位（不動産登記法第７４条第１項第１号）が付与される一方で，表題部所有者として記録すべき者がないと記録された場合には不明土地等管理命令又は代表者不在土地等管理命令が発令され得ることになる。これらの点からすると，この登記には行政処分性が認められるものと考えられる。そのため，この登記に対して不服がある場合には，登記官の処分に対する審

- 4 -

研究会資料14－2　│　357

査請求（不動産登記法第１５６条）や，処分の取消しの訴え等の行政訴訟を提起することが考えられる。ただし，上記の行政訴訟においては，所有権の帰属が争点として争われたとしても，判決の既判力は，職権登記の違法性の有無に及ぶだけで，所有権の有無には及ばないと考えられ，所有権の帰属そのものを既判力をもって確定するには，所有権確認訴訟などの民事訴訟によることになると考えられる。

6　調査及び登記の中止又は終了
　　登記官は，表題部所有者不明土地に関する権利関係について訴訟が係属しているとき，その他相当でないと認めるときは，表題部所有者不明土地の所有者等の調査及び登記を中止し，又は終了することができるものとする。
（補足説明）
　　研究会資料９第３の３（手続の中止）においては，手続を中止する場合を一定の場面に限定していた。
　　もっとも，登記官による調査の過程で，表題部所有者不明土地に関する権利関係について訴訟が係属していることが判明したときなどは，表題部所有者不明土地の所有者等の調査及び登記に係る手続を続行することは相当でないと考えられる。
　　そこで，登記官は，表題部所有者不明土地に関する権利関係について訴訟が係属しているとき，その他相当でないと認めるときは，表題部所有者不明土地の所有者等の調査及び登記を中止し，又は終了することができるものとしている。

7　公告
　　登記官は，手続の開始時，５の登記をする前及び登記をした後などの主要な場面において，それぞれ公告をしなければならない旨の規律を設けるものとする（注）。
　　（注）公告の方法としては，例えば，表題部所有者不明土地の所在地を管轄する登記
　　　　所の掲示場に掲示する方法等（不動産登記規則１５４条参照）が考えられる。
（補足説明）
　　表題部所有者不明土地の調査及び登記は，職権で行うものであるが，当該土地の権利を主張するものや過去の経緯などを知るものなどからの意見提出がある場合には，これを判断資料に加えることが適切であることから，登記官は，手続の開始，前記５の登記をする前及び手続の終了時などの手続の主要な場面で，所要の公告をしなければならない旨の規律を設けるものとしている。
　　なお，研究会資料９第５の１（特定された表題部所有者として記録されるべき者を表題部所有者とする登記）においては，登記をした後に公告等をする【Ａ案】と，登記をする前に公告等を行い，異議を述べる機会を付与する【Ｂ案】について検討を行った。この点について，現在の不動産登記法においては，登記官の職権により表題部所有者の登記をする場合であっても，あらかじめ所有者等に対して通知を行い，異議を述べる機会を与えるものとはされていない。他方で，表題部所有者の登記には，表題部所有者に所有権の保存の登記の申請適格が与えられるとの効果（同法第７４条第１項第１号）があることなどを考慮すると，登記をしようとする段階であることを外部から認識できるようにすることが，手続の透明性を確保するために必要であると考

- 5 -

えられる。そこで，本文では，5の登記をする前に，公告をしなければならないものとすることを提案している。

第2 特定表題部所有者不明土地等の管理に関する特別の措置

1 特定表題部所有者不明土地

この制度において「特定表題部所有者不明土地」とは，表題部所有者不明土地のうち，登記官が調査を行ってもなお所有者等のいずれをも特定することができなかったもの（注）をいうものとする。

（注）共有持分を有する者及びかつてその共有持分を有していた者のいずれをも特定することができなかったものである場合にあっては，その共有持分

（補足説明）

登記官が，表題部所有者不明土地について調査を行っても，その所有者等のいずれをも特定することができないといった事態が生じ得る。このような表題部所有者不明土地については，その要因となった土地台帳を不動産登記簿に一元化する作業を開始した昭和35年からでも既に60年近く経過していることや，今後，関係資料が散逸する一方であることを考慮すると，今後とも所有者を特定することができないままとなる蓋然性が極めて高いと考えられる。その一方で，その管理・処分権者を欠くことから，土地の適正な管理や円滑な取引等に関して著しい支障を生ずることとなる。そして，このような所有者を特定することができない場合には，不在者財産管理制度や相続財産管理制度など既存の財産管理制度の利用も困難であり，上記の支障の解消を図ることができないことになる。そこで，後記2において，このような土地の管理に関する特別の措置を講ずることを提案している。

ここでは，このような特別の措置の対象となる土地を「特定表題部所有者不明土地」とし，特定表題部所有者不明土地とは，表題部所有者不明土地のうち，登記官が調査を行ってもなお所有者等のいずれをも特定することができなかったもの（共有持分を有する者及びかつてその共有持分を有していた者のいずれをも特定することができなかった場合にあっては，その共有持分）をいうものとしている。

2 不明土地等管理命令の創設

特定表題部所有者不明土地（第1の5③の登記がされたものに限る。）について，必要があると認めるときは，裁判所は，利害関係人の申立てにより，不明土地等管理者による管理を命ずる処分（以下「不明土地等管理命令」という。）をすることができる制度を創設する。

（補足説明）

前記1のとおり，特定表題部所有者不明土地の管理に関する特別の措置として，不明土地等管理命令制度の創設を提案している。

不明土地等管理命令の申立ては，登記官による調査を終えて第1の5③の登記がされた特定表題部所有者不明土地について，必要があると認めるときに，利害関係人の申立てにより，裁判所が命ずるものとしている。

「必要があると認めるとき」とは，当該特定表題部所有者不明土地の管理の必要が

- 6 -

あると認めるときをいい，例えば，特定表題部所有者不明土地であるがけ地について，崩落を防止するため，必要な工事をする必要がある場合などがこれに該当する。

また，「利害関係人」には，例えば，特定表題部所有者不明土地について特定することができた共有者の一人や，特定表題部所有者不明土地について時効取得を主張する者，公共事業のために特定表題部所有者不明土地を取得しようとする国又は地方公共団体などが含まれることを想定している。

3　不明土地等管理者の権限

特定表題部所有者不明土地及びその管理，処分その他の事由により不明土地等管理者が得た財産（以下「特定表題部所有者不明土地等」という。）の管理及び処分をする権利は，不明土地等管理者に専属するものとする。ただし，不明土地等管理者が次に掲げる行為の範囲を超える行為をするには，裁判所の許可を受けなければならないものとする。

① 保存行為
② 特定表題部所有者不明土地等の性質を変えない範囲において，その利用又は改良を目的とする行為

（補足説明）

不明土地等管理命令に基づいて選任された不明土地等管理者の権限に関しては，特定表題部所有者不明土地等の管理及び処分する権利は，不明土地等管理者に専属するものとしている。なお，ここでは，特定表題部所有者不明土地に加えて，その管理，処分その他の事由により不明土地等管理者が得た財産（例えば，土地から生じた天然果実や，土地の売却代金など）も管理処分権の対象としている。ただし，不明土地等管理者が①保存行為及び②特定表題部所有者不明土地等の性質を変えない範囲において，その利用又は改良を目的とする行為の範囲を超える行為をするには，裁判所の許可を受けなければならないものとしている。

4　当事者適格

不明土地等管理者は，特定表題部所有者不明土地等に関する訴えについて当事者適格を有するものとする。

（補足説明）

不明土地等管理者が選任された場合には，特定表題部所有者不明土地等の管理及び処分する権利は不明土地等管理者に専属するものとしているため，特定表題部所有者不明土地等に関する訴え（特に，その時効取得を主張する者が不明土地等管理者を被告として所有権の確認の訴えを提起することが想定される。）については，不明土地等管理者自身が当事者適格を有するものとすることが相当である。

そこで，不明土地等管理者は，特定表題部所有者不明土地等に関する訴えについて当事者適格を有するものとしている。

5　不明土地等管理者の義務

不明土地等管理者は，特定表題部所有者不明土地の所有者のために，善良な管理者

の注意をもって，また，誠実かつ公平に，権限を行使しなければならないものとする。
　（補足説明）
　　不明土地等管理者は，その職務を行うに当たっては，真の所有者のために，善良な管理者の注意をもって，権限を行使しなければならないものとしている。
　　また，真の所有者が複数名に上ることを前提に，不明土地等管理者は，特定表題部所有者不明土地の所有者のために，誠実かつ公平に権限を行使しなければならないものとしている。

6　不明土地等管理者の報酬等

　　不明土地等管理者は，特定表題部所有者不明土地等から，裁判所が定める額の報酬等を受けることができるものとする。
　（補足説明）
　　不明土地等管理者は，特定表題部所有者不明土地等の管理のために裁判所が選任する法定の財産管理人であることに鑑み，その職務を行うために必要なものとして裁判所が定める額の報酬等を特定表題部所有者不明土地等から受けることができるものとしている。

7　不明土地等管理者による金銭の供託

　(1)　不明土地等管理者は，特定表題部所有者不明土地の管理，処分その他の事由により金銭が生じたときは，特定表題部所有者不明土地の所有者のために，当該金銭を供託することができるものとする。
　(2)　不明土地等管理者は，(1)の規定による供託をしたときは，その旨を公告しなければならないものとする。
　(3)　(1)の供託に係る供託物の還付を請求する権利は，供託の日から２０年間行使しないときは，消滅するものとする。
　（補足説明）
　(1)　特定表題部所有者不明土地を売却した場合など，不明土地等管理者が管理，処分その他の事由により金銭を取得した場合において，特定することができない所有者が現れるまで，不明土地等管理者がいつまでも当該金銭を保有していなければならないとすると，当該金銭は不明土地等管理者の管理に要する費用又は報酬に費消されてしまうこととなり，経済合理性に欠ける。そこで，不明土地等管理者は，特定表題部所有者不明土地の管理，処分その他の事由により金銭が生じたときは，特定表題部所有者不明土地の所有者のために，当該金銭を供託することができるものとしている。
　(2)　不明土地等管理者は，(1)の規定による供託をした場合には，所有者及び第三者においても認識できるよう，その旨を公告しなければならないものとしている。
　(3)　(1)の供託がされた場合には，供託金還付請求権は，権利を行使することができる時から１０年で時効により消滅することとなる（民法第１６７条第１項）。そして，この権利を行使することができる時は，一般的には供託時であるものの，当事者間に紛争が生じている場合には，消滅時効が進行しないと解されており，そのため，

- 8 -

研究会資料14-2　｜　361

供託所としては供託金の還付請求がされるまでは，供託時とは異なる時効の起算点を認めることができるか否かについての判断をすることができない。

他方，特定表題部所有者不明土地については，一元化作業の開始から既に約６０年近く経過している土地について，登記官による調査によっても真の所有者を確知することができなかったものであり，真の所有者が還付請求をする蓋然性は極めて低い。それにもかかわらず，供託金を保管し続けることは合理的ではない。また，供託をした時はその旨を公告し，真の所有者の権利行使の機会を保障していることから，一定の期間を定めて権利関係を確定することが，事後の紛争を防止する観点からも合理的である。そこで，法律関係の明確化の観点から，供託金還付請求権は，供託の日から２０年間行使しないときは，消滅するものとしている（除斥期間）。そして，供託金還付請求権が消滅した場合には，当該供託金は国庫に帰属することになるものと整理している。

8 不明土地等管理命令の取消し
　裁判所は，特定表題部所有者不明土地等の管理を継続することが相当でなくなったとき（注）は，不明土地等管理者若しくは利害関係人の申立てにより又は職権で，不明土地等管理命令を取り消さなければならないものとする。
　（注）例えば，所有者が判明するなどしたとき，管理の対象である特定表題部所有者不明土地等がなくなったとき（7（1）の規定により供託したことによって管理すべき特定表題部所有者不明土地等がなくなったときを含む。）が考えられる。
（補足説明）
　特定表題部所有者不明土地等の管理を継続することが相当でなくなったときは，不明土地等管理者はその任務を終了し，不明土地等管理命令を取り消すことが相当であると考えられる。そこで，このような場合には，不明土地等管理者若しくは利害関係人の申立てにより又は職権で，裁判所が，不明土地等管理命令を取り消さなければならないものとしている。

9 代表者不在土地等管理命令の創設
　第1の5③の登記がされた表題部所有者不明土地が法人でない団体に属する場合において，その代表者又は管理人が選任されておらず，かつ，当該団体の全ての構成員を確知することができないことその他当該団体の状況その他の事情に照らして必要があると認めるときは，裁判所は，利害関係人の申立てにより，不明土地等管理者による管理を命ずる処分（代表者不在土地等管理命令）をすることができる制度を創設する。
（補足説明）
　登記官による調査の結果，表題部所有者不明土地が法人でない団体に帰属していることが判明したものの，その代表者又は管理人が選任されておらず，かつ，当該団体の構成員を全く確知することができないなど当該団体の構成員の状況その他の事情に照らして必要があると認めるときも，不在土地等管理命令の場合と同様に，既存の財産管理制度によって対応することが困難であり，かつ，財産管理を命ずる必要性が高

- 9 -

362 ｜ 第2章　資料

いと考えられる。

　そこで，この場合にも，裁判所は，利害関係人の申立てにより，不明土地等管理者による管理を命ずる処分（以下「代表者不在土地等管理命令」という。）をすることができる制度（代表者不在土地等管理命令制度）を創設するものとしている（その他の規定については，不明土地等管理命令に関する規定が準用される。）。

　なお，当該団体の構成員の状況その他の事情に照らして必要があるとは，所有者を特定することができない状況と比肩する状況にあるために，財産管理命令の発令が必要となる事情を指しており，例示された，社団の構成員の全てを確知することができないといった事情を指し，団体の構成員の一部が判明しないにすぎず，団体内部の自治がなお働く状況において，財産管理を命ずることまではできないものと整理している。

- 10 -

（手続の流れ）

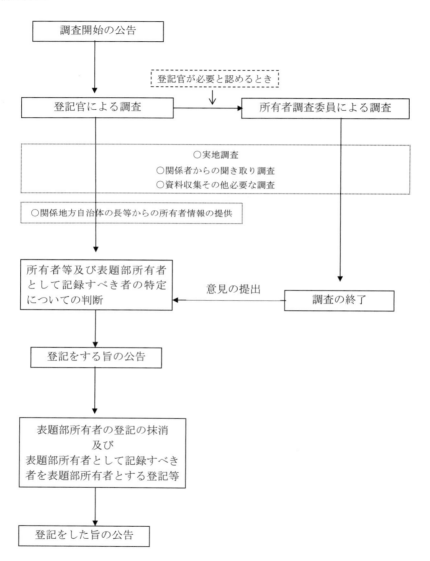

登記制度・土地所有権の在り方等に関する研究会第15回会議　議事要旨

第1　日時　平成30年12月26日（水）18：00～20：00
第2　場所　一般社団法人金融財政事情研究会本社ビル2階第1会議室
第3　出席者（役職名・敬称略）
　座長　山野目章夫
　委員　沖野眞已，垣内秀介，加藤政也，金親均，佐久間毅，水津太郎，鈴木泰介，橋本
　　　賢二郎，松尾弘
　関係官庁　最高裁判所，国土交通省，農林水産省，林野庁，財務省，法務省
第4　議事概要
　1　開会
　2　本日の議題
　【登記の義務化】
　⑴　登記申請義務の具体的内容
　　・　登記申請を義務化するにはその根拠となる理由が必要であり，その理由とは所
　　　有者の社会的責務に求められるのではないか。そうであるとすれば，所有者とな
　　　った原因によって差を設ける必要はないので，登記申請義務の対象とする登記原
　　　因は，相続に限らないとする案に賛成する。
　　・　また，理由を上記のような社会的責務に求めるのであれば，登記申請義務の対
　　　象とする権利は，所有権のみとすることになるのではないか。
　　・　さらに，土地に限らず建物の場合にも上記のような社会的責務があるとするの
　　　は広すぎるとも思われ，登記申請義務の対象とする財産は，差し当たり土地に限
　　　定するのが適当ではないか。
　　・　登記申請義務の具体的内容については，所有者不明土地問題への対策という政
　　　策目的の実現から必要かどうかという観点から絞り込んでいくべきであり，登記
　　　原因は相続のみを対象とし，権利は所有権のみを対象とすることから始めるべき
　　　ではないか。
　　・　土地基本法の改正に関する議論の中では，登記及び土地の境界をきちんと管理
　　　することを所有者の責務として明らかにしてはどうかとの議論があり，これが規
　　　定されれば，登記の義務化の根拠となり得る。
　　・　土地基本法は，土地に限らず，国民の生活の基盤となる空間が適切に利用・管
　　　理されることをもその理念に含むものであって，その対象には土地上の建物等も
　　　含まれ得るため，建物についても義務化の対象とすることは可能ではないか。
　　・　所有者不明土地問題は，相続登記がされないことを発端としているものである
　　　ことから，対象とする登記原因は相続のみ，権利は所有権のみ，権利変動は移転，
　　　保存とする案に賛成する。他方で，自らの権利を守るために登記を備えるという
　　　制度の下では，売買などの場合に登記申請義務を課すことは広すぎるのではない
　　　か。
　　・　仮に，登記申請を申請人の自由とすることを原則とするのであれば，例外的に

- 1 -

登記を義務化する理由を個別のケースに応じて考える必要がある。相続や合併などの包括承継が生じたときは，価値の低い土地について登記を行うインセンティブが低く，義務化することが相当といえるのではないか。他方で，土地の価値が低いケースであっても，売買の場合には対価を払っており，時効取得の場合には占有をしており，解除や取消しの場合にはその旨の意思表示をしているため，通常登記がされることが多く，必ずしも義務化が相当であるとはいえないのではないか。逆に，登記の義務化を原則とするのであれば，この原則を解除する例外的な場合をどのように設定するかという思考になるのではないか。

・　意思表示に基づく登記については，登記の効力要件化を検討してもよいのではないか。

・　土地は有限で新たに生み出すことができないものであり，他の所有者の土地と境界を接しており，他人の権利に影響を及ぼし得る公共財の一つであって，所有者がこれを独占する権利は法によって付与されているという考え方からすれば，土地の所有権の自由を強調し，登記申請を完全に所有者の自由に委ねるとすることは相当ではないのではないか。

・　不要な土地を相続した者については登記申請を義務化しながら，通常は登記申請のインセンティブがあるケースであるにもかかわらず登記をしない者には登記申請を義務化しないとすることには違和感がある。インセンティブの有無と登記申請の義務化の要否とを関連付けて議論することの相当性について留意すべきではないか。

・　登記原因について，法人の合併には意思的な要素が強く，相続とは異なる面があることに留意すべきであり，合併を含むとすれば，会社分割をどうするかといった点についても検討する必要がある。

・　登記原因を相続に限定しないとすると，仮に当事者が登記をしないでおきたいと考えた場合に，例えば，当事者間で所有権を移転しない旨の特約をすることになるのかなど，登記の義務化が当事者の契約行動にどのような影響を与えるかについても考慮すべきではないか。

・　登記原因を相続のみ，権利を所有権のみとし，この義務違反の場合にサンクションを課す案に賛成する。相続以外の場合についてまでサンクションを設けることは相当でなく，一般的に所有権を取得した場合の登記申請を義務として規定した上で，相続の場合に限定してサンクションを設けることとしてはどうか。

・　登記申請義務を負う主体について，共同申請主義の下で，一方のみが義務を負うとすることには違和感がある。所有権を失うときには，所有者の最後の責務として登記申請義務を負うとすることも考えられるのではないか。

・　登記申請義務を履行すべき期間は，登記原因ごとに変わり得るのではないか。例えば，相続の場合には，遺産分割をするために必要な期間内に，遺産分割の結果に基づく登記を行うこととするべきではないか。他の原因の場合には，少なくとも登記をすることを事実上期待できない者に義務違反の不利益を課すことは相当でないため，登記をすることに支障がなくなった時までの期間とすることになるのではないか。

- 仮に，登記申請義務を私法上の義務として整理し，効力要件主義に関連させるのであれば，共同申請主義との関係も意識すべきであるが，他方で公法上の義務として整理するのであれば，共同申請主義と切り離して考えることもできるのではないか。
- 共同申請主義であるにもかかわらず，登記権利者のみがサンクションを受けるとすることには違和感があり，登記と実体を一致させることを重くみるのであれば，登記義務者にも義務を課した方が，より登記に協力するようになり相当なのではないか。
- 登記申請義務を負う主体は，実効性確保の手段をどのように設けるかによっても変わり得ると考えられる。
- 義務化の理由を所有者の責務に求めるのであれば，所有権を手放すときにも登記に協力する義務を負うとすることは可能であると考えられるが，取消しや解除の場合にどうするかは問題である。
- 登記を通じて土地情報の充実を図ることを目的とした義務であると考えた場合には，登記義務者に登記申請義務が課されないとすることには違和感がある。
(2) 義務化の実効性確保手段
- 登記申請義務を怠っていることをどのように捕捉するのかが問題ではないか。
- 仮に相続による権利の移転の登記をすることを義務化した場合で，法定相続分による登記をするときには，相当数の戸除籍謄本を収集するという負担をかけることにもなり得るため，死亡の事実のみを登記することを義務化するということも考え得るのではないか。
- 通知方法に関する不利益を与える措置はあってもよいのではないか。
- 義務を怠っている場合には，実体と一致しない登記を信じた第三者に対し，法定相続分についてすら対抗することができなくなるとすることも考えられるのではないか。
- 費用負担に関する不利益を与える措置については，権利侵害や損害の内容について疑問があり，また，公共事業において所有者の探索等をした場合と異なり，一般の私人において探索等をした場合においてまでそのような損害賠償責任を設けるとすることには疑問がある。
- 登記手続の簡略化や登録免許税の減免措置は必要であると考える。
- 義務を課す以上，過料による制裁を設けるべきであるが，遺産分割に必要な期間については考慮すべきである。
- 登記されないことが社会問題につながっていることや，相続登記をする意義・方法なども含め，啓発活動を行うことも重要である。
- 争いのない相続登記は極めて簡易な方法で，費用も低廉にできるような仕組みとし，難しい相続登記の事案については専門家に依頼するような切り分けを検討してはどうか。
- 訴訟の送達において，不動産登記簿上の住所に送達すれば足りるとすることについては，送達は訴訟における手続保障の出発点であることから，登記申請義務を怠った場合の不利益とすることは相当ではないのではないか。

- 　原告が不動産登記簿上の住所とは異なる被告の現住所を知っているのであれば，その現住所に送達をすべきであろうが，そうすると，原告の善意又は悪意が送達の有効性を左右することになり，現実的な運用は難しいのではないか。
- 　登記申請のインセンティブの付与については，期間内に義務を履行したかどうかにかかわらず行うべきではないか。
- 　通知方法に関する不利益措置については，義務化しなければできない性質のものであるのか，また，義務化すればそれだけで措置を講じてよい性質のものであるのかについて留意すべきである。
- 　公共事業の用地取得担当者の立場からすると，損害賠償請求権を行使することは事実上難しいと思われる。
- 　義務化の議論の前提として，どのような土地（例えば，相続の場合に，相続人が今後も保有しようと考えているが登記されていない土地，相続人が誰も保有の意思を有しておらず登記されていない土地など）について登記されることを目指すのかを整理し，登記されない理由を分析する必要があるのではないか。
- 　過料の制裁については，実際にこれを科することとしなくても，このような規定が設けられること自体によって，義務の履行を促す一定の効果があると考えられる。
- 　義務化については，実効性確保手段との組合せや，遺産分割の期間制限や土地を手放す仕組みの在り方などの論点と関連させて検討していく必要がある。

3　閉会

研究会資料１５

登記の義務化について

第１　登記申請義務の具体的内容
　　相続等の発生を登記に反映させるために登記申請を義務化することとした場合に，下記の各論点について，それぞれどのように考えるか。
１　申請すべき登記の内容
　(1)　対象となる登記原因
　　　　登記申請義務の対象となる登記原因について，どのように考えるか。
　　　【Ａ案】相続のみを対象とする。
　　　【Ｂ案】相続に限らず，法人の合併，契約，時効取得，法律行為の取消し及び契約の解除等も広く対象とする。
　　※　なお，登記名義人等の氏名・名称又は住所の変更については，後記(5)参照
　　（補足説明）
　　１　所有者不明土地問題の要因として，相続登記が未了のまま放置されていることが指摘されている。第３回及び第８回研究会では，相続登記の場面においては対抗要件主義による登記申請へのインセンティブが働かないことや，相続登記が行われないと時の経過とともに権利者がネズミ算式に増加し，登記と実体との不一致が拡大するおそれがあること，実体法上あり得ない登記がされたままとなっていることなどが指摘され，相続による登記について義務化する必要性についての議論がされた。そして，相続が発生した場合に登記申請を義務化すること自体については，大きな異論はなかった。
　　２　これに対し，登記と実体の一致を図るという観点からは，相続が発生した場合に限らず，不動産の物権変動が生じた場合に広く登記申請義務の対象とすることが考えられる。対抗要件主義が適用される場面については登記申請にインセンティブが働くとの指摘があるが，土地の価値が低いケースなどにおいては，手続的な負担に土地の価値が見合わないため，インセンティブが働かないことがあり得る。また，所有者不明土地の原因として，相続登記が未了の場合に比べれば割合としては少ないものの，売買・交換等による所有権移転の未登記があることも指摘されている。
　　　　そこで，申請義務の対象となる登記原因について，相続のみを対象とする【Ａ案】のほかに，法人の合併，契約，時効取得，法律行為の取消し及び契約の解除等も広く対象とする【Ｂ案】を示している。
　　　　なお，相続に限らず，申請義務を課す登記原因を広く捉えることとした場合については，申請義務を負う者の負担を軽減する観点から，登記原因ごとに義務違反の効果を異ならせる必要がないかも検討する必要があると考えられる。

　(2)　対象となる権利
　　　　登記申請義務の対象となる権利について，どのように考えるか。

－ 1 －

研究会資料15　│　369

【Ａ案】不動産登記法第３条に掲げる権利を対象とする。
【Ｂ案】所有権のみを対象とする。
（補足説明）
1　不動産登記法第３条は，登記することができる権利を，所有権，地上権，永小作権，地役権，先取特権，質権，抵当権，賃借権及び採石権の９種類として定める（なお，民法及び家事事件手続法の一部を改正する法律（平成３０年法律第７２号）による改正後は配偶者居住権が追加され，１０種類となる。）。
2　登記申請義務の対象となる権利について，登記と実体との一致の要請は所有権以外の権利についても同様にあると考えられ，また，相続等が発生した場合に登記がされないままとなるおそれについても同様に他の権利にも認められると考えられる。そこで，登記申請義務の対象として，不動産登記法第３条に掲げる権利を広く対象とすることが考えられる（【Ａ案】）。
3　これに対し，用益権や担保権については，所有権と比較すれば，取引の安全以外の社会的利益を考慮する必要性に乏しいことや，登記申請義務の根拠を土地の所有者の社会的な責務に求められるとの考え方を踏まえると，登記申請義務の対象となる権利は，所有権に限るものとすることも考えられる（【Ｂ案】）。
　　なお，特に用益権や担保権を申請義務の対象とすることとした場合には，権利の内容の変更も含むこととするかなどの論点が考えられるが，これについては後記(3)において検討することとしている。

(3) 対象となる権利変動
　　登記申請義務の対象となる権利変動について，どのように考えるか（注）。
【Ａ案】権利の保存，設定，移転又は消滅を対象とする。
【Ｂ案】【Ａ案】の場合に加え，変更も対象とする。
（注）上記(1)や(2)の論点においてどの案を採用するかにより，対象となる権利変動の範囲は異なり得る。例えば，(1)で【Ａ案】を採用した場合には，権利の移転が対象となる。
（補足説明）
1　不動産登記法は，登記の対象となる権利変動として，権利の保存，設定，移転，変更，処分の制限又は消滅を定めている（同法第３条）。
　　所有者不明土地は，土地の所有者を登記簿から直ちに把握することができないものを指していることからすれば，登記申請義務の対象となる権利変動は，権利主体に変動が生じ得る権利変動，すなわち，権利の保存，設定，移転又は消滅を対象とすることが考えられる（【Ａ案】）（注１）（注２）。
　　（注１）なお，処分の制限の登記については，公的機関（裁判所等）によって適時にされるものであるため，登記申請義務の対象とする必要はないものと考えられる。
　　（注２）実務上，当事者間で登記を移転しない旨の登記留保の特約がされることもあるが，権利の移転が生じているのであれば，仮にこのような特約がされていたとしても，申請義務違反を構成することになるものと考えられ

- 2 -

る。

2　これに対し，登記と実体との一致の要請を重く見た場合には，権利の内容の変更についても登記簿から直ちに把握することできることが望ましいともいうことができる。そこで，登記申請義務の対象となる権利変動について，上記の場合に加え，権利の変更の場合も対象とすることが考えられる（【B案】）。

　もっとも，【B案】に対しては，軽微な変更が生じた場合であっても，登記申請義務が課せられることとなるため，大きな手続的負担が生ずるし，登記の実体との一致の要請も，まずは登記簿から権利者（所有者）が判明しないという問題に対処する範囲で受け止めるのが適切であるとの指摘が考えられる。

(4) 氏名等についての変更の登記の義務化

　表題部所有者又は登記に係る権利者の氏名若しくは名称又は住所（以下「氏名等」という。）についての変更の登記（不動産登記法第３１条，第６４条第１項）の申請を義務化することが考えられるが，どのように考えるか。

（補足説明）

1　現在の不動産登記法は，表題部所有者又は登記に係る権利者の氏名若しくは名称又は住所（以下「氏名等」という。）について変更があった場合でも，その変更の登記の申請を義務付けていない。

　そのため，氏名等に変更があった場合にも，その変更の登記がされないまま放置される事態が生じ得る。そして，これも所有者不明土地問題の要因の一つであると指摘されている。

　権利者がどこの誰であるかを特定することができるという点は，不動産に関する権利関係を公示するために最も重要な事項の一つであるが，従前は，氏名等に変更があった場合でも，戸籍謄本や住民票の写しの交付を誰でも請求することができたため，氏名等の変更が不動産登記に反映されていなくても，問題が顕在化していなかったとも考えられる。しかし，平成１９年に行われた法改正（注）により，戸籍謄本や住民票の写しの交付を受けることができる者の範囲が限定されたため，氏名等についての変更の登記が放置された場合には，権利者がどこの誰であるかを容易に把握することが困難になっているともいうことができる。

　そこで，表題部所有者又は登記に係る権利者は，その氏名等に変更があった場合には，一定期間内に，その変更の登記の申請を義務付けることが考えられるが，どうか。

　さらに，担保権の設定の登記の債務者等について対象とすることも考えられるが，どうか。

　また，氏名等についての変更の登記の申請を義務化した場合であっても，その実効性を確保する観点から，申請人の手続負担を軽減する方策を引き続き検討する必要があると考えられる。また，氏名等についての変更の登記の申請を義務化する場合には，ＤＶ被害者等の保護が問題となるが，これらの点については，登記の公開の在り方における議論（研究会資料１４－１参照）と併せて引き続き検討する必要がある。

- 3 -

（注）戸籍法の一部を改正する法律（平成１９年法律第３５号），住民基本台帳
法の一部を改正する法律（平成１９年法律第７５号）

(5) 対象となる財産
　登記申請義務の対象となる財産は，土地だけでなく，建物をも対象とすることが
考えられるが，どのように考えるか。
（補足説明）
　所有者不明土地問題への対応という観点からは，土地についてのみ登記の義務化
をすれば足りるとの考え方もあり得る。
　しかし，例えば，借地権は，土地上に借地権者が登記されている建物を所有する
ときは，第三者対抗力を有するとされており（借地借家法第１０条第１項），建物
の登記の借地権者の記録を見なければ，土地に関する権利関係を把握することがで
きない関係にある。また，敷地権付き区分建物は，敷地である土地に関する登記上
の公示と一体的に処理されており（不動産登記法第７３条等），土地に関する権利
関係の把握に当たっては，同様に，建物の登記の記録を見る必要がある。さらに，
所有者不明の空き家についてもその所有者の把握が困難となり，空き家が周囲に悪
影響を及ぼしている場合に問題を生じているとの指摘がされている。そこで，申請
義務は，土地に限らず，建物をも対象とすることが相当であると考えられる。
　もっとも，建物については，権利に関する登記の前提となる表題登記の申請義務
（不動産登記法第４７条第１項）が履行されていない未登記建物が多く存在した場
合には，登記の義務化をしても，その実効性が確保されないという別途の問題もあ
るため，その対応方策を併せて検討する必要がある。
　以上に対し，土地及び建物以外の船舶や立木等については，登記の義務化の必要
性は，慎重に検討する必要があるものと考えられるが，どうか。

2　登記申請義務を負う主体
　権利に関する登記の申請義務は，原則として，登記権利者が負うものとすることが
考えられるが，どうか。
（補足説明）
　権利に関する登記の申請は，相続又は法人の合併による場合などの例外を除き，登
記権利者及び登記義務者が共同してしなければならないものとされている（不動産登
記法第６０条）。そこで，登記権利者及び登記義務者の両者に，権利に関する登記の
申請義務を負わせることも考えられる。
　もっとも，共同申請主義を採用するかどうかは，登記の真正の担保に関する問題で
あるのに対し，登記の申請義務を負う者の問題は，誰が実体上の権利変動を登記に反
映させることについて責任を負うかという問題であり，両者を一致させる必要はない
とも考えられる。そして，そのような観点からすると，当該権利に関する登記をする
ことにより登記上直接に利益を受ける登記権利者に，登記の申請義務を負わせるもの
とすることが相当であると考えられる。
　ただし，登記義務者が登記申請を行わない場合には，登記権利者が登記義務者に対

－ 4 －

372 ｜ 第２章　資料

して実体法上の権利関係に基づき所要の登記請求訴訟を提起するなどすることになると考えられるが，最終的に判決を取得するまでには一定の期間を要することとなる。そこで，このようなケースを念頭に，そのようなケースについては直ちに義務違反を構成しないこととなるような要件とするか，仮登記の申請をもって申請義務違反とはならないこととすることなどを検討する必要がある。

3 登記申請義務を履行すべき期間

　登記申請義務を履行すべき期間については，申請義務を課される登記の内容や義務違反の効果等の議論の状況を踏まえつつ，引き続き検討することが考えられるが，どうか。

（補足説明）

　第9回研究会においては，相続の場面を中心に，申請義務を履行すべき期間について検討を行った。

　もっとも，申請義務を履行すべき期間については，申請義務を課される登記の内容や，義務違反があった場合に与えられる効果をどのようなものとするかによって，どの程度の期間とするのが適切かは大きく異なってくるものと考えられ，現状では，具体的な検討は困難であると考えられる。

　そこで，申請義務を課される登記の内容や義務違反の効果等の議論の状況を踏まえつつ，引き続き検討することとする。

第2　義務化の実効性確保手段

　登記申請を義務化することとした場合におけるその実効性を確保するための手段に関して，下記の各論点について，それぞれどのように考えるか。

1　登記申請のインセンティブの付与による実効性確保

　登記申請義務の履行にインセンティブを付与する方策（例えば，一定の期間内において，登記申請の履行（又はこれにつながる行為の実行）をした登記の申請義務者に対して，その負担を軽減する措置を講ずる。）を実施することにより，登記申請義務の履行を確保することが考えられるが，どうか。

（補足説明）

1　登記申請を法律上の義務とした場合であっても，その義務が履行されなければ，登記申請を義務化した目的は達成されないままとなる。そこで，申請義務を履行すべき期間内など一定の期間内に申請義務の履行（又はこれにつながる行為の実行）をすることで，義務者にメリットを与えることとし，これをインセンティブとして申請義務の履行を促進させることが考えられる。

2　例えば，価値の低い土地を相続した場合には，その手続的な負担に見合うほどの登記申請へのインセンティブが働かないとの指摘がされている。このような観点からは，所有権の登記名義人に相続が生じた場合には，一定の期間内において，その相続人の一人が，登記所に対して，①被相続人の死亡の事実及び②対象となる不動産を申し出ることにより，戸除籍謄本等の添付情報の提供をすることなく，法定相続分による相続による所有権の移転の登記を受けられるようにする仕組みを創設

- 5 -

研究会資料15　｜　373

し，この期間内に登記申請の履行（又はこれにつながる行為の実行）を促すことが考えられる。他方で，このような方策を実施する場合には，不動産登記簿と戸籍等との連携が図られるなど，その運用を可能とする環境面の整備が課題となる。

また，上記の例示の場面以外にもこのような措置を講ずることが相当な場面がないか等については引き続き検討が必要である。

3 また，一定の期間内に登記申請がされた場合については登録免許税の減免などによる手続費用の負担軽減をする必要があるとの指摘もされている。相続登記に関する登録免許税の負担については，租税特別措置法（昭和３２年法律第２６号）において，平成３３年（２０２１年）３月３１日までの期間，所定の要件を満たす相続に係る所有権の移転登記について免税措置が講じられており（同法第８４条の２の３），その効果等も踏まえつつ，引き続き検討することが必要である。

2 登記申請義務を懈怠した場合には，一定の不利益を与えることによる実効性確保

(1) 通知方法

登記申請義務に違反した場合には，登記の申請を怠った者に対して一定の法律上の不利益（例えば，法令の規定により不動産の所有者に対して通知等が必要な場合であっても，当該不動産の所有権の登記名義人の住所にあてて通知等を発すれば足りるとすること）を与える新たな措置を講ずることが考えられるが，どうか。

（補足説明）

1 登記申請を義務化した場合には，その実効性を確保する措置として，登記の申請を怠った者に対して一定の法律上の不利益を与える新たな措置を講ずることが考えられる。

このような観点からは，登記申請義務に違反した場合には，登記申請義務を負っている不動産の所有者に対して法令上通知等を発することが必要となるケースにおいて，当該不動産の不動産登記上の登記名義人の氏名又は名称及び住所にあてて通知等を発すれば足りることとし（当該規定において通知等を実施したものとみなす旨の規定を設ける。），実体上の所有者の特定や所在の探索をする必要はないものとする規律を設けることが考えられる（なお，現行法上の類似の規定として，仮登記担保に関する法律（昭和５３年法律第７８号）第５条第３項がある）。

2 例えば，不動産登記法第１３３条は，筆界特定の申請があったときは，筆界特定登記官は，遅滞なく，その旨を公告し，かつ，その旨を対象土地の所有権登記名義人等であって筆界特定の申請人以外のもの及び関係土地の所有権登記名義人等に通知しなければならないものとしている（同条第１項）。そして，これらの者の所在が判明しないときは，法務局又は地方法務局の掲示場に掲示することによって行うことができ，掲示を始めた日から２週間を経過したときに当該通知が到達したものとみなすものとしている（同条第２項）。これらの公告及び通知がされなければ，筆界調査委員の指定をすることができず（同法第１３４条第１項），その後の手続を進めることができない。

しかし，登記申請を義務化した場合には，その義務違反者のために不必要な探

－ 6 －

索の費用や時間を費やす必要はなく，一定の負担を負わせることで登記の申請を促進することがあり得る。そこで，同法第１３３条第１項本文の規定による通知は，不動産登記簿に記録されている所有権の登記名義人等の住所にあてて発すれば足り，通常到達すべきであった時に到達したものとみなす旨の規定を設けることが考えられる。

3　なお，上記のような規律を不動産登記法において置くこととした場合には，他の法律においても同種の規律を設けることができないかを検討する必要が生ずる。例えば，①不動産の共有者を被告とする共有物関係訴訟など，不動産に関する権利関係を訴訟物とする訴訟の提起に関して，同種の規定（送達の特例等）を設けること，②各種の行政手続等において不動産の所有者等を名宛て人とする処分に関して同種の規定を設けることなどが考えられるところである。もっとも，上記の規律が対抗力とは別の効力を登記に与えるという実質を有しており，また，本来の権利者に対する不利益の程度に応じて，その手続保障を図る必要があることに鑑みると，その対象となる規定は個別にその規定の趣旨や具体的な規律の内容等を踏まえつつ選別する必要があり，個別の場面ごとに各法律の個別の規定に関して，どのような効果を与えるのが適切かについて検討をする必要があると考えられる。

(2) 費用負担

登記申請をすべき義務があるにもかかわらずその申請を怠った者は，当該登記申請がされなかったことによって発生した損害（探索に要した費用等）を賠償する責任を負うこととすることが考えられるが，どうか。

（補足説明）

登記申請義務を負う者がその申請を怠っていた場合には，権利者を探索するために追加的な費用の負担が発生することになる。もっとも，当該探索費用については，契約等がない限り，登記申請義務を負う者に請求する法律上の根拠はないものと考えられる。

そこで，このような費用等の損害について，登記申請義務を懈怠した者に賠償請求をすることができるとすることが考えられる。

もっとも，登記申請義務は公法上の義務として構成されるものと考えられるため，この賠償義務は債務不履行による損害賠償義務とは別の法定の賠償責任と構成せざるを得ないものと考えられる。また，このように公法上の義務として構成する以上，この義務違反を理由とする賠償請求権をどの範囲の者に与えるべきかは別途検討をする必要があるが，これをどのような範囲とすることが適切か，また，これを適切に区切ることができるのかについては，引き続き検討する必要がある。なお，これを一般化した規定を設けることが困難である場合にも，各法律の個別の規定に関して，この趣旨の規定を設けることは，あり得るものと考えられる。

3　制裁による実効性確保

登記申請をすべき義務がある者がその申請を怠ったときは，一定金額の過料に処す

— 7 —

ることが考えられるが，どうか。

（補足説明）

　不動産登記法は，表示に関する登記について，登記申請をすべき義務がある者がその申請を怠ったときは，１０万円以下の過料に処するものとしている（同法第１６４条）。上記のとおり，申請義務の対象を権利に関する登記等に拡大する場合にも，同様の制裁を科すことが考えられる。

　これに対しては，１０万円程度の過料の制裁では，登記手続に要する費用がこれを上回り，実効性を欠くとの指摘もあるが，このような観点は，むしろ，上記１又は上記２のような措置の可否の問題として検討すべきであると考えられる。

　また，登記が申請されたときに初めて申請義務の懈怠が判明し，過料の制裁を受けるのであれば，かえって申請を控える事態を招くのではないかとの指摘もあるが，申請義務の実効性確保の観点は，上記１又は上記２の方策によって対応することを検討すべきものであり，直ちに過料の制裁を設けない理由ともならないものと考えられる。

　さらに，仮に相続登記以外にも登記申請義務を拡大することとした場合には，これらの登記には一定のインセンティブが働くことや，登記手続に伴う負担も小さくないことに鑑みて，過料の制裁を設けないことも，検討する必要があると考えられる。

－ 8 －

376 ｜ 第２章　資料

登記制度・土地所有権の在り方等に関する研究会第16回会議　議事要旨

第1　日時　平成31年1月15日（火）18：00～20：30
第2　場所　一般社団法人金融財政事情研究会本社ビル2階第1会議室
第3　出席者（役職名・敬称略）
　座長　山野目章夫
　委員　沖野眞已，垣内秀介，加藤政也，金親均，佐久間毅，水津太郎，鈴木泰介，橋本
　　　　賢二郎，松尾弘，山本隆司
　関係官庁　最高裁判所，国土交通省，農林水産省，林野庁，財務省，法務省
第4　議事概要
　1　開会
　2　本日の議題
　【最終取りまとめ序文案】
　・　研究会資料16-1のとおり検討の視点の整理等を行うことについて異論はない。
　【登記手続の簡略化に関する最終取りまとめ案】
　・　法人としての実質を喪失している法人の担保権に関する登記の抹消手続の簡略化
　　　（研究会資料16-2第2の1）については，簡略化を進めていくべきであると考える
　　　が，これを許容するための要件設定についてはよく検討する必要がある。
　・　登記義務者の所在が知れない場合の時効取得を原因とする所有権の移転の登記の
　　　申請を登記権利者が単独で行うことの許容（第3）については，例えば売買契約に
　　　よるケースなど時効取得以外のケースにも波及し得ることを考慮すると，これを認
　　　めることは相当でないと考えるため，その適否も含めて引き続き検討すべきではな
　　　いか。
　・　第3のA案及びB案は，それぞれその案を支持する意見がある。
　・　不在者財産管理制度，相続財産管理制度，遺産共有における管理権者に関する見
　　　直しが行われれば，それにより登記権利者の負担軽減が図られ得るため，第3のよ
　　　うな登記手続の簡略化を図る必要性が変わり得るのではないか。
　・　B案は除権決定を参考にしているものであるが，例えば，申請に代わる許可の裁
　　　判などを参考にすることも考えられるのではないか。
　・　第3の論点と，時効起算日前に所有権の登記名義人が死亡し，その相続登記が未
　　　了である場合に，登記名義人から直接時効取得者への所有権の移転の登記をするこ
　　　とができるようにするとの論点（第4）の相互関連性について整理することが必要
　　　である。
　【不動産登記情報の更新等に関する最終取りまとめ案】
　・　不動産登記上の情報と最新の情報とを一致させる取組（研究会資料16-3第1の1）
　　　に関しては，不動産の所有者が自らの所在等を探知可能にしておく必要があること
　　　の根拠についても留意すべきであるが，その根拠の一つとして，登記に公信力がな
　　　い以上，取引の相手方の調査の負担を軽減するために，不動産の所有者は自らの所
　　　在を探知可能にしておく必要があるということが挙げられるのではないか。
　・　「自己情報コントロール権」は，一義的な定義があるものではないため，その意

- 1 -

第16回会議　議事要旨　｜　377

味については具体的に記載すべきではないか。
- 戸籍等から得た情報に基づいて不動産登記情報を更新するための手続（第1の2）のA案において，登記名義人等の異議の有無を確認する場合には，情報の変更に誤りがないかどうかを確認するものと考えるべきではないか。
- 第1の2のA案及びB案は，それぞれその案を支持する意見がある。
- 第1の2については，住所変更の登記の申請の義務化の議論と関連性があるのではないか。
- 登記名義人等に関する不動産登記情報の公開の在り方の見直し（第2）について，B案を採ることについてほぼ異論はなく，更にA案のように拡大するかについては議論があるため，案を提示する順番等について考慮してはどうか。
- 成年後見登記，動産・債権譲渡登記等において登記の公開の多様な在り方がある中で，不動産登記の公開の在り方の合理性を明らかにしておくべきではないか。
- 所有者不明土地問題に対応するために第1のように不動産登記情報の更新を図る方策を検討する過程において，自動的に更新される対象としてどのような情報が適切かという観点から，第2の議論が位置付けられるのではないか。

3　閉会

- 2 -

378　｜　第2章　資料

（報告書序文イメージ）

第1章　はじめに

第1　所有者不明土地問題と民事基本法制の見直し

1　不動産登記簿により所有者が直ちに判明せず，又は判明しても連絡がつかない所有者不明土地は，典型的には次のような形で，様々な問題を発生させる。

①　相続等による所有者不明土地の発生

　土地の不動産登記簿上の所有者が死亡したが，土地の価値が低いなどの事情により遺産分割がされず，実体法上は相続人によって共有されているのに，その旨の登記もされないまま放置される。表題部所有者の氏名・住所等について変則的な古い記録がされ，真実の所有者を特定することが困難なもの（変則型登記がされた土地）もある。

②　所有者探索の負担

　その後，何らかの事情により，共有者の一部又は第三者が当該土地を利用しようとして，所有者を探索するが，不動産登記簿によっては所有者が判明しないため，当該土地を利用しようとする者が戸籍簿等を調査して，共有者の氏名及び住所を特定しなければならなくなる。変則型登記がされた土地では，所有者の探索は特に困難である。

③　共有関係にある土地の利用・管理の支障

　共有者のうち一部の者の利用行為や第三者に利用を許す行為が，共有物の管理に関する事項に該当するのであれば，持分の価格の過半数を得ればよいはずであるが，共有物の管理と，共有者全員の同意を得なければすることができない共有物の変更・処分との区別が必ずしも明らかでないため，慎重を期して共有者全員の同意を得て利用する必要が生じ，所有者調査を省略することもできない。

④　財産管理制度における管理コスト

　共有者の一部が不在者となっていたり，死亡して相続人のあることが明らかでない状態になっていたりして，土地の利用・管理に関する共有者の承諾を得ることができないときには，利害関係人が家庭裁判所に対して不在者財産管理人や相続財産管理人の選任を申し立てることが考えられる。しかし，第三者が土地を利用しようとする場合には利害関係人と認められ

1

ないこともあり，また，財産管理人が選任されたとしても，当該財産管理人は当該不在者等の財産の全体を管理しなければならない（相続財産管理の場合は清算まで行わなければならない）ため，コストが高くなる。

⑤　近傍の土地の利用・管理の支障

共有者にも第三者にも利用されないために土地が荒廃し，近傍の土地所有者等に損害を与えるおそれが生じても，当該土地所有者等が損害発生を防止するなどの措置を講ずるためには，上記の所有者探索を行った上で，訴訟を提起して勝訴する必要があるが，その権利関係は法令上必ずしも明らかでない。また，所有者不明土地から竹木の枝が隣地に侵入してきたケースや，隣地所有者が，調査・測量や工事のために所有者不明土地を使用する必要があるケース，水道・ガス等のライフラインの導管を所有者不明土地に設置する必要があるケースでも，対応に苦慮することになる。

2　今後，人口が減少し，土地の価値も下落傾向となることが予想されるが，所有者不明土地が生じさせる上記のような問題は，相続が繰り返される中でますます深刻化するものと考えられる。

所有者不明土地対策は，土地政策や財政など様々な観点から政府一体となって推進する必要があるが，民事基本法制及び民事法務行政の観点からも，民法（物権関係，相続関係），不動産登記法等の見直しを図る必要がある。

本研究会は，こうした観点から，平成２９年１０月以降，合計●回にわたって検討を続けてきた。この報告書は，考えられる所有者不明土地対策の方向性とその課題を幅広く提示しようとするものである。

第2　検討の視点

民事基本法制の観点から所有者不明土地対策を考えるに当たっては，次の視点から検討することが有用である。なお，歴史的経緯から表題部所有者の登記が変則的なままとされている土地があり，その解消は喫緊の課題であることから，その解消のための法制上の措置については，これとは別の観点から，別途検討を行っている。

1　相続等による所有者不明土地の発生を予防するための仕組み

(1)　不動産登記情報の更新を図る方策

前記第1の1①（相続等による所有者不明土地の発生）や②（所有者探索

の負担）のような状況を生じさせないために，相続登記の申請を土地所有者に義務付けることや登記所が他の公的機関から死亡情報等を入手すること等により，不動産登記情報の更新を図る方策について検討する必要がある。【Ｐ】

⑵ 所有者不明土地の発生を抑制する方策

前記第１の１①（相続等による所有者不明土地の発生）のような状況を生じさせないために，土地所有権の放棄を可能にすることや，遺産分割に期間制限を設けて遺産分割を促進すること等により，所有者不明土地の発生を抑制する方策を検討する必要がある。【Ｐ】

２ 所有者不明土地を円滑かつ適正に利用するための仕組み

⑴ 共有

前記第１の１③（共有関係にある土地の利用・管理の支障）のような状況を改善するために，共有制度の見直しを検討する必要がある。

共有物の管理に関して，全員同意が必要な行為とそうでない行為とを区別することができるようにするため，㋐共有物の管理や共有物の変更・処分の規律の明確化を図ることが考えられる。

加えて，共有物の管理や共有物の変更・処分に関し，所在不明の共有者を始めとして，態度を明確にしない共有者がいることで共有物の利用が困難になるのを防ぐため，㋑共有者の同意取得方法に関する規律の整備を図ることが考えられる。

また，現行法では，共有物を利用したり，取得したりしようとする第三者は，共有者の全員を調査して特定し，全員との間で交渉をしなければならず，負担が大きいことから，共有物の管理に関する対外的窓口となる㋒共有の管理権者の制度を整備することが考えられる。

さらに，共有は，その性質上，単独所有に比べて迅速な意思決定が困難であり，共有者が増えれば増えるほどその困難が増大することになることから，共有者の一部の者が，供託を活用して，所在不明の共有者から持分を取得することを含めて，㋓共有の解消を促進する制度を整備することが考えられる。

なお，以上のような共有制度の見直しに当たっては，通常の共有と遺産共有との異同を踏まえて十分な検討を行う必要がある。

(2) 財産管理制度

　　前記第1の1④（財産管理制度における管理コスト）のような状況を改善するために，不在者財産管理制度・相続財産管理制度の見直しを検討する必要がある。【Ｐ】

(3) 相隣関係

　　前記第1の1⑤（近傍の土地の利用・管理の支障）のような状況を改善するために，相隣関係の見直しを検討する必要がある。

　　管理不全の土地が荒廃して近傍の土地所有者等に損害を生じさせた場合にも対応できるよう，⑦隣地所有者等が，管理不全の土地の所有者に対して，管理不全状態の除去を請求することができる制度を整備することが考えられる。

　　また，現行法では，隣地の竹木の根が越境した場合には，隣地所有者が自らその根を切り取ることができるのに対し，竹木の枝が越境した場合には，隣地所有者はその竹木の所有者にその枝を切除させることができるに過ぎないとされていることから，⑦越境した枝の切除に関する権利行使方法を見直すことが考えられる。

　　加えて，現行法では，土地の境界標等の調査や土地の測量のための隣地使用に関する規定がなく，また，工事のための隣地使用に関しても，隣地所有者の承諾を得るか，承諾に代わる判決を得る必要があるため，隣地が所有者不明状態になった場合に対応が困難になることから，⑦隣地使用請求権の範囲の明確化と行使方法の見直しを図ることが考えられる。

　　さらに，各種ライフラインは現代社会において必要不可欠であるが，その導管等を設置するために他人の土地を使用することについては，民法に規定がなく，隣地が所有者不明状態になった場合に対応が困難になることから，㊀ライフラインの導管等を設置するために他人の土地を使用することができる制度を整備することが考えられる。

4

382　第2章　資料

研究会資料１６－２

登記手続の簡略化について

第１　法定相続分による所有権の移転の登記がされた後に遺産分割等が行われた場合における登記手続の簡略化

１　遺産分割の場合

⑴　法定相続分による所有権の移転の登記がされた後に遺産分割が行われた場合における登記は，錯誤による更正の登記により行うこととしてはどうか。

⑵ア　法定相続分による所有権の移転の登記がされた場合において，その後に協議による遺産分割が行われたときにする更正の登記（上記⑴の登記）は，登記権利者が単独で申請することができるものとするため，必要な法制上の措置を講ずることとしてはどうか。

イ　法定相続分による所有権の移転の登記がされた場合において，その後に相続させる旨の遺言に基づき行う更正の登記は，登記権利者が単独で申請することができるものとするため，必要な法制上の措置を講ずることとしてはどうか。

（補足説明）

１　⑴について

現在の登記実務では，法定相続分による所有権の移転の登記がされた後に遺産分割協議が行われた場合における登記は，一度は法定相続分による相続がされた後に遺産分割が行われたという物権変動の態様・過程をそのまま登記に反映させるとして，持分喪失者から持分取得者への持分の移転の登記により行われている（昭和２８年８月１０日付け民事甲第１３９２号民事局長電報回答）。これに対し，所有者不明土地問題の解消のため，法定相続分による所有権の移転の登記を含めた相続登記における相続人の負担を軽減し，相続登記を促進するという観点から（注），この場合における登記は更正の登記により行うことができるものとすることが考えられる。

理論的にも，相続人は相続開始の時から遺産分割の結果に基づき相続財産を所有していたこととされること（民法第９０９条本文）に着目すれば，遺産分割前にされた法定相続分による所有権の移転の登記は，登記事項に「錯誤」（不動産登記法第２条第１６号）があったもの，すなわち，登記記録に本来されるべき記録の代わりに誤った記録がされているものとみることもできる。そうすると，錯誤による更正の登記を付記登記により行うものとすることは，このような実体法の規定に沿うということもできる。

ただし，相続開始後，遺産分割前に遺産分割の目的物につき抵当権を設定するなどして利害関係を有するに至った第三者が先にその対抗要件を具備したケースにおいては，付記登記による更正の登記をすることは相当ではないことから，更正の登記ではなく持分の移転の登記によることとなるものと考えられる。

なお，民法第９０９条を移転主義的にとらえる見解からすれば，更正の登記により行うことは実体的な物権変動にそぐわないのではないかとの指摘も考えられるが，上記のとおり第三者が出現する場合においては，更正の登記ではなく持分の移転の登記

－ １ －

によるものと整理すれば，移転主義的にとらえる見解とも大きく矛盾するものではないと考えられる。
（注）法定相続分による所有権の移転の登記がされた後に遺産分割が行われた場合における持分の移転の登記の登録免許税は，不動産の価額の１０００分の４であるが（登録免許税法第９条別表第１第１号(2)イ），更正の登記の登録免許税は不動産１個につき１０００円である（同条別表第１第１号(14)）。
2　(2)について
　現在の登記実務においては，法定相続分による所有権の移転の登記をすることなく，遺産分割協議の結果に基づいて相続を原因とする所有権の移転の登記をする場合には，遺産分割協議書及び当該遺産分割協議書に押印された申請人以外の相続人の印鑑証明書を登記原因証明情報として提供し（昭和３０年４月２３日付け民事甲第７４２号民事局長通達），不動産登記法第６３条第２項に基づき単独で申請することができるとされている（昭和１９年１０月１９日付け民事甲第６９２号民事局長通達）。また，法定相続分による所有権の移転の登記をすることなく，相続させる旨の遺言に基づいて相続を原因とする所有権の移転の登記をする場合にも，遺言書（裁判所の検認が必要な場合には検認されたもの）を登記原因証明情報として提供し，同項に基づき単独で申請することができるとされている。
　これに対し，ＡからＢ及びＣへの法定相続分による土地の所有権の移転の登記がされた場合において，その後にＢとＣとの間で当該土地をＢの単独所有とする遺産分割協議がされたときは，Ｂは，不動産登記法第６３条第２項に基づき所有権の移転の登記を単独で申請することはできず（昭和２８年８月１０日付け民事甲第１３９２号民事局長電報回答，昭和４２年１０月９日付け民三第７０６号民事局第三課長回答参照），ＢとＣの共同で遺産分割協議の結果に基づく登記の申請をしなければならないものとされている。また，法定相続分による所有権の移転の登記がされた後に，相続させる旨の遺言が発見され，当該遺言に基づく所有権の更正の登記をする場合にも，同様に共同で申請することとなる。
　しかし，例えば，上記の前者のケースについては，遺産分割協議書に押印されたＣの印鑑証明書が必要であるのみならず，申請書又は委任状に記名押印した登記義務者（Ｃ）の印鑑証明書も提出する必要があり，印鑑証明書を重複して提出する必要がある点などにおいて，法定相続分による所有権の移転の登記をしていない場合に比べて手続が煩瑣である。また，早期に相続の発生を登記に反映させたためにかえって不利益を受けるのは合理性を欠くものとも考えられる。
　そこで，相続の発生を円滑かつ迅速に登記に反映させるための方策の一つとして，登記権利者が単独で更正の登記を申請することができるものとすることを提案している。そして，上記の前者のケースについては遺産分割協議書と当該遺産分割協議書に押印された申請人以外の相続人の印鑑証明書を，後者のケースについては遺言書（裁判所の検認が必要な場合には検認されたもの）を登記原因証明情報として提供するものとすることが考えられる。
　この提案に対しては，相続による権利の移転において，遺産共有状態は中間的な位置付けにすぎず，最終的な権利関係の公示を行うことが重要であり，それに至る過程

－ 2 －

において，法定相続分による所有権の移転の登記を経る場合と経ない場合とで区別する必要はないのではないかとの意見や，信頼に足りる添付情報が提供されるのであれば，単独申請を認めても紛争が生じる可能性は低いと考えられるとの意見等があり，法定相続分による所有権の移転の登記がされた後に遺産分割が行われた場合における登記を単独で申請することができるとすることについて特段の異論はなかった。

3　なお，不動産登記法第63条第2項は，「相続による移転の登記」について登記権利者が単独で申請することができることを定めるのみで，更正の登記について単独で申請することができるとは定めていない。

そのため，法定相続分による所有権の移転の登記がされた後に協議による遺産分割が行われた場合に行う更正の登記又は相続させる旨の遺言に基づき行う更正の登記を，登記権利者が単独で行うことができるものとするためには，不動産登記法第63条第2項を改正するなど必要な法制上の措置を講ずる必要がある。

2　相続放棄の場合

法定相続分による所有権の移転の登記がされた後に共同相続人の一部の者による相続放棄が行われた場合において，相続放棄者以外の共同相続人（登記権利者）が行う錯誤による更正の登記を，登記権利者が単独で申請することができるものとするため，必要な法制上の措置を講ずることとしてはどうか。

（補足説明）

1　相続放棄者以外の者が相続を原因とする所有権の移転の登記をする場合において，法定相続分による所有権の移転の登記がされていないときは，家庭裁判所の証明に係る相続放棄申述受理証明書を登記原因証明情報として提供することで，不動産登記法第63条第2項に基づき単独で申請することができる。

しかし，被相続人Aが登記名義人である甲土地について，相続人B及びCの共同相続登記が経由された後に，Cが相続放棄をしたため，Bが甲土地について自己の単有名義の登記を行う場合には，錯誤による更正の登記を，B及びCの共同申請により行うものとされている（昭和39年4月14日付け民事甲第1498号民事局長通達参照）。

これに対しては，既に相続を放棄し，相続手続から離脱した者から共同申請のための協力を得ること（委任状及び印鑑証明書の取得等）が困難な場合も想定され，相続放棄をした者としても既に相続放棄をしたのに余計な負担を負わされるとの指摘等がある。

2　そこで，相続の発生を円滑かつ迅速に登記に反映させるための方策の一つとして，登記権利者が単独で登記の申請をすることができるものとすることを提案している。そして，その場合には，家庭裁判所の証明に係る相続放棄申述受理証明書を登記原因証明情報として提供するものとすることが考えられる。

この提案に対しては，特段の異論はなかった。

なお，この提案を実現するに当たっては，上記本文1の補足説明3と同様に，所要の法制上の措置を講ずる必要がある。

3 遺贈の場合

　　法定相続分による所有権の移転の登記がされた後に受遺者が行う遺贈を原因とする
登記（注）については，共同申請により行うという現行の規律を維持することとして
はどうか。

　　　（注）相続人のうちのいずれかの者に対する遺贈の場合には，錯誤による更正の
　　　　　登記で行われ，相続人以外の者に対する遺贈の場合には，真正な登記名義
　　　　　の回復を原因とする所有権の移転の登記（又は共同相続登記を抹消した上
　　　　　で，遺言者から受遺者への所有権の移転の登記）で行われる。

（補足説明）

1　被相続人Ａが登記名義人である甲土地について，相続人Ｂ及びＣの法定相続分によ
る所有権の移転の登記がされた後に，遺産を全部Ｂに遺贈する旨の遺言書が発見され
たため，この遺言によりＢが甲土地について自己の単有名義の登記を行う場合には，
錯誤による更正の登記を，Ｂ及びＣの共同申請により行うものとされている（昭和３
７年６月２８日付け民事甲第１７１７号民事局長通達）。

　　また，同様の事案において，遺産を相続人ではないＤに遺贈する旨の遺言書が発見
されたため，この遺言によりＤが甲土地について自己の単有名義の登記を行う場合に
は，真正な登記名義の回復を原因とする所有権の移転の登記（又は共同相続登記を抹
消した上で，遺言者Ａから受遺者Ｄへの所有権の移転の登記）を，Ｂ，Ｃ及びＤの共
同申請により行うこととなる。

　　これに対し，法定相続分による所有権の移転の登記をすることなく，遺贈を原因と
する所有権の移転の登記をする場合には，遺言書を登記原因証明情報として提供し，
登記権利者である受遺者が登記義務者である遺言執行者又は相続人と共同で申請する
ものとされているが，一方で，相続させる旨の遺言に基づく相続を原因とする所有権
の移転の登記をする場合には，遺言書を登記原因証明情報として提供し，不動産登記
法第６３条第２項に基づき単独で申請することができるものとされている。

2　そこで，遺贈も遺言に基づき行われるものであり，本来登記義務者となるべき遺言
者が死亡して共同申請をすることができないという点においては，相続させる旨の遺
言と同様であることなどから，遺言書が提出されれば単独申請を認める余地があるの
ではないかという考え方があり得る。

　　しかし，遺贈は，相続人以外の者を受遺者とすることができる点で相続させる旨の
遺言と異なっており，広くあらゆる者が申請人となり得ることに鑑みると，実際上，
遺言の効力が争われるケースも少なくないことが想定され，単独申請を可能とした場
合には，登記の真正の担保について問題が生ずるおそれがある。また，共同申請とさ
れていることで，事実上，相続財産が相続人以外の者に遺贈されたことを相続人が知
る契機になっており，こうした機能を失わせることには問題があり得るし，実体法上，
相続させる旨の遺言の性質は相続であるのに対し，遺贈は遺言によって受遺者に財産
権を与える遺言者の意思表示にほかならず，意思表示によって物権変動の効果を生ず
る点においては贈与と異ならないものであると解されているから（最判昭和３９年３
月６日民集１８巻３号４３７頁，東京高決昭和４４年９月８日高民集２２巻４号６３
４頁等参照），むしろ，相続するはずであった相続財産を遺贈により失うという不利

－ 4 －

益を受ける相続人との共同申請とすることは自然でもある。これらの理由からは，相続させる旨の遺言と同様に単独申請を認めることは困難であるとも考えられる。

　本研究会における議論では，相続人以外の者が受遺者となる場合がある点に着目し，権利をめぐる紛争が生じる可能性を無視できないことなどを理由として，単独申請を認めることには消極的な意見が多数を占めたことから，共同申請によるという現行の規律を維持する方向で検討を進めるべきものとしている。

第２　既にされている権利の登記の抹消手続の簡略化

　１　例えば，①清算結了の登記がされた法人，②法人に関する根拠法の廃止等に伴い解散することとされた法人（注１），③休眠法人として解散したものとみなされた後に一定期間（例えば，２０年）が経過している法人など，法人としての実質を喪失しているものを念頭に，このような法人が担保権の登記名義人である場合において，一定の要件（注２）を満たしたときは，登記権利者が単独で当該担保権に関する登記の抹消を申請することができるものとするため，必要な法制上の措置を講ずることについて，引き続き検討するべきである。

　　（注１）例えば，農業団体法（昭和１８年法律第４６号）に基づき設立され，同法が農業協同組合法の制定に伴う農業団体の整理等に関する法律（昭和２２年法律第１３３号）の規定により廃止されたことにより解散することとされた農業会などが考えられる。

　　（注２）例えば，被担保債権の弁済期から２０年を経過し，かつ，その期間を経過した後に当該被担保債権，その利息及び債務不履行により生じた損害の全額に相当する金銭が供託されたときなどが考えられる。

（補足説明）

　１　実際上，登記がされてから長い年月を経た担保権の登記が残存していることがあり，これが不動産の円滑な取引を阻害する要因の一つとなっているとの指摘がある。

　　このような担保権の登記を抹消する方法の一つとして，不動産登記法第７０条第３項後段は，登記義務者の所在が知れないため登記義務者と共同して権利（先取特権，質権又は抵当権）に関する登記の抹消を申請することができない場合において，被担保債権の弁済期から２０年を経過し，かつ，その期間を経過した後に当該被担保債権，その利息及び債務不履行により生じた損害の全額に相当する金銭が供託されたときは，登記権利者は単独で当該担保権に関する登記の抹消を申請することができる旨を定めている。

　　これは，被担保債権の弁済期から長期間担保権を行使しない担保権者については一般的に担保権行使の意思がないと推認され，その登記における保護の必要性が減少していること，登記記録上の被担保債権等の全額が供託された場合には，実体法上弁済の効力を有する供託である蓋然性が高いことから，担保権が登記手続上は被担保債権の弁済により消滅したと擬制する効果を法律上与えたものであるとされている（それにより担保権が実体的に消滅するものではない。）。

　　もっとも，登記名義人が法人である場合において，不動産登記法第７０条第１項の「登記義務者の所在が知れない」とは，例えば，登記記録に当該法人について記録が

－ 5 －

なく，かつ，閉鎖した登記記録も保存期間（２０年）が経過して保存されていないため，その存在を確認することができない場合がこれに該当すると解されている（昭和６３年７月１日付け民三第３４９９号民事局第三課長依命通知参照）。そのため，同条第３項後段の適用場面は限られたものとなっているとの指摘がある。仮に，同項後段の適用がなく，清算人も存しない場合には，裁判所に対して清算人の選任を請求し，清算人との共同申請により登記の抹消を申請するか，清算人の協力が得られない場合には清算人を被告として登記抹消請求訴訟を提起し，認容判決を得て，同法第６３条第１項に基づき登記の抹消を申請することとなるが，登記から相当長期間を経たものの中には，被担保債権が数十円，数百円程度の僅少なものも存在するため，同法第７０条第３項後段を適用することができた場合と比較して，清算人費用の予納等が必要となり，登記権利者の負担は大きくなる。

2　そこで，不動産登記法第７０条第３項後段の規定を参考にしつつ，担保権の登記名義人である法人について，法人としての実質を喪失していて，清算人も死亡するなどしてその協力を得ることが困難になっている場合を念頭に置いた上で，担保権の登記の抹消手続を簡略化することが考えられる。

　　他方で，たとえ清算結了の登記がされているとしても，清算未了の財産が残存している可能性はあることや，担保権の設定登記後長期間を経過している被担保債権は，時効により消滅している可能性もあるものの，承認や一部弁済等により時効が完成していない可能性もあり，登記が残っている以上，権利が存在すると推定すべきであることなどから，抹消手続の簡略化には慎重であるべきではないかといった指摘も考えられる。

3　本研究会においては，本文に例示された各法人は，いずれもその債権が時効消滅している可能性が高い上，権利行使の機会が十分与えられていることから，これらの法人に対する権利保障を殊更に重視する必要まではなく，ある程度の抹消手続の簡略化をすることは許容されるのではないかという点については大きな異論はなかった。他方で，これらの法人であれば，不動産登記法第７０条第３項が定める弁済期から２０年を経過し，かつ，その期間を経過した後に当該被担保債権，その利息及び債務不履行により生じた存在の全額に相当する金銭が供託された場合という要件を緩和しても良いのではないかという意見や，上記の要件を満たす場合には，事業活動をしている可能性があるとしても抹消手続の簡略化を認めても良いのではないかという意見等があった。

　　したがって，登記がされてから長い年月を経た担保権の登記を抹消する手続の簡略化については，実体法上権利が存続している可能性があり得ることにも留意しつつ，簡易な手続により登記を抹消することを認めるように，その要件設定について引き続き検討する必要がある。

2　不動産登記法第７０条第３項の規定による登記の抹消手続の対象とならない担保権以外の権利に関する登記の抹消手続の簡略化

⑴　買戻しの特約の登記について

　　買戻しの特約の登記について，登記義務者の所在が知れないため登記義務者と共

－ 6 －

同して権利に関する登記の抹消を申請することができない場合において，買戻期間
の上限である１０年を経過したときは，登記権利者は登記義務者が所在不明である
ことを証する情報を提供することで，単独で登記の抹消を申請することができるも
のとするため，必要な法制上の措置を講ずることとしてはどうか。
（補足説明）
1　買戻しの特約の登記の抹消は，買戻権者である登記義務者と共同して申請する必要
がある。登記義務者の所在の把握が困難である場合には，①当該登記義務者の不在者
財産管理人や相続財産管理人を選任し，その者に対して抹消登記手続請求訴訟を提起
して（なお，登記義務者が不在者であるときは，不在者財産管理人の選任の申立てを
せず，不在者を被告として訴訟を提起し，公示送達を申し立てる方法もある。以下同
じ。），その勝訴の確定判決に基づき単独申請により登記の抹消をする方法（不動産
登記法第６３条第１項）があるが，一定の時間とコストを要するものであり，また，
②公示催告の申立てを行い，除権決定を得て単独申請により登記の抹消をする方法
（同法第７０条第１項，第２項）は必ずしも利用されていない。
　　このような事情から，買戻期間の満了した買戻権の登記が残存しており，特に登記
義務者の所在が知れない場合には容易に当該登記を抹消することができず，不動産の
円滑な取引を阻害しているとの指摘もある。
2　実体法上，買戻しの期間は１０年を超えることができないとされ，買戻しについて
期間を定めたときは，その後にこれを伸長することができないとされていることから
（民法第５８０条），買戻期間がこれらの期間を超えて延長されることはない。
　　ただし，例えば，登記された買戻期間は３年であったが，当事者間では買戻期間を
５年として合意していたといったケースでは登記された買戻期間である３年を経過し
ているからといって，必ずしも実体法上も当該買戻権が消滅しているとはいえない。
　　そこで，本文では，登記義務者の所在が知れないため登記義務者と共同して権利に
関する登記の抹消を申請することができない場合において，買戻期間の上限である１
０年を経過したときは，登記権利者は登記義務者が所在不明であることを証する情報
を提供した上で，単独で登記の抹消を申請することができるものとすることについて
提案している。
　　なお，本研究会では，買戻期間の上限である１０年を経過し，買戻権の消滅が明ら
かであるなら，単独で登記の抹消を申請することができる場合を，登記義務者の所在
が知れない場合に限定せず，より広くするべきではないかとの意見もあった。共同申
請が原則である以上，単独申請を認めるのは登記義務者が不存在であるのと同視する
ことができるような状況に限るべきであるとの指摘もあり得るところであり，引き続
き検討する必要がある。
　　また，期間経過による買戻権消滅の主張が信義則上許されないとした最高裁判決（最
判昭和４５年４月２１日集民９９号１０９頁）があることについても留意する必要が
あるとの意見があった。

(2)　登記記録に記録された存続期間の満了している権利（地上権，永小作権，賃借権
　　及び採石権）に関する登記について

－ 7 －

研究会資料16－2 ｜ 389

登記記録に記録された存続期間の満了している権利（地上権，永小作権，賃借権及び採石権）に関し，次のような規律を設けるものとすることについて，登記記録上の存続期間の満了後もなお実体法上権利が存続している可能性があることに留意しつつ，引き続き検討するべきである。

　登記義務者の所在が知れないため登記義務者と共同して権利に関する登記の抹消を申請することができない場合において，登記記録に記録された権利の存続期間の満了後一定期間が経過しているときは，登記権利者は，登記義務者が所在不明であることを証する情報を提供した上で，登記義務者の登記記録上の住所及び住民票上の住所にあてた当該権利に関する登記の抹消の申請がされた旨の通知がされ，かつ，その旨の公告がされても，登記義務者からの異議がなければ，単独で当該権利の登記の抹消をすることができるものとする。

（補足説明）

1　登記義務者の所在の把握が困難である場合には，上記本文２(1)の補足説明１に記載したのと同様の理由に基づき，実体上は既に存続期間の満了等により消滅している用益権（地上権，永小作権，賃借権及び採石権）に関する登記が抹消されないまま残存することがあり，同様に，不動産の円滑な取引を阻害しているとの指摘がある。

2　地上権，永小作権及び賃借権については，それぞれ，存続期間の定めがあるときはその定めが登記事項とされており（不動産登記法第７８条第３号，第７９条第２号，第８１条第２号），採石権については，存続期間が必要的登記事項とされている（同法第８２条第１号）。そこで，本文では，登記記録に記録された権利の存続期間が満了し，かつ，そこから更に一定期間が経過している場合には，当該権利が既に消滅している可能性が高いことを踏まえ，登記記録上の住所への通知及び公告により登記義務者の手続保障を図った上で，異議がないときは，登記権利者が単独で当該権利の抹消をすることができるものとすることを提案している。

3　もっとも，これに対しては，登記記録上の存続期間が満了しているとしても，上記各権利については，いずれも存続期間の更新があり得るものであり，かつ，その更新の結果を登記に反映しなくとも土地所有者に変更がない限りは土地所有者と用益権者との間では問題を生じないことから，存続期間の更新により依然として存在している権利について，その登記を抹消してしまうことになりかねないとの指摘があり得る。

　また，登記義務者の手続保障を登記記録上及び住民票上の住所への通知及び公告で足りるものとすることにも，用益権の登記が抹消される不利益を考えると必ずしも十分ではないといった懸念があり得る。

　そこで，本研究会では，依然として存在している権利について，その登記を抹消してしまうことを避けるため，所在不明の場合に限った上で，更に当該権利が消滅している蓋然性が高いケースに絞る要件を付加した上で簡略化を認めることとしてはどうかとの意見があった。

4　このように，登記記録に記録された存続期間の満了している権利に関する登記の抹消手続の簡略化については，登記記録上の存続期間の満了後もなお実体法上権利が存続している可能性があることに十分に留意しつつ，簡略化の要件設定について引き続き検討する必要がある。

第3　時効取得を原因とする所有権の移転の登記手続の簡略化
　　　登記義務者の所在が知れない場合の時効取得を原因とする所有権の移転の登記の申請を登記権利者が単独で行うことの許容に関しては，単独申請を認めるための要件及び手続等に十分に留意しつつ，次の各案について引き続き検討するべきである。
　　【Ａ案】登記義務者の所在が知れない場合において，不動産の所有権を時効取得した者が時効取得を原因とする所有権の移転の登記を単独で申請することができるものとした上で，次のような規律を設けるものとする。
　　　⑴　登記申請に当たって，当該登記の申請を代理する資格者代理人が作成した不動産の占有状況や登記義務者が所在不明であることを示した調査報告書の添付を要するものとする。
　　　⑵　登記官は，上記⑴の添付情報の審査のほか，必要に応じて更なる調査を行う権限を有するものとする。
　　　⑶　登記官は，登記義務者である所有権の登記名義人に対し，その登記記録上の住所及び住民票上の住所に宛てて当該申請がされた旨を通知するとともに，その旨を公告し，異議がないことを確認するものとする。
　　【Ｂ案】登記義務者の所在が知れない場合において，公示催告の申立てを行い，取得時効が成立した旨の裁判所の決定があったときは，不動産の所有権を時効取得した者が時効取得を原因とする所有権の移転の登記を単独で申請することができるものとする。
　　（注）共同相続された土地につき，共同相続人の一人による時効取得を原因とする所有権の移転の登記手続の簡略化についても，相続人による取得時効に関する検討（【Ｐ】共有の該当部分を引用）を踏まえて，引き続き検討するべきである。
（補足説明）
　1　時効取得を原因とする所有権の移転の登記は，共同申請により行うものとされているところ，登記義務者の所在が知れない場合には，当該登記義務者の不在者財産管理人や相続財産管理人を選任し，その者に対して所有権移転登記手続請求訴訟を提起して，その認容判決に基づき単独で申請することとなるが（不動産登記法第63条第1項），これには多大な時間やコストを要する。そうすると，実体的には時効取得した所有者が存在するにもかかわらず，当該所有者名義の登記がされることが躊躇され，所在不明の登記義務者名義の登記が残存し続けることによって，所有者不明土地が解消されない要因となり得る。
　2　そこで，このような負担を軽減し，所有者不明土地の発生を抑制するために登記手続を簡略化する方策として，本文では，2つの案について引き続き検討することを提案している。
　　⑴　【Ａ案】
　　　　時効取得が実体的真実に合致することを確保するため，時効取得したことを主張する申請人が所有権の移転の登記の申請をするに際しては，登記義務者が所在不明であることについての調査報告書のほか，申請人が時効取得したことを証する情報として，資格者代理人が作成した不動産の占有状況に関する調査報告書の提供を求

- 9 -

め，さらに，登記義務者の登記記録上の住所及び住民票上の住所に宛てた通知と公告をし，登記義務者に異議がないかどうかを確認することが考えられる。

また，このような添付情報の審査に加え，時効取得の成否を判断するための資料が不十分であると判断した場合には，登記官が自ら必要に応じて調査することができるという調査権限を付与することが考えられる。もっとも，権利に関する登記については，形式的審査主義がとられ，申請に当たって提出された情報と既存の登記記録だけを資料とする審査方法が原則とされているところ，こうした登記官の積極的な調査は，形式的審査主義とは相容れないのではないかとの指摘が考えられる。

(2) 【B案】

取得時効による所有権の取得が原始取得であるという法的理解を前提とすれば，時効取得を原因とする所有権の移転の登記は，従来の所有権の登記の抹消と新たな所有権の保存の登記の実質を備えているものと考えることもできる。そこで，公示催告及び除権決定による登記の抹消手続について規定する不動産登記法第70条第1項及び第2項を参考として，公示催告の申立てを行い，取得時効が成立した旨の裁判所の決定があったときは，申立人は単独で時効取得を原因とする所有権の移転の登記ができるとすることが考えられる。

もっとも，【B案】に対しては，取得時効による所有権の取得が原始取得であることを根拠にすることは便宜的にすぎ，適切ではないのではないかとの意見があった。また，除権決定は，公示催告の申立てに係る権利につき失権の効力を生ずる旨の裁判（非訟事件手続法第106条第1項）であるとされているところ，裁判に基づき時効取得を原因とする所有権の移転の登記ができるとしているにもかかわらず，私法上の権利義務関係を変動させないものと整理できるか疑義がある上，従来の除権決定の制度を大きく超えるものであり，困難であるとの指摘等が考えられる。

3　本研究会においては，【A案】について，登記官は形式的審査権しか有しないものの，提出された調査報告書から占有の継続が客観的に証明されているのであれば，取得時効の成立を登記官においても判断することができるのではないかとの意見があったが，他方で，登記官がこれまで行ってきた形式的審査に適合しないことから，少なくとも裁判所の関与が必要ではないかとの意見もあった。

また，【B案】については，不動産登記法第70条第1項及び第2項の手続と同様に利用されにくいという懸念があるのではないかとの意見や，裁判所が関与するとしても，公示催告及び除権決定という手続でよいかは疑問があり，手続の内容を更に検討する必要があるとの意見等があった。

さらに，登記義務者が所在不明である場合であっても，所有権の帰属について争いがあり得る時効取得の場面において，単独申請を認めてよいか疑問であるとの意見や，時効取得については相続と異なり対抗要件主義の適用があるから登記申請についてインセンティブが働いており，あえて共同申請の例外を設ける必要はないのではないかとの意見等があった。

このほか，簡略化の方策を実施する地域については，共同申請の例外を認める必要性の高い地域に限定するなどすべきではないかとの意見もあった。

4　以上のとおり，登記義務者の所在が知れない場合の時効取得を原因とする所有権の

－ 10 －

392　｜　第2章　資料

移転の登記の登記申請を登記権利者が単独で行うことの許容に関しては，登記を失う者の手続保障や単独申請を認めるための要件及び手続等に十分に留意しつつ，引き続き検討する必要がある。

また，共同相続された土地につき，共同相続人の一人による時効取得を原因とする所有権の移転の登記手続の簡略化についても，相続人による取得時効に関する検討（【P】共有の該当部分を引用）の内容を踏まえつつ，引き続き検討するべきである。

第4　時効起算日前に所有権の登記名義人が死亡し，その相続登記が未了である場合に，登記名義人から直接時効取得者への所有権の移転の登記をすることができるようにすることについては，実際の権利変動の過程を正確に登記に反映する必要性等を踏まえつつ，引き続き検討するべきである。

（補足説明）

1　時効起算日前に所有権の登記名義人が死亡し，その相続登記が未了の場合には，時効取得を原因とする所有権の移転の登記の前提として，相続人への相続による所有権の移転の登記を要するものとされている（登記研究455号89頁質疑応答6639参照）。

時効取得による所有権の取得が原始取得であることを重視すれば，相続による所有権の移転の登記を経るのは迂遠であり，相続による所有権の移転の登記を経ることなく，登記名義人から直接時効取得者への所有権の移転の登記をすることができるようにできないかとの指摘がある。

2　もっとも，実体法上は，所有権の登記名義人の相続の開始と同時に，相続人が不動産の所有権を取得し，所有権の登記名義人の死亡の日から時効起算日までの間は，所有権は相続人に帰属しているものといわざるを得ないから，相続人への相続による所有権の移転の登記を省略することは，実際の権利変動の過程を正確に反映しない中間省略的な登記をすることにならざるを得ないとの指摘が考えられる。

3　本研究会では，例えば数次相続が発生している場合でも全ての相続登記を経由しなければならないとすると，結局現在の所有者が登記に記録されにくくなるとの問題があるため，解決策を検討する必要があるのではないかとの意見もあったが，他方で，登記名義人から相続人への相続登記を不要としたとしても，相続人が登記義務者となるため当該相続人を探索する手間は変わらないのではないかとの意見や，上記第3の簡略化の方策を採用することとした場合には，第4の簡略化の方策の必要性は小さくなるのではないかとの意見等があった。

4　したがって，所有権の登記名義人から相続人への相続による所有権の移転の登記を経ることなく，登記名義人から直接時効取得者への所有権の移転の登記をすることができるようにすることについては，実際の権利変動の過程を正確に登記に反映する必要性を踏まえつつ，引き続き検討する必要がある。

第5　その他

1　仮差押え又は仮処分の登記

　　登記されてから長期間が経過している仮差押え又は仮処分の登記の抹消手続を見

－ 11 －

直すべきではないかとの指摘があるが，その見直しを行うとすれば，登記の抹消手続のみの観点ではなく，保全命令の取消しという裁判手続固有の観点からの議論が必要であることに留意すべきである。

（補足説明）

1　仮差押え又は仮処分の登記を抹消するためには，債権者が保全命令の申立てを取り下げない限り，裁判所による保全命令の取消しがされることが必要である。そのため，現状において，仮差押え又は仮処分の登記がされてから長期間が経過している場面においては，債務者又はその承継人が当該登記の抹消を求めるために保全命令の取消しの申立てをしたいと考えても，当該申立ての相手方とすべき債権者又はその相続人の調査等に困難が生じ得るため，当該申立てを容易にすることができないことがあるとの指摘がある。また，保全命令の取消しは「債務者の申立てにより」行うものとされているため（民事保全法第３７条第３項，第３８条第１項，第３９条第１項），債務者又はその承継人の積極的な助力が得られない限り，独自に仮差押え又は仮処分の登記の抹消を求めることが困難であるとの指摘もあり得る。

2　もっとも，これに対しては，現在の保全命令の取消しの手続は実際上は必ずしも大きな負担になっているとまではいえないのではないかとの意見があった。また，これを見直すとしても登記の抹消手続の観点から見直しを検討することだけで足りるものではなく，長期間経過した保全命令の取消しの在り方等を含めた検討が必要であり，保全命令の取消しという裁判手続固有の観点から検討をする必要があるものと考えられ，この点については，本研究会において，特段の異論はなかった。

2　清算型遺贈

相続財産を売却した上で，売却代金を相続人又は第三者に与える旨の遺贈がされた場合に，死亡した所有権の登記名義人から相続人への相続による所有権の移転の登記を経ることなく，登記名義人から直接売却先への所有権の移転の登記をすることができるようにすべきではないかとの指摘があるが，これについては所有権の登記名義人から相続人への相続による所有権の移転の登記を経る必要があるとする現在の規律を維持すべきである。

（補足説明）

遺言者が所有する不動産を相続開始後に売却し，その売却代金を相続人又は第三者に遺贈する旨のいわゆる清算型遺贈がされた場合に，遺言執行者が遺言者名義の不動産を売却して買主名義の所有権の移転の登記をするときは，その前提として遺言者から相続人への相続による所有権の移転の登記を経由する必要があるものとされている（昭和４５年１０月５日付け民甲第４１６０号民事局長回答）。

このような清算型遺贈については，登記名義人である遺言者から直接売却先への所有権の移転の登記をすることができるようにできないかとの指摘があるが，清算型遺贈の場合には，遺言者が死亡してから不動産を売却することとなるため，実体法上は，相続の開始と同時にいったん相続人が不動産の所有権を取得し，遺言者の死亡の日から売却の日までの間はその所有権は相続人に帰属しているものといわざるを得ない。

また，本研究会においても，そもそも，清算型遺贈とは，相続人の同意があることを前

- 12 -

394　｜　第2章　資料

提として事実上行われているものにすぎず，一度は相続人が相続した財産を第三者に売却しているものとみるほかないのではないかとの指摘があり，登記名義人から相続人への所有権の移転の登記を必要とする現在の規律は相当であるとの意見が多数を占めた。

そこで，現在の規律を維持することが相当であるとしている。

研究会資料１６－３

不動産登記情報の更新等について

第１　登記名義人等の特定に関する不動産登記情報の更新
　　１　不動産登記の登記記録上の登記名義人等の氏名又は名称及び住所とこれらの実態との間に乖離が生じている状態が現に存在している。戸籍や商業登記等から最新の情報を取得してこれを不動産登記の登記記録に反映させて情報を更新することができれば，乖離の発生を防止する有効な手段となり得るものと考えられる。そこで，各不動産登記記録上の登記名義人等を具体的に特定し，戸籍や商業登記等の特定の個人又は法人の情報との対応関係を確認した上で，これらを相互に関連付ける手法（不動産登記の情報と戸籍や商業登記等の情報との紐付けのための手法）の検討を含め，このような情報取得と情報更新を合理的に行うための課題について，引き続き検討するべきである。
（補足説明）
　　１　不動産登記が戸籍や商業登記等から最新の情報を取得し，当該情報を更新する必要性
　　　　現在の不動産登記制度においては，相続等により所有権の移転が生じた場合や，登記名義人等の氏名又は名称及び住所に変更があった場合にも，これを直ちに登記に反映させる義務があるわけではないことから，その都度その変更の登記の申請をするかどうかは当事者に委ねられている。そのため，登記記録上の情報と実際の最新の情報に不一致が生じていることが少なくなく，これが所有者不明土地が発生する原因となっているとの指摘がある。また，所有者不明土地問題に限らず，不動産登記の公示機能を高め，不動産取引の円滑化を図るといった観点からも，土地の基本情報である不動産登記の情報ができるだけ最新で正確なものとなることは重要であるとの指摘がある。
　　　　このような中で，登記記録上の情報と実際の最新の情報とを一致させるため，登記所が自ら相続や氏名等の変更について最新の情報を取得することが考えられ，例えば，戸籍，商業登記等（以下「戸籍等」という。）の情報を取得し，これを適時に不動産登記に反映させることが考えられる。
　　　　本研究会における検討においては，例えば住所の変更の登記をしようとしても過去の住所の変遷を追うことが難しい場合があるため，登記記録上の情報と最新の情報とを一致させる取組を進めていくべきであるなどとして，このような取組の内容面においては詳細を検討すべき点は多くあるものの，その方向性については肯定的な意見が多数を占めた。
　　　　他方で，死亡情報や住所情報に関する自己情報コントロール権の保障との関係性や，不動産の所有者が自らの所在等を探知可能にしておく必要があることの根拠についても留意すべきであるとの意見があった。
　　２　登記名義人等の特定に関する不動産登記情報の更新に係る課題
　　　　上記１のような登記名義人等の特定に関する登記情報を更新する仕組みを構築する

－　1　－

396　│　第２章　資料

場合には，①不動産登記記録上の登記名義人等と戸籍等の情報との相互の関連付け，すなわち，「紐付け」をするために必要な情報を登記所が収集・保有し，②当該情報を検索キーとして特定の登記名義人等と特定の個人又は法人の戸籍等とを紐付けて異動情報があればこれを登記所が取得し，③当該取得した情報を紐付けられた先の不動産登記に反映して情報の更新を行うという段階を踏むことになるものと考えられる。

　そして，①の段階に関しては，情報の取得先ごとに，紐付けをするための情報として何が適切であるかという課題（後記3）や，紐付けのための情報の収集について，新たな登記申請がされることを待つか，これを待たずに既に登記記録に記録されている登記名義人等についても個々に紐付けをする作業を行うかという課題（後記4）などがある。②の段階に関しては，戸籍等の情報のうち，どのような情報をどのようなタイミング・方法で取得することとするかという課題が，また，③の段階に関しては，取得した情報をどのような手続を経て更新するかという課題（後記本文2）等があり，相互に関連し合うこれらの課題について，運用やシステム的な側面からの検証も含めて多面的に検討していく必要がある。

3　不動産登記記録上の登記名義人等と戸籍等の情報とを紐付けるため，登記所が新たに保有する情報

(1)　登記名義人等が自然人である場合

　　登記名義人等が自然人である場合において，特定の登記名義人等と，戸籍等の特定の個人とを紐付け，戸籍等における異動情報を不動産登記に反映させるための方法としては，不動産登記において，氏名や住所のほか，特定の個人を識別するための符号その他の情報，本籍，生年月日，性別等の情報を保有し，これを検索キーとすることが考えられる。これらの情報の中で，具体的にどのような情報を保有することとするかについては，不動産登記システムの技術的側面や，戸籍等の情報の取得先における制度改正の帰趨等も考慮しつつ，引き続き検討する必要がある。

　　なお，外国人など戸籍に記載されていない者については，情報の取得先を含め，戸籍に記載されている者とは異なる独自の論点についても検討が必要となる。

(2)　登記名義人等が法人である場合

　　登記名義人等が法人である場合について，特定の登記名義人等と，商業登記の特定の法人とを紐付け，商業登記における異動情報を不動産登記に反映させるための方法としては，不動産登記において，会社法人等番号（商業登記法第7条）を保有し，これを検索キーとするのが合理的である。

4　紐付けのための情報を不動産登記記録ごとに保有するための方法

　上記3において候補としている紐付けのための情報は，氏名又は名称及び住所を除けば，現状においては，登記所においては全く把握していないか，検索可能な状態では把握がされていないものである。そのため，上記3のように，紐付けのための情報を検索キーとして登記情報の更新を行うに当たっては，不動産登記記録ごとに，この情報を取得した上でこれを保有することが必要になる。

　このための対応策としては，新たな登記申請を待つこととした上で，申請時に紐付けのための情報の提供を求め，これを不動産登記記録ごとに保有しておくことが考えられる。

－ 2 －

研究会資料16－3　｜　397

もっとも，新たな登記申請を待つこととする場合には，新たな登記申請がされるまでに数十年の期間を要する不動産も存在することから，全ての不動産登記記録に紐付けのための情報を付与するのに極めて長期間を要することになる。

　なお，新たな登記申請を待たずに，既に登記記録に記録されている登記名義人等について個々的に戸籍等との紐付けをする作業を実施することも考えられないではない。しかし，この作業は極めて多くの手数を要するものであり（注），その過程で人為的なミスが起こる可能性もあることから，本研究会においては，このようなミスを原因として誤った情報が公示されることは問題であるとの意見もあった。そのため，このような作業を実施することに関しては慎重に検討する必要がある。

　　（注）登記記録上の氏名又は名称及び住所は基本的に過去の一定時点における氏名
　　　又は名称及び住所にすぎない。そのため，これを基に戸籍等との紐付けを行う
　　　とした場合には，多くの困難を伴うものと考えられる。例えば，戸籍から個人
　　　の死亡や氏名の変更等の情報を取得するために紐付けを行おうとする場合に
　　　は，登記記録上の氏名及び住所と，当該登記がされていた時点の戸籍上の氏名
　　　及び本籍でデータのマッチングを試み，本籍と住所が一致すれば紐付けをする
　　　ことが一応可能であると考えられるが（ただし，戸籍や登記記録の文字情報に
　　　は外字が多く含まれており，マッチングを行うためにはこれを同定し，統一す
　　　る必要がある。），本籍と住所が一致しない場合には，このデータのみでの紐
　　　付けは困難である。この場合には，登記申請時に添付された住民票や戸籍の記
　　　載を確認して本籍の記載を調査したり，本籍の記載のある住民票（除票も含む。）
　　　の公用請求を行ったりすることなどが考えられるものの，その労力やコストは
　　　多大なものとなる。

5　その他

　所有者不明土地問題の解消の観点からは，第一義的には，所有権の登記名義人及び表題部所有者の氏名又は名称及び住所を情報更新の対象とすることが考えられるが，不動産登記の公示機能を高めるといった観点も考慮すれば，登記名義人（所有権の登記名義人に限らない。）や担保権の登記における債務者並びに信託の登記における委託者，受託者及び受益者等も対象とすることが考えられる。もっとも，担保権の登記における債務者の氏名又は名称及び住所等についてまで最新の状態に保つ必要性は高くなく，費用対効果を検討すべきであるとの指摘もあり得るところであり，最新の情報を反映することとする登記名義人等の範囲について，引き続き検討する必要がある。

　このほか，登記名義人等の特定をより正確に行うという観点から，登記所が，性別，生年月日又は本籍の情報を保有することの要否についても議論された。しかし，その観点からこれらの情報を保有すべきであるとする積極的な意見はなかった。ただし，同一の登記記録上に住所を同じくする同名異人がある場合には，氏名及び住所のほか，生年月日の登記をするのが相当であるとされている先例（昭和４５年４月１１日民事甲第１４２６号民事局長回答）については，この点に法令上の明確な根拠を与えるべきではないかとの意見があった。

2　戸籍等から得た情報に基づいて不動産登記情報を更新するための手続

－ 3 －

上記本文１に基づき戸籍等から取得した個人又は法人の情報に基づいて不動産登記情報を更新するための手続に関しては，申請主義の原則との関係を考慮しつつ，次の各案について引き続き検討するべきである。

【Ａ案】変更された情報を探知した登記所が，登記名義人等に対し，不動産登記記録上の当該情報を変更する旨の通知を行い，異議がない場合には職権により当該情報の変更の登記を行うものとする。

【Ｂ案】変更された情報を探知した登記所から登記名義人等への事前の通知は行わず，職権により当該情報の変更の登記を行うものとし，変更の登記をした旨の登記名義人等への通知を事後的に行うものとする。

（補足説明）

上記本文１のとおり，登記名義人等の特定に関する登記情報の更新をするために，戸籍等から死亡情報や住所・本店所在地等の変更情報を取得する仕組みを創設した場合に，この死亡情報等に基づいて不動産登記情報を更新するための手続としては，例えば，上に示す２つの案が考えられる。

【Ａ案】に対しては，登記名義人等の個人情報に該当する氏名及び住所の情報を変更するに当たり，当該登記名義人等本人の意思を確認することは望ましいと考えられる一方で，住所等の変更の都度，登記名義人等に対する通知を行い，その意思を確認してから登記記録に反映させるのでは，事務が煩雑になり過ぎて費用対効果が悪いとの指摘があり得る。

【Ｂ案】に対しては，登記名義人等は，戸籍等において一度氏名等の変更の手続を行えば，不動産登記における変更の手続を行わなくて済むという利点があり，不動産登記情報の円滑な更新が実現される一方で，変更の登記をする前にその変更内容に間違いがないかを確認することが困難であるといった観点や，個人情報のコントロールは当該個人に委ねられるべきであるという観点から疑問があるとの指摘等が考えられる。また，事後的に通知をする点についても【Ａ案】と同様に事務の煩雑化を招くといった指摘も考えられる。

このほか，登記名義人等の特定に関する登記情報に変更があれば直ちに変更の登記をすることとするか，あるいは，一定の猶予期間をおくこととするかなどの課題があり得る。

他方で，いずれの案も職権により変更の登記をすることが前提とされているところ，登記は申請によるという申請主義の原則との関係で，職権によることの根拠を説明する必要があるのではないかとの意見があった。

第２　登記名義人等に関する不動産登記情報の公開の在り方の見直し

不動産の登記名義人等の住所情報の公開の在り方に関しては，次の各案について引き続き検討するべきである。

【Ａ案】登記名義人等の住所情報（全部又は一部）を原則として非公開とし，又は登記名義人等から非公開とする旨の申出があった場合に非公開とし，一定の場合に限って当該住所情報を閲覧することができるものとする。

【Ｂ案】登記名義人等の現住所を公開することが相当でない場合（例えば，登記名義人等がＤＶ被害者であり，その者から公開しない旨の申出がある場合等）には，その現住所を公開しないものとする。

（補足説明）

－ 4 －

1 上記第1で検討したように不動産登記情報の更新が行われ，これが公開される場合には，更新される情報が個人情報に属するものであることから，登記名義人等のプライバシーにも配慮する必要が一層高まるとの指摘が考えられる。また，国民の個人情報に対する意識が高まる中，不動産登記において登記名義人等の住所情報を広く公開していることには批判もあり，例えば，相続登記を行うなどした後に，不動産業者からのダイレクトメールが届くようになることがあるとの指摘や，住所情報が詐欺行為に悪用されることがあるとの指摘等があり，住所情報の公開を制限すべきではないかとの要望が存在する。

   他方で，不動産に関する権利を公示することにより，国民の権利の保全を図り，もって取引の安全と円滑に資するという不動産登記制度の目的に鑑みると，公共事業や民間による再開発事業等を実施しようとする際に，不動産の所有者の所在等を探索し，アクセスを図ろうとするときには，不動産登記に記録された住所情報は極めて有益であり，その重要性もよく認識する必要があるとの意見があった。

2 【A案】については，住所情報という個人情報の公開については，本人の同意があることが基本とされるべきであるという観点からすれば，一定の理由があると考えられる。もっとも，【A案】の考え方を採用した場合には，例外的に住所情報の閲覧を許容する要件をどのように定めるべきかについて慎重な検討が必要になるものと考えられる。例えば，「利害関係を有する者」に住所情報の閲覧を認めるという制度とすることが考えられるが，「利害関係」の概念整理に困難が生じるおそれもある。「不動産の買受けを検討している」という程度でも利害関係があるとすると，原則として住所情報を公開するものとすることと変わりがないことにもなりかねないし，他方で，これをより厳格に解釈した場合には，閲覧を過度に制約し，不動産登記による公示制度の目的が達成されない事態を生み出しかねないとの指摘が考えられる。このほか，登記官による利害関係の有無の判断が困難なものとなった場合には，迅速な公開が妨げられるといった弊害が問題となるとの意見があった。（注）

   （注）このほか，本研究会では，住所情報を原則として非公開とした上で，登記名義人等を特定するため，生年月日等の情報を登記記録として新たに保有し，これを公開する案についても検討が行われた。しかし，住所情報の代わりとするとはいえ個人情報である生年月日を公開することは相当ではないのではないかとの意見や氏名及び生年月日だけでは登記名義人等の所在を把握することは困難であり，やはり不動産の流通を阻害しかねないとの意見があったことから，本報告書ではこの案を採用していない。

3 【A案】については，上記のとおり，例外的に住所情報の閲覧が可能となる者の範囲をどのように定めるかという点について慎重な検討が必要であるため，【B案】として，現行法と同様に，住所情報も公開することを基本としつつ，登記名義人等の現住所を公開することが相当でない場合について，例外的に公開を制限する案を示している。現行法の下でも，DV被害者等の住所に関してはこれを公開しない特例的な取扱いがされている（平成25年12月12日付け民二第809号民事第二課長通知，平成27年3月31日付け民二第196号民事第二課長通知及び平成27年3月31日付け民二第198号民事第二課長通知参照）。もっとも，これらの取扱いは運用に

- 5 -

400 ｜ 第2章　資料

基づくものであるから，根拠規定を設けつつ，その取扱いを必要に応じ見直すものとする（注）ことが考えられる。

　仮に【A案】を採用することができない場合にも，【B案】の限度では採用するべきであるという点については，本研究会においても異論はなかった。

　（注）法制化を行うに当たっては，上記各通知における被支援措置者（DV防止法における被害者，ストーカー行為等の相手方，児童虐待を受けた児童等）のほか，その対象範囲の拡大を検討することも考えられる。

　　　また，いったん被支援措置者となり，その住所情報を非公開とする必要が生じたとしても，その必要性は一定期間の経過により消滅することが想定され，その段階に至っても引き続き住所情報が非公開とされたままになることは，不動産登記の公示機能等の観点から適切でない。そこで，登記所においても最新の住所情報を保持することとしつつ，上記のような特例的な取扱いについては，これを求める申出がされてから一定期間（例えば，1年）を有効期間とし，その後は延長が可能なものとする制度とすることで，非公開とする必要性が失われた場合には，住所情報は公開されるとの制度とすることも考えられる。

　　　さらに，非公開とされる間の住所の表示に関しては，①前住所を記録しておく方法，②住所は非公開である旨の表示をしておく方法，③最小行政区画（市区町村）までの表示にとどめる方法などが考えられる。

　　　なお，登記関係訴訟等において被支援措置者が被告となる場合には，原告の裁判を受ける権利との関係で，被支援措置者の住所を裁判手続上明らかにする必要がある場合もあることから，被支援措置者の保護を尊重しつつ，裁判手続において被支援措置者の住所の調査を可能にする必要があるとの指摘があった。

－ 6 －

「登記制度・土地所有権の在り方等に関する研究報告書～所有者不明土地問題の解決に向けて～」の概要

2019年8月13日　第1刷発行

編　者　一般社団法人金融財政事情研究会
発行者　加　藤　一　浩
印刷所　三松堂株式会社

〒160-8520　東京都新宿区南元町19
発　行　所　一般社団法人 金融財政事情研究会
企画・制作・販売　株式会社きんざい
編集部　TEL 03（3355）1713　FAX 03（3355）3763
販売受付　TEL 03（3358）2891　FAX 03（3358）0037
https://www.kinzai.jp/

・本書の内容の一部あるいは全部を無断で複写・複製・転訳載すること、および
磁気または光記録媒体、コンピュータネットワーク上等へ入力することは、法
律で認められた場合を除き、著作者および出版社の権利の侵害となります。
・落丁・乱丁本はお取替えいたします。価格は裏表紙に表示してあります。

ISBN978-4-322-13476-6